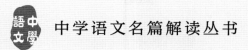

中学语文名篇解读丛书

汉语言文学国家一流专业建设点资助出版

中学诗歌
名篇解读与教学设计

主编　明飞龙　　副主编　黄婷　陈怡

WUHAN UNIVERSITY PRESS
武汉大学出版社

图书在版编目(CIP)数据

中学诗歌名篇解读与教学设计/明飞龙主编;黄婷,陈怡副主编.—武汉:武汉大学出版社,2023.2

中学语文名篇解读丛书

ISBN 978-7-307-22825-2

Ⅰ.中…　Ⅱ.①明…　②黄…　③陈…　Ⅲ.诗歌—文学欣赏—中学—教学参考资料　Ⅳ.G633.303

中国版本图书馆 CIP 数据核字(2021)第 274363 号

责任编辑:蒋培卓　　　责任校对:李孟潇　　　版式设计:马　佳

出版发行:**武汉大学出版社**　　(430072　武昌　珞珈山)

(电子邮箱:cbs22@whu.edu.cn 网址:www.wdp.com.cn)

印刷:湖北恒泰印务有限公司

开本:787×1092　1/16　印张:19.75　字数:465 千字　　插页:1

版次:2023 年 2 月第 1 版　　2023 年 2 月第 1 次印刷

ISBN 978-7-307-22825-2　　　定价:68.00 元

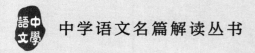中学语文名篇解读丛书

编 委 会

总　序

新课程改革以来，如何建构适应当今时代需要的教师教育体系，为国家培养更多高水平的师资队伍，是摆在教师教育面前紧迫而重要的任务。教师素质不高、能力不足而造成教育教学改革偏离预期方向，或者使得教育教学改革质量大打折扣，已成为现实中存在的突出问题。2017年，教育部颁布了《中小学幼儿园教师培训课程指导标准（义务教育语文学科教学）》。基于义务教育阶段语文教育教学工作任务及实践需要，明确语文课程与教学培训目标主题，开发义务教育语文教师教学能力自我诊断量表，分层分类设计培训课程，旨在促进义务教育阶段语文学科教师专业发展，提高教师培训的针对性和实效性。

语文是百科之母，语文学科是人生的第一学科，语文教师的培养是教师教育的重要内容。语文教师的培养跟师范院校职前语文教师教育课程的设置、实施和相关语文教师教育教材有着密切的关联。高等学校教师教育课程，最早可以追溯到1897年南洋公学开设的讲授"各科教授之次序法则"的"教授法"课程，迄今大概有120多年的历史。语文学科教学的发展大致经历了如下几个阶段：国文"教授法"萌芽（1897—1921年）；国文和国语"教学法"勃兴（1922—1939年）；"语文教学法""语文教材教法"研究阶段（1939—1981年）；"语文教学论"时期（1981—1986年）；"语文教育学"时期（1987—1997年）；"语文课程与教学论"时期（1997年至今）。课程名称的数度变化，反映了这门课程的地位、研究对象、价值取向和内容体系的变化。总的来看，这门课程研究的范围经历了由小到大再到聚焦课程与教学的过程：最初只研究微观的教师的教问题，后来把研究教师的教和学生的学结合起来，再到关注教师的教、研究学生的学和教材的研究与使用；然后扩展到宏观方面的研究，试图在理论层面建构语文教育学课程群；现在则聚焦中小学语文教学实践，把语文课程、教学理论与实践结合起来，促进师范生教学实践能力和研究能力的发展。

赣南师范大学文学院主编的中学语文名篇解读丛书，正是在新的研究理念、研究内容背景下应运而生的产物。这套丛书以我国基础教育阶段语文课程与教学实践、语文教师专业发展为研究对象，将语文课程教学研究的最新成果纳入课程内容当中，从课程、教学与教师相互关联的角度建构课程内容体系。根据"实践理论"的特点打通语文教育学术研究与课程和教学实践之间的藩篱，以开放的视野审视课程、教学与教师专业发展问题，精选原理性、策略性和操作性的课程知识，将理论学习与实践案例结合在一起，以贴近学生认知特点的形式组织课程内容。

教师教育的教材，在编写时，需要注意理论阐述与实践阐释的结合，需要讲究可接受性与可读性的配合，需要关心使用教材的高师教师与师范生之间的教学对接，需要关照教育教学的理论工作者与实践工作者的理念贯通与思维合流，需要考虑教学训练的现实性与理念更新的未来性的统一是难以同时兼顾的一件事情。本丛书的编写者试图在这一方面实现多赢，并努力尝试，也确实展现了独到的构思与布局。在阐述语文课程与教学原理时，本丛书的编写既有理论阐述，也有有案例展示、分析，能够增强语文课程与教学内容知识点的可理解性、可展示性、可模仿性与可习得性。师范生和可以借助本套丛书了解各种语文课程与教学的知识，模仿优秀案例，谙熟其中渗透的原理。在岗语文教师则可以通过本套丛书重温对语文课程与教学的认知与看法，对照其提供的优秀教师案例、专家点评反思自己的教学，提升教学技能和理论水平。

翻阅这套丛书的定稿时，我看到每一本书既有扎实的理论基础，也有丰富多样的案例，内容非常丰富。这令我不禁萌生出一种敬意。要知道，在唯论文、课题独尊的今天，对高校教师进行行业绩考核时，教材基本上是被轻视甚至忽略不计的。转念一想，有这么一批人心系教师教育并为语文教师技能的训练执着地探索着，实在是教师教育事业的一大幸事！

张良田

中国高等教育学会语文教育专业委员会

副理事长、湖南师范大学教授

2022 年 1 月 18 日

目　　录

◎上　篇◎
古 典 诗 歌

◎下　篇◎
现 代 诗 歌

◎上　篇◎
古 典 诗 歌

第一章
《天净沙·秋思》文本解读与教学设计

马致远的《天净沙·秋思》(七年级上册第一单元)是一首元曲中的"小令",它篇幅简短,但意蕴深远,结构精巧,小令节奏平仄起伏,顿挫有致,令古今无数的文士雅客为之倾倒和折服。整首小令仅五句二十八字,语言极为凝练却容量巨大,寥寥数笔就为我们勾画出了一幅悲绪四溢的秋景图,淋漓尽致地传达出了作者漂泊羁旅的游子之心。虽为小令,却兼具宋词的清隽疏朗之自然,历来被推崇为描写秋天的佳作,成为后代传诵的悲秋经典,周德清在《中原音韵》中称赞其为"秋思之祖",王国维更是称赞其"寥寥数语,深得唐人绝句妙境,有元一代词家,皆不能办此也"。

一、教学文本解读

这首小令寥寥二十八字,既无藻词,又无典故,言简意赅,节奏鲜明,具有很强的艺术感染力,形象地描绘出了漂泊在外的游子凄楚、悲怆的内心世界,给读者以震撼人心的艺术感受,其艺术魅力主要可以概括为以下几个方面。

(一)借景抒情

这首小令在艺术上的主要成就,就是高超的借景抒情手法的运用。诗歌旨在表达天涯沦落人的凄苦之情,但是人的思想感情是抽象的东西,难以直观地进行表达。因此,作者运用传统的寄情于物的写法,借用枯藤、老树、昏鸦、西风、瘦马、夕阳这些有形可感的事物来表现无形的情感。自然景物本来是没有思想感情的,但是当作者把这些客观事物纳入审美的认识和感受之后,这些事物便被赋予了情感色彩,同人的思想感情融为一体,作者通过借景抒情的手法把这种凄苦愁楚之情刻画得淋漓尽致。因此可以说,整首诗歌的全部思乡之情,都是通过一组组景物组成的画面来表达的,作者把愁思融进了景物和画面之中,把抒情主人公及其坐骑瘦马组成黄昏行旅的画面,从而形象地表现了游子孤寂的心境,使人透视到马背上主人公疲惫憔悴的身影,而作品的主题也就通过这样一幅秋郊日暮羁旅图展现了出来。在整首小令中,作者并没有着力去刻画游子思乡、倦于漂泊的思想情感,而是以凝练的笔法展现出一幅萧瑟苍凉的深秋景象,这种图景看似平淡无奇,实则极具诗意,能给人以强烈的感触,让读者自然感受到浪迹天涯游子的凄凉心境。

(二)大量的名词意象

这首小令由于篇幅短小，无法展开详细叙述或进行铺排细致的描写，作者为了在有限篇幅中扩充表现容量，尽可能地省掉了一切多余的装饰，大量而密集地使用了名词性意象，这些意象并不是简单的并置铺排，而是对丰富诗歌文本的内涵有着重要的表现作用。

1. 意与象的紧密联系

为了突出和强化孤寂、悲苦之情，作者选取了最能体现秋季凄凉萧条的景色和最能表现羁旅行人孤苦惆怅情怀的意象，即将枯藤、老树、昏鸦、小桥等十个景物意象依次呈现。这些意象不仅在空间上有顺序联系，在感情上也是紧密联系的，藤、树、鸦、桥、水等这些"外在之象"被赋予了作者的感情，所以其"内在之意"是枯藤、老树、昏鸦、小桥、流水，意象的特点和作者感情在这里得到了紧密的契合，枯、老、昏、小等字眼总是会让人不自觉地产生孤苦凄凉的感伤情怀，而这些意象共同趋向同一个感情方向，那就是悲凉。

2. 意与象的层次变化

这首小令的意象看似是并列的，但其实是一象一意，一句一景，象与象之间是相互关联的，景与景也是互相融合的，所有的意象排列绝妙有序，层次井然，其中枯藤、老树、昏鸦是近景，小桥、流水、人家是中景，古道、西风、瘦马是特写，"夕阳西下"是远景，"断肠人在天涯"则可以看作全景，整首小令的景物都是随着游子视线的收放和游移展现出来的。开头的"枯藤老树昏鸦"是被作者主观化了的事物，而在这厌倦乃至悲伤的情绪下，却又忽然看到了"小桥流水人家"这一和谐、温暖的场景，作者被这样的场景所吸引，暂时忘记了自己的哀伤，并为这样的场景感到欣喜。只是，当作者回到现实之景以后，却又发现这些幸福的场景和自己一点关系也没有。作者的情感随着诗中景物的变化而起伏波动，而这些意象紧随着作者的情感被赋予了冷色、温色等不同色调色彩，整首小令可以说是用多重意象营造出了冷暖色调的变化，表现出了作者情感变化的"三重奏"。小令中十一个名词性意象的次序组合是作者情感状态及流动轨迹的物化呈现，而意象的序列则暗含了作者于一瞬间经历了"悲—喜—悲—更悲—断肠"跌宕起伏的情感变化过程。①

3. 意与象的圆融

《天净沙·秋思》中"意"与"象"的合一、"情"与"景"的交融达到了和谐统一。第一句"枯藤老树昏鸦"中叠用三个带修饰语的名词性意象，"藤""树""鸦"本是自然景观，没有任何感情色调，但经过游子之眼，便顿时披上了"枯""老""昏"的外衣，被赋予了苍茫、凄凉、萧瑟的特质，寄寓了作者孤独、寂寞、空虚的心境。第二句转而聚焦到了"小桥流水人家"，作为归家象征的小桥、欢快流动的溪水、炊烟袅袅的人家，都给游子一份瞬间而广阔的美好遐想，一种短暂而温馨的错觉，如此之景，怎能不令作者内心升腾起一丝温

---

① 石了英. 意象有机组合的奥秘——马致远《天净沙·秋思》新解[J]. 中学语文教学，2019(03).

馨、美好而浪漫的情思？第三句"古道西风瘦马"，作者的情思突然从遐想的虚幻境界回到现实，景物便再次"着我之色""寄我之思"，古道的苍老萧索、西风的悲凉无情、瘦马的单薄无助，作者眼中之景，正是自己心中之情极度的悲凉、惆怅的外化。第四句"夕阳西下"，作者至此抛却了天地万物，看着远方摇摇欲坠的夕阳，任由无限悲情袭来，感情一落千丈。这首小令字字句句写景，实则物物景景含情，正所谓"意"与"象"合一，"情"与"景"交融，这也正是其艺术魅力所在。①

整首小令将大量的名词性意象进行铺陈，中间无一动词或虚词勾带，无一关联词连接，在审美效果上，读者可以对小令中意象与画面进行自由组接与重接，某种程度上说，小令所有意象都成为这幅画中的并存元素，由读者之眼进行了组合，从而生发出无穷的意境，也生出无限解读及诗意。小令中有丰富空白点与未定点，留给读者无限的想象空间，读者可以进行想象性的连接和创造性的填补，从而丰富文本的内涵，站在客观的角度来说，将名词性意象的并置作为一种艺术手法来使用，一定程度上可以促使作品的意境更加含蓄蕴藉、韵味无穷。

（三）宛转变化的结构

这首小令结构上起承转合，情感上婉曲回环，情味上句绝意不绝，其艺术建构方式是典型的"意象组合"，起首三句不以动词作中介，而连用九个名词直接拼合，形成出色的鼎足对，勾绘出九组剪影，交相叠映，呈现在读者面前的是几个高度简化、凝练的意象——枯藤、老树、昏鸦、小桥、流水、人家、古道、西风、瘦马，几个意象按一定次序排列，构成了立体的空间，因为意象与意象之间没有起连接作用的系连词，所以意象之间的逻辑关系不很确定，有待空间位置的实际排列。②

而且通过细读考究可以发现，前三句是九个意象的三三组合，一句三顿，形式整齐划一，从句式、节奏来看，过于整齐的句式容易导致作品缺少灵动性，变得板滞，因此第四句的"转"就显得非常重要。"夕阳西下"四字就很巧妙地体现出作者宛转变化的写作功夫。首先，在句法上从六字句变为了四字句，语速加快，语气加强。其次，视觉上由近景描摹、中景写实，变成了远景眺望，视野推远的同时也使得景物的境界更加阔大。再次，一个"下"字就将作者情感的快速沉落尽数道出，作者的愁绪进一步加深，"夕阳西下"既呼应前文的"昏鸦""西风"，将日暮途穷的境况再次渲染，又为作者情感高潮的到来充分蓄势，紧接而来的"断肠"二字，实为作者难抑悲怆而发出的一声情感的喟叹。③ 最后，小令以"人在天涯"四字收束全篇，以渐行渐远的镜头感将"断肠"之情绵延至无尽无期，无限低徊，留给读者无限的遐想空间。

（四）白描的手法

这首小令通篇白描，其精妙之处在于深得描写之法，整首小令中作者并没有着力地去

---

①　李志刚.《天净沙·秋思》意象三妙[J]. 中学语文教学参考，2019(12).

②　刘淑丽. 俊逸风流 羁旅绝唱——马致远［越调·天净沙］《秋思》赏析[J]. 名作欣赏，2006（02）.

③　石了英. 意象有机组合的奥秘——马致远《天净沙·秋思》新解[J]. 中学语文教学，2019(03).

刻画游子的思想感情，而是连用九个名词，分别描绘了枯藤、老树、昏鸦、小桥、流水、人家、古道、西风、瘦马九个意象，用白描的手法勾画了一幅深秋景象的图画，而这瑟瑟的秋景又能给读者以强烈的感染。在作者的感念中，树是"老"的，缠绕在老树上的藤是"枯"的，而栖息在老树上的乌鸦是"昏鸦"，道路是"古"的，风是寒冷的西风，马是一匹无力的瘦马，太阳已经"西下"，内心之感受几近"断肠"，人在"天涯"之感又同时袭来，作者在描写这些景物时，不尚华丽，务求朴实，尽管全曲不著一个哀字，但是悠悠哀愁在这样萧瑟苍凉的景物中尽显无遗，使读者自然体味到作者所传达的那一份"断肠人"的情怀，体会到漂泊在外的游子浓烈的思乡之情。

（五）声律的严谨、整齐

这首小令在音节平仄上表现为弱弱强强弱，韵脚是鸦、家、马、下、涯，韵脚整齐，读来朗朗上口，音调优美动听，节奏鲜明。从音韵上看，小令不仅意境优美，而且旋律流畅，韵脚为长元音，发声悠长而响亮，使人产生珠圆玉润的语义联想，进而产生那种凄美的伤感。作者心中已充满悲秋怀乡的苦情，所以笔下表现出的也是那种哀伤，凄楚动人，让人读来伤感无限。①

（六）用词精练含蓄

《天净沙·秋思》文字之精练，可以说达到了不能再增、减一字的程度。全篇仅五句二十八字，既无夸张，也不用典，纯用白描勾勒出生动的图景。小令的前三句，十八个字，共写了藤、树、鸦、桥、水、人家等九种事物，一字一词，一字一景，真可谓"惜墨如金"。但凝练而不简陋，九种事物名称之前分别冠以枯、老、昏、小、流、人、古、西、瘦等表现各自特征的修饰语，使各个事物都带上了鲜明的个性，又使本来互不相干的事物，在苍凉的深秋暮色笼罩下，构成了一个完整的统一体。② 小令的用词虽简单却含蓄，留下了充分的余地和众多的"空白点"，足以使读者进行无限的遐想，吸引读者对其进行揣摩、体会，例如游子为什么漂泊到这里，以及他究竟要到哪里去，这些言外之意都尽可听凭读者去自行想象。这样使得读者不但拥有了广阔的鉴赏自由，还收获了自我诠释的空间，从而可以充分享受作品的审美愉悦，感受作品强大的魅力。③

二、基于课例的教学设计分析

《天净沙·秋思》作为中学教材中最为经典的思乡篇目，不同的教师对于其的理解有所不同，所选的教学内容也会不同，为了解一线教师的教学情况，特收集了 12 则公开发

① 高启明.《天净沙·秋思》艺术鉴赏初探[J]. 课外语文，2020(07).
② 李静梅.《天净沙·秋思》赏析[A]. 张大芝. 大学语文精读课文详析[C]. 北京：语文出版社，1987：121.
③ 于二慧. 从模糊语言学视角解析《天净沙·秋思》[J]. 语文建设，2018(12).

表的教学课例，12 则课例教学内容简要梳理如下，见表1-1：

表 1-1　　　　　　　　　　　**12 则课例教学情况梳理表**

课例	教学目标	教学内容	教学点	教学方法
高德军：《〈天净沙·秋思〉教学设计》，《陕西教育(教学版)》2008 年第 6 期	1. 了解与小令有关的文化常识。2. 反复诵读，感受理解小令中主人公的思乡之情。3. 通过画面赏析、体裁改写，体会情景交融的写作方法。4. 积累古代描写"愁"的诗文。	1. 听配乐朗诵，思考这首小令中的人物是谁？处在什么样的环境中？表现了一种什么样的思想感情？2. 自由诵读，感知内容并背诵。3. 简介小令相关知识以及作者。4. 这首小令描绘了一幅怎样的秋景？5. 小令中前三句共描写了几种景物，情调氛围有何异同？在文中有何作用？6. 小令中这九种景物又是在一个什么样的色彩之下呢？7. 结句点明了什么？8. 发挥想象和联想，用自己的语言叙述这首小令的内容，以小组为单位进行展示。	1. 小令中的景物。2. 小令的情感色彩。3. 断肠人在天涯。	诵读法、合作探究法、想象法
钟昌华：《〈天净沙·秋思〉教学设计》，《语文教学与研究》2018 年第 2 期	1. 能正确有感情地朗读这首小令，并能背诵和默写。2. 借助关键词品读小令，分享作者所表达的思想感情。	1. 反复朗读小令，划出句子的节奏。2. 根据提供的画面，指认出小令所描绘的十项内容。3. 这首小令描写"瘦马""人家"有何用意？作者要表达什么样的感情？4. 在网上或参考课外书籍搜集有关"思乡"的古诗句。	1. 小令中的景物。2. 关键的意象。	诵读法、关键词品析法、拓展阅读法
张梅芳、黄姿权：《〈天净沙·秋思〉教学设计及反思》，《中学教学参考》2018 年 28 期	1. 有感情地朗读课文，学会把握作品的节奏和韵律。2. 学习情景交融的写作手法。3. 深入感受"断肠"。	1. 解题并了解"小令"这种文体。2. 这首小令写了什么？用自己的话将其描述出来。3. 整首小令的感情基调是什么样的？4. 反复诵读，读出节奏和韵律。5. 能最直接体现作者心情的一句是哪句话。6. 什么是"断肠人"？7. 作者是如何表达他的悲痛的？前四句写了哪几种比较悲凉的景物？8. 这些普通的景物加上修饰词后给你什么感受呢？9. "小桥流水人家"的温馨和谐之感应该怎样理解？10. 请结合马致远的生平和生活背景探究一下：作者为什么"断肠"？	1. 小令的题目。2. 断肠人在天涯。3. 小令中的景物。4. 小桥流水人家。	诵读法、想象法、文本细读法、关键词品析法、知人论世法

续表

课例	教学目标	教学内容	教学点	教学方法
冯惟勇:《〈天净沙·秋思〉教学设计》,《语文教学通讯》2015年第17期	1. 了解小令美感与作者情感。 2. 赏析小令所用的写作手法。	1. 反复诵读小令,教师吟唱这首小令。 2. 作者是什么人?抒发了什么感情? 3. 分别给四幅图景命名,体会作者心情的变化。 4. "流水人家图"将人们带入了一个什么样的心境? 5. "西风瘦马图"中"瘦"形象暗含着什么? 6. 为了抒发这特有的感情,为了描绘这动人的画卷,作者是怎么写的? 7. 为了抒发凄凉悲苦的心情,作者采用了什么样的语言表达?为了表现荒郊寂静情景,作者选用了什么时间和意象? 8. 把这首小令改为一首七言诗。	1. 小桥流水人家。 2. 古道西风瘦马。 3. 小令的写作手法。 4. 断肠人在天涯。	诵读法、关键词品析法、文本细读法
赵向阳:《一首肝肠寸断的游子悲情曲——〈天净沙·秋思〉及教学构思》,《云南教育》2009年第6期	1. 通过诵读品味语言,感悟小令凄婉、萧瑟的意境。 2. 通过比较阅读进一步体会作者的悲秋和思乡之情,学习用具体意象表达抽象感情的方法。 3. 积累诗文知识,培养学生热爱家乡、热爱祖国的感情。	1. 简介作者以及小令的文学常识。 2. 诵读作品,读准节奏,体会感情基调。 3. 小令中描绘了哪几种景物?这些景物有何特点?哪句话是点睛之笔?用自己的语言描述一下这首曲的内容。 4. 这些景物的描写中,你读出了作者怎样的情感?作者的思想感情从哪一关键词句体现出来?表现了他怎样的情感? 5. 假如你就是"断肠人",你能说说断肠人在想些什么吗? 6. 比较阅读余光中的《乡愁》,小组合作探究两者在结构、语言和写作手法上的异同。	1. 小令中的景物。 2. 断肠人在天涯。 3. 小令的写作手法和写作特色。	诵读法、文本细读法、关键词品析法、想象法、比较阅读法、合作探究法
盛新凤:《深文浅教 古文趣教——〈天净沙·秋思〉教学实录》,《小学教学设计》2016年第7期	1. 感知小令中的不同的意象。 2. 感受小令中的意象是如何表现作者情感的。	1. 教师简介小令的题目。 2. 自由诵读诗歌,读出节奏和情感。 3. 小令中描绘了哪些景物,圈划出来。 4. 教师引导学生想象小令中的景物分别应该是怎样的? 5. 品味小桥、流水、人家三个意象中包含的情感。 6. 小组合作将这首小令改写成散文。 7. 教师将原文进行改写,学生使用其他意象进行替换,体会不同意象在情感表达上的作用的不同。	1. 小令的题目。 2. 小令中的景物。 3. 小桥流水人家。	诵读法、关键词品析法、文本细读法、合作探究法、比较阅读法

课例	教学目标	教学内容	教学点	教学方法
王瑶：《以读带写，读写一体，促进语文能力全面发展——〈天净沙·秋思〉教学设计》，《课外语文》2018年第28期	1. 在诵读中体悟小令意境，理解作者的处境和心境。 2. 找出小令中的意象，通过分析意象明白借景言情的表达方式。 3. 分析景物特点，在写作中初步掌握景物描写的方法。	1. 自由诵读小令，读准节奏和感情。 2. 解读小令的题目。 3. 作者的秋思到底是什么？找到直接抒发作者情感的句子。 4. 这一句抒发的是怎样的情感？ 5. 在这么短的一首小令中，作者都给我们写了哪些景物？ 6. 学生描绘自己眼里的那棵老树，教师从颜色形状等方面进行引导补充。 7. 以小组为单位，自选一个句子展开想象，增加细节，描绘小令的画面。	1. 小令的题目。 2. 断肠人在天涯。 3. 小令中的景物。	诵读法、关键词品析法、想象法、合作探究法
田贺书：《时间、地点何以是"要素"——〈天净沙·秋思〉课堂实录》，《新作文》2018年第Z1期	1. 通过语言文字正确理解小令的思想内容。 2. 深究文本语言，加深对语言文字的理解，发现语言运用的规则。	1. 这首小令表达了作者什么心情？ 2. 这是一篇什么体例的作品？"天净沙"是什么？ 3. 理解"秋思"和"天涯"的意思。 4. 为什么写"在天涯"呢？你有过想家的经历吗？请说说自己的体验。 5. 揣摩"小桥流水人家"一句的内涵。 6. 揣摩"古道"的内涵和意义。 7. 小令中写秋了吗？揣摩"枯"和"老"。 8. 揣摩和品味"西风"和"夕阳西下"。	1. 小令的题目。 2. "天涯"的内涵和情感。 3. 小桥流水人家。 4. 古道西风瘦马。 5. 夕阳西下。	关键词品析法、文本细读法
王磊：《天涯乡思客，离人心上秋——〈天净沙·秋思〉教学实录与反思》，《教育研究与评论》2017年第2期	1. 有感情地朗诵，把握好重音和停连，感受声韵之美。 2. 想象小令中描绘的情景，领略景物之美，领悟作者情感。	1. 简要理解这首小令的题目。 2. 诵读诗歌，读准节奏。 3. 找一找作者在文中写了哪些景物。 4. 文中的"天涯"是景物吗？ 5. 作者想通过"天涯"这个词表达怎样的情感呢？ 6. 简介小令创作的背景，进一步理解"天涯"的内涵。 7. 运用所学方法学习《清江引·野兴》，分析作者运用不同的意象表达出的情感的不同。	1. 小令的题目。 2. 小令中的景物。 3. 断肠人在天涯。 4. "天涯"的内涵和情感。	诵读法、关键词品析法、文本细读法、知人论世法、拓展阅读法

续表

课例	教学目标	教学内容	教学点	教学方法
王生娟:《〈天净沙·秋思〉的教学设计》,《河北省教师教育学会第一届教学设计创新论坛文集》2011年10月	1. 体会小令描绘的意境。 2. 学习诗人借景抒情的写作方法,培养学生赏读小令的能力。	1. 简介作者及其生平。 2. 多种方式诵读小令,整体感知诗歌。 3. 哪些景物表现了作者的思想感情?作者是如何借助这些景物来抒情的? 4. 文中的小桥、流水、人家和前面那些景物的作用相同吗?有何作用? 5. 总结这首小令使用的写作手法。 6. 与《天净沙·秋》等三首同类型作品进行比较阅读,加深对意象组合法的体会。	1. 小令中的景物。 2. 小桥流水人家。 3. 小令的写作手法。	知人论世法、诵读法、关键词品析法、比较阅读法、拓展阅读法
殷会获:《〈天净沙·秋思〉教学实录》,《语文教学通讯》2015年第Z2期	1. 抓住小令中的意象,深入体会文本表达的情感。 2. 以关键词为抓手,更深层次地把握作品的情感内涵。	1. 诵读小令,读出节奏和情感。 2. 解读小令的标题,初步体会这首小令的情感。 3. 引导学生梳理小令中描写的景物有哪些。 4. 解读小令中关键意象,抓住意象的特点以及这些意象体现出的作者情感。 5. "天涯"这个词语给人怎样的感觉? 6. 通过本课的学习总结阅读同类作品的方法。	1. 小令的题目。 2. 小令中的景物。 3. 关键的意象。 4. "天涯"的内涵和情感。	诵读法、关键词品析法、文本细读法、拓展阅读法
任为新:《〈天净沙·秋思〉课堂实录》,《语文教学通讯》2020年第14期	1. 抓住小令中的意象,深入体会文本的情感。 2. 关注小令中的文化象征物,探究其深层的文化意蕴。	1. 教师解读小令的题目及意境。 2. 明确小令描绘的季节以及时间,教师引申拓展相关诗句和知识。 3. "枯藤老树昏鸦"中的"鸦"指的是什么? 4. 从地理位置上说,这首《天净沙·秋思》写的是什么地方的风貌? 5. 结合英文翻译进一步体会意象的深层内涵,体会汉语言文字独有的魅力。	1. 小令的题目。 2. 关键的意象。 3. 枯藤老树昏鸦。	文本细读法、拓展阅读法

(一)教学目标

教学目标是一篇课文教学的指向标,在一定程度上能够反映出教师教授这篇作品时的侧重点,所选的12则课例中,教师们的教学目标整体来说还是较为分散的,教师选择的教学目标主要有以下八个,其占比情况见图1-1所示。

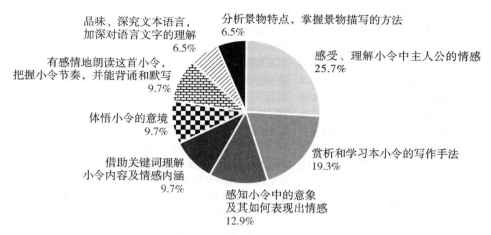

图 1-1 12 则课例教学目标选择情况

通过图 1-1 的梳理我们可以看出，所选的 12 则课例中，占比最高的教学目标是"感受、理解小令中主人公的情感"，一共有八位教师选择了这一教学目标，所以绝大部分一线教师都能关注到本小令的情感教学。紧接着占比较高的教学目标是"赏析和学习本小令的写作手法"，即对本小令融情于景、借景抒情的手法进行分析和教学，一共有六位教师在教学目标中确立了对写作手法进行教学。接着占比较高的教学目标是"感知小令中的意象及其如何表现出情感"，意象是这首小令的文本特质，但是只有四位教师在教学目标的设定时明确了这一教学目标。最后占比较高的三个目标是"借助关键词理解小令内容及情感内涵""体悟小令的意境"和"有感情地朗读这首小令，把握小令节奏，并能背诵和默写"，选择这三个教学目标的教师分别有三位，这三个教学目标更多是从诗歌的整体把握出发，对文本本身的针对性不够强。而"品味、深究文本语言，加深对语言文字的理解"和"分析景物特点，掌握景物描写的方法"这两个教学目标的占比最低，分别只有两位教师选择了将它们作为教学目标，这说明大部分教师对于本小令的语言以及文本特色及景物描写的重视还有所欠缺，对于文本的解读还不够深入具体。

（二）教学内容

教学内容一般是依据教师的教学目标设定的，教学内容是教师教学时的重点，所选的 12 则课例中，教师们主要选择的教学内容占比较高的有十三个，占比情况见图 1-2。

通过图 1-2 我们可以发现，12 则教学课例中，占比超过一半的教学内容有七个，教师们选择最多的是"自由诵读，读准字音和节奏""小令中描写了哪些景物，有何特点和作用"这两个，有九位教师在教学时关注到了对小令中景物描写的讲解，说明大部分教师都能抓住本小令的文本特质进行讲解。然后占比较高的是"品析'天涯''瘦马'等关键意象的内涵"这一教学内容，一共有七位教师在教学时会对小令中的意象进行探究和教学，接下来占比较高的教学内容是"解读小令的题目"，一共有六位教师在教学时选择对小令的题目进行讲解。随后占比较高的是"对小令最后一句及'断肠人'的理解""对'小桥流水人

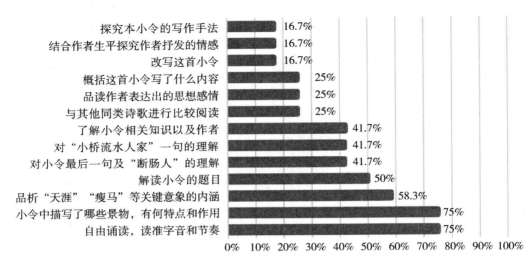

图 1-2 12 则教学课例教学内容选择情况图

家' 一句的理解"和"了解小令相关知识以及作者"这三个教学内容。值得我们关注的是，在教学中对本小令的写作手法进行探究的教师仅有两位，与前面教学目标的设定有一定差距。

(三) 教学点

所选的 12 则教学课例在教学点的选择上各有侧重，各教学点选择情况见图 1-3。

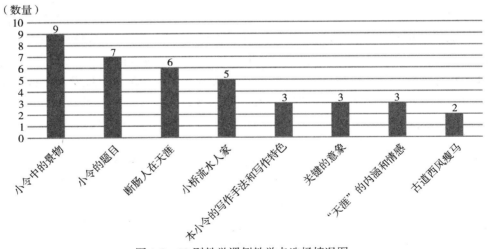

图 1-3 12 则教学课例教学点选择情况图

综合图 1-3 我们可以发现，所选的 12 则课例中，各教师的教学点选择是较为分散的，占比较高的教学点共有七个，但是占比超过一半的教学点只有三个。其中，占比最高的教学点是对"小令中的景物"进行探究和讲解，接着占比较高的是对"小令的题目"进行教学，共有七位教师在教学时会对小令的题目进行讲解；另一个占比超过一半的教学点是对"断肠人在天涯"这一句进行分析和探究。紧接着占比较高的是对"小桥流水人家"一句的教学，有五位教师在教学中着重对这一句进行了详细讲解。最后占比较高的三个教学点是"本小令的写作手法和写作特色""关键的意象"以及"'天涯'的内涵和情感"，分别有三位教师在教学时选择了这些教学点，这说明大多数教师在教学时会忽略对作品的写作手法和意象的讲解。

（四）教学方法

教学方法在一定程度上会对文本的教学及其效果产生一定的影响，所选的 12 则课例中，教师选择的教学方法主要有以下八种，各占比情况见图 1-4 所示。

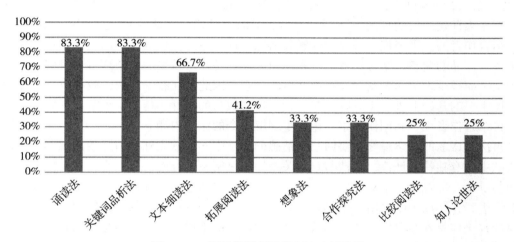

图 1-4　12 则教学课例教学方法选择情况

通过图 1-4 各教学方法的占比我们可以发现，12 则教学课例中教师们选择的教学方法较为多样化，教师们选择的教学方法有八个，其中占比超过一半的方法只有三个，占比最高的两种教学方法是"诵读法"和"关键词品析法"，分别都有十位教师在教学时用了这两种教学方法，这说明绝大部分的教师在教学时都意识到了朗读的重要性，也会着重关注诗歌中的关键词的品析。接着占比较高的教学方法是"文本细读法"和"拓展阅读法"，有超过一半的教师选择了这两种教学方法；而选择"想象法"和"合作探究法"的教师仅有四个，选择"比较阅读法"和"知人论世法"的教师更是少数。

三、基于课例分析的教学建议

作为一首传诵千古的小令作品，《天净沙·秋思》中诗人运用了别致的手法，仅用 28 字就使得作品意蕴深远，赢得了"秋思之祖"的美誉。但并不是所有人都能从中解读到其精要之处，特别是对于刚进初中阶段学习的中学生而言，要想真切而深入地诵读出它的所有精彩，则是相当困难的。通过对 12 则公开发表的教学课例的教学内容进行梳理分析，我们可以发现在这首小令的教学里，一线教师还存在一些可以改进的地方。

就这首小令而言，它至少涉及描写、叙事和抒情三种表达方式。首先，就描写来说，这首小令描写的大量景物一定是教学的重点，梳理所选的 12 则课例的教学内容我们也可以发现，绝大多数的教师在教学时都能抓住诗歌中的景物进行讲解，但是单单只讲解描写了哪些景物就只是浅层次的分析了，教师还应该引导学生关注到作者是如何描写这些景物的，以及作者为何要选取这些具有代表性的景物，其深层的内涵和意义是什么，这样学生才能真正明确这些景物在表现诗歌主旨和诗人情感上的作用。

其次，从叙事角度分析，小令所叙述的至少蕴含两件事情，一是叙写马致远羁旅天涯，二是叙写抒情主人公在羁旅途中的所见所闻。综合所选的一线教师的教学课例，我们可以发现，12 则课例中，大多数教师关注的重点都是在抒情主人公的羁旅见闻上，对于诗人羁旅天涯这一层的理解还是不到位的，只有三位教师在教学时运用了知人论世的方法，结合作者的生平来理解小令的内涵和情感，这一占比是较低的。而教师要想引导学生真正体会作品的情感，结合作者生平和经历来理解是非常重要的一个环节，否则学生只看到了文字而很难理解作者蕴含在小令背后的深意。因此，在教学之时，教师可以引导学生在诵读小令的基础上进一步理顺文意，找全作者叙写的事件，帮助学生整体把握小令的内容，再结合作者生平和创作背景，进一步理解小令的深层内涵。

再次，诗歌的教学最终都要回归到情感的教学中，诗歌无外乎情与景两端，景物描写在诗歌中具有独特的地位，而情与景的关系往往是密不可分的。这首小令最突出的特征就是情与景的完美融合，即对自然景物的巧妙组合、对情感的巧妙表达。但是，作为刚上初一的学生，在解读小令时由于不熟悉作品体例，对于小令中的景物及其作用的把握往往不够精准，这样就容易对作品缺乏细致、准确而深入的把握。小令虽然总共只有五句，但前四句可谓是单纯的写景，写景之语占据了全小令的绝大部分篇幅，这些描写，前三句又是单纯的物象叠加，但叠加之后却意境全出，"枯""老""昏""古""瘦"这些形容词表现力极强，将诗人的心境和盘托出，"流水""人家"和"夕阳"这些常见意象又巧妙地映衬出了诗人的情感。在教学之时，教师可以引导学生揣摩景物描写在文中的作用，如其在交代故事发生的时间、地点和背景，渲染烘托人物心境上的作用。对于学生而言，他们的诗歌学习基础不一，但在掌握叙事能力的基础上，同学之间通过合作探究可以逐渐明确景物描写在小令中的作用。同样的，在教学时，教者要引导学生揣摩景物描写在小令中的作用，作者为什么描写这些景物，正是因为这些景物引起了作者欲抒发的情感。可以以此为例子，教给学生如何通过景物描写来抒发情感，教师也可以借此强化学生对诗歌乃至所有文学作品中景物描写作用的认识，进一步启发学生发现和赏析其他诗歌乃至文学作品中的景物描写。

最后，在所选的 12 则课例中，使用想象法的教师只有四位，而诗歌往往是通过意象来渲染意境，但是在教学过程中，学生对意境的理解往往是通过老师口头语言的表述，很难帮助学生达到如临其境的效果。在这首小令的教学中，由于本小令有大量的景物铺陈，教师可以尝试让学生拿起画笔，展开合理的想象，把自己从小令中想到的画面画出来，画画的过程是景物情感再现的过程，也是作者情感和学生情感产生共鸣的过程，学生把自己的所思所想和作者的语言文字用绘画的形式进行融合的过程，既是学生自己理解作品、接受作品的过程，也是对该作品的二次创作的过程。这样不仅提高了学生的想象力、创造力，也提高了学生的审美和写作能力，增强了他们阅读的乐趣。可以让学生在读完诗歌之后对"枯""老""昏""小""流""古""西""瘦"这几个词进行深刻思考，然后画出相应的"藤""树""鸦""桥""水""家""道""风""马"，让学生尽情发挥想象，结合作者感情和自己的生活经验，去思考这些景象在每个人的心中具象的画面到底是怎样的，马瘦到了什么程度等这一系列的问题，并让学生用画笔形象地把自己的理解表达出来，通过画面直观形象地去感悟作者融藏于字里行间的深厚感情。

综上所述，教师在本小令的教学之时，可以引导学生在诵读小令的基础上，理顺文意，找全作者叙写的事件，在这个过程中可能需要教师循循善诱，引导学生将所涉见闻进行分类，从而进一步深挖景物描写在本小令中的作用。但是学生对于本小令景物的理解不能仅仅停留在对其作用了解的层面，更应该结合诗人的情感，分析作者借景抒情的写作手法及其妙用。同时还可以创新教学的方式，运用多种方法帮助学生加深对于诗歌的理解，明确情与景的关系是如何表现出来的，同时还可以进行适当的拓展和对比阅读，将从本小令中所学到的方法运用到其他同类诗歌的学习中去，帮助学生掌握相关方法的理解和运用。《天净沙·秋思》这首小令中，景与意及情的关系可谓是恰到好处、浑然天成，教师在教学时一定不能将这三者割裂开来进行讲解，这样不仅会破坏诗歌的整体结构，甚至会破坏诗歌整体的美感和意境，使得这首小令失去其原有的魅力和特色，以上种种，都应该是教师在教学本小令时要仔细思量的问题。

四、教学设计参考

《天净沙·秋思》教学设计

学情简析：

整首小令的内容较为简单易懂，学生对于本小令的内容和情感基调可以做到大致的把握，但是对于本小令的情与景的关系、艺术手法和特征的感悟还不到位。

教学重点：

理清小令意与象之间的关系，感受小令婉转变化的结构与白描的手法的运用。

教学难点：

把握小令中的大量名词意象，理解其在情感抒发上的作用。

教学课时：

1 课时。

教学流程：

（一）教学导入

自由诵读，感知整首小令的内容，读准小令的节奏，帮助学生了解曲、小令等的基本文体和文学知识。

1. 初读小令，把握小令内容。

学习活动：

讨论：小令写了哪些内容？描绘了一幅怎样的秋景？小令前三句共描写了几种景物，整首小令带给你的是一种怎样的情调氛围？

2. 梳理小令情感脉络，把握小令情感基调。

学习活动：

讨论：整首小令的感情基调是什么样的？能最直接体现作者心情的是哪句话？表现了诗人一种什么样的思想感情？

(二)赏析与研讨

1. 深入研讨小令中的意与象的关系，学习诗歌情景交融的写作手法及作用。

学习活动：

讨论：作者是怎样表达他的悲痛的？前四句写了哪几种比较悲凉的景物？梳理整首小令中一共描写了哪些景物，圈划出来，这些普通的景物加上修饰词后给你什么感受呢？这首小令描写"瘦马""人家"这些景物有何用意？作者想要表达什么样的感情？

2. 细读小令语言，品味诗中关键词在情感和意境上的作用。

学习活动：

引导学生揣摩"枯"和"老"字，品味"古道"的内涵，以及"下"字在情感抒发上的作用。

3. 学习小令白描的写作手法及其作用。

学习活动：

教师为学生介绍白描的写作手法，并进行范例讲解，学生根据老师的讲解分析本小令是如何运用白描手法的，明确小令是用白描的手法勾画了一幅深秋景象的图画。

4. 拓展阅读，通过对比阅读加深理解。

学习活动：

学生与《天净沙·秋》等三首同类型诗歌进行比较阅读，加深对本小令中运用的意象组合法的体会，比较同类诗歌在结构、语言和写作手法上的异同，加深对本小令写作手法及效果的理解。

5. 迁移理解，将本课所学转化成直观的画面。

学习活动：

学生发挥想象和联想，试着将这首小令的内容和画面画出来，以小组为单位进行展示。

第二章
《木兰诗》文本解读与教学设计

　　《木兰诗》(七年级下册第二单元)是中国古代乐府民歌的瑰宝,与《孔雀东南飞》一起被合称为"乐府双璧",郭茂倩的《乐府诗集》将其归入《横吹曲辞·梁鼓角横吹曲》一类中。作为一首长篇叙事诗,它讲述了木兰女扮男装,替父从军,在战场上建立功勋,回朝后不愿做官,只求回家团聚的故事。《木兰诗》最早于1905年被选入初等小学教材《最新国文教科书》第九册,至今已经有一百多年的历史。此后,《木兰诗》一直被频繁地选入语文教科书,人教版、沪教版、苏教版、粤教版、冀教版、北师大版等,都收录了《木兰诗》作为课文,可见其在诗歌教学上的重要地位。作为一首经典乐府诗歌,系统地梳理该诗歌的文本解读,并从课例出发,讨论该诗歌教学内容的选择并提出相关的教学建议,为一线教师提供教学参考就显得非常重要。

一、教学文本解读

(一) 主题探讨

　　对《木兰诗》主题的解读历来都是众说纷纭,主要观点有"忠君孝道"说、"男女平等"说、"战争与和平"说,较为大众接受和有代表性。

1. "忠君孝道"说

　　传统观点将《木兰诗》的主题概括为歌颂女英雄的忠、孝。学者钟亮认为,木兰在决定替父从军、思念父母、回归女性这三个方面无不体现了"孝道"这一主题①;黄其光则认为,诗中重点描绘了木兰在赴前线作战时与爷娘的离别之苦,以及战后与亲人的相聚之乐,着重突出的是一种亲情关系,其本质就是对"尽孝道"这种传统美德的歌颂②;温新成更是直接明确地点出,既然木兰不图英雄之虚名,我们又何必强加于她呢,她就是一个

---

① 钟亮.《木兰诗》"孝道"新解[J]. 语文知识, 2016(09).
② 黄齐光.《木兰诗》的要害是"尽孝道"——《木兰诗》主题别解[J]. 乌鲁木齐成人教育学院学报, 2003(01).

传统的孝女①；同样持有此观点的还有王全华，他提出"《木兰诗》是北朝时期产生的一首旨在劝孝的民歌，作者着意塑造孝女木兰的形象，其初衷在于为社会提供一位可资仿效的恪守伦理道德规范的典型"的观点②，据此可以看出，"忠君孝道"说在早期是一种较为大众和学界接受的主流观点。

2. "男女平等"说

这一学说的形成较晚，是于近代才出现和流行的观点。中国科学院文学研究所编的《中国文学史》提出了不同于传统观点的意见，书中指出，这首诗是以木兰这一出色的艺术形象，来说明女子和男子同样有能力做出英雄豪杰的事业。同时也说明了女子有权利受到和男人同样的对待，这是人民愿望的反映。所以这是对那个时代重男轻女成见的一个重大冲击。③ 编者还认为，在封建时代男性中心的社会里，这部作品的出现具有很大的意义。这种"批判男尊女卑"的观点在近代研究者和评论家中占了上风，如郭沫若主编的《中国史稿》中就有这样的观点，他认为《木兰诗》的主题思想是"打破了男尊女卑，男强女弱的旧观点"而同样持有这样观点的还有游国恩主编的《中国文学史》，他在书中认为，木兰作为一个弱质女流"竟自勇敢地承担起一般妇女所不能承担的代父从军的任务"，因而他认为木兰是突破了"女不如男"的封建传统观念的形象。④

3. "战争与和平"说

除去以上两种主流观点，还有一种观点是将《木兰诗》的主题解读为借木兰替父从军的故事，来强调战争的非正义性，表达了底层人民对和平的向往与热爱。刘大杰就提出，在中国古典诗歌里，这是初次塑造出的一个英勇性格的女性形象，这个故事表面是喜剧性的，但是实际上却隐藏着悲剧的现实。从这首诗可以体会到当时封建统治阶级不断发动战争，广大人民苦于封建兵役制度压迫的生活情况。⑤ 阳国亮更是提出，全诗是围绕着战争与和平这个主题来进行剪裁和描写的，作者所塑造的木兰这个形象，寄托了劳动人民追求和平劳动生活的理想，作者是假木兰的故事之手使这一理想得到了实现。因此，作品的主题思想应当概括为，诗歌热情地歌颂了坚强勇敢的女英雄木兰，表现了对破坏无数家庭欢乐，使亲人骨肉离散的战争的谴责和以坚强的战斗精神保卫和平劳动生活的立场，表达了劳动人民的安居乐业、过和平劳动生活的社会理想及其对这一理想的热烈追求。⑥ 而学者许善述则认为，木兰的身上具有民间女子的纯朴、天真、高尚的品质，木兰的形象也正反映出了广大底层人民对和平生活的强烈要求。在乱世之中，人心思治，向往和平，这正是

---

① 温新成. 巾帼英雄还是传统孝女——《木兰诗》中木兰形象再探讨[J]. 语文教学通讯，2005（02）.

② 王全华. 漫评《木兰诗》主题[J]. 枣庄师专学报，1986（01）.

③ 中国社科院文学研究所. 中国文学史[M]. 北京：人民文学出版社，2010：62.

④ 游国恩等. 中国文学史[M]. 北京：人民文学出版社，1963：7.

⑤ 刘大杰. 中国文学发展史[M]. 上海：上海古籍出版社，2006：82.

⑥ 阳国亮. 试论《木兰诗》的主题思想[J]. 广西师范学院学报，1982（04）.

时代的要求，而作品所表现的正是这样积极、健康的主题。①

(二) 艺术特色

贾郁晗将木兰诗的艺术特色总结为三个方面，一是通过对偶、设问、顶真等修辞，分别从正面与侧面凸显了木兰的孝顺和思乡心切；二是运用了夸张、互文和对偶三种修辞，塑造了木兰骁勇善战、驰骋疆场的英雄形象；三是采用了排比、比喻和反问等修辞，表现出木兰身为女战士的自豪和作为女儿家的可爱俏皮。② 因此，我们也可以从这三个方面对《木兰诗》整首诗歌的艺术特色展开分析。

1. 对偶

对偶是指将一对结构基本相同或相似，字数一致的词组或者是短句组合起来，所形成的一种用于表达相关联或者相对应意思的修辞手法。在《木兰诗》中，"朔气传金柝，寒光照铁衣"这一句就是典型的格式工整的对偶修辞句。在这里，"金柝"与"铁衣"相互对应，两者从词性上来说均属于名词，而结构形式同样为偏正式；"朔气"与"寒光"相互对应，两者从词性上来说同样属于名词，结构形式也为偏正式，"传"则与"照"相互对应，是动词与动词的相对。即在"朔气传金柝，寒光照铁衣"一句中，上下两句是字数一致、词性一致、结构一致的对偶修辞句，作者在这里通过对偶的方式，在对木兰从军后战争环境的艰苦以及战士们顽强拼搏精神进行了细致刻画的同时，也兼具了修辞的美感，使得诗句读起来有一种对称、押韵的美感。而"将军百战死，壮士十年归"这两句，也是以对偶的修辞手法来造成一种时间和空间上的交错跳跃。在这里，诗歌的上句从空间的横向来表现，下句从时间的纵向来表现，使得诗歌在广阔的叙事空间中，具有了更加深远的意境。在这个意境中，还蕴含着丰富的内容，极易引起读者的思考，激发读者的想象，因为这组对偶句极精练地概括出了木兰驰骋万里、十年征战的戎马生涯，木兰在战场上英勇杀敌的气势和形象活灵活现地浮现在了读者的脑海中，同时，诗歌的句式也极为整齐，语言生动形象，读起来铿锵有力，朗朗上口。

2. 互文

互文的取意为"参互成文，含而见文"，换句话来说，就是两个句子之间或是一个句子中的前后两块，从表面上看说的是两件事情，但实际上说的却是一件事情，两个句子或一个句子中的前后两块只是为了相互呼应，起着相互阐述和互为补充的作用，通过前后文意的彼此交错和渗透，进而相互补充的形式来表达同一个意思的修辞方法。《木兰诗》中"东市买骏马，西市买鞍鞯，南市买辔头，北市买长鞭"一句就运用了互文修辞的手法。其字面意义是，木兰在为代父从军出发做准备，到东市买好骏马，到西市买鞍鞯，到南市选好辔头，然后到北市买长鞭。整体所表达的意思是非常简洁的，即木兰从军前到各个街

---

① 许善述．也谈《木兰诗》的时代和主题[J]．安庆师院学报，1982(04)．

② 贾郁晗．《木兰诗》中木兰形象塑造的修辞学赏析[J]．名作欣赏，2018(11)．

市置办各种马具与用具，作者通过运用互文修辞的方式，将这一件事情拆分为四个部分进行铺设称述，四个部分相互呼应，节奏和叙事鲜明，同时也从侧面反映出了木兰在辞别父亲前置办各种从军物资时焦急、迫切的心情。

3. 排比

排比的修辞功能可以概括为"增文势""广文义"，即排比可以增加气势，语气一贯，使得诗歌的句子节律强劲，各排比项之间的意义范畴相同，带有列举和强化性质，可拓展和深化文意。如诗中"爷娘闻女来，出郭相扶将；阿姊闻妹来，当户理红妆；小弟闻姊来，磨刀霍霍向猪羊"一句就是极为典型的排比句，在此处，作者用排比句式表达了木兰返回故乡后，父母、姐姐、弟弟的不同行为举止，渲染了家人听说木兰回家之后激动、喜悦的气氛。同样，"开我东阁门，坐我西阁床。脱我战时袍，著我旧时裳"两句也属于排比句，作者通过排比修辞，将木兰返家以后的情态生动地描绘了出来，当木兰终于战胜返家后，自己即将恢复女儿本来面貌而产生的激动心情也很好地传达了出来，由于有四个"我"字排比修辞，故而使得诗句的音节非常明快，语势上具有连贯、完整的特点。

(三) 结构特点

《木兰诗》是一首叙事长诗，王佑军提出，从写作借鉴的角度来看，《木兰诗》最大的特点是详略安排得当，详写的地方浓墨重彩，略写的地方则惜墨如金。① 精当的结构安排使得《木兰诗》的主题更加突出，人物形象也更加鲜明。《木兰诗》全诗共 62 句，写木兰从军之前的思虑与准备有 20 句，写得胜归来、朝堂辞赏和木兰返乡有 28 句，作者将木兰从军前后的心理和行为极尽铺排，描写得十分细致，而中间描写战争的句子仅 14 句，将十年的战场生涯，百死一生的残酷场面一带而过。作者在"女儿情怀"上浓墨重彩，而在"英雄气概"上简笔略写，其目的是塑造一个女儿本色的木兰，而不是一个战场上的英雄，也使得木兰的形象更加生动明晰。

二、基于课例的教学设计分析

《木兰诗》作为中学教材中的经典名篇，关于其的研究和教学课题的讨论从未停止，无论是木兰的人物形象内涵、丰富的修辞运用，还是体会民歌情味都可作为教学点来教授。但是面对如此多的教学点，教师们应该怎样取舍？为了解一线教师的教学情况，在此选取 20 世纪九十年代以来公开发表的，具有代表性的 8 则《木兰诗》的教学课例，对课例中选取的教学内容、教学方法等进行了梳理归纳，见表 2-1。

---

① 王佑军.《木兰诗》：详略背后的章法考量(下)[J]. 新作文(初中版)，2017(11).

表 2-1　　　　　　　　　　　　　**8 则教学课例内容梳理表**

课例	教学目标	教学内容	教学点	教学方法
余映潮:《〈木兰诗〉课堂教学实录及赏析》,《中学语文》2015 年第 13 期	1. 诵读诗歌、品析语言,把握诗中人物形象的特点。 2. 划分诗歌的层次,概括每一段的大意。 3. 掌握"互文"这一手法及其在文中的作用。	1. 齐读课文,引导学生关注导读部分。 2. 纠正读音,借助注释读准字音,教师范读,把握情感。 3. 用每一段诗里面的句子来概括段意。 4. 选段品析,划分层次。 5. 重点讲解"互文"这一修辞手法。 6. 课中积累"戎""阁""惜墨如金""泼墨似水"等词语。	1. 万里赴戎机,关山度若飞。朔气传金柝,寒光照铁衣。将军百战死,壮士十年归。 2. 东市买骏马,西市买鞍鞯,南市买辔头,北市买长鞭。 3. 爷娘闻女来,出郭相扶将;阿姊闻妹来,当户理红妆;小弟闻姊来,磨刀霍霍向猪羊。 4. 开我东阁门,坐我西阁床。脱我战时袍,著我旧时裳。当窗理云鬓,对镜帖花黄。 5. 出门看火伴,火伴皆惊忙:同行十二年,不知木兰是女郎。	诵读法、文本细读法
王君:《木兰是女神,还是女汉子?——用矛盾式赏析法教学〈木兰诗〉课堂实录》,《语文教学通讯》2017 年第 2 期	1. 反复诵读诗歌、品析语言,把握诗中人物形象的特点。 2. 提炼诗歌的大意和内容。	1. 介绍问答句、排比句、顶真句、复沓句、互文句等民歌句式,配乐朗读课文。 2. 学习矛盾式赏析法,并用矛盾式赏析法赏析课文。 3. 用朗读稿进行对比朗读。 4. 矛盾式创写,引用一句诗或是还原一个场景表现木兰的特点。 5. 用对联的形式提炼课文大意。 6. 用《夸木兰》一诗结尾,并拓展阅读《谁说女子要如男》。	1. 爷娘闻女来,出郭相扶将;阿姊闻妹来,当户理红妆;小弟闻姊来,磨刀霍霍向猪羊。 2. 不闻爷娘唤女声,但闻黄河流水鸣溅溅。 3. 可汗问所欲,木兰不用尚书郎。 4. 唧唧复唧唧,木兰当户织。不闻机杼声,唯闻女叹息。 5. 开我东阁门,坐我西阁床。脱我战时袍,著我旧时裳。当窗理云鬓,对镜帖花黄。	诵读法、文本细读法、想象法、对比阅读法
刘易:《〈木兰诗〉教学设计》,《文学教育(下)》2016 年第 1 期	1. 赏析木兰这一古代女英雄形象。 2. 了解孙绍振的文本分析方法。	1. 导入新课,展示目标。 2. 概括英雄的特点,从课文中找出木兰是英雄的相关语句。 3. 教师示范朗读,学生思考《木兰诗》写英雄却不写英雄如何英勇善战,不写英勇场面,那么这首诗写了些什么呢? 4. 结合木兰的英雄气概和女儿情态说说在你心中的木兰是个怎样的英雄? 5. 总结文本分析法。	1. 旦辞黄河去,暮至黑山头,不闻爷娘唤女声,但闻燕山胡骑鸣啾啾。 2. 万里赴戎机,关山度若飞。 3. 朔气传金柝,寒光照铁衣。 4. 将军百战死,壮士十年归。 5. 可汗问所欲,木兰不用尚书郎。 6. 开我东阁门,坐我西阁床。脱我战时袍,著我旧时裳。当窗理云鬓,对镜帖花黄。	合作探究法、诵读法、文本细读法

续表

课例	教学目标	教学内容	教学点	教学方法
石伶俐:《〈木兰诗〉教学设计》,《中学语文教学》2009年第5期	1. 通过朗读,感知诗歌的语言美、人物美。 2. 以点带面,学习详略得当地安排材料。 3. 了解木兰这一文学形象。培养学生的口头表达能力和创造性思维的能力。	1. 用动画片《花木兰》导入新课。 2. 给生字注音、找出通假字。 3. 本诗叙述了什么内容?从诗中何处知道木兰曾经女扮男装?这首诗叙述了哪些情节? 4. 思考四部分情节分别表达了木兰怎样的思想感情?为什么? 5. 男女同学针对两个场景发挥想象,进行写作练习。 6. 根据诗中关于沙场征战的六句话,描绘战争场面。	1. 同行十二年,不知木兰是女郎。 2. 愿为市鞍马,从此替爷征。 3. 旦辞黄河去,暮至黑山头,不闻爷娘唤女声,但闻燕山胡骑鸣啾啾。 4. 万里赴戎机,关山度若飞。朔气传金柝,寒光照铁衣。将军百战死,壮士十年归。 5. 爷娘闻女来,出郭相扶将;阿姊闻妹来,当户理红妆;小弟闻姊来,磨刀霍霍向猪羊。	合作探究法、诵读法、想象法、问题教学法、文本细读法
唐惠忠:《锁定课核,多方比较——〈木兰诗〉教学设计》,《语文教学与研究》2020年第1期	1. 反复朗读诗歌,通过比较辨析,体会刚健明朗、质朴生动的民歌情味。 2. 以"木兰是女郎"为课核,赏析关键诗句,理解木兰的英雄气概和女儿情态。	1. 初读课文,解答疑难词句。 2. 再读课文,为各部分内容拟定小标题。 3. 对原作进行删改,感受民歌的独特意蕴。 4. 针对诗歌的内容或写法,每个学生提出至少一个问题,组织学生逐个解答。 5. 仿照"感动中国人物"给木兰写颁奖词。 6. 深度探讨:木兰是"爱国"英雄吗? 7. 延伸拓展,师生评议美国课本《民谣花木兰》活动设计。 8. 为电影《花木兰》创作主题歌《木兰赞》。	1. 唧唧复唧唧。 2. 问女何所思,问女何所忆。 3. 雄兔脚扑朔,雌兔眼迷离,双兔傍地走,安能辨我是雄雌? 4. 东市买骏马,西市买鞍鞯,南市买辔头,北市买长鞭。 5. 可汗问所欲,木兰不用尚书郎。 6. 旦辞爷娘去,暮宿黄河边,不闻爷娘唤女声,但闻黄河流水鸣溅溅。旦辞黄河去,暮至黑山头,不闻爷娘唤女声,但闻燕山胡骑鸣啾啾。 7. 开我东阁门,坐我西阁床。脱我战时袍,著我旧时裳。当窗理云鬓,对镜帖花黄。	比较阅读法、诵读法、合作探究法、问题教学法、文本细读法

课例	教学目标	教学内容	教学点	教学方法
朱则光:《〈木兰诗〉教学设计》,《中学语文教学》2012年第3期	1. 反复诵读诗歌、品析语言,把握诗中人物形象的特点。 2. 划分诗歌层次,品析每节的内容和情节。	1. 谈话导入,从木兰的故里入手导入新课。 2. 指名朗读课文。 3. 品析第一、二节,思考木兰为何叹息?木兰最终做出了什么选择? 4. 品析第三节,把握从军后木兰的心理变化。 5. 品析第四节,思考诗歌故意隐去了什么内容不写。 6. 品析第五、六、七节,思考木兰在留下做官和回家纺织中做何选择,为何这样选择? 7. 对木兰的形象进行总结。	1. 唧唧复唧唧,木兰当户织。不闻机杼声,唯闻女叹息。 2. 愿为市鞍马,从此替爷征。 3. 东市买骏马,西市买鞍鞯,南市买辔头,北市买长鞭。 4. 旦辞爷娘去,暮宿黄河边,不闻爷娘唤女声,但闻黄河流水鸣溅溅。旦辞黄河去,暮至黑山头,不闻爷娘唤女声,但闻燕山胡骑鸣啾啾。 5. 爷娘闻女来,出郭相扶将;阿姊闻妹来,当户理红妆;小弟闻姊来,磨刀霍霍向猪羊。	诵读法、文本细读法
宋鸽:《〈木兰诗〉教学设计》,《科技风》2018年第18期	1. 把握诗歌情感,并有感情地朗诵,识记诗中的文言词语。 2. 反复诵读诗歌、品析语言,把握诗中人物形象的特点,体会诗歌刚健明朗、质朴生动的民歌情味。 3. 体会木兰的家国情怀,培养学生的爱家、爱国情感。	1. 介绍北朝民歌。 2. 读准字音,梳理故事情节,划分层次。 3. 确定本诗的情感基调。 4. 分析木兰形象。 5. 分析《木兰诗》广为传诵的原因。 6. 分析本诗出现的多种修辞手法。 7. 整理本诗的学习思路,画成思维导图。	1. 愿为市鞍马,从此替爷征。 2. 爷娘闻女来,出郭相扶将;阿姊闻妹来,当户理红妆;小弟闻姊来,磨刀霍霍向猪羊。 3. 开我东阁门,坐我西阁床。脱我战时袍,著我旧时裳。当窗理云鬓,对镜帖花黄。 4. 东市买骏马,西市买鞍鞯,南市买辔头,北市买长鞭。	诵读法、文本细读法

续表

课例	教学目标	教学内容	教学点	教学方法
姜蕊、贾玲：《巾帼英雄——〈木兰诗〉中木兰形象分析课堂实录》，《中学语文》2018年第19期	1. 反复诵读诗歌、品析语言，把握诗中人物形象的特点。 2. 整体把握诗歌的内容，领悟诗歌的内涵。	1. 用豫剧选段《谁说女子不如男》导入新课，并用中国邮政发行的特种邮票《木兰出征》四幅图片梳理情节。 2. 品词析句，分析人物形象。 3. 归纳总结，领悟内涵。 4. 学生自己设计花木兰的人物形象。	1. 同行十二年，不知木兰是女郎。 2. 开我东阁门，坐我西阁床。脱我战时袍，著我旧时裳。当窗理云鬓，对镜帖花黄。 3. 唧唧复唧唧，木兰当户织。不闻机杼声，唯闻女叹息。 4. 阿爷无大儿，木兰无长兄，愿为市鞍马，从此替爷征。 5. 将军百战死，壮士十年归。 6. 旦辞爷娘去，暮宿黄河边，不闻爷娘唤女声，但闻黄河流水鸣溅溅。旦辞黄河去，暮至黑山头，不闻爷娘唤女声，但闻燕山胡骑鸣啾啾。	诵读法、文本细读法

（一）教学目标

通过梳理我们发现，8则课例中教师们的教学目标选择较为集中，主要集中在4个教学目标上，各教学目标占比情况见图2-1。

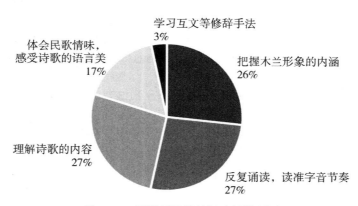

图2-1 8则课例教学目标选择情况图

结合图2-1，可以看出8则教学课例的教学目标主要集中在"理解诗歌的内容""反复诵读，读准字音节奏""把握木兰形象的内涵""体会民歌情味，感受诗歌的语言美""学习互文等修辞手法"这五个目标上，多数教师在教学目标的拟定上主要还是依据传统的诗歌教学方法，抓住诗歌这一特定的文学体式的四个基本要素进行设计，即"韵律""内容""情感""语言"，从朗读、讲解内容、分析感情、讲解艺术特色这四个方面切入。

(二) 教学内容

教学内容大多是教师依据教学目标设定的，一定程度上反映出教师对于文本重点的把握和理解，所选的 8 则课例中，教师们选择的教学内容较为分散，主要选择的教学内容有以下几个，见图 2-2。

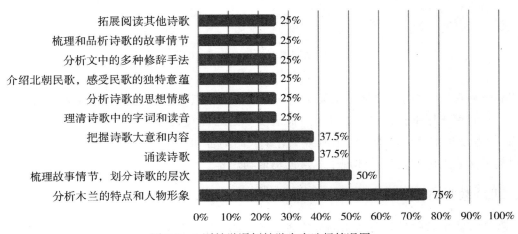

图 2-2　8 则教学课例教学内容选择情况图

通过图 2-2 我们可以发现，8 则课例中，教师选择最多的教学内容是"分析木兰的特点和人物形象"，共有六位老师在教学时关注到了人物形象分析的重要性；紧接着占比达到一半的教学内容就是"梳理故事情节，划分诗歌的层次"，这是从诗歌整体把握的基础上出发的，关注到了诗歌的整体感知。接着占比较高的教学内容是"诵读诗歌"和"把握诗歌大意和内容"，而选择其他教学内容的教师占比则不高，仅有两位教师选择相似的教学内容，由此可见，在《木兰诗》的教学中，教师们对于诗歌理解的不同和偏差，会导致教学内容选择上存在较大的差异。

(三) 教学点

8 则课例中各教学点的选择情况见图 2-3。

从图 2-3 可以看出，出现频率最高的两个教学点是"开我东阁门，坐我西阁床，脱我战时袍，著我旧时裳，当窗理云鬓，对镜帖花黄"以及"旦辞爷娘去，暮宿黄河边，不闻爷娘唤女声，但闻黄河流水鸣溅溅。旦辞黄河去，暮至黑山头，不闻爷娘唤女声，但闻燕

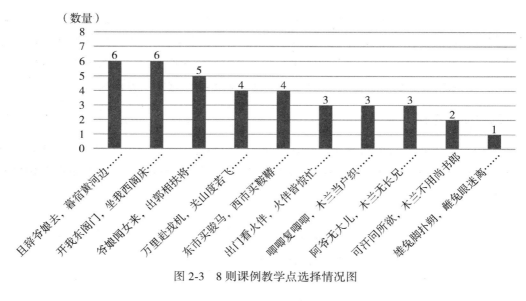

图 2-3　8 则课例教学点选择情况图

山胡骑鸣啾啾"。这两个教学点无疑是本诗的重要教学点，前者是写木兰替父征战后返回家乡，对着镜子仔细打扮自己的样子，展现了木兰这位女英雄不同于男性英雄的"女儿本色"；后者是写木兰独自踏上行军道路，对家人的不舍和思念，表达了木兰作为女性主动承担起了保家卫国的责任，体现了木兰的勇敢与忠孝。

（四）教学方法

教学方法是教师教学时运用的方式方法，好的教学方法在教学中能起到事半功倍的效果，能够帮助学生加深对于文本的理解。所选的 8 则课例中，教师选择的教学方法较为多样化，集中选择的教学方法有以下几个，见图 2-4。

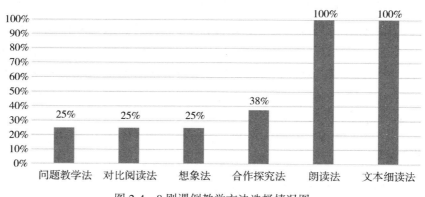

图 2-4　8 则课例教学方法选择情况图

在教学方法选择上，遵循了诗歌的一般规律，以读为主。结合图 2-4 可知，教师授课时，几乎所有教师都强调了读的作用，且形式多样，有教师范读，学生齐读、单读、粗读、品读等，具有代表性的是王君老师的课堂实录，将"读"的教学方法运用到极致，在反复品味诵读中得以体会本诗的情感。王君老师对这个环节展开了精心设计，突出体现在诵读稿的设计上。首先，诵读稿是对比式的，将木兰从军十年的形象和女儿身的形象对比诵读，将诗的矛盾之处放大，以便体会。其次，王君老师将每一句的角色都进行了清楚划分，有"领读""木兰""群众"等多种角色。并且在诵读过程中，教师保证了全员参与。木兰"十年征战"的场景，由几位同学轮流来读，涉及木兰身份的句子又由一位同学来诵读，其余诗句采取全班读、群读和轮流读的形式，在整个读的过程中，全班同学都积极参与进来。再次，王君老师在诵读稿中有针对每一段或每一句语速、语调、情感处理的提示，如提示学生"昨夜见军帖，可汗大点兵，军书十二卷，卷卷有爷名"的读法是"大声、焦急、快速"，以此来表现木兰的担忧。最后，诵读稿针对诗歌，在有必要的地方设计了重复诵读，以及增添字词，如读"卷卷有爷名"时，设计成请全体学生用"焦虑万分、一字一顿、压低声音"的方式重复读"卷—卷—有—爷—名"；读"同行十二年，不知木兰是女郎"时，设计成请学生大惊失色地齐读"同行十二年，不知木兰是—女—郎！"结合《木兰诗》是南北朝民歌的体式特点，王君老师还设计了拍掌朗读课文的环节，让学生们在朗读中体会民歌的节奏特点，感受文本的语言魅力。

三、基于课例分析的教学建议

古诗文的教学历来是语文教学的难题之一，尤其是像《木兰诗》这样的传统篇目，作为一篇长篇叙事诗，要想激发学生的学习兴趣并不容易。而从所选的8则课例的教学内容情况分析来看，不同的教师对于《木兰诗》的教学都有自己的理解和侧重点，因此教学的内容都有着鲜明的个性，这对于激发学生对文本的兴趣无疑是有利的。基于学界对于本诗研究的深入，不断有新的观点和解读出现，这就要求一线教师在教学时要仔细加以鉴别和斟酌，选取适当可行的教学内容进行教学，在兼顾学生兴趣的同时也不能忽略文本解读的新颖性和正确性。而通过8则课例教学内容的选择情况，我们可以发现，大多数教师能够做到对文本中不确定的教学点进行探究，找到本诗教学的生长点，对课堂教学不断进行创新，使得本诗的教学内容更加多元和丰富。

而根据图表的统计和分析，我们可以发现，所选的8则课例教学内容的实践主要从以下两方面展开：

第一，通过分析文本中大量修辞手法的运用，引导学生感受民歌情味，鉴赏诗歌的语言美。《木兰诗》全诗中运用了大量的复沓、顶真、排比、互文、夸张等修辞手法，形成了其独特的民歌风味，全诗的韵律如同精美的交响乐，将读者的情感与文字的韵味巧妙地缀连起来。据此，对于诗歌修辞手法的教学设计在教学案例中占较大比例，《木兰诗》作为诗歌教学的经典名篇，修辞手法的运用是其一大特色，教师在引导学生学习修辞手法的同时，也要借此培养学生鉴赏相关民歌语言的能力和技巧，进一步提高学生的语言赏析能力。在列举出的 8 则课例中，有 5 则课例都涉及对本诗特有的民歌语言的探究鉴赏，教师们通过设计这一环节不仅可以带领学生体会到诗歌的语言之美，而且还能够在一定程度上提升学生的语言鉴赏和表达能力。

第二，对木兰形象内涵的解读以及对于主题的讨论，也是众多教师在执教《木兰诗》时会选择进行设计的一个点。学界对于木兰形象的内涵以及《木兰诗》主题的讨论一直都是众说纷纭，对于《木兰诗》的主题，大多数学者和老师认可的都是"爱国"说、"男女平等"说、"忠君孝道"说、"厌战"说等，在所选的 8 则课例中，多数老师对于木兰形象内涵以及主题的阐述也都是"各表一枝"，如余映潮老师赞成的就是木兰形象的多面性，即一身戎装，英姿飒爽，云鬓花环，楚楚动人，这就是木兰；"戎马关山报国志，魂牵梦绕女儿情"，这也是木兰。余老师在这里侧重的是木兰的文学形象，认为作者着重突出的是塑造木兰这一个女性形象，而没有很明确地将其限定在一个主题之中。而石伶俐老师则认为，木兰的形象集中体现了中华民族勤劳善良、机智勇敢、刚毅淳朴的优秀品质，即认为本诗的主题是赞颂中华儿女的美好品质。姜蕊老师则赞成《木兰诗》的主题是"忠君孝道"说，即木兰为家庭负责是至孝，为国家负责则是至忠，同时也为自己负责，也就是至纯，将木兰的形象概括为一个大美的女性形象。由此可见，在《木兰诗》的主题教学中，不同教师对于木兰形象的理解会有不同，而教师在课堂生发出的学生讨论及结果也会不同，但是教师在进行主题讲解时，应该要注意文本解读的多元性，切忌变成单方面的灌输，在主题解读上可以尝试给学生展现不同学派的观点，引发学生的思考和讨论，这对于拓宽学生思维广度和深度无疑是有利的。

《木兰诗》作为初中学生接触的第一篇乐府民歌，其语言也具有明显的民歌特色，即非常通俗易懂，故事情节性也很强，七年级学生在阅读中大致可以把握诗歌故事的内容。但是，我们需要注意的是，由于初一学段的学生刚刚接触文言文不久，对诗歌中的部分文言字词、文言现象的把握还不够深入，要求学生细致把握诗歌内容、感悟诗歌情感会存在一定的障碍，需要教师在教学时进行适当的引导。同时，木兰代父从军的故事在民间可谓是家喻户晓，学生从小便耳熟能详，因此对于木兰形象和故事会有大致的了解，是已经有一定文化积累的，这就为本诗教学中丰满木兰人物形象奠定了良好基础。但是我们也要注意到，学生也很容易因此产生思维定式，从而影响对诗歌文本的解读。因此，教师在教学时可以充分利用戏曲、电影等相关资源，让学生在纵横的时空中亲近作品，感受流光溢彩的中华传统文化。而通过对课例的整理我们也可以发现，王君、唐惠忠两位老师在教学时，就借助了相关的资料来帮助学生丰富对木兰形象的理解。但是，值得我们注意的是，花木兰的故事一直以来被改编成各种形式搬上荧幕，影视化的作品极易给学生留下深刻印象，但是，部分影视化作品中的木兰形象与《木兰诗》文本中的木兰形象会存在一定的差别，教师在借助这些资源时还要根据学生对木兰形象的了解程度来确定教学主题，丰富学生对木兰形象和对诗歌主题的认知。

综上所述，教师在教学《木兰诗》一诗时，要善于运用相关资料和媒体资源，结合学界较为前沿和权威的解读来选择教学内容，善于抓住本诗的文本特质，通过分析文本中的大量修辞手法的运用，感受传统民歌的情味，鉴赏乐府民歌的语言美。同时，对木兰形象内涵的解读以及对于主题的讨论也可以引入教学，但是在教学时要关注到学生的主体地位，培养学生的参与意识和对话意识，要让学生作为一个独立的生命个体在老师的引导下逐渐深入文本的内部进行探究，要培养学生敢于质疑已经形成的惯例性见解，敢于表达和抒发自己的见解和观点，通过讲解不同的学术观点来拓宽学生思维广度和深度，真正培养起学生阅读此类诗歌文本的经验和能力。

四、教学设计参考

《木兰诗》教学设计

学情简析：

学生第一次学习乐府民歌，对这类诗歌的文本特点和特质很难精准把握，深入到具体的诗歌语言和内容中去剖析诗歌的艺术特色也有一定的困难，但是木兰从军是中国民间传统故事，学生对于本诗的故事内容有基础的认知，同时乐府民歌的语言较为通俗易懂，学生理解起来难度较小。

教学重点：

通过品析语言，把握诗中木兰这一人物形象的特点。

教学难点：

掌握对偶、互文、排比等艺术手法及其在诗歌中的作用。

教学课时：

2 课时。

教学流程：

(一)教学导入

课前布置学生观看动画片《花木兰》以及查阅花木兰故事。教师课前提问：通过收集的资料来看，你认为木兰是一个怎样的人？引导学生思考并讨论木兰的形象。

(二)第一课时：初读诗歌，整体感知和把握诗歌内容。

1. 通读诗歌，整体感知诗歌大意。

学习活动：

齐读课文，引导学生关注导读部分，教师帮助学生梳理、纠正读音，借助注释读准字音，学生范读，把握情感。

2. 结合课文注释，掌握诗歌中的生词和重难点字词。

学习活动：

为诗歌中的生字注音，找出通假字，课中积累"戎""阁"等词语的意义和内涵。

3. 翻译诗歌，通顺文意。

学习活动：

引导学生以个体的形式翻译本诗，学生翻译，教师对于学生理解有困难、不懂的地方予以提示和帮助，解决诗歌中的字词问题。4. 梳理诗歌内容。

学习活动：

以小组为单位，合作探究，学生先自行依据故事的发展划分诗歌的层次。讨论：本诗叙述了什么内容？叙述了哪些故事情节？用自己的语言复述故事的情节。本诗可以划分成几个阶段？从诗中哪里可以知道木兰曾经女扮男装？

5. 探究诗歌的结构安排及其作用。

学习活动：

提问：诗歌一开始写的是什么？引导学生探究为什么要这样安排。并且引导学生找出本诗中哪些地方是详写，哪些地方是略写，思考为什么要这样安排，其作用是什么。引导学生讨论这首诗歌在叙事的详略上有何特点。

(三)第二课时：细读诗歌，赏析与研讨诗歌的文本特点

1. 具体品析诗歌中的句子和词语，探究其意义和作用。

学习活动：

引导学生探究本诗作为乐府民歌，其语言有何特色，着重从诗歌中的三组否定词句入手，分析"不闻机杼声，唯闻女叹息"中的"不闻"和"唯闻"，"不闻爷娘唤女声，但闻燕山胡骑鸣啾啾"中的"不闻"和"但闻"，"木兰不用尚书郎，愿驰千里足"中的"不用"和"愿驰"这些词语运用的精妙之处。

2. 分析和品味本诗出现的多种修辞手法及其作用。

学习活动：

教师先介绍问答句、排比句、顶真句、复沓句、互文句等民歌句式的特点及作用，学生根据老师给出的资料，找一找本诗中运用了这些修辞手法的句子。教师再带领学生分析这些句子在语言和叙述上有何特点和作用。

3. 概括本诗中木兰的形象。

学习活动：

学生概括英雄的特点，从诗中找出木兰是英雄的相关语句。教师引导学生思考：本诗写英雄却不写英雄如何英勇善战，不写英勇场面，那么这首诗写了些什么呢？让学生结合木兰的英雄气概和女儿情态说说木兰是个怎样的英雄。

4. 归纳总结，领悟内涵。

学习活动：

品析思考：木兰为何叹息？木兰最终做出了怎样的选择？最后木兰在留下做官和回家纺织中做了何种选择，为何这样选择？学生思考本文反映的是一种怎样的思想和

主题。教师再出示学界较为认可的"忠君孝道"说、"男女平等"说和"战争和平"说等观点，学生思考并回答赞成哪种观点，说明理由，言之有理即可。

5. 比较影视作品中的木兰和文学作品中的木兰有何不同。

学习活动：

提问：学习完本诗以后，你觉得诗中的木兰是一个怎样的形象，引导学生对本诗中的木兰形象进行一个总结。同时，引导学生结合之前从影视中了解到的木兰形象，再对比本诗中的木兰形象，探讨两者有何异同，是否对于木兰形象有了新的理解，教师通过对比，引导学生升华和加深对于木兰形象的理解。

第三章
《使至塞上》文本解读与教学设计

　　王维的《使至塞上》(八年级上册第三单元)是其在开元二十五年(737年)以监察御史身份出使边塞时所作的诗歌,整首诗歌篇幅短小,却囊括了出使的孤单艰苦、塞外美景的壮阔绮丽、访问边塞的情况,字里行间展示出诗人的孤寂和看到塞外奇景时内心的开阔豪迈。全诗在叙事中写景,以事为经、以情为纬,把事、景、情串联起来,组成一幅塞外大漠壮阔雄浑的图画。诗歌着墨不多却意境高远,诗情与画意完全融合成为一个整体,读来并无凄凉落寞之感,而是充满了诗情画意,尽显王维"诗中有画"的艺术特色。本诗叙述简洁精练、直白平实,语言简单朴素,内容明晰易懂,整首诗歌营造的画面奇丽壮美,意境雄浑开阔,诗中"大漠孤烟直,长河落日圆"一句,状难言之景于目前,含不尽之意于言外,更是被王国维先生誉为"千古壮观"的名句,是本诗的精髓之处,为历代名家称颂。

一、教学文本解读

(一) 诗歌主题

　　王维《使至塞上》一诗历来被视为边塞诗中的名篇,但是对于此诗的主题也颇多争议,一直以来都是众说纷纭,多数学者认为此诗抒发的是对大唐帝国国力强盛、威服四夷的自豪感以及诗人的豪迈气概,但也有少数学者对此有不同的看法,较有影响力和代表性的是以下两种。

1. "忧愤"说

　　持这一观点的学者认为,此诗主旨在于抒发诗人的忧愤之情。大多数持此论者受传统的"知人论世"批评方法影响,他们以王维走河西源于朝廷党争失利的创作背景为参照,通过梳理、考证诗中"单车""征蓬""孤烟""落日"等意象,得出这一观点和结论。但是,反对这一观点的学者认为,持"忧愤"说的学者是先入为主地寻绎诗歌中某些意象的情感内涵，将诗歌等同于生活经历，而忽视了诗人内心复杂的创作心理及其变化。①

2."报国之志"说

赞同"报国之志"观点的学者认为，《使至塞上》的主旨不是抒发忧愤，而是表达诗人杀敌报国之志，他们认为所谓的"忧愤"说是无视诗人的崇高情怀，将诗歌理解成了单纯的发泄私愤。他们认为要探究诗歌的主旨必须要从文本内部入手，分析诗人的审美心理以及情感变化，只用传统的"知人论世"方法，即从诗歌与作者身世的联系来分析是错误的。他们认为对朝廷的安排不满，确实是促使王维创作此诗的动机，但不应该将它视为唯一的动力。边塞的奇景并没有消沉诗人的意志，反而激发了他扎根边塞以建功立业的斗志。他对奇功伟业的憧憬以及对戍边将士的仰慕，已取代了刚出塞时的忧愤不平之情。

也有学者持上述两种观点之外的观点，如白羽伽就认为，此诗不但暗含着诗人政治失意的痛苦，更寄寓着对奉玄宗无理命令征伐吐蕃这场不义之战的反感，此中深意，远比诗歌表面的意义深刻许多。②

(二) 艺术特色

1. 用典

本诗最明显的艺术特色就是用典的浑化无迹，这首诗几乎全篇都在用典，而且用典与事实具有一定的联系，其中学界讨论最多的几个典故分别是：

（1）单车

诗的第一句"单车欲问边"，是用汉代苏武的典故。李陵《答苏武书》云："足下昔以单车之使，适万乘之虏。""单车"在这里代指使者，是说自己单独出使。"单车"即一辆车，强调随从很少。据《汉书·苏武传》，与苏武一同出使者还有虞常、张胜。王维以监察御史出使凉州，也属于单车出使，与苏武出使时的情境类似。

（2）居延属国

对于本诗中的"居延"的意思，学术界的理解向来是有歧义的，胡可先在其文章中进行了大致的归纳，主要有三种说法：

第一种是说居延是古行政区名，是汉朝的属国，即居延属国。如陈贻焮《王维诗选》引《后汉书·郡国志》的"张掖居延属国"，并由此认为此句是说经过居延属国。韩兆琦《唐诗选注集评》也认为居延属国是汉代的行政区名，在今内蒙古额济纳旗南，甘肃武威西北，是王维这次要出使的地方。③

第二种观点则是认为"属国"是"典属国"的简称，中国社会科学院文学研究所编的《唐诗选》认为"属国"为典属国(秦汉官名)简称，唐代人有时以"属国"代指使臣，如杜甫《秦

---

① 龚云普，龚馨雅. 始于不平，终于致敬——王维《使至塞上》主题新解[J]. 名作欣赏，2020(12).

② 白羽伽. 王维《使至塞上》新探[J]. 鸭绿江(下半月). 2019(05).

③ 张立荣. 王维《使至塞上》异解辨正[J]. 名作欣赏，2006(10).

州杂诗》"属国归何晚"，就有注引《汉书》苏武归汉为典属国的事。因此他们认为这里的"属国"也是指往吐蕃的使者。

第三种观点则是认为居延是泽名，在凉州以北，今内蒙古境内。王维经过居延的具体地点是建在居延泽上的居延塞，《元和郡县图志》卷四〇所载："居延海，在县东北一百六十里。即居延泽，古文以为流沙者，风吹流行，故曰流沙。"

（3）征蓬和归雁

"征蓬"也叫"飞蓬""转蓬"，即"飘飞的蓬草"，指每年秋天蓬草成熟后枝叶干枯，根离大地，随风飘卷；"归雁"是在每年的春天，大雁自南飞往北回"家"。将"征蓬"和"归雁"这两个不是同一季节的景物放在一起，目的不在于写景，而是用典抒情。而此处化用的是曹操的《却东西门行》诗："鸿雁出塞北，乃在无人乡。举翅万余里，行止自成行。冬节食南稻，春日复北翔。田中有转蓬，随风远飘扬。长与故根绝，万岁不相当。奈何此征夫，安得驱四方！"这首诗将"鸿雁""转蓬""征夫"三个意象融合在一起描写，表现出了北方原野的辽阔以及征夫如同转蓬一样漂泊的生活，就像归雁进入万里无人之乡一样。而在这里，王维只是将曹操的整首诗凝练成"征蓬出汉塞，归雁入胡天"两句，更精练也更形象。

（4）孤烟直

诗的第五句中的"大漠孤烟直"也是用典，庾信《至老子庙应诏》诗："野戍孤烟起，春山百鸟啼。"又《伤王司徒褒诗》："静亭空系马，闲烽直起烟。"倪璠注云："梁与魏久无战事，故曰'静亭''闲烽'。'静亭闲系马'者，言其不备不虞也；'闲烽直起烟'者，言魏师忽至，举烽相告也。"庾信诗是说"烽烟"是"直"的，这是"孤烟直"在诗中的较早表现。

（5）萧关

各家对于萧关的解读差别不是太大，大多数学者认为应该就是指今宁夏回族自治区固原县东南，匈奴杀北地都尉所入之萧关，是关中通向塞北的交通要冲，也是唐代防御吐蕃的重地。因此他们认为"萧关逢候骑"应该是实指，意为"行至萧关，遇到了侦察巡逻的骑兵"。而袁行霈主编的《历代名篇赏析集成》中则认为"萧关逢候骑"是用汉代典故，是虚写，只是为了借匈奴与汉朝的对抗，喻吐蕃与唐朝的对抗，才提起与实际路途不相关的萧关。也有选本认为"萧关逢候骑"用梁代何逊诗的典故，何逊《见征人分别》诗有"候骑出萧关，追兵赴马邑"句，即咏出征事。

（6）燕然

诗的第八句"都护在燕然"也是用典，这在历代注释中都较为明确，认为是用窦宪"勒石燕然"的典故，而不是实指。如高步瀛《唐宋诗举要》引："《后汉书·窦宪传》曰：'南单于请兵北伐，乃拜宪为车骑将军，以执金吾耿秉为副，出塞于北单于，战于稽落山，大破之。宪、秉遂登燕然山，去塞三千余里，刻石勒功，记汉威德，令班固作铭。'《清通志》曰：'喀尔喀杭爱山在鄂尔浑河源之北，直陕西、宁夏北两千里许，翁金西北五百余里，当即古之燕然山。'"倪木兴《王维诗选》、王福耀《王维诗选注》、张风波《王维诗选注》也都认为"燕然"代指最前线。而运用"燕然"的典故，又往往与东汉将军窦宪的事迹联系起来，成为功臣名将功业的象征。王维用这个典故是为了赞美镇守边塞的将军，赞美他的武业功绩。与此同时，"都护在燕然"这一句也是化用了虞世南《饮马长城窟行》诗"前逢锦车使，都护在楼兰"二句。

2. 构思的精巧

整首诗歌结构精巧，具有隐显结合之美，造就了一种虚实相生的意境。诗歌的题目虽然是《使至塞上》，但是诗人在诗中并没有直接描写疆场厮杀的场面，而是以一个"问边"的使者的视角，去观察和描述他所看到的边疆景物和人物。诗歌的首联直接入题，交代"单车问边"，表明诗人此行的目的是慰问边疆战士，同时也抒写自己内心的落寞与豪迈。颔联字工句健，其"征蓬""归雁"两个意象似实而实虚，似显而实隐，而"出塞""入胡"则有一种朦胧的美感，用极简练的语言概括了诗人的行踪和目的。颈联写了"大漠孤烟"和"长河落日"，在辽阔的天地之间，一种博大、静穆、庄严的情绪自然而然地贯穿其中，其中"大漠""长河"是雄奇壮丽、苍茫辽阔的实景。这样，整首诗歌中有虚有实，虚景展示出了诗人赴边的报国之志，而实景则从侧面抒发出了诗人的乐观舒畅之情，诗歌通过景物的虚实相映，使情景交融，并且在虚实相生的同时，又产生了一种旷远迷离的朦胧韵味。而诗歌的尾联在静美之后，又着力描写了动态的变化，以地名的典故来表现唐军最新的获胜实情，在这里，"萧关""燕然"连同"汉塞""胡天""居延"都是作为地名的典故而活用的，使得全诗具有一种典雅的朦胧美。全诗从动态入手，既有边塞的雄奇风光与典型物象，又有现实与历史的交错变换。整首诗歌中，诗人通过精巧的构思，使得诗歌形成了一个闭合的圆环，首尾始终紧扣着"使至塞上"这件事情铺展开来，结构极其鲜明清晰。

3. 用词的精准

首先是诗歌炼字的精准，本诗的特色之一就是精准的用词，如诗歌的开篇两句就用极少的字数说明了本次出行的目的是背负使命前往边疆。例如，通过"单车"表达自己出行精简，没有过多的仪节，从侧面反映出作者心境的略微失落，然后借助"居延"二字交代了诗文后续所见都是塞外风景，同时也为下文做了铺垫。从炼字的角度对诗歌进行推敲，我们可以发现其精妙之处不仅在于"孤烟"用"直"，"落日"用"圆"，并且"问""过""出""入""逢""在"一句一个动词的准确运用，不但使得每一幅画面都有动感，而且让整首诗有一种流动与行进的氛围感，诗人选用的这些动词，都是经过推敲而难以替换的。诗歌这种通过动词的准确运用，在行进中开篇与展开，在行进中收结的构思艺术，也是凸显诗歌空间美感的独特表现方法。

同时，诗人通过娴熟地运用白描手法，增强了诗歌的表现力。诗人精心选择了较有代表性的词语，使得诗歌的语言浑然天成，不事雕琢。其中"居延""汉塞""胡天"都是普通的词汇，而"征蓬""归雁"也是诗中很常见的物象。究其根本，是诗人心中有着对江山的博大情怀，所以能够信手拈来成为妙语。而运用这种白描手法，作者的精心选择、简中蕴繁，就使得诗歌在整体呈现出一种至简至真的感觉，有诗画一般的美感。

4. 意象的精妙

整首诗歌取象精严，在纷繁的物象中，诗人经过精心简择、严格筛选，最后挑选出了紧扣主旨的意象，作者选取了一些跨度大、线条鲜明、形象感强的典型物象，营造出了一种雄阔壮美的意境，具有兴象博大之美、意境雄阔之妙。首联交代了所赴处所为辽阔的"边"疆和远处边陲的浩瀚"居延"海，这就把读者的思绪引向前路无垠的境界。颔联立刻转向雄浑险峻、博大浑莽的"汉塞""汉塞""胡天"使得视野更加自然开阔。颈联描绘了浩浩无垠的"大漠"和蜿蜒奔腾的"长河"。尾联描写的是边境雄隘"萧关"和更辽远而象征胜利的"燕然"山。在整首诗歌中，不论为虚为实、为隐为显，意象都是苍莽、博大的。诗人舍弃了边关最常见的戍堡亭障等局促的风物，舍弃了胡笳、羌笛等表悲凉、哀怨的边声，选用长河、落日、大漠、孤烟、征蓬、归雁六种意象和景物，构成了一幅异常和谐又极为壮阔的塞外秋色图，营造的情境既壮阔宏丽又雄奇浑成。全诗兴象博大、意境雄浑、宏阔无限、不可逼视，具有天风海雨式的阳刚之美。①

5. 情景交融、虚实相生

整首诗歌情景交融，情从景生。颔联中诗人看到征蓬、归雁时，内心的孤独寂寞之情由抽象变得具体化，自己也如征蓬、似归雁漂泊不定，看到大漠中缕缕孤烟升起、滚滚东流的黄河水、落日熔金的壮观画面时，心胸顿时开阔，苍茫壮阔之景不仅烘托了诗人的孤寂悲壮之情，而且使人感到，在大漠雄浑景色的陶冶和净化下，诗人兴奋、昂扬之情奔涌而出。不仅如此，诗人为了勾勒诗歌的空间感，还跳出一般诗歌常规纵横用笔的范畴，选取了"萧关"与"燕然"两个"点"来表现空间美感。两个"点"一实一虚，"萧关"在眼前为实，"燕然"在视外是虚。由于是"虚"，都护或正在沙场点兵，或正在战场征战，或正在军帐议事，就具有让人想象的空间。在"萧关"遇到侦察骑兵，得知大部队与主帅在燕然山，言外之意，自己还将继续行进，诗歌在进行中突然收结。②

二、基于课例的教学设计分析

《使至塞上》一诗虽为名篇，但目前能收集的在期刊上公开发表的教学设计并不多，为了探究一线语文教师的实际教学情况，另选了九篇在网络媒体上公开发表的教学课例，对不同教师教学目标、教学内容等进行了梳理归纳，见表3-1。

---

① 彭捷."大漠孤烟"意蕴深——王维《使至塞上》主旨及美学价值新探[J].淮北职业技术学院学报，2002(12).

② 张道元."无迹"之迹——王维《使至塞上》空间美感技法试析[J].中学语文教学参考，2015(11).

表 3-1 10 则教学课例内容梳理表

课例	教学目标	教学内容	教学点	教学方法
李欣荣：《〈使至塞上〉教学设计及拙见》，《农家参谋》2019 年第 4 期	1. 读准字音，并根据诗意把握诗的节奏韵律。 2. 通过品画面、品意象、品韵脚，运用朗读、讨论，理解诗歌内涵，把握作者思想感情。 3. 感受诗人的悲壮、孤寂情怀。	1. 介绍作者与诗歌创作背景，多种方式诵读诗歌，读准字音和节奏。 2. 教师介绍意象的知识，学生默读课文，圈画意象。 3. 分析"征蓬""归雁""直""圆"等意象，进行对比分析，着重分析形容词。 4. 感受意境，体会悲情，学生进行品读，并且小组讨论交流。 5. 通过听名家诵读、抓住意象、理解诗歌内容，品味诗情，把握每联的感情基调。 6. 发挥联想，结合诗句内容，试着用自己的话描绘一下诗歌的境界。	1. 诗歌的意象。 2. 大漠孤烟直，长河落日圆。	知人论世法、诵读法、合作探究法、想象法、文本细读法、关键词品析法
焦金兰：《〈使至塞上〉教学设计》，引自微信公众号"中学语文教学研究"，2011 年 12 月 4 日	1. 整体感知诗歌，了解本诗写作背景，作者生平、思想，律诗的一些常识。 2. 通过反复读诗，在吟咏之中加深理解，熟读成诵，品味诗歌语言。 3. 体会诗的意境，领会诗所表达的深刻思想情感。	1. 介绍边塞诗特色，简介诗歌创作背景以及诗人。 2. 小组讨论：说出这首诗所表现的事、景、情，并且讲解全诗。 3. "蓬草"在古代诗文中一般比喻什么？"征蓬"表达了诗人什么感情？ 4. 赏析"大漠孤烟直，长河落日圆"一句，并描绘一画面。 5. "在燕然"是不是说都护真的在燕然山呢？ 6. 谈谈本诗的情感变化。 7. 发挥想象，用自己的语言将所画的内容写下来并与其他同学分享。	1. 诗歌的意象。 2. 征蓬出汉塞，归雁入胡天。 3. 大漠孤烟直，长河落日圆。 4. 萧关逢候骑，都护在燕然。	知人论世法、文本细读法、合作探究法、想象法
邵怀丽：《〈使至塞上〉教学设计》，引自微信公众号"习语文初中版"，2018 年 7 月 20 日	1. 理解、把握诗歌内容。 2. 赏析诗歌的语言美。 3. 体会诗人在诗歌中蕴含的情感。	1. 反复诵读诗歌，读准字音和节奏。 2. 结合注释谈谈诗歌中写了件什么事？ 3. 是什么人出使边塞？怎么去的？他去边塞做什么？他有没有到达目的地？ 4. 你觉得在哪一联中会有人物对话的场景呢？他们会说些什么？发挥想象回答。 5. 从诗歌中选出你感受最深的一个字，写出你对它的感悟和理解。 6. 选择一句诗歌，想象其中画面，用生动的语言描绘出来。 7. 诗中表现出诗人怎样的心情？ 8. "单车欲问边"中的"欲"是什么意思？是什么"欲"？为什么不是诗人"欲"呢？能否修改？ 9. 结合诗歌创作背景和作者生平理解诗歌情感。	1. 诗歌中的意象。 2. 单车欲问边，属国过居延。	诵读法、想象法、文本细读法、知人论世法、关键词品析法

续表

课例	教学目标	教学内容	教学点	教学方法
彭波：《〈使至塞上〉教学设计》，引自微信公众号"彭波语文工作室"，2020年10月20日	1. 诵读诗词，品味诗词凝练、含蓄的语言美。 2. 品味赏析，体味诗中蕴含的情感美。 3. 评点、欣赏颈联所描绘的意境美及其蕴含的哲理。	1. 简介作者及诗歌创作背景。 2. 逐句品读每句诗歌的内容，赏析每句诗歌的意境。 3. 鉴赏本诗具有怎样的画面感，体会诗歌的构图美、线条美和色彩美。 4. 整首诗诗人的情绪发生了怎样的变化？ 5. 探究诗歌的主题，体味诗歌的韵味。	1. 诗歌的意象。 2. 大漠孤烟直，长河落日圆。	知人论世法、文本细读法、想象法
黄薇：《奇句绘壮景 妙词抒真情——〈使至塞上〉教学设计》，引自微信公众号"王玉桂初中语文办公室"，2021年1月26日	1. 通过多种形式的读来理解诗句内容，体会诗歌意境，感悟诗人复杂的内心情感。 2. 在诵读、赏析中感受"大漠孤烟直，长河落日圆"雄浑开阔的意境。	1. 反复诵读诗歌，读准字音和节奏等，读出感情，体会诗歌的意味。 2. 你从哪个词、意象或诗句中感受到了作者怎样的情感？自读品味，小组交流讨论。 3. 从"单"字你读出了作者怎样的感情？ 4. 结合诗歌创作背景，思考诗人此时除了孤独之感外，内心还有怎样的情感？ 5. 此时的王维和"蓬""雁"有怎样的相似之处？ 6. 从绘画的角度鉴赏千古名句，思考这一句好在哪里。 7. 你感受到诗人拥有一颗怎样的心灵？ 8. 你从"萧关逢候骑，都护在燕然"中感受到了作者怎样的感情？ 9. 结合作者生平，进一步理解本诗情感。	1. 诗歌的意象。 2. 单车欲问边。 3. 征蓬出汉塞，归雁入胡天。 4. 大漠孤烟直，长河落日圆。 5. 萧关逢候骑，都护在燕然。	诵读法、合作探究法、知人论世法、文本细读法、关键词品析法
陈志红：《"诗中有画"——〈使至塞上〉活动课教学设计》，引自微信公众号"中学语文助手"，2020年11月14日	1. 诗词吟诵，品味诗词凝练、含蓄的语言美。 2. 诗中有画，鉴赏"大漠孤烟直，长河落日圆"所描绘的意境美。 3. 兴发感动，通过意象来把握作者的情思，体味诗中蕴含的丰富情感美。	1. 简介作者及其生平。 2. 多种方式朗读诗歌，读出情感。 3. "大漠孤烟直，长河落日圆"这幅"画"它"壮"在哪里？ 4. 从诗中意象里，我们可以窥见作者哪些情思呢？ 5. 除了以上流露的情感外，还表达了作者什么样的情感？ 6. "萧关逢候骑，都护在燕然"表现了王维一定的世俗逢迎之情。为什么"诗佛"王维会在诗中表现出这种情感？结合其当时的身份和背景进行思考。	1. 诗歌的意象。 2. 大漠孤烟直，长河落日圆。 3. 萧关逢候骑，都护在燕然。	知人论世法、诵读法、想象法、合作探究法、文本细读法

课例	教学目标	教学内容	教学点	教学方法
张耀允：《〈使至塞上〉教学设计》，引自微信公众号"非常智辉"，2020年7月7日	1. 理解诗意，想象诗歌描述的情境，体会作者的情感。 2. 感悟作者借助典型景物表达情感的写作手法。 3. 感悟大漠的美，体会诗人的情感。	1. 简要介绍作者及诗歌创作的时代背景。 2. 反复诵读诗歌，感知诗歌情感。 3. 小组合作交流，感知诗意。 4. 用自己的话描绘"大漠孤烟直，长河落日圆"的画面。 5. 颈联中的"直"和"圆"二字历来为人称道，说说这两个字为什么用得好？ 6. 赏析"征蓬出汉塞，归雁入胡天"一句好在哪里。 7. 这首诗表达了诗人怎样的情感？	1. 大漠孤烟直，长河落日圆。 2. 征蓬出汉塞，归雁入胡天。	诵读法、知人论世法、合作探究法、想象法、文本细读法、关键词品析法
马婷：《〈使至塞上〉教学设计》，引自微信公众号"中学语文教学研究"，2018年9月26日	1. 整体感知诗歌，了解诗歌写作背景、作者生平及律诗常识。 2. 熟读成诵，品味诗歌语言。 3. 体会诗的意境，领会诗所表达的深刻思想情感。	1. 结合时代背景，谈谈这首诗的意境和蕴含的情感。 2. 多种方式诵读诗歌。 3. 小组讨论说出这首诗表现的事、景、情。 4. "蓬草"在古代诗文中一般比喻什么？诗中的"征蓬"表达了诗人什么样的感情？ 5. "征蓬出汉塞，归雁入胡天"蕴含作者怎样的感情？ 6. 谈谈本诗中作者的情感变化。 7. 根据你对"大漠孤烟直，长河落日圆"的理解，用简笔画把此景画出来。 8. 充分发挥想象，用自己的语言把你画的内容写下来。	1. 征蓬出汉塞，归雁入胡天。 2. 大漠孤烟直，长河落日圆。	诵读法、知人论世法、合作探究法、文本细读法、想象法
冯翠红：《〈使至塞上〉融合课教学设计》，引自微信公众号"冯翠红语文工作室"，2020年7月1日	1. 品味诗歌凝练、含蓄的语言美。 2. 抓画面感，体味诗中蕴含的丰富情感美。 3. 评点、欣赏颈联所描绘的意境美。 4. 理解诗人写诗的背景，感受诗人心境的前后变化，培养学生乐观、豁达的人生观。	1. 简介作者，反复诵读诗歌。 2. 引入诗歌创作背景及作者生平。 3. 解释诗歌中的意象。 4. 小组讨论，本诗中哪些词语暗示了作者奉命出使？ 5. "单""孤""征蓬"等字词透露出作者当时怎样的心境？ 6. 诗人在颈联中为我们描绘了怎样的大漠景色？ 7. 整首诗诗人的情绪发生了怎样的变化？ 8. 评点、欣赏"大漠孤烟直，长河落日圆"一联所描绘的意境美。	1. 诗歌意象。 2. 征蓬出汉塞，归雁入胡天。 3. 大漠孤烟直，长河落日圆。	诵读法、知人论世法、合作探究法、关键词品析法

续表

课例	教学目标	教学内容	教学点	教学方法
朱小红:《〈使至塞上〉教学设计》,《黑龙江教育(中学教学案例与研究)》2008年第11期	1. 理解赏析诗中佳句,积累名句,体会古诗词的意境美。 2. 展开丰富的联想,想象作品描绘的意境及画面。 3. 理解作者在作品中表达的思想感情。	1. 简介作者及诗歌创作背景。 2. 多种方式诵读诗歌,结合注释理解诗歌内容。 3. 诗歌写的是什么情景?又体现了作者怎样的情感? 4. 以小组为单位品析诗歌中的句子,着重品析诗歌的额联和颈联。 5. 用语言描绘一下"大漠孤烟直,长河落日圆"这幅图画,也可用笔简单地勾勒一下,说说这句诗的意境。 6. 结合诗中的字、词、句,体会作者当时的心境。 7. 这首诗表现了作者怎样的情感?	1. 征蓬出汉塞,归雁入胡天。 2. 大漠孤烟直,长河落日圆。	知人论世法、诵读法、合作探究法、想象法

(一)教学目标

教学目标能从一个侧面反映出教师整堂课教学的重点,所选的10则课例中,教师的教学目标较为集中,占比较高的教学目标主要有四个,各教学目标占比情况见图3-1。

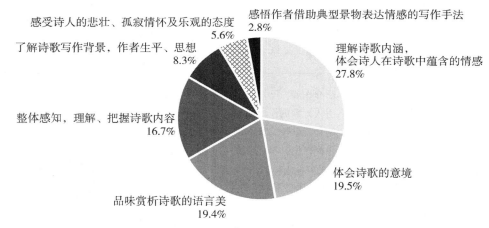

图 3-1　10 则课例教学目标选择图

通过图3-1的梳理,我们可以发现,所选的10则课例中,占比最高的教学目标是"理解诗歌内涵,体会诗人在诗歌中蕴含的情感",所选10则课例中,所有教师在教学中都设立了这一目标,这说明所有教师都明确情感教学是本诗的教学重点。紧接着占比较高的是"体会诗歌的意境"和"品味赏析诗歌的语言美",分别都有七位教师在教学时选择了这两个教学目标。接着占比较高的是"整体感知,理解、把握诗歌内容",有超过一半的教师选择了这一教学目标。剩下的三个教学目标占比较低,大多数的教师在教学时选择的都是前四个教学目标。由此可见,大多数教师在教学本诗时,选择的教学目标都是较为明确和集中的。

(二)教学内容

教学内容的选择与教学目标息息相关,教学内容的选择在一定程度上决定了诗歌教学的走向,综合所选的 10 则课例我们可以发现,《使至塞上》教学内容主要集中在以下这些方面,见图 3-2。

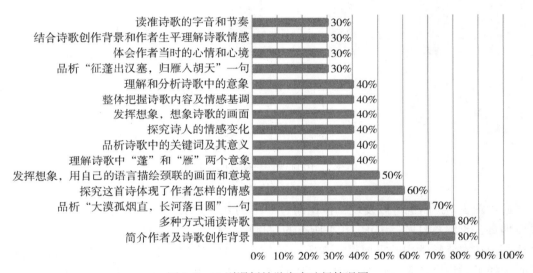

图 3-2　10 则课例教学内容选择情况图

通过图 3-2 的数据我们可以发现,所选的 10 则教学课例中,超过一半教师选择的教学内容只有 5 个,由此可见《使至塞上》一诗的教学内容总体上是比较分散的。从图 3-2 中我们可以看出,占比最高、选择最多的教学内容是"简介作者及诗歌创作背景"和"多种方式诵读诗歌"这两个,占比高达百分之八十。紧接着占比较高的是"品析'大漠孤烟直,长河落日圆'一句",这一句是本诗最为人称道的句子,因此大多数教师在教学时还是能抓住重点句进行教学。接着占比较高的是"探究这首诗体现了作者怎样的情感"和"发挥想象,用自己的语言描绘颈联的画面和意境",超过一半的教师在教学时会抓住诗歌的情感进行教学,同时借助想象的手法来帮助学生理解诗歌的画面美和意境美。最后占比接近一半的教学内容分别是"理解诗歌中'蓬'和'雁'两个意象""品析诗歌的关键词及其意义""探究诗人的情感变化""发挥想象,想象诗歌的画面""整体把握诗歌内容及情感基调"以及"理解和分析诗歌中的意象"这六个教学内容,这些基本都是属于整体感知和把握诗歌内容的教学。值得我们关注的是，仍有教师将读准诗歌的字音和节奏作为本诗的教学内容，但是在诗歌没有生僻字且对象是八年级学生的情况下，将字词读音作为教学内容，其必要性有待商榷。

（三）教学点

综合所选的 10 则课例，我们可以发现所有课例中，教师们集中选择的教学点主要有 5 个，详情见图 3-3。

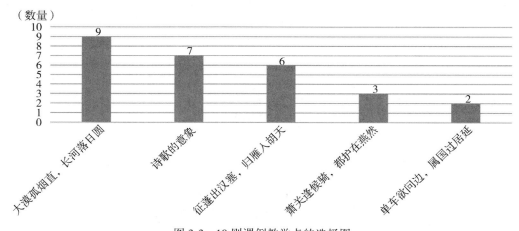

图 3-3　10 则课例教学点的选择图

通过图 3-3 我们也可以发现，占比超过一半的教学点有三个，其中占比最高的是"大漠孤烟直，长河落日圆"一句，几乎所有的课例中，教师都会选择对这句诗进行讲解，可见这一句在本诗教学中的重要性。接着占比较高的是"诗歌的意象"，有七成的教师在教学时选择了对诗歌的意象进行讲解，而本诗中众多的意象确实也是诗歌教学的重点。其余三个教学点是诗歌中其他的三个句子，其中教学频率最高的是"征蓬出汉塞，归雁入胡天"一句，有超过一半的教师在教学时会选择对这句进行讲解。选择对剩下的两句诗进行讲解的教师并不多，因此占比并不高，但是这两句对于理解诗歌的情感具有重要作用，因此在本诗的教学中也应该得到教师的重视。

（四）教学方法

一堂语文课的教学效果和质量如何，教学方法的选择非常重要，所选的 10 则课例中，教师们所使用的教学方法还是较为集中的，详情见图 3-4。

综合图 3-4 的统计情况我们可以发现，所选的 10 则课例中，占比最高的教学方法是知人论世法，所有的教师都选择了这一教学方法，紧接着占比较高的教学方法分别是诵读法、合作探究法、想象法和文本细读法，这四个教学方法在 10 则课例中的占比是一样的，都有八位老师使用了这些教学方法，可见大多数教师在进行《使至塞上》一诗的教学时，所选用的教学方法相差无几，基本都是选用一样的教学方法进行教学。10 则课例中还有

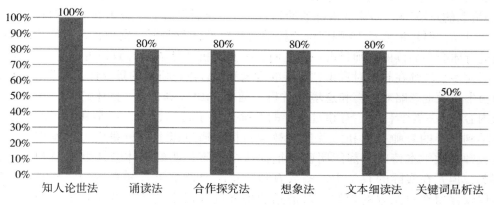

图 3-4　10 则课例教学方法的选择图

　　五位教师在教学时选择了关键词品析法，即通过对诗句中的关键词进行替换、解析，比较、体会原诗中字词运用的精妙和作用。因此，在本诗教学中，教师适当地使用多样化的教学方法，将有利于课堂和教学内容的呈现，进而推动教学的进程。

三、基于课例分析的教学建议

　　《使至塞上》选自统编语文教材八年级第三单元《唐诗五首》，该单元提示中指出，在本单元的教学中，通过"阅读这类作品，可以获得美的享受，净化心灵，陶冶情操"。同时，教材在阅读要求中还指出，要通过"反复诵读，借助联想和想象，进入诗文的意境，感受山川风物之灵秀，体会作者寄寓其中的情怀"。本诗的美学价值得到了古今历代文人的赞誉，例如"大漠孤烟直，长河落日圆"一句中的"直"与"圆"二字的精妙，作者使用的博大宏阔的意象群，以及诗歌中的"起承转合"展示出的盛唐诗歌谋篇布局的结构之美等，这些都是本诗教学中教师应该关注的。

　　同时，八年级的学生在诗歌积累方面已经有了一定的基础，但大多数学生学习诗歌还是停留在准确地背诵与默写上，对于诗歌本身的美感赏析还缺乏一定的深度。《使至塞上》淋漓尽致地展现出了王维对于诗歌谋篇布局、意境渲染的功夫以及诗人的生命形态。换句话说，对《使至塞上》一诗的教学，其实就是"了解与欣赏"，让学生能够"彻底、清晰、明确地领会作品"，品味诗歌营造出来的意境和画面美，体会作者前后情感的变化，以及学习诗人借助典型景物表达情感的写作手法。

　　基于以上教材和学情分析，再依据对所选的 10 则教学课例的教学目标和教学内容所作的梳理，我们可以发现，占比最高的教学目标是"理解诗歌内涵，体会诗人在诗歌中蕴含的情感"，课例中所有教师在教学目标中都设立了这一目标，而在教学内容选择上，"探究这首诗体现了作者怎样的情感"这一教学内容的占比也是很高的，也就是说很多教师在教学诗歌时意识到情感教学的重要性，而在本诗实际的教学中也会设计情感探究的活动，这说明所有教师都明确情感教学是本诗的教学重点。紧接着占比较高的教学目标是"体会诗歌的意境"和"品味赏析诗歌的语言美"，分别都有七位教师在教学时设立了这两个教学目标。但是根据对 10 则课例的教学内容梳理，我们可以发现，在教学中对诗歌的意境进行体会和品读的教师只占一半，而品味和赏析诗歌语言的教师占比甚至不到一半，这说明大多数教师在教学时意识到对诗歌意境和语言进行研讨的重要性，但是在具体教学时却会不自觉地忽略对语言和意境的赏析。随后占比较高的是"整体感知，理解、把握诗歌内容"这一教学目标，有超过一半的教师选择了这一目标，但是在具体的教学环节只有不到一半的教师完成和涉及这一教学目标。通过以上分析我们可以发现，大多数一线教师在教学本诗时，都能明确要把握诗歌情感，明确要体会诗歌意境和赏析诗歌语言美，但是在实际的教学中，多数教师会忽略对诗歌语言和意境的赏析，对诗歌的讲解仅仅停留在对意象的理解、对情感的把握以及对个别诗句的品析上，而对意境的把握和语言的品析的讲解还是不够到位的。

《义务教育语文课程标准(2011 年版)》指出："读诗歌要展开想象，获得初步的情感体验，感受语言的优美。"而想象在古诗词赏析中起着至关重要的作用。通过 10 则课例的梳理，我们可以发现，教师所选的教学方法中想象法占比较高，绝大多数教师在教学时都能合理地运用想象法来帮助学生理解诗歌的画面和意境美。《使至塞上》一诗意蕴丰富，而要让学生在凝练的语言文字中挖掘出最丰富的内涵，就必须引导学生借助联想和想象去解读文本，深入拓展本诗的空间，品味本诗营造出的意境，感悟诗人变化的感情，才能真正体会到本诗所具有的巨大艺术魅力。但是，想象并不是毫无目的的天马行空，教师在教学时应该做好对学生的引导，设立好目标和具体的要求再让学生进行想象，这样才能真正发挥想象法在本诗教学中的作用。

综上所述，在《使至塞上》一诗的教学中，教师可以先让学生单独地理解"大漠""孤烟""长河""落日"这几个意象的意思，然后引导他们用合理的联想和想象去拓展诗句的意思，填补诗句空白，用形象思维去感受王维的"诗中有画"，想象苍茫大漠中"孤烟直"、长河边"落日圆"的雄奇景象。引导时，可以先让学生通过想象把诗句中的这几个意象在头脑中形成一幅画面，在一个空旷无比的沙漠中，有冲天而起的烽烟、蜿蜒曲折的黄河和一轮圆圆的落日，然后把这些景物放置在画面的不同位置上，天边有落日，空中有烽烟，地上有河流，形成画面丰富的层次感。紧接着，再让学生去感受画面中景物所呈现出的线条美，在一望无际的大漠背景之上，烽烟是纵的，长河是横的，落日是圆的。最后，再给这些景物添加上丰富的色彩，荒凉大漠中漫天的黄沙，黄昏时分橙红色的夕阳，泛着粼粼白光的黄河水，天空中升起一道白色烽烟。诗句中出现的几个意象，组合起来构成了诗的意境，在学生头脑中形成了直观的画面，学生能形象地感受到王维笔下如画一般美的雄奇壮观的边塞风光，从而进一步感受到古诗词凝练的语言所具有的丰富内涵。同时，教师们还要清醒地认识到，王维在诗中对环境进行了几处特写，不仅寄托了他自己的真情实感，而且这也是诗的精华所在。因此，教师在进行教学时应该把这些内容传递给学生，让学生真正读懂、读透，进而提升学生的阅读鉴赏能力。很多教师在教学《使至塞上》这首诗时，教学的目光和重点都被诗中雄伟壮阔的大漠风光所吸引，忽略了挖掘诗中隐含的诗人情感。实际上，这首叙事写景诗同样蕴含了诗人的内心情感，其中的含蓄隐晦需要我们借助联想和想象去细细地品读。在教学中，教师要引导学生把自己想象成诗人，带着诗人个人的生平事迹来感悟其内心情感的变化，这样学生才能真正地学会知人论世，从而真正读懂王维在本诗中蕴含的情感及其变化。

四、教学设计参考

《使至塞上》教学设计

学情简析：

此学段的学生已经有一定的诗歌学习的基础，对于诗歌内容和情感基调有一定的把握，但是对这首诗歌的文本特点和特质很难精准把握，很难深入具体的诗歌语言和内容中去剖析诗人的情感以及诗歌艺术特色。

教学重点：

感知诗歌的语言和意象，体会诗人构思的精巧，感受诗中有画的风格。

教学难点：

把握诗歌中的意象、用典的精妙，品味诗歌的虚实相生、情景交融的艺术手法。

教学课时：

1课时。

教学流程：

教学导入：

反复诵读诗歌，读准诗歌的字音和节奏。

1. 学会本诗中的生字词，疏通诗意。

2. 初读诗歌，理清和概括出本诗的内容。

学习活动：

引导学生结合课文注释以及初读诗歌的感受，让学生谈谈这首诗歌写了件什么事。并且引导学生理清诗歌的结构，自行寻找诗人出使所图、所至，明确诗人出使的目的和地点是哪里，把握诗歌内容。

3. 本诗选择了哪些意象，在情感表达和意境塑造上有什么作用。

学习活动：

引导学生找一找诗中选取了哪些景物和意象，说出这首诗所表现的事、景、情以及这些之间的关系，诗人是如何安排的，其作用是什么。重点引导学生分析"征蓬""归雁""孤烟""落日"等意象，进行对比分析，着重分析形容词"直""圆"。思考从诗中这些意象里可以窥到作者哪些情思。

4. 结合具体的诗句感知诗人的心境。

学习活动：

引导学生从"单""孤""征蓬"等字词入手，探究这些字词透露出作者当时怎样的心境。

教师适时为学生补充这首诗歌的创作背景，引导学生加深理解。

5. 赏析名句"大漠孤烟直，长河落日圆"。

学习活动：

教师引用王国维、徐增对这一句诗歌的评价以及《红楼梦》中香菱学诗的片段启发学生，引导学生尝试从绘画的角度鉴赏千古名句：这一句好在哪里呢？你眼前浮现了一幅怎样的画面，试着用自己的话描述出来，说一说这幅"画"它"壮"在哪里？颈联中的"直"和"圆"二字历来为人称道，说说这两个字为什么用得好。发挥想象力，并结合思考将诗歌的画面描绘出来。

6. 探究诗歌中的大量用典。

学习活动：

教师为学生出示本诗中的用典有哪些，并引导学生结合本诗和诗人的处境，启发学生思考诗人这些用典有何作用。

7. 深入探究诗人情感的转变。

学习活动：

提问：你从哪个词、意象或诗句中感受到了作者怎样的情感？自读品味，小组交流讨论。在全诗中，诗人的情绪发生了怎样的变化？

8. 结合本诗探究王维"诗中有画"的意境是怎样体现出来的。

学习活动：

引导学生鉴赏本诗的画面感，体会诗歌的构图美、线条美和色彩美。让学生发挥联想，结合诗句内容说一说感受到了怎样的画面美，试着用自己的话描绘一下诗人营造出来的这种境界。

第四章
《春望》文本解读与教学设计

　　杜甫的《春望》是五言律诗的典范，也是一篇忧国忧民的名作，其在中国文学史上有着不可撼动的地位，诗歌连续多年被选入初中语文教材中，现又被选入统编版初中语文八年级上册的教材中。全诗以"望"字为诗眼，既写出了诗人眺望长安的落魄之景，也透露出诗人遥望远方的牵挂之情，更表达了诗人守望国家的坚定意志，饱含了诗人深厚的家国情怀，教学价值丰富。因此，对《春望》进行文本解读，再通过对典型课例的分析，最后总结出其教学侧重点，以期能为一线教师在本诗的教学上提出可参考的教学建议。

一、教学文本解读

（一）课文选编综述

　　《春望》在不同版本的教材中所处的单元编排位置不同，位置不同就可能导致诗歌的教学取向不同，从而有不同的教学价值。为了更准确地把握《春望》的教学价值，现对各个版本教材中《春望》的编排进行梳理，梳理结果见表4-1。

表4-1　　　　　　　　《春望》的学年安排、单元编排及课后习题编制情况表

学段	版本	教材中的位置	单元/课前导语关键词	课后习题要求
八上	统编版	第六单元 （前一篇《饮酒》）	品格与志趣、人生理想与担当、不凡的追求、人生感悟与思考	背诵；描绘作品情境；比较《春望》与《月夜》思想情感和写作手法的异同
八上	苏教版	第二单元 （前一篇《始终眷恋着祖国》）	"谁怜爱国千行泪，一寸山河一寸金。"爱国情怀	背诵；比较"感时花溅泪，恨别鸟惊心"两种解释

续表

学段	版本	教材中的位置	单元/课前导语关键词	课后习题要求
八上	人教版	第五单元 （前一篇《望岳》）	叙事、寄托作者情怀、反复诵读、领会它们丰富的内涵和精美的语言	背诵；比较"感时花溅泪，恨别鸟惊心"两种解释；寻找、分析对偶句，体会结构特点并仿写
八下	鄂教版	第三单元 （前一篇《最后一课》）	—	—
九上	沪教版	第一单元	—	—

由上表我们可以知道，《春望》的学段安排主要集中在八年级上册，这与《春望》言简意赅、情感真挚的诗歌特点是分不开的。此外，在注重把握诗歌内容的同时，不同版本也都倾向感受"作者情怀与人生担当"以及苏教版所指出的"爱国情怀"。课后习题编制也为我们的教学提供了指向，在不同版本中，《春望》的课后习题都注重积累、背诵。统编版不仅要求描绘作品情境，还注重拓展学生的阅读面，训练学生的比较思维。苏教版和人教版则纷纷指向探究"感时花溅泪，恨别鸟惊心"的不同解读，打开学生的思维，丰富学生的情感体验。人教版还特意指出了要学习对偶这一写作方式，并且通过仿写让学生进一步感知结构特点，学以致用。

(二) 诗歌的主题

《春望》一诗出现不久便蜚声诗坛，誉满天下，千百年来都是脍炙人口的名篇。对于这首诗歌的内容，历代文人有许多精辟独到的阐述，而少有理解上的歧义。尽管历代学者对《春望》的推崇程度不一，但多数学者结合杜甫一生的思想及经历，都将《春望》的主题归纳为杜甫爱国忧民、恨别思家之作。

但在傅庚生的《杜诗析疑》一书中，作者指出，在"感时花溅泪，恨别鸟惊心"两句诗中，诗人的"所见所闻所感与所书往往是偏重在后者"，此诗"主题是'恨别'，'感时'是陪衬"。在分析《春望》的章法和句法时，傅庚生直接表明："恨别"一句是"承上启下的，它是这首诗的中心，主旨是恨别思家，普通的抒情诗罢了。"[1]赵治中从三个角度详细论述了诗歌主题，他认为本诗是将"感时"与"恨别"紧密联系、融为一体的，若非要有主次之分，也应是"感时"为主，"恨别"为辅，这是一篇爱国主义的诗歌佳作。诗所抒发的绝非一己的哀愁，自己单门独户的忧患，而是写出国家的动乱和人民的苦难，其中渗透着诗人赤诚的爱国之心。[2] 赵治中的文章充分论证并且再次明确了诗歌忧国忧民的主题，一位关心国家命运与人民疾苦，将个人悲切情思和时代的苦难、国家的命运、人民的颠沛流离紧

---

① 傅庚生．杜诗析疑[M]．西安：陕西人民出版社，1979：161-162.

② 赵治中．也谈杜甫《春望》的主题——与傅庚生先生商榷[J]．丽水师专学报，1982(02).

密结合起来的诗人形象跃然纸上。

(三) 诗歌的艺术特色

1. 情与景关系的和谐

首先是寓情于景，托物伤怀。诗歌首联主要描写诗人在都城长安所望之景，国都破碎，旧日山河依旧存在，暮春三月，长安城内草木深深。一个"破"字让人感到揪心，又一个"深"字让人不禁冷颤。看似诗人在诉说战乱后的惨状，实则诗人是寓情于景，将自己对叛军的愤恨和对国家的担忧之情融于这萧条之景中。

其次是以乐景反衬哀情。王力先生对于诗歌的第二句解读如是："溅、惊都是使动用法。这一联是说，因感伤国事，春花使我泪飞溅；因恨别之苦，鸟声使我心惊。"[1]花和鸟都带给人希望和美的享受，而诗人看到这春之明媚却不由"溅泪"，时感"惊心"。花的艳丽，使诗人倍感国都沦陷之痛，鸟倦归巢，使诗人更添离别之苦。面对春景如画的美好，诗人不但不为之雀跃欢呼，反而更加悲痛，以乐写哀使诗人的哀情更哀。

最后是移情于景，诗人赋予花鸟人的情感，以花鸟拟人。通过在春日所见的花和鸟这两种美好的景物，抒发了自己的忧国思家之情。诗人饱含情思，花和鸟也被感染，富有了情感，花鸟因感伤时事，怅恨离别，而热泪飞溅，惊心动魄。物犹如此，人何以堪？诗人"采用了移情于物的拟人手法"[2]，借花鸟来抒发自己内心的情感，不仅含蓄委婉，而且真挚动人。

这种情与景的关系的和谐，从表现手法上说，是通过写景、叙事和抒情相结合的方法，使诗歌的感情强烈而不肤浅。全诗既没有空洞的口号，也没有无用的感叹，而是把忧国、爱民、思家的感情抒发，与残破荒芜的景物描绘、频频搔首的形象刻画融为一体，使之能相得益彰，感人肺腑，从而达到动人心弦的效果。

2. 格律的严整

《春望》是一首五言律诗，格律十分严谨，在押韵上做到了一韵到底，在节奏上形成一气呵成之势。全诗一共八句，每句五字。韵脚分别为"深""心""金""簪"，虽在现代汉语中属于不同的声部，不显和谐，但是在古汉语中，这四个字都是同韵字，同属平声"侵"部，都是阴平声。而全诗的平仄形式也完全符合五言律诗的四个基本平仄句型，平仄上看，仄起仄落，全诗顿挫有致，毫不呆板。古代汉语认为"国""别""白"应当看作仄声，"胜"作"能承受，禁得住"之意时为平声。这种平仄格律在朗读时给人一种激愤、愁苦的感受。总体而言，《春望》在句式、用韵和节奏上都可谓中国近体诗声韵格律的完美体现，诗歌的格律使其读来抑扬顿挫、跌宕回旋，令诗人的感伤情怀与爱国热情尽展无余。

---

① 王力. 古代汉语[M]. 北京：中华书局，1980：97.

② 浦起龙. 杜诗心解[M]. 北京：中华书局，1981：146.

3. 对仗的工整

本诗对仗的工整也是向来为人所称道的。诗歌前三联都是对仗，不仅合乎律诗的颔联、颈联均应对仗的要求，而且对仗工整、灵活，有反对，有邻对，有流水对。首联中的"国破"对"山河在"是反对，"国破"对"城春"，两意相反，形象鲜明，"国破"之下继以"山河在"，诗意翻跃，出人意料；"城春"之后缀以"草木深"，文意直顺，合乎实情；前后相悖，又是一翻。因而明人胡震亨极为欣赏此联，认为"对偶未尝不精，而纵横变幻，尽越陈规，浓淡浅深，动夺天巧。百代而下，当无复继"①。"花"对"鸟"是邻对，颔联只第二字对得似不大工整，整体看突出了"花"和"鸟"，属花木对鸟兽的邻对。颈联对仗很工巧，整体来看是流水对，出句和对句之间在语意上有因果关系。同时，颔联的"感时花溅泪，恨别鸟惊心"与颈联的"烽火连三月，家书抵万金"是典型的平衡结构，颔联中"感时"对"恨别"，"花"对"鸟"，"泪"对"心"，对仗齐整；而颈联也遵循了严整的对仗，"烽火"对"家书"，"三月"对"万金"，"连"对"抵"。综上可以看出，《春望》这首律诗字、词对仗工整，句子之间也构成了严整对仗。

4. 结构层次分明

本诗的结构安排可谓清晰自然，无懈可击。全诗四联八句，前两联侧重于写诗人春日所见，后两联则侧重于写春望所感。"见"是"感"的前提和基础，所以写在前；"感"是"见"的升华和必然，因此写在后。诗人写自己眼前所见之景物，依次铺陈开来，有山河、都城、草木、花鸟，景物由远而近，由大而小。同时，诗人写景又从侧面抒发自己的感情，先是寓情于景，后是托物寄情，整首诗歌的情怀展现，是由间接到直接，由隐晦到显露，由概括到具体的。直抒胸臆的后两联，又由内到外，由心理到行动：一联侧重心理感受的流露，一联侧重搔首形象的展现。全诗从写所见到写所感，也承转自然，环环相扣。具体来说，颔联在"见"和"感"的过渡上起桥梁作用，颈联直接承颔联而发，"烽火"句承"感时"句，"家书"句承"恨别"句，穿针引线，既具有了清晰明了之功效，又达到了天衣无缝之境地，还没有穿凿附会之痕迹。②

二、基于课例的教学设计分析

《春望》以作者在春日所见所闻之景抒发内心所感之情，在写景的同时融入作者对时代的忧思与期盼，对国家的爱与关切，对人民的同情和怜悯，表现出诗人以天下为己任的博大胸怀。由于这种心系天下的爱国情怀对培养初中生的家国意识十分有利，所以长期被选入教材，经久不衰。本章收集了 10 则公开发表的课例，主要记录、比较《春望》教学内

---

① 李炎. 忧国恨别 语约情真——杜甫《春望》论析[J]. 渭南师专学报，1987(01).
② 黄连平. 善陈时事 律切精深——谈《春望》的艺术特色[J]. 戏剧文学，2006(04).

容与教学点的选择情况，10 则课例统计分析结果见表 4-2。

表 4-2　　　　**10 则《春望》课例教学内容、教学点与教学方法统计表**

课例	教学目标	教学内容	教学点	教学方法
肖培东：《"望""见"诗心——我教〈饮酒〉〈春望〉》《语文建设》2019 年第 5 期	1. 引导学生体味"望"字的内涵。 2. 进入诗人的内心，走向诗歌的深处。	1. 提出问题："春望"可以怎样理解；探究"望"的第一层含义。 2. 交流、分析诗人眺望到的春景，朗读诗歌。 3. 赏析"最传神的一个字"，诗歌创作背景，朗读诗歌。 4. 探究诗眼——"望"的第二层含义，感受作者情感。	1. 诗歌的题目。 2. 国破山河在，城春草木深。 3. 感时花溅泪，恨别鸟惊心。	讲授法、诵读法、文本细读法、知人论世法
胡付彪：《〈春望〉——"望"见诗圣》教学实录，《学语文》2018 年第 4 期	1. 把握诗歌的大意，分析诗歌的写作手法。 2. 感悟全诗的情感和诗人博大的胸怀。	1. 朗读诗歌，读准字音、节奏，奠定诗歌情感基调。 2. 理解关键词句，把握诗歌大意，对颔联的手法和意思进行解读。 3. "一字传神"，联想画面，体会诗人情感。 4. 以"诗圣啊，诗圣"为开头，配乐写话。 5. 师、生配乐诵读，感受诗圣胸怀。	1. 国破山河在，城春草木深。 2. 感时花溅泪，恨别鸟惊心。 3. 烽火连三月，家书抵万金。 4. 白头搔更短，浑欲不胜簪。	想象法、讲授法、诵读法、文本细读法
邓迎春：《〈春望〉教学设计》，《情感读本》2019 年第 27 期	1. 有效理解作品字面含义，对诗歌整体的思想内涵有领会。 2. 反复诵读，领会作品中表达的思想情感和语言上的美感。 3. 理解与体会这首作品中传递出的诗人忧国忧民的情怀。	1. 了解诗歌创作背景和作者人物生平，小组交流。 2. 题目能够读出哪些感受？猜一猜这首作品中作者会表达哪些内容。 3. 反复诵读诗歌，理解作者情感的表达和情绪的抒发。小组交流讨论诗歌内容，谈一谈诗歌作品中包含了作者怎样的情感。 4. 总结诗歌中交代的当时社会情状，以及在这样的社会情状下，作者有怎样的思想情感。 5. 如果我们将这首诗歌的内容拍摄成一部短片，你会选择怎么呈现？理由是什么？小组讨论。	1. 诗歌的题目。 2. 国破山河在，城春草木深。 3. 感时花溅泪，恨别鸟惊心。 4. 烽火连三月，家书抵万金。	讲授法、合作探究法、诵读法、知人论世法、对比阅读法

续表

课例	教学目标	教学内容	教学点	教学方法
杨晓迪:《〈春望〉教学设计》,《语文教学》2018 年第 3 期	1. 读准字音,了解五言律诗的基本特点。 2. 推敲关键词,理解诗歌内涵,体会杜诗"沉郁顿挫"的语言风格。 3. 通过"横向拓展、以点带面"组诗联读,了解"安史之乱"这一写作背景,体会诗人蕴含在诗中深沉的家国情怀。有感情地朗诵诗歌。	1. 学生读诗题"春望",想象长安城春日之景,学生在想象的基础上再读描写长安春天的诗句。 2. 自由朗读,边读边体会五言律诗在结构、节奏方面的基本特点;教师引导学生了解律诗的一些基本知识。 3. 读诗歌首联,诗人杜甫望到了哪些景象?这些景象有什么特点? 4. 读诗歌颔联,"花""鸟"在古诗中多为明快的意象,为何诗人会"溅泪"与"惊心"? 5. 诗人除了望见眼前国破城败之景,还仿佛望见了什么? 6. 读完"三吏三别"的诗句和"安史之乱"的历史背景,读出了诗人有怎样的内心?	1. 诗歌的题目。 2. 国破山河在,城春草木深。 3. 感时花溅泪,恨别鸟惊心。 4. 烽火连三月,家书抵万金。 5. 白头搔更短,浑欲不胜簪。	诵读法、文本细读法、讲授法、对比阅读法、知人论世法、想象法
单玉娇:《"破"字一出万物悲——〈春望〉教学设计》,《语文天地》2019 年第 32 期	1. 反复诵读,读准字音、读出韵律、读出情感,感受诗歌所创造的令人几欲滴泪的悲痛氛围。 2. 结合写作背景,品读重点字词,鉴赏诗中对比、拟人、移情于物以及写景、叙事、抒情融为一体的创作手法,体会诗人的爱国之情、忧民之心和思亲之意。	1. 介绍作者及诗歌创作背景,就感受最深的诗句谈谈看法。 2. 诗人"望"见了何物?哪个字点明了全诗的主题? 3. 首联中诗人"望"见的景物有什么特点,"草木深"的"深"能否换成"茂""盛"等字。 4. 诗人首联意在写"国破"之景象,为何后又写"山河在",又写"城春",有何用意?这是什么手法呢? 5. 小组讨论,为何花鸟本是令人愉悦的事物,诗人却写得如此悲凉。此处用了什么写作手法,表现了诗人怎样的情感?这一联在全诗中有何作用? 6. 最后一联与前三联有何不同,体会"搔""更""浑"所体现的情感。 7. 回归题目,诗人写"春望"写得如此沉痛,与我们印象中的春天很不一样,那为什么还要叫作"春望"呢?隐含了诗人怎样的情感? 8. 对比鉴赏杜甫的《月夜》,比较两首诗歌在思想感情和写作手法上的异同。	1. 诗歌的题目。 2. 国破山河在,城春草木深。 3. 感时花溅泪,恨别鸟惊心。 4. 白头搔更短,浑欲不胜簪。	知人论世法、文本细读法、合作探究法、对比阅读法

续表

课例	教学目标	教学内容	教学点	教学方法
林兰晖:《一"望"情深,诗意盎然——我教〈春望〉》,《语文教学通讯:初中(B)》2013年第11期	1. 体味诗人真挚的感情,体会诗人国破家亡的伤痛。 2. 通过联想、诵读走入诗歌的意境。	1. 通过音乐和图片创设情境,激发学生的联想和想象。 2. 分析"望见"之境:找出关键词,分析意象特征,想象画面,还原意境。 3. 最能集中展现国破的是哪些字?"溅泪""惊心"的是谁?从中读出了诗人此刻内心的什么感受? 4. 感受"望不见"之境,角色带入,写一封家书,体验情感。 5. 抓住"望见"与"望不见"的纠结,谈杜甫白头的原因,想象杜甫的形象,反复读尾联并谈谈感受到了杜甫怎样的心境。	1. 国破山河在,城春草木深。 2. 感时花溅泪,恨别鸟惊心。 3. 家书抵万金。 4. 白头搔更短,浑欲不胜簪。	文本细读法、讲授法、创设情境法、想象法、合作探究法
王辉:《〈春望〉〈望岳〉教学课例》,《语文教学与研究》2010年第17期	1. 理解诗歌的深刻内涵,体会诗人的丰富情感。 2. 感受诗人的伟大人格,提高学生的审美能力。	1. 抓住关键词语品析,体会诗人的丰富情感。 2.《春望》中杜甫"望"到什么?你又"望"到一个怎样的杜甫?分析诗歌的意象。 3. 比较拓展阅读,感受杜甫诗风的变化和忧国忧民的胸怀。	1. 国破山河在,城春草木深。 2. 白头搔更短,浑欲不胜簪。	讲授法、合作探究法、比较阅读法
林晓敏:《〈春望〉教学设计》,陕西师范大学万科中学公众号,2020年12月13日	1. 理解诗歌内容,分析诗歌的意象。 2. 知人论世,理解诗人情感。	1. 诗人望见了哪些春景?一派怎样的景象? 2. 知人论世,理解诗人情感。 3. 分析"国""山河""草木""花""鸟"等意象。 4. 拓展阅读杜甫在这时期的典型诗歌,深入全面理解诗人情感,认识杜甫的伟大人格。 5. 阅读赏析《北征》节选、《羌村》其一、《月下忆舍弟》、《自京赴奉先县咏怀五百字》节选一、《自京赴奉先县咏怀五百字》节选二。	1. 国破山河在,城春草木深。 2. 感时花溅泪,恨别鸟惊心。 3. 白头搔更短,浑欲不胜簪。	知人论世法、诵读法、文本细读法、比较阅读法
张娇娇:《〈春望〉教学设计》,初中教学园地公众号,2020年11月28日	1. 理解诗歌的意象,体悟作者的情感。 2. 结合写作背景,品读重点字词,鉴赏诗歌。	1. 图片导入创设情境。 2. 分析"国(破)""山河""城(春)""草木""花""鸟"等意象。 3. 作者望见哪些事物?如今长安是怎样一幅景象? 4. 探究"感时花溅泪,恨别鸟惊心"的两种解释。 5. 联系诗人生平及历史背景,探索诗人情感。	1. 国破山河在,城春草木深。 2. 感时花溅泪,恨别鸟惊心。	诵读法、合作探究法、知人论世法、对比阅读法、情境创设法

续表

课例	教学目标	教学内容	教学点	教学方法
何跟书:《赤子心 爱国情——〈春望〉教学设计》,《吉林教育》2010 年第 5 期	1. 把握格律诗的韵律美。 2. 领略浓郁的诗情。	1. 介绍诗歌创作背景,教师范读,学生齐读,深入情境,体会感情。 2. 解读诗歌的韵律美。 3. 深入诗歌内部,体会诗歌蕴含的爱国之情。	1. 国破山河在,城春草木深。 2. 感时花溅泪,恨别鸟惊心。 3. 烽火连三月,家书抵万金。 4. 白头搔更短,浑欲不胜簪。	诵读法、情境创设法、文本细读法

(一)教学目标

教学目标是教学一篇课文的指向标,在所选的 10 则课例中,教师的教学目标选择主要有以下几个,见图 4-1。

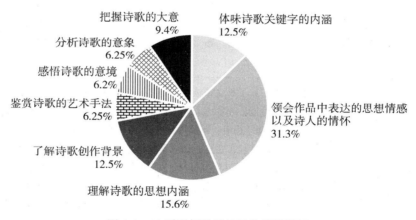

图 4-1　10 则课例教学目标选择情况图

从图 4-1 的梳理我们可以看出,10 则课例中教师选择的教学目标中,占比较多的分别是"领会作品中表达的思想情感以及诗人的情怀""理解诗歌的思想内涵""了解诗歌创作背景"以及"体味诗歌关键字的内涵",特别是"领会作品中表达的思想情感以及诗人的情怀"这一教学目标,其占比达到了百分百,所选 10 则教学课例的老师都选择了这一教学目标。

(二)教学内容

教学内容一般都是依据教师设定的教学目标来确定的,综合所选的 10 则教学课例,我们可以发现，教学内容主要集中在以下 9 个方面，占比情况见图 4-2。

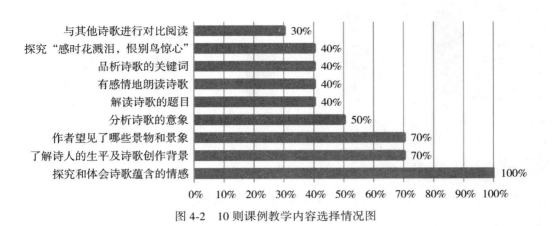

图 4-2　10 则课例教学内容选择情况图

通过图 4-2 我们可以发现，所有教师在教学时都会选择"探究和体会诗歌蕴含的情感"作为教学内容，而超过一半的教师还选择了"分析诗歌意象""作者望见了哪些景物和景象"和"了解诗人的生平及诗歌创作背景"这三个教学内容。由此可见，所有教师都能抓住诗歌的教学重点，对诗歌的情感进行解读和教学，同时大部分的教师也能够联系作者生平和诗歌创作背景来解读诗歌，也能抓住本诗的关键点"望"进行教学。但是，对于诗歌最重要的体现情感的句子"感时花溅泪，恨别鸟惊心"，只有四位教师选择了对其进行解析，占比是较小的。所以我们可以发现，10 则课例中教师有一定的文本解读意识，但是对于诗歌情感的分析还是停留在了解层面，对于诗歌是如何表现情感以及诗歌的语言赏析的教学还是不够到位的，而这些教学内容才是教师在教学中应该注重和讲解的。

首先，诗歌是古人用来传情言志的载体。《春望》这首诗，向我们传达了诗人忧国忧民、哀己思家的思想情感。只是不同老师选择的引导学生体会情感的方式有所不同，有的教师是通过典型的意象分析来引导学生体会作者忧国思家之情；还有老师会结合诗人的人生经历，用知人论世的方法来引导学生体会作者心系国家的情怀；少部分教师则运用深厚的语文功底，通过讲解关键字词的意思来引导学生把握诗人与国家共命运的情感。即便方式不同，也都统一于情感这个要素。其次，在诗歌意象的分析上，教师抓取的意象主要有：国、草木、花、鸟，以及这些意象的特征：破败的、阴森的、溅泪的、惊心的。部分教师会引导学生寻找春日所望之景、感受景物的特征，将一幅凄凉萧索的国都破败之景直观地展现在学生面前，让学生更深刻地感受"国破"之痛，体会作者心急如焚的忧思。

(三) 教学点

教学点是教师在教学时的着力点和落脚点，教学点的选择往往反映了教师教学时的重点，所选 10 则课例中教师教学点的选择主要为以下 5 个，见图 4-3。

通过图 4-3 我们可以发现，大部分教师教学点的选择集中在"国破山河在，城春草木

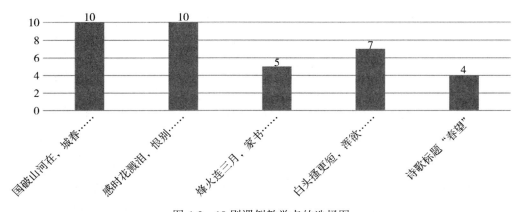

图 4-3　10 则课例教学点的选择图

深"和"感时花溅泪，恨别鸟惊心"两句上，所选的 10 则课例中所有教师都会着重讲解这两句。相比之下，选择诗歌最后一句进行解读的教师占比则更少，选择对诗歌标题进行解读的教师更是不到一半，但是这两个教学点也应该得到教师的重视，只对诗歌前两句进行解读的教学是片面的、浅层的。因此教师在教学《春望》时，要注意更加全面地发掘诗歌的教学点，从而才能把诗歌讲深讲透。

(四)教学方法

教学方法是辅助教师达到教学目标的方式和手段，通过对所选 10 则课例进行梳理，我们可以发现，大部分的教师选择的教学方法主要有以下 8 种，见图 4-4。

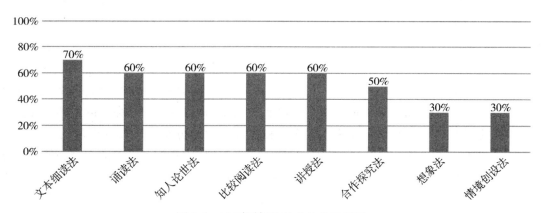

图 4-4　10 则课例教学方法的选择图

经过梳理和统计，所选 10 则课例中，教师使用最多的教学方法依次是文本细读法、诵读法、知人论世法、比较阅读法、讲授法和合作探究法这 6 种方法，其中使用最多的是文本细读法，就是对诗歌的句子和字词进行分析和解读，对诗歌进行文本细读有利于加强学生对于诗歌的理解。与此同时，10 则课例中选择想象法和情境创设法的占比不多，但是在进行诗歌情感和意境的体验时，教师多运用想象法和情境创设法会更有利于学生理解作者蕴含在其中的感情，推动学生更好地把握诗歌内容。

三、基于课例分析的教学建议

通过梳理，我们可以发现，这 10 则课例中的教师在教学内容方面，绝大多数会针对诗歌情感和诗歌意象来进行教学，这也是我们中学古典诗歌教学的常态。我们可以看出，《春望》教学时所关注的教学点明显偏向于这两点：品析意象和感受诗人的情感。其实不仅是《春望》的教学如此，绝大多数的诗歌教学是具有这种偏向的。在实际的教学课堂当中，就体现为教师不厌其烦地带领学生分析诗中的意象，不断地从各个方面向学生强调诗歌表现了诗人怎样的思想情感。但是，这种教学形态容易变成僵化的教学套路，提起诗歌就是意象和情感，提起诗歌教学方法就是通过意象解读情感，完全将学生们的思维限定在一个框架里。学生每每提起诗歌，就自然而然地找意象，甚至诗歌都没有完整地读一遍，就急着用自己积累的知识去盲目地模式化解读。但这并不是说意象和情感作为诗歌教学内容有错，恰恰相反，意象和情感是诗歌的核心，而如果盲目地使用套路肢解一个又一个优秀的文学作品，学生永远走不出教师的预设，学生也看不见诗歌除意象和情感之外的东西，因此教师可以思考能否抛弃原有的教学思路，换一种品析意象、感受情感的方式进行教学。

值得一提的是，肖培东老师在教学中就打破了这种思维，教师并没有强调上述两个方面，而是以炼字、诗眼为主要的教学内容，激活学生的想象，还原真实的写作背景，运用不同形式的朗读来推进教学过程，不断地带领学生向诗歌更深处漫溯，给学生的诗歌学习带来全新的体验。学生在品析"最传神的一个字"的过程中，不仅感受到诗歌言简意赅、用词凝练的特点，而且学会通过炼字探究诗歌之妙的解读方式。"深"字写出荒芜之境，荒芜之下，便是没有人迹。从而引发学生对"人迹何处寻"的探讨，教师顺势将诗歌的写作背景化作学生展开想象活动的背景。[①] 学生结合作者创作背景想象出战争后生灵涂炭、民不聊生的画面，自然地在想象中感受到诗人强烈的忧国忧民之情。学生在诗眼"望"中感受诗情，悟出"望"不仅有眺望之意，更是对家书、对团聚的热切的渴望与盼望。这样一来，诗人思念亲人的形象跃然纸上，无需老师再多加意象分析。

在教学方法方面，很多教师除了常规的范读、配乐朗读和自由朗读外，还将比对阅读和扩展阅读引入了朗读活动。比如，胡付彪老师在教学初始就让学生自由诵读学过的《春夜喜雨》，唤起学生们对于杜甫的记忆。这种朗读形式突破传统，不仅让学生更好地理解诗歌、更好地读，而且在不知不觉中扩大了学生的阅读量和知识面，这是值得推崇的。

---

① 肖培东."望""见"诗心——我教《饮酒》《春望》[J]. 语文建设，2019(03).

通过分析《春望》的公开课例和学习有关诗歌教学的研究成果，可以把《春望》的教学内容指向以下几个方面：

首先，教师要关注学生诗歌基础知识的学习。诗歌，既作歌，可吟唱，说明诗歌有较强的韵律。本诗属于五言仄起仄收式律诗。因此，我们在诗歌教学中，可以有选择地教给学生一些有关诗歌阅读的基本知识，比如诗歌的格律、流派、风格等知识，加强关于诗歌基础知识的教学。况且《义务教育语文课程标准(2011年版)》在阅读教学的具体建议部分也指出："在阅读教学中，为了帮助理解课文，可以引导学生随文学习必要的语文知识。"这不仅仅需要在《春望》的教学中实践，更要融入其他诗歌的教学中。因为缺乏基本的语文知识，任何感知和把握都是空中楼阁，都是空谈。此外，为学生补充一些有关诗歌的背景知识以及作者的生平经历，也十分有利于诗歌的解读。

其次，教师在教学本诗时要抓住最精练的一个字进行讲解。诗歌最大的特点就是言简意赅，《春望》全诗仅仅40个字，却将一幅国破家亡、断壁残垣、草木深密、萧条荒芜的春城败象刻画得淋漓尽致，同时也抒发出浓烈的忧国思家悲己之情。这也是诗歌的魅力所在。我们想要让学生真正读懂诗歌，真正学会读诗歌，就必须一步步引导学生去体会、去探究诗歌用字用词的考量与奥妙，从一个字中读出诗境、读出情感、读懂作者，这才是见微知著。另外，炼字也需要正确方法的指导，如何品析最精练的一个字，如何从一个字中感受作者情感，这些都是我们教学要关注的重点。清人沈德潜说："古人不废炼字法，然以意胜而不以字胜。"由此可见炼字、炼句是基础，是必不可少的，最终目的是炼意。炼字不见琢炼痕迹，才是最高境界。语言的功用是为了抒发感情，体会诗歌语言的锤炼功夫，最终落脚点还是领悟情感，过于追求字句细节，反而有伤全篇意旨。教师对鉴赏目的必须有清晰认知，教学中需要避免舍本逐末、过于细碎地品析，不能一叶障目，不见泰山，避免古典诗词教学变得没有"诗味"，应追求"言意统一"，甚至是"得意忘言"的境界。在《春望》这首作品中，很多字词就值得我们关注。标题中的"望"字，一字贯穿始终，为全诗诗眼；首联中仅以一个"破"字交代出处境的艰难，传达出作者的痛心，一个"深"字写出了何等凄凉萧索的境况；颔联中"感""恨"二字更是将诗人亡国之痛推向巅峰；颈联中的一个"抵"字写出了多少个在战乱中忧亲思家的百姓，多少颗渴望团聚的心；尾联中的"搔"字将满腔的愁绪变成了可见可感的形象。

再次，在本诗学习中，教师还要引导学生学习诗人崇高的精神境界。杜甫生活在唐朝由盛转衰的时期，是一位伟大的现实主义诗人，杜诗则因反映客观事实，素有"诗史"之称。也许是因为诗人所处年代动乱的关系，诗人大多数的诗作，在写景的同时都将自己对国家的爱与关切，对社会发展的忧思与期盼，对人民生存现状的同情与怜悯等融入其中，体现出诗人以天下为己任的博大胸怀。这也促成了杜诗忧国忧民、沉郁顿挫的风格。学习杜诗，就要学习到杜诗精髓，学习诗人崇高的精神境界。

最后，学生体会到作者的情感之后，教师也要引导学生关注写作手法。情、景、物相互交融是杜甫《春望》诗最大的特点。而教师引导学生把握这首诗的写法，也正促使其关注杜甫的写作风格。教师可以从"草木深"这三个字入手，让学生探讨"草木为什么是深的呢？写出了怎样的景象？表达了什么情感？"教学的主要目的不是读某一首诗词，而是教会学生解读诗词。让学生学会学习才能够实现更长效的教学目的。而教师通过小组合作这样的交流互动方式，既能够培养学生合作的能力，也能够提高学生交流的水平，真正实现教学目的。

四、参考教学设计

《春望》教学设计

学情简析：

学生通过之前杜甫诗歌的学习，对于其诗歌的内容和情感基调有一定程度的了解和把握，但对于这首诗歌的文本特点很难精准把握，很难深入具体的诗歌语言和内容去剖析诗人的情感以及艺术特色。

教学重点：

通过品析诗歌的意象和语言，探究诗人如何通过所见所闻之景抒发内心所感之情。

教学难点：

领悟"望"的内涵，深入文本品读诗歌语言的精妙及其在诗歌情感抒发上的作用。

教学课时：

1课时。

教学流程：

（一）教学导入

学生先自由诵读，边读边体会五言律诗在结构、节奏方面的基本特点；教师引导学生了解律诗的一些基本知识，引导学生找出本诗的押韵和韵脚，读出诗歌情感和音韵变化。

1. 划分诗题，从中你能看出这首诗写了哪些内容，以及全诗是围绕哪两个字展开的？

学习活动：

讨论：通过题目能够有读出哪些内容？猜一猜这首作品中作者会表达哪些内容？教师引导学生探究"春望"可以怎样理解，探究"望"的第一层含义。

2. 反复诵读诗歌，整体感知和把握诗歌的情感基调。

学习活动：

小组交流讨论诗歌的内容，谈一谈诗歌作品中包含了作者怎样的情感。教师引导学生找出诗歌的"诗眼"，即诗中哪个字直接点明了全诗的主题。交流、分析诗人在本诗中传达的是一种怎样的感情。

（二）赏析与研讨

1. 从诗歌首联切入，分析诗人描绘的景物及其特点。

学习活动：

学生找找诗人"望"见了何物。首联中诗人"望"见的景物有什么特点，"草木深"的

"深"能否换成"茂""盛"等字。引导学生探究这一联中情与景的关系。

2. 着重分析诗歌的颔联，品析这一联在艺术手法、诗歌结构上的精妙。

学习活动：

小组讨论：为何花鸟本是令人愉悦的事物，诗人却写得如此悲凉？此处用了什么写作手法，表现了诗人怎样的情感？这一联在全诗中有何作用？读诗歌颔联，"花""鸟"在古诗中多为明快的意象，为何诗人会"溅泪"与"惊心"？

3. 赏析诗歌的语言，品析诗歌用词的精准和传神。

学习活动：

找出你认为最传神的一个字，与小组成员进行交流，说说原因。教师引导学生着重探究体会"望""破""深""抵""搔""浑"等字运用的精妙，及其所体现出的诗人的情感。

4. 探究诗眼——"望"的第二层的含义，感受作者情感。

学习活动：

引导学生结合诗歌创作背景想象战争后生灵涂炭、民不聊生的画面，并在想象中感受诗人强烈的忧国忧民之情。着重在诗眼"望"中感受诗情，悟出"望"不仅有眺望之意，更是对家书、对团聚的热切的渴望与盼望。

第五章
《关雎》文本解读与教学设计

  《周南·关雎》是《诗经·国风》的第一首诗，通常被认为是一首描写男女爱情的情歌，作为《诗经》的首篇，历来被学者们所重视，是《诗经》中最著名的篇章，在中国文学史上占据着特殊的位置，被誉为"诗国王冠上的明珠""儒家经典中的经典"。这首短小的诗歌采用了"兴"的表现手法，诗歌语言优美，善于巧用双声叠韵和重章叠词。同时，《关雎》作为初中生了解和学习《诗经》的重要篇目，对其教学内容的选择进行探讨和研究是非常有必要的。

一、教学文本解读

（一）主旨概况

  《关雎》的主旨在文学史上历来多有争论，每个时代又有不同的解读，各家解说有 50多种，较被普遍接受和认可的观点大致可以概括为以下几类。

1. "美后妃之德"说

  所谓"后妃之德"主要指的是两个方面：一是对男子选妻择偶的标准作了描述，即"淑女"；一是对男子应该做什么提出了一定的建议和改进，君子应该通过"琴瑟友"和"钟鼓乐"来提升自己和追求淑女。"后妃之德"说主要发源于《毛诗序》："《关雎》，后妃之德也，'风'之始也，所以风天下而正夫妇也，故用之乡人焉，用之邦国焉。'风'，风也，教也。风以动之，教以化之。"孔颖达《毛诗正义》则进一步进行阐释："此诗之作，主美后妃进贤，思贤才，谓思贤才之善女也。"又说："《关雎》之篇，说后妃心之所乐，乐得此贤善之女，以配己之君子。"按《诗大序》的"美后妃之德"说，在东汉末年至唐代曾有很大的影响。但由于原诗中思念、追求淑女的显然是"君子"而不是"后妃"，因而此说的影响在宋代以后明显减弱，现代学者更极少采用。

2. "爱情"说

  历年以来，持有"爱情"说这一观点的学者众多，不同学者侧重点不一样。

有学者认为此诗是写男子的思恋之情。此说开始流行是在新文化运动时期，这一时期《关雎》被认为是民间情歌。持有此观点的闻一多在《风诗类钞》里认为，"《关雎》，女子采荇于河滨，君子见而悦之"。余冠英曾表示《关雎》写的是男女恋情，采荇菜姑娘的窈窕形象使男子寤寐难忘，男子通过"琴瑟"和"钟鼓"追求女子并逐渐实现了自己的愿望。诗中"辗转反侧""寤寐思服""君子好逑"等词语都可以表现出男子对女子的思念爱慕之情。

有学者则认为此诗是写男子的求偶过程及标准。杨树夏提出此观点，认为君子对淑女的情感以及这种情感最终的归宿是诗的重点，爱情是男女之间情感的互动，这一点在《关雎》一诗里并未显现，诗中描绘得更多的是君子看到淑女后的种种心理活动过程，这一过程也正是男子艰难曲折的求偶过程。刘兴聪也认为，诗中的"寤寐思服""辗转反侧"等词表现出的君子看到淑女后的种种心理和行为表现。[1]

3."刺时"说

"刺时"说是较早出现的关于《关雎》主旨的说法，讽刺的对象学界一般认为是康王。司马迁《史记·十二诸侯年表》中写道："太史公读《春秋历谱牒》，至周厉王，未尝不废书而叹也。曰：呜呼，师挚见之矣！纣为象箸，而箕子唏。周道缺，诗人本之衽席，《关雎》作。"在这里，司马迁认为《关雎》是在周朝政治有所缺失的情况下创造的，所以刺时之意显而易见。《后汉书·皇后纪》又曰："故康王晚朝，《关雎》作讽。宣后晏起，姜氏请愆。"同时欧阳修还提出了"《关雎》，齐鲁韩三家，皆以为康王政衰之诗"的观点，而宋代王应麟在《诗考》中引用《韩诗序》，也认为"《关雎》，刺时也"。

4."风化教化"说

部分学者也持此观点，认为《关雎》是对女子拥有良好品德的呼唤，启示后世娶妻要娶贤，对当时的婚姻伦理起到了感化教化的作用——女性要有良好的德行。杨树夏认为《关雎》赞颂的是后妃的贤良淑德，这种美德可以用在政教方面，进而传布天下。"风天下"的教化、服务的作用是《关雎》置于《诗经》首位的重要原因。孔子撰写《关雎》的目的是让人民群众深刻理解君子和淑女的内涵，从而达到"风天下而正夫妇"的教育目的。[2]

5."婚礼乐歌"说

持《关雎》是"婚礼乐歌"说的，又分为两种情况，一种认为是"美贵族婚姻"，一种认为是"美民间婚姻"。最早提出"美婚姻"说的应该是汉代的焦延寿，他在《焦氏易林·履之无妄》中指出："雎鸠淑女，贤圣配偶。宜家寿福，吉庆长久。"清代姚际恒也提出类似的观点，不过他明确指出是"美世子娶妻"，他在《诗经通论》（卷一）中说："此诗只是当时诗人美世子娶妻初昏之作，以见嘉耦之合初非偶然，为周家发祥之兆，自此可以正邦国，

① 刘璇.《关雎》文本解读[J]. 北方文学，2019(12).
② 杨树夏. 关于《诗经·关雎》的解读[J]. 内蒙古教育(职教版)，2015(5).

风天下。"清方玉润也认为《关雎》主旨是"咏初昏者"。

现也有很多学者赞成这种观点，比如刘毓庆和夏展宏认为，从内容上看《关雎》应该是新婚乐歌，诗中所说的"钟鼓乐之"应该类似于西周后期出现的像"以乐嘉宾"这样的钟铭，因此诗中描绘的应该是成婚的时候在宗庙祭祀的一些情景。郑振铎在《文学大纲》中指出，《诗经》中的"结婚歌"有许多，《关雎》就是其中的一首。瑞典学者高本汉也赞成这一观点，他认为"这是一篇求爱和结婚的诗，而与'后妃之德'毫无关系"。因此就逐渐形成了"贵族婚歌"说。持有这种看法的学者认为《关雎》是婚庆时的乐歌，因为"钟""琴瑟""鼓"在上古社会是贵族才能配有的。

6. "求贤"说

还有部分学者认为《关雎》是一首披着情诗外衣的求贤诗。他们提出，人皆有爱，发乎为情，情动于中而形于言；而人有立志，志立于心，心之所志，发言为诗。《诗经》中的诗与志、志与情便是如此。《关雎》表达的就是一种志，是君子对淑女的志，扩大来说就是君侯求贤。长沙马王堆出土的帛书《老子甲卷后本古佚书》中就认为，《关雎》是以思"色"喻思"礼"，比喻思求具有仁、义、礼、智、信的贤者。《古佚书》是战国末年的抄本，这说明战国时代的人正是按思淑女比喻求贤来理解《关雎》的。翟相君认为，"'窈窕淑女，君子好逑'的'好逑'即腹心之义，《关雎》以色喻礼，是求贤、迎贤、举贤的诗"[1]。而学者赵大威、李正芳也认为该诗表现的是君子求贤、思贤和礼贤的思想。

(二) 诗歌的艺术特色

1. 比兴手法

比即比喻，而兴则是指先说别的事物，引出所吟咏的对象，比兴是一种委婉含蓄的表现手法。《关雎》在开头就用了比兴，"关关雎鸠，在河之洲"一句，就是运用了兴兼比的手法，"表面上是描述风景，水鸟美、鸟的叫声美、河中之洲美，实际上是为淑女的出场作铺垫"使得"淑女和君子的感情的美就可能从容显现，如电影镜头之淡入"[2]。以在小洲上的"雎鸠"和鸣，来引出后面的两句话，借以表明男女之间的和谐。后面几章也类似，第二、第三章，以"参差荇菜，左右流之"为开端，用荇菜的流动不定，引出追求这位姑娘的困难，最后的第四、第五章，以"左右采之""左右芼之"来引出幻想追求成功以后和这位姑娘"琴瑟友之""钟鼓乐之"。另外一个方面，这首诗的奇特之处就在于它兴中兼有比，比如第一章中"关关雎鸠，在河之洲。窈窕淑女，君子好逑"这两句，其中前一句话就是喻体，后一句话是本体，说前者实际上是在暗喻后者，这是一种隐喻的手法。《关雎》全篇通过运用比兴这种手法，达到了寄托深远的境界，从而产生一种文尽而意有余的效果。

---

① 翟相君.《关雎》是求贤诗[J]. 许昌师专学报，2001(1).
② 孙绍振. 经典文本的深层结构[M]. 上海：上海三联书店，2016：75.

2. 复沓重叠

《关雎》的复沓重叠主要是句、字、词、韵脚的重叠，句子的复沓，具体表现如下。

首先是句子的复沓。诗歌中"窈窕淑女"一句一共出现了四次，每次出现既刻画了淑女、君子形象，推动了情节发展，又加深了读者的印象，给读者提供了艺术再创造的机会。"参差荇菜"在诗中反复出现了三次，它的每次出现都同诗歌情节的发展、形象的深化有密切关系。"流""采""芼"三个动词的使用，表明了女子的难以追求、难以把握以及男子终于求而得之的过程，而君子的痛苦、快乐亦由此而生。

其次是字、词音韵的复沓。《关雎》中运用了很多双声叠韵连绵字，从而增强了诗歌音调的和谐美以及描写人物的生动性。如"窈窕"是叠韵，形象刻画女子形体的动态美；"辗转"则是双声，描摹出了君子相思的痛苦难耐之状；"参差"是双声词，描写的是荇菜的长短不齐；"关关"既是叠词，同时也是摹拟雎鸠叫声，使得雎鸠的形象逼真地呈现出来。这些词都是以和谐的声韵绘景写人、抒情，显示了奇妙的艺术力量，给读者一种艺术美感。

然后是韵脚的押韵和富有变化。本诗的韵脚是合乎规律的重复，从而形成了鲜明而整齐的节奏，使人读起来有一种朗朗上口的美感。第一章的四句押的是平声韵，"鸠""洲""逑"是属幽部的平声韵，显示出君子感情的平和稳健。但重复之中又有变化，诗歌的第二章换为了仄声韵，以"得""侧"作为韵脚，表现出了君子此时急促、迫切的感情，使诗歌在整体上具有了参差变化之美，从而使诗歌韵律更加和谐。

诗歌的重章叠唱则主要表现在第四、五章，其中"采"与"芼"、"琴瑟"与"钟鼓"、"友"与"乐"虽然是只换了几个字，但是使诗歌的叙事、抒情呈现出有先后、深浅的层次变化，同时也增强了诗歌的节奏感、音乐感，形成一种回环往复的美。在这里，同义词语的反复也加强了诗歌的语势，避免了字面的重复。从叙事的角度看，表现出君子完成追求过程时的自美自乐，与上一章的"寤寐思服"相呼应；从抒情的角度看，以荇菜的求取和采摘起兴，抒发出了君子的高兴与喜悦，感情的波浪一浪高过一浪，先"友之"后"乐之"，程度上自有不同，但达到了回环往复、一唱三叹的抒情效果。

总之，《关雎》用复沓重叠的手法，完成了形象美、景物美、韵律美、声情美的协奏曲，给读者留下了美好的回味及艺术再创造的空间。①

3. 双声配叠韵

双声配叠韵的作用是可以使音调更加和谐优美，悦耳动听。《关雎》中双声配叠韵的一共有五处："关关雎鸠，在河之洲。窈窕淑女，君子好逑"，其中"雎鸠"是双声，"窈窕"是叠韵，隔句扇面相配；"参差荇菜，左右流之。窈窕淑女，寤寐求之""参差荇菜，

---

① 韦爱萍．复沓重叠的结构艺术——《诗经·关雎》赏读[J]．时代文学，2007(09)．

左右采之。窈窕淑女，琴瑟友之""参差荇菜，左右芼之。窈窕淑女，钟鼓乐之"这六句中"参差"是双声，"窈窕"是叠韵，这六句也是隔句扇面相配，最后"辗转反侧"中的辗转既是双声又是叠韵。用这类词修饰动作，如"辗转反侧"；摹拟形象，如"窈窕淑女"；描写景物，如"参差荇菜"，无不活泼逼真，声情并茂。刘师培《论文杂记》云："上古之时……谣谚之音，多循天籁之自然，然后其所以能谐音律者，一由句各叶韵，二由语句之间多用叠韵双声之字。"此诗虽非句各叶韵，但对双声叠韵连绵字的运用，却保持了古代诗歌淳朴自然的风格。①

诗歌中采用了大量的双声叠韵，使得整首诗歌显得回环往复、节奏舒缓，既能增强音律美，又能增加诗歌的生动性，同时在诗的意义表达和修辞上也产生了很好的效果。

4. 营造出的意境美

《关雎》以旷古悠远、气势雄阔的黄河为背景，在这个大背景的一个小岛上，一对雄雌雎鸠正此起彼伏、两相和谐地鸣叫着。此时，动物（雎鸠）的天籁之音，植物（荇菜）的飘流之状，人物（男女）的脉脉之情，还有水流（黄河）的悠悠之韵，便自然构成了一幅声情并茂、意境恬淡的"天人合一"的胜景图。刘毓庆指出："首章暗点出春天水边的嘉会。'关关'是春声，'河洲'是春地，'淑女'是春眼，'好逑'是春思。只消数语，便将耳中声、眼中景、意中人、心中情一并托出。由声音将眼睛移到鱼鹰，由鱼鹰移到河洲，再由河洲移到淑女。似赋非赋，似喻非喻。"②情景交融，浑然圆美，在如此古朴醇厚的胜景中，我们不难体会到一对青年男女爱情自然纯正的优美意蕴。

5. 诗歌的结构美

《关雎》整首诗如果以音乐划分，可以分为5章，每章4句；如果按照旨意进行划分，可以分为3层，首章为第一层，写男子见初见女子，萌生爱意；第二、三两章为诗歌的第二层，写男子求之不得，从而产生相思忧苦的心情；第四、五两章为第三层，写两人成婚的场景。诗歌将相见、相思、成婚三大感情历程逐一描摹，娓娓道来，给人一种鲜明、清晰的感觉。仔细观察可以发现，诗中情感的意蕴是随着时间的变化而逐渐加深的，呈现出一种自然渐进的情感递增模式，给人一种结构清晰、层次分明的感觉。

二、基于课例的教学课例分析

为了更好地了解一线教师在教学《关雎》一诗时选择的教学内容有何差别，在此特选了10则公开发表的教学课例，对其进行梳理归纳后，各课例的教学主要情况见表5-1。

---

① 杨秀琴，但方志. 从"部编版"教材特色看《关雎》教学策略[J]. 语文教学与研究，2019(08).
② 刘毓庆.《关雎》之新研究[J]. 中州学刊，1986(6).

表 5-1　　　　　　　　　　　10 则《关雎》教学课例梳理表

课例	教学目标	教学内容	教学点	教学方法
吕晓元、娄秉军:《〈关雎〉教学设计》,《黑河教育》2009 年第 5 期	1. 初步了解《诗经》在文学史上的地位,了解赋、比、兴的表现手法。 2. 通过多种形式朗读课文,体会文章所表达的思想情感。 3. 了解古代劳动人民追求美好爱情的思想感情。	1. 学生根据自己查找的资料介绍《诗经》。 2. 教师播放课文录音,学生小声跟读,注意字音、节奏、情感。 3. 师生共同合作,对诗歌的手法进行分析,教师总结。 4. 此男子为何喜欢这女子? 5. 他为什么不去追求她?而只是在那里单相思? 6. 联系学生实际,探讨怎样处理情感问题才是正确的。	1. 了解《诗经》。 2. 关关雎鸠,在河之洲。 3. 求之不得,寤寐思服。悠哉悠哉,辗转反侧。 4. 参差荇菜,左右芼之。窈窕淑女,钟鼓乐之。	讲授法、诵读法、问题讨论法、合作探究法、文本细读法
祁文霞:《〈诗经·关雎〉赏读课教学过程设计》,《语文教学之友》2011 年第 11 期	1. 在感知诗歌大意的基础上,把握主人公情感的变化。 2. 感悟诗歌的层次,感知抒情主人公的形象。 3. 学习了解比兴的艺术表现手法,体会它的表达效果。 4. 体会这首诗运用的重章叠句、双声叠韵的表达方式及其效果。	1. 了解《诗经》的基本知识。 2. 解题,感知诗歌节奏,疏通文意,理解诗歌重点词汇和大意。 3. 诗歌的主要内容是什么?写了什么事?抒发了什么情感? 4. 主人公经历了怎样的情感变化?试用诗中的一个字来概括。 5. 不同的情感发生的地点是否一致?"琴瑟友之""钟鼓乐之"是否为现实的一幕?师生共同归纳概括。 6. 依据主人公情感的变化,诗歌内容可分几层?根据诗歌层次完整地概括诗歌大意。 7. 用自己的话谈谈你对男主人公的认识,学生讨论归纳。 8. 同是表达喜悦,"友""乐"二字的轻重深浅是否相同? 9. "关关雎鸠,在河之洲"与后面两句有内容上的直接联系吗?作者写这两句的作用是什么?教师讲解"比兴"手法。 10. 本诗为什么会有朗朗上口、和谐悦耳的效果?部分诗句的重复是否多余? 11. 诵读《诗经·卫风·木瓜》,并和《关雎》相对照,体会其思想感情。	1. 了解《诗经》。 2. 诗歌的题目。 3. 关关雎鸠,在河之洲。 4. 参差荇菜,左右流之。 5. 求之不得,寤寐思服。悠哉悠哉,辗转反侧。	诵读法、文本细读法、合作探究法、问题讨论法、对比阅读法

课例	教学目标	教学内容	教学点	教学方法
徐向阳:《爱与被爱都需要美德——以〈关雎〉教学为例》,《江西教育》2017年第3期	1. 欣赏诗歌优美的语言和意境。 2. 了解古代青年男女对美好爱情执着追求的精神和共同劳动的爱情理想。 3. 树立文明高尚的爱情观和人生观。	1. 这首诗描写了什么内容? 2. 作者对于男子、女子的评价是怎样的? 3. 这场爱情中,谁更主动?为什么一定要男子主动? 4. 男子对女子的爱情是怎样建立起来的? 5. 女子接受了他的爱情吗?谁"求之不得"? 6. 男子放弃了吗? 7. 男子是怎样追求他的爱情的? 8. 女子在诗中的表现如何?	1. 窈窕淑女,君子好逑。 2. 参差荇菜,左右流之。 3. 参差荇菜,左右采之。 4. 参差荇菜,左右芼之。 5. 求之不得,寤寐思服。 6. 窈窕淑女,琴瑟友之。 7. 窈窕淑女,钟鼓乐之。	问题讨论法、诵读法、讲授法、合作探究法
王丽波:《把审美评价揉进课堂教学——〈关雎〉教学记述》,《语文教学通讯》2017年第8期	1. 理解诗歌的思想内容,汲取民族智慧。 2. 感受诗歌的艺术魅力。	1. 教师介绍《关雎》。 2. 关注诗歌中的双声词、叠韵词和重叠词。 3. 通过多种形式的朗读,整体感知诗歌。 4. 这首诗写了一个什么故事。 5. 对女子的形象进行分析,这位女子值得男子追求吗?说出你的理由。 6. 分别解释一下"流""芼"的意思,并串解整句诗的意思。 7. "流""采""芼"这三个字在人物描写方面属于什么描写?再现了一个怎样的女子形象? 8. 诗中的君子有什么特点?他是怎样取悦女子的? 9. 分析诗歌的艺术特色。	1. 介绍诗歌。 2. 窈窕淑女,君子好逑。 3. 求之不得,寤寐思服。悠哉悠哉,辗转反侧。 4. 参差荇菜,左右流之。 5. 参差荇菜,左右采之。 6. 参差荇菜,左右芼之。 7. 窈窕淑女,琴瑟友之。 8. 窈窕淑女,钟鼓乐之。	诵读法、合作探究法、文本细读法、问题讨论法

续表

课例	教学目标	教学内容	教学点	教学方法
谢鹏:《关于〈关雎〉的教学》,《读书文摘》2015年第24期	1. 了解《诗经》的相关知识。 2. 在讲读中理解赋比兴的表现手法。 3. 感受"四美":吟读音韵美,绘读意境美,想读人物美,解读情感美。	1. 介绍《诗经》。 2. 多种方式朗读诗歌,感受诗歌的美。 3. 这首诗好不好读?读起来感觉如何? 4. 引导学生具体分析诗歌的音韵美,品析诗歌的双声叠韵和回环复沓。 5. 你觉得诗歌写了什么内容?你能读出追求过程中的大概情节吗? 6. 诗歌哪几句交代了君子和淑女相遇的情景?结合诗歌内容想象他们相见时的情景,用自己的话描述出来。 7. 领会诗歌的意境美,体会诗歌中比兴的写法。 8. 景物描写有什么作用?用一个词或者一句话对人物进行描述。 9. 把诗歌改编成一个浪漫美好的爱情故事。	1. 介绍《诗经》。 2. 关关雎鸠,在河之洲。 3. 窈窕淑女,君子好逑。	诵读法、文本细读法、想象法、合作探究法、讲授法
金丽香:《〈关雎〉教案设计》,《中国会议》2017年4月	1. 理解诗歌所表现的青年男子对美丽善良女子的热烈追求和青年男女真挚美好的爱情生活。 2. 了解作品所运用的反复和赋比兴手法。	1. 播放《蒹葭》动画,引入新课学习。 2. 简介《诗经》。 3. 播放《关雎》动画,朗读课文,了解课文主要内容,读准生字词。 4. 就课文内容安排学生进行自主学习讨论,教师罗列部分问题引导。 5. 学生再次朗读课文,合作探究讨论《关雎》之美,美在何处。 6. 学生试按节翻译课文内容,教师补充并归纳。讲解有关《诗经》的基本常识,对重点的生字词提出要求。 7. 观看《关雎》动画,学生现场演绎现代版《关雎》。 8. 主题归纳并对学生进行必要的教育警示。	1. 介绍《诗经》。 2. 窈窕淑女,君子好逑。 3. 悠哉悠哉,辗转反侧。 4. 窈窕淑女,琴瑟友之。 5. 窈窕淑女,钟鼓乐之。	诵读法、合作探究法、讲授法

续表

课例	教学目标	教学内容	教学点	教学方法
李前尚、刘海英：《远古的歌谣 唯美的爱情——〈关雎〉课堂实录及点评》，《中学语文·教师版》2016 年第 Z1 期	1. 一咏三叹读《关雎》。 2. 诗情画意绘《关雎》。	1. 听名家诵读，辨析"乐"的读音。 2. 多种形式进行诗歌朗读。 3. 诗歌语言有哪些特点？有哪些地方是反复吟唱的？ 4. 诗歌的第一句能不能去掉？读一读试试？ 5. 诗歌给我们讲述了一个怎样的故事？ 6. 第一句中"关关"是什么意思？ 7. 结合诗文谈谈你心目中的淑女是怎样的？君子又是怎样的人？ 8. 诗歌为我们营造了几幅画面？ 9. 选择一个画面发挥想象，描述画面，可运用语言、动作、神态、心理以及相关环境的一些细节描写。	1. 关关雎鸠，在河之洲。 2. 窈窕淑女，君子好逑。 3. 求之不得，寤寐思服。悠哉悠哉，辗转反侧。 4. 窈窕淑女，琴瑟友之。 5. 窈窕淑女，钟鼓乐之。	诵读法、合作探究法、想象法、文本细读法、讲授法
朱志林：《执子之手，与子偕老——〈关雎〉教学设计》，《全国优秀作文选（教师教育）》2019 年第 1 期	1. 了解诗歌的艺术特点，读出诗歌的韵味。 2. 理清诗歌层次，体悟诗歌蕴含的思想情感。	1. 初识《诗经》，师生了解《诗经》名称的变迁及内容。 2. 解读"关雎"，说一说它有什么与众不同的特点。 3. 多种形式朗读诗歌，读准字音和节奏。 4. 这首诗歌在表达形式上有什么特点？感受复沓的表达形式。 5. 诗中的主人公是谁？他们在哪儿相遇？ 6. 用"好逑"引出淑女的探讨，你觉得这名女子好不好？学生自由表达。 7. 君子是怎么做的？从哪儿看出不容易的？你能想象当时的画面吗？ 8. 引导学生扣住"友之""乐之"讨论交流。 9. 对比阅读《摽有梅》，小组交流。	1. 介绍《诗经》。 2. 关关雎鸠，在河之洲。窈窕淑女，君子好逑。 3. 参差荇菜，左右流之。窈窕淑女，寤寐求之。 4. 求之不得，寤寐思服。悠哉悠哉，辗转反侧。 5. 窈窕淑女，琴瑟友之。 6. 窈窕淑女，钟鼓乐之。	讲授法、诵读法、文本细读法、想象法、合作探究法、对比阅读法

续表

课例	教学目标	教学内容	教学点	教学方法
于松军:《〈关雎〉教学实录》,《语文教学通讯》2012 年第 Z2 期	1. 感受诗歌之美,品读诗歌艺术手法,理解诗歌意蕴。 2. 探究诗歌蕴含的美好情感。	1.《诗经》文学常识的学习。 2. 多种方式阅读诗歌,读准字音,把握节奏。 3. 小组合作,用现代汉语翻译全诗。 4. 用简洁的语言概括诗作的内容与表达的情感。 5. 在理解的基础上,想象诗作展现出的画面美,体会诗歌的情感美。 6. 合作学习,批注交流,发现诗歌中的美词、美句,体会篇章美。 7. 品析诗歌的重章叠唱、赋比兴等艺术手法及其作用。 8. 调动已有的诗歌学习积累,找出抒写亲情、友情、师生情等情感的诗句。	1. 介绍《诗经》。 2. 关关雎鸠,在河之洲。 3. 窈窕淑女,君子好逑。 4. 窈窕淑女,钟鼓乐之。 5. 求之不得,寤寐思服。悠哉悠哉,辗转反侧。 6. 左右流之。 7. 左右采之。 8. 左右芼之。	批注法、诵读法、合作探究法、想象法、讲授法
李华平:《关键词演绎:为君子、淑女立标准——〈关雎〉教学实录》,《语文教学通讯》2018 年第 29 期	1. 探究诗歌情感,理解诗歌中美丽的人物形象。 2. 通过体会诗歌内涵,为学生树立正确的爱情观。	1. 有感情地朗读诗歌。 2. 这是一首怎样的诗?学生根据自己的阅读感受填写,并说明理由。 3. 这首诗抒的是什么情?抒了哪个方面的情呢? 4. 诗歌中是谁在爱谁呢? 5. 学生思考什么叫"君子"?什么叫"淑女"? 6. 分析淑女形象的特征。 7. 诗歌中写淑女采荇菜用了哪些动词?圈出来有几个? 8. 分析君子形象的特征。 9. 诗中写君子时用了哪些动词?请把它们圈出来。 10. 反复吟诵和品味"悠哉悠哉"的意思。 11. 诗歌中君子"求之不得",失眠后又采取了什么策略? 12. 教师归纳"关键词演绎法"。	1. 窈窕淑女,君子好逑。 2. 左右流之。 3. 左右采之。 4. 左右芼之。 5. 窈窕淑女,寤寐求之。 6. 窈窕淑女,琴瑟友之。 7. 窈窕淑女,钟鼓乐之。 8. 求之不得,寤寐思服。悠哉悠哉,辗转反侧。	诵读法、文本细读法、批注法、情境创设法

（一）教学目标

教学目标是教师教授一篇课文的指向标，在所选的 10 则课例中，教师教学目标的选择集中在以下几个方面，见图 5-1。

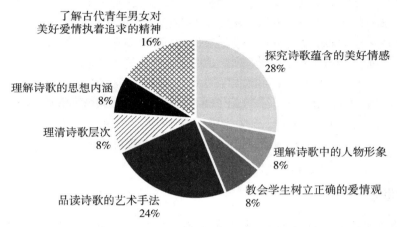

图 5-1　10 则课例教学目标选择情况图

从图 5-1 我们可以看出，所选 10 则课例中占比最多的三个教学目标分别是"探究诗歌蕴含的美好情感""品读诗歌的艺术手法"以及"了解古代青年男女对美好爱情执着追求的精神"，由此可见，大部分的教师还是抓住了诗歌的重点——情感进行教学的，还有部分教师意识到诗歌中艺术手法的作用和意义，因此也有部分教师会选择《关雎》中的艺术手法作为教学目标之一，但是能这样做的教师不多。

（二）教学内容

教师教学内容的选择往往与教师设定的教学目标密不可分，综合所选的 10 则《关雎》教学课例，大部分教师对本课教学内容的选择集中在以下 10 个方面，如图 5-2 所示。

通过图 5-2 的梳理我们可以发现，教师对《关雎》这首诗歌的教学内容选择还是比较集中的，其中占比最高的是"用多种方式有感情地朗读诗歌"，这说明大部分教师都意识到了朗读在这首诗歌学习中的重要性。其后占比较高的四个教学内容分别是"概括诗歌内容""分析淑女形象的特征""品析诗歌的艺术特色和表达方式"以及"品析诗歌的语言特点"，依次对应的是对诗歌大意的掌握、对诗歌主人公形象的理解和把握，以及对诗歌语言和艺术特色的品析。一首诗歌的讲解如果基本涉及这些内容，那么只是停留在诗歌的表层分析上，没有深入文本的内部去进行解析。比如有部分教师抓住了诗歌中部分关键词进行品析和讲解，这就属于更深层次的文本细读了，但是在所选的 10 篇课例中，只有四位教师在教学时会用关键词品析这种方法来深挖文本内容，说明大部分教师对文本的品析还是有所欠缺的。

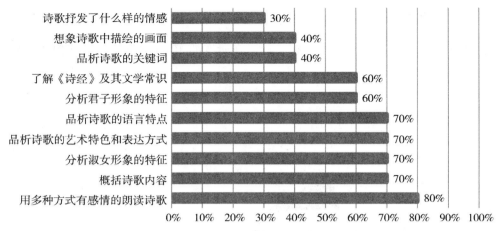

图 5-2　10 则课例教学内容选择梳理情况图

（三）教学点

教学点是教师教学时的落脚点和教学的重点，教学点的选择往往体现出教师对课文的把握是否到位，所选的 10 则课例中教师教学点的选择主要集中在以下 6 点，见图 5-3。

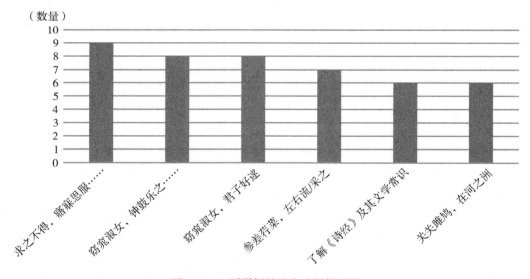

图 5-3　10 则课例教学点选择情况图

通过图 5-3 我们可以发现，绝大多数教师在教授《关雎》这首诗的时候，都会选择"求之不得，寤寐思服。悠哉悠哉，辗转反侧"作为教学点，既对诗歌中的男主人公的"爱而不得"的心理和行为进行分析。大部分教师会选择"窈窕淑女，钟鼓乐之""窈窕淑女，琴瑟友之"和"窈窕淑女，君子好逑"这三句话作为教学点。值得注意的是，有超过一半的教师选择了"了解《诗经》及其文学常识"作为教学点，既在教学一开始就对《诗经》进行了介绍，帮助学生理解《诗经》的文学价值和艺术特点，同时也为《关雎》的教学作了铺垫。

(四)教学方法

教学方法是教师在教学过程中为达到教学预期而选择的方式和手段，通过对10则课例的梳理我们可以发现，大部分教师的教学方法主要有6种，各教学方法占比情况见图5-4。

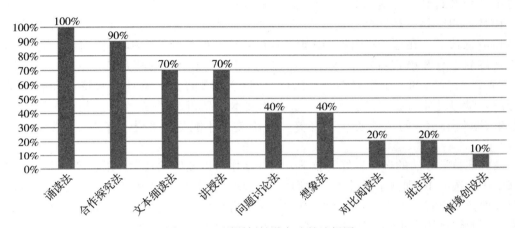

图 5-4 10 则课例教学方法的选择图

通过图 5-4 的梳理我们可以发现，10 则课例中所有教师都选择了运用诵读法来进行教学，绝大部分教师还会选择合作探究法辅助教学，选择较多的教学方法还有文本细读法和讲授法，相比较其他方法而言，讲授法所占的比例略高，教师在教学时应该将教学的主体转向学生，鼓励学生参与到课堂中来。通过想象诗歌中君子追求淑女的画面，以及淑女采摘荇菜的画面来增强对诗歌的情感理解，想象法无疑是一个非常适合的方法，但是只有少部分教师运用了该方法，如果教师在诗歌情感教学时运用想象法，无疑能促进学生对诗歌情感的理解。

三、基于课例分析的教学建议

通过对 10 则教学设计的梳理，可以发现《关雎》的教学中，大部分教师能够抓住诗歌教学的基本要素——情感来进行教学，也能够结合本诗的特点进行文本解读，但是不可否认的是，部分教师的教学设计还存在一些可以改进和完善的地方。

首先在教学目标的确定上，部分教师还是没有抓住诗歌的文本特质来设定目标，很多教师的教学目标还停留在广而泛的层面，比如"品读诗歌的艺术手法"这一教学目标，教师在设定时可以结合文本特点进行具体的设定，比如"品读诗歌中运用的赋比兴的艺术手法及其作用"，这样设定的教学目标就是具体而有针对性的。而《关雎》中人物形象的塑造是此诗的文本特点之一，部分教师抓住这一特点将教学目标设定为"理解诗歌中的人物形象"，但是设定了这一教学目标的教师只有两位，只占十则课例的小部分。综上，教师在进行《关雎》教学设计时，应该多依据文本特点，设定较有针对性、指向明确的教学目标。

其次是诗歌教学内容的选择问题，所选课例中大部分教师都能指导学生运用多种方式朗读诗歌，从而体会诗歌蕴含的情感和特点。《关雎》这首诗运用了重章叠唱和复沓的手法，通过反复朗读，学生就能对这些表现手法的作用和效果有一定的理解和体会了，所以运用多种方式对诗歌进行诵读是依据文本特点选择的适宜的教学内容。对于诗歌中淑女和君子的形象，教师能引导学生进行分析，抓住了本诗的特点。但是对于诗歌的词语和情感教学，在这 10 则课例中却没有得到很好的呈现。《关雎》作为《诗经》中的首篇，其诗歌本身及语言特点都能在一定程度上代表《诗经》的特色，也是学生了解《诗经》、走进《诗经》的一个重要路径。因此，对《关雎》的文本及其艺术特色和表现手法进行深入学习是非常必要的，引导学生细读文本，品析《关雎》的语言与表现手法，带领学生领略《诗经》的情感美、语言美、意境美，才能为学生走进《诗经》搭设良好的平台。

最后是教学方法的选择，好的教学方法的运用可以使课堂教学效果达到事半而功倍的效果。在所选的 10 则教学设计中，我们可以发现，大部分教师在教学上已经能够灵活地运用多种教学方式，绝大多数教师注意到了小组合作探究方法的运用，将课堂主体交还给学生，也能够运用文本细读法解读诗歌。但是我们也可以发现，运用想象法和情境创设法的教师却不多。诗歌最大的特色就是能够在有限的文字之中孕育出引人无限遐思的意境，而要引导学生去体会这种情感和意境是有困难的。因此，在诗歌教学中加入想象法和情境创设就能很好地帮助学生走进诗歌的文本之中，使其更好地体会诗歌蕴含的丰富情感和意蕴，从而感受诗歌的形象美、意境美和音乐美，将自己带入到诗人的角色，体会诗人情感，窥探诗人内心。同时，还有不少教师注意到了《关雎》的性质，将这首诗歌作为帮助学生树立正确爱情观的良好题材，这种全新的尝试也是值得推崇和称赞的。对于《诗经》中的诗歌，不仅要体会其语言，更重要的是要能够在感受其语言美的同时用它来学习中华民族千年传承下来的美好品德，帮助学生树立一种美好的品格和价值观，进而实现育人的目标。

综上所述，《关雎》的教学，教师应该先让学生在朗读、细读的过程中去细细品味诗歌的艺术和意境之美，去发掘其到底美在哪里，能够初步感受到其情景交融的地方。之后，再让学生去体会诗歌中所表达的情感。最后是教师通过创设情境和想象的方法，引导学生感受这首诗歌的画面，从而体会诗歌中蕴含的美好感情以及意境之美。此外，在教学过程中，教师的语言要避免太过直白，要通过诗意的语言将文章的美展现出来。所以教师对《关雎》的教学也是一个不断丰富和探索的过程，既要做到吸引学生、激发他们阅读《关雎》一类古典诗歌的兴趣，又要让学生能够深入挖掘其内涵，同时还兼顾发掘其教育层面的价值和意义，使教学不单单停留在文本上，还要对学生的成长有所帮助。

四、教学设计参考

《关雎》教学设计

学情简析：

《关雎》是学生第一次接触《诗经》中的诗歌。《关雎》的语言明白晓畅，学生能够大致读懂诗歌内容，但是对于诗歌的语言特色及其独特的韵律节奏美较难把握住，需要教师引导学习。

教学重点：

探究、体会本诗运用的赋比兴的艺术手法及其作用，以及重章叠句、双声、叠韵的表达方式及其效果。

教学难点：

理解和品析诗歌中的人物形象，明晰"淑女"和"君子"在诗中和传统文化中的形象。

教学课时：

1 课时。

教学流程：

（一）教学导入

教师播放名家范读，学生小声跟读，注意整首诗歌的字音、节奏、情感的变化。

1. 了解《诗经》的基本知识。

学习活动：

学生根据自己查找的资料介绍《诗经》，教师适当为学生补充《诗经》的文体知识。

2. 解题，感知诗歌节奏，疏通文意，理解诗歌重点词汇和大意。

学习活动：

反复诵读诗歌，对诗歌的节奏和韵律有一定程度的把握，学生以小组合作形式对本诗营造的画面进行想象，用自己的话描述出来，教师对于学生不懂和难以理解的字进行解释。

3. 把握诗歌的大意，理清诗歌主人公情感的变化。

学习活动：

诗歌的主要内容是什么？写了什么事？抒发了什么情感？主人公经历了怎样的情感变化？试用诗中的词来概括。

4. 梳理主人公情感的变化，将诗歌的内容进行分层。

学习活动：

引导学生概括诗歌中描绘的君子追求淑女的过程，明确诗歌哪几句交代了君子和淑女相遇的情景。结合诗歌内容想象他们相见时的情景，用自己的话描述出来。

（二）赏析与研讨

1. 细读文本，品析诗歌的语言与艺术特色，关注诗歌中的双声词、叠韵词和重叠词。

学习活动：

师生合作，对诗歌的手法进行分析，教师总结。讨论：本诗为什么会有朗朗上口、和谐悦耳的效果？这首诗歌在表达形式上有什么特点？第一句中"关关"是什么意思？部分诗句的重复是否多余？诗歌语言有哪些特点？有哪些地方是反复吟唱的？教师引导学生具体分析诗歌的音韵美，品析诗歌的双声叠韵和回环复沓。

2. 品析诗歌中淑女和君子的形象特征。

学习活动：

讨论：结合诗歌说说你心目中的淑女是怎样的？君子又是怎样的？你觉得这名女子好不好？君子是怎么做的？诗歌中君子"求之不得"，失眠后又采取了什么策略？"友""乐"二字的轻重深浅是否相同，教师引导学生扣住"友之""乐之"讨论交流。学生思考什么叫"君子"，什么叫"淑女"。

3. 结合相关资料帮助学生明确何为淑女、何为君子。

学习活动：

教师引导学生结合其他诗歌和相关资料，明晰"淑女"和"君子"在中国文化和文学史上的形象内涵。提问：合格的"淑女"和"君子"应该具备哪些品性？引导学生就这个问题阐发自己的观点和意见。

4. 尝试展开想象把诗歌改编成一个故事。

学习活动：

学生根据本节课所学，结合淑女和君子的形象特征，展开想象，将这首诗歌扩编成一个小故事，言之成理即可。

第六章
《石壕吏》文本解读与教学设计

　　杜甫的《石壕吏》作为五言古体诗，通篇只有二十四句，作者运用第三人称视角描写了一幕发生在现实中的悲剧，通过对"有吏夜捉人"的形象描绘，表现出"安史之乱"使天下生灵涂炭、山河破碎的残酷现实。诗人在诗歌中塑造了一个不幸而又伟大的母亲形象，概括了底层人民真实而又悲惨的现实生活，具有普遍性的意义。诗歌语言通俗简要，明白如话，历代以来感动了千万读者。明代桂天祥曾评价它"语似朴俚，实浑然不可及，风人之体于斯独至，读此诗泣鬼神矣！"诗人在诗歌中表现出的强烈现实主义精神，也被历代文学家所称颂，因此，对《石壕吏》文本和教学进行研究就显得尤为重要。

一、教学文本解读

（一）诗歌主题

　　关于《石壕吏》一诗的题旨，学界一直存有争议，争议点在于如何看待老妇主动提出"急应河阳役"的问题。经梳理，目前学界对诗歌主旨的解读大致可以划分为三种。

　　第一种是"揭露"说，持该观点的学者认为诗歌表达的是"安史之乱是非正义性"的思想，统治者的腐败无能致使底层人民饱受战争的苦难，而诗歌则是如实地揭露出当时政治的黑暗，诗人在对当局的残酷吏治进行批判的同时，也饱含着对底层劳动人民的同情。

　　第二种观点则认为，诗人在诗歌中表现出来的态度是支持的、积极的，其主要目的是勉励普通百姓"努力事戎行"，而诗中老妇应役的行为，正体现了底层群众对当局平叛的有力支持，表达出了对老妇自荐参军的赞扬，体现的是老妇的爱国主义。

　　第三种是"爱国"说，此观点较为中立，认为诗歌的主题是矛盾的、多方面的，诗人关心人民生活，对底层百姓的水深火热之苦表示同情，但是尖锐的民族矛盾造成的紧张局势，又使得诗人必须站在整个国家、民族的立场来思考问题，这种心理反映在诗歌里，便成了一方面痛恨当局兵役制度的不合理，一方面称赞人民承担兵役、报效国家的矛盾心理。冯至先生在评价"三吏三别"时认为，这六首诗不仅反映了人民的痛苦，而且深刻地表达了作者内心的矛盾。《石壕吏》是一方面站在百姓的立场上体验着痛苦，另一方面又站在国家的立场上诉说着无奈和悲伤，并借此表现诗人心中的痛中之痛。①

(二) 诗歌的艺术特色

1. 记叙的艺术

从《石壕吏》的行文和构思上看，这首诗是一首对话体的叙事诗，除首尾八句外，中间部分全是对话。整首诗歌，除"吏呼一何怒！妇啼一何苦！"二句能够体现出诗人爱憎之情外，余下句子几乎都是对整个事件的叙述。但是整首诗歌又不单单是平白的叙述，它最显著的特色就是寓褒贬于叙事之中，诗歌一共一百二十个字，叙述了一个完整的故事，句句叙事，无抒情语，也无议论的话，但却通过叙事，表达出了作者心中义愤与矛盾之情，诗歌写得很精练概括，前后照应，意见言表。②

如"有吏夜捉人"一句，作者在这里不用"点兵""征兵"，而用"捉人"这个词，足以看到作者的揭露、批判之意，一个"捉"字，将差吏的凶暴、社会的黑暗都展示出来，再加一个"夜"字，就更见差吏"捉人"手段的狠毒与气氛的恐怖。此处，作者除了客观叙述事件的发生外，也让读者感受到了官吏的凶残面目，作者虽只是平白叙述，但揭露批判之意不言自明。又如"吏呼一何怒！妇啼一何苦！"两者强烈对照，再加上两个"一何"修饰，也就用不着说差吏怎样可恨，老妇怎样可怜，因为恨与怜都蕴于其中。③ 再如故事结尾的四句："夜久语声绝，如闻泣幽咽。天明登前途，独与老翁别"，诗人在客观点明事件结局的同时，也暗藏了自己对事件的感受。一个"久"字，不仅说出这件事折腾了很久，也表露出诗人的心情久久不能平静，从"暮投"到"夜久"再到"天明"，反映了老妪哭诉、官吏威逼的时间之长，同时也反映出诗人的整夜难眠，一个"如"字，化实为虚，说明诗人深为感动，已分不清是人在泣，还是作者自己的心理作用。"幽咽"二字把年轻寡妇忍气吞声、无力回天的心情刻画了出来，也表现出了诗人的同情之心。"独"字言明了诗人与凄伶孤单的"老翁"分别时的情形，足见作者心情的沉重。可见，作者在叙事当中，笔端饱蘸无限的深情，虽然整首诗歌不着一句议论，不着一句抒情，但凄苦悲愤的感慨之情尽在叙事中。

胡适在评价本诗时也说："只写一个过路投宿的客人夜里听得的事，不插一句议论，

---

① 赵志群. 如此解读《石壕吏》值得商榷[J]. 语文教学通讯，2013(12).

② 魏振华. 让事不关己高高挂起下去，请舍生取义上来——浅析《石壕吏》走出初中教材[J]. 普洱学院学报，2013(12).

③ 周学民. 虚实相生 言简意丰——《石壕吏》写作艺术浅析[J]. 语文教学通讯，2002(09).

能使人觉得那时代征兵之制的大害，百姓的痛苦，丁壮死亡的多，差役捉人的横行，一一都在眼前。"这段点评点明了《石壕吏》中"不插一句议论"的叙事特色，可以证明其在叙事技巧上的创造性，值得读者细细品味。

2. 对仗的变化

这首诗从形式上来看是一首五言古体诗，尽管诗歌是按照古体诗的风格来写的，但是也包含了近体诗的一些痕迹，确切地说是诗歌使用了对仗的手法。

诗歌第一部分中，除第一联和第四联不对仗外，第二联"老翁逾墙走，老妇出门看"，第三联"吏呼一何怒！妇啼一何苦！"，第五联"一男附书至，二男新战死"，第六联"存者且偷生，死者长已矣"等，都是用对仗的形式写成的。这种排列对仗的句式，使诗歌形成一种一泻千里的语气，能够达到一种摄人心魄的效果。然而，这种气贯长虹、一泻而下的对仗，在第七联发生了变化，"室中更无人，惟有乳下孙"一联并不工整，但实际上，正是从这一联开始，老妇人面对毫不通融、气势汹汹的"怒吏"，开始由"外诉"转到不可避免的"内求"。在第九和第十两联中，诗的语气和节奏又发生了急剧的改变，"老妪力虽衰，请从吏夜归。急应河阳役，犹得备晨炊"，这是老妇在尝试抵抗，但最终失败之后的无奈之举。值得我们细心品味的是，第十联也是一个很"蹩脚"的对仗，"急应河阳役，犹得备晨炊"，它正是老妇在苦苦哀求之后的"柔弱"回声。[1] 对仗的变化，正是老妇的"外诉"没有得到同情之后，力量的转化与消解在诗歌形式上的表现。诗歌在最后两联，又变成了和前面完全不同的对仗，诗人直接将诗句投放到了时间的秩序中，在逻辑的结构中完成了对整个事件的叙述。

3. 白描的手法

诗人在《石壕吏》的对话描写中，匠心独运，采用了一隐一现、一明一暗的手法，省去了官吏的话语，只写了老妇的致词，让读者从老妇的哭诉中去推想差吏的威逼，补上那些被省去的潜台词，留给读者广阔的想象空间。比如，在描写官吏"夜捉人"的画面时，一个"捉"字就能够透露出官吏在征兵时的残暴，吏"呼"妇"啼"，一"怒"一"苦"，反映出了抓丁时的粗暴。而从老妇的致词中，我们也能清楚地知道她已献出了三个儿子，但官吏依旧苦苦追索，正在哺乳的媳妇都难以幸免，所以老妇最后挺身而出，请从夜归，作出了"急应河阳役，犹得备晨炊"的承诺。

整首诗歌作为一组白描的速写，诗人在诗歌中没有抒发自己的感慨，也没有直接表明自己叹惋的态度，但整首诗却展示出了诗人沉郁的情怀。特别是"独与老翁别"的"独"字，可以说是全诗的"诗眼"。一个"独"字，既呼应前文，交代了"吏捉人"的结果，又表明了老翁及其一家的凄惨处境，从侧面揭示了诗人的内心世界。从这个"独"字，我们可以看

---

① 朱子辉.《石壕吏》的文学本位解读[J]. 语文建设，2010(6).

出杜甫的心酸、悲哀、无奈、同情、激愤，诗人留给我们的诗歌是简洁的，但留下的历史、情感空间却是巨大的。

4. "留白"的艺术

《石壕吏》一诗中，虽然只有两句诗写到诗人自己，但是诗人澎湃的情感和矛盾的心情我们却能够通过诗歌探知一二，其主要原因就在于诗人在本诗中运用了"留白"的艺术手法，为我们理解诗歌中的人物形象留下了可供想象的空间。

首先，诗歌中对差役这一形象的塑造就采用了"留白"的艺术。从诗歌题目来看，诗歌的主要人物应该是差吏，但诗人对他却使用了暗写，在官吏的一出场只用"吏呼一何怒"来点出他的威势，此后就让他转到了"幕后"，而对老妇则用采用了明写，把她所说的那些话写成了一篇抒情的独白。① 但其实用心品味一番就能够发现，老妇的话几乎可以理解为句句都是差吏逼出来的，诗中大量官吏话语的"留白"，都需要我们根据老妇人的"致词"来填充。

其次，诗人在诗中对自身形象的塑造也采用了"留白"艺术。在整首诗歌中，诗人以一句"暮投石壕村"交代完了自己的出场后便不再出现，直到事件的结尾才现身——"天明登前途，独与老翁别"。在官吏捉人这一事件中，诗人始终没有站出来为老妇及其一家人说话，这对于一向关心人民疾苦的杜甫来说可以说是反常的，而这种反常正是诗人内心矛盾的印证。诗人同情战乱中的人民，希望老百姓能够安居乐业，但是面对急需兵力并且只能强制从百姓那里征兵的政府行为，他却也无可奈何，无言以对。全诗虽然只有两句话是写诗人自己的，但是我们不难发觉其实诗人心中的情感是复杂的，内心的千言万语无处诉说。整首诗歌中诗人形象的"留白"，在一定程度上能够侧面反映出诗人在面对这一事件时矛盾的心情。作者通过独特的艺术手法表达出了自己的主观情感，其手法之精妙不得不让人惊叹。

二、典型课例的讨论与分析

《石壕吏》全诗一共一百二十字，通篇没有生僻的词语，也没有晦涩的典故，诗歌平白如话的语言，也使对于诗歌的阅读不存在难以理解的地方。但是通过对 11 篇一线教师的《石壕吏》教学课例进行整理，我们可以发现，不同的教师对于诗歌内容的理解会存在一定的偏差，这就导致不同教师在进行《石壕吏》教学时会选择不同的教学内容，最终达到的教学效果也相去甚远，11 则课例的教学内容统计见表 6-1。

---

① 许翠玲. 谈《石壕吏》的空白艺术[J]. 语文教学通讯，2004(35).

表 6-1   **11 则教学课例内容梳理表**

课例	教学目标	教学内容	教学点	教学方法
马晓霞：《〈石壕吏〉教学设计》，《语文教学与研究》2020 年第 22 期	1. 掌握文言实词，能准确翻译全诗。 2. 通过合理联想和想象补充故事情节，理解以侧面描写的方式刻画人物形象的写作方法及其表达效果。 3. 理解杜甫在诗歌中所传达的忧国忧民的情怀。	1. 多种方式朗读诗歌，结合注释，提出自己的疑问。 2. 重读"一何""怒""苦"等，揣摩诗人在其中蕴含的情感。 3. 以思维导图的形式，梳理老妇致词的内容，对诗中的主要情节进行概括。 4. 诗中记录了哪些不合常理的事？还有哪些不合常理的细节？你对此有怎样的解释？ 5 诗中老妇的致词占了很大的篇幅。思考：老妇的话语是一口气说完的吗？ 6. 文中省略了官吏的哪些话？请你通过自己的想象补充完整。 7. 作者在诗中写到了众多不合情理的现象，为什么？教师补充背景介绍。 8. 对诗歌进行改写，诗中还有哪些环境描写的句子？试着进行扩充。 9. 讨论作者的写作目的，补充介绍与推荐阅读。	1. 暮投石壕村，有吏夜捉人。 2. 天明登前途，独与老翁别。 3. 吏呼一何怒！妇啼一何苦！ 4. 老翁逾墙走，老妇出门看。 5. 存者且偷生，死者长已矣。	诵读法、质疑讨论法、想象法、合作探究法、拓展阅读法、知人论世法、对比阅读法
程建波：《〈石壕吏〉教学设计及点评》，《语文教学与研究》2011 年第 26 期	1. 了解作者的生平、诗歌的创作背景。准确流畅地背诵这首诗歌。 2. 通过朗读、质疑和短剧表演理解诗歌的思想内容与作者的情感。 3. 培养学生关注现实、关注民生的人文素养。	1. 了解杜甫其人及《石壕吏》的创作背景。 2. 多种方式朗读诗歌，读准字音和节奏，借助注释了解诗歌大意。 3. 小组质疑，交流合作解决疑问，展示结果。 4. 诗歌主体部分是"吏"与"老妇"的对话，老妇的回答是从几个方面来说的？ 5. 老妇人是心甘情愿去应征吗？从哪些句子可以看出来？ 6. 吏到底在老妪家说了什么，致使老妪不得不去河阳应征？请根据上下文补出吏与老妪的对话。 7. 从诗题看主要人物是差吏，但诗中对差吏描写很少，为什么不写差役的话？ 8. 这首叙事诗表现了什么主题？ 9. 诗人为何不站出来阻止官吏的行为？你如何理解诗人的沉默？ 10. 搜集古诗中对劳动人民深切同情的名句，续写老妇一家今后的命运。	1. 吏呼一何怒！妇啼一何苦！ 2. 夜久语声绝。 3. 诗歌题目。	知人论世法、诵读法、质疑讨论法、合作探究法、想象法、拓展阅读法

续表

课例	教学目标	教学内容	教学点	教学方法
李胜建:《〈石壕吏〉教学设计》,《语文教学》2016 年第 Z1 期	1. 理解文中"逾""走""怒"等实词的含义,进而把握诗歌大意。 2. 感受老妇、官吏和诗人的"苦"情,体会他们的复杂心情。 3. 理解诗人忠君和爱民矛盾的思想情感。	1. 朗读诗歌,用诗中的一个字表达你最深刻的感受。 2. "妇啼一何苦",老妇人有多少苦?通过独立赏读诗歌,理解苦情。 3. 面对这样一个悲苦之人、困顿之家,诗中吏的反应是什么? 4. 你怎么评价这个吏的怒? 5. 借助材料了解诗歌写作背景。 6. 投宿到这样一个家庭,见了这样一件事情,听了这样一段话,诗人表现怎样?诗人为什么会有这样的表现? 7. 诗人第二天与老翁告别时,会是怎样的神态、表情和心情呢?结合自己的理解,对其进行神态、表情、动作描写。 8. 你从苦情的老妇、苦役的官吏、苦心的诗人身上读到了什么?	1. 妇啼一何苦! 2. 吏呼一何怒! 3. 有吏夜捉人。 4. 老翁逾墙走。 5. 夜久语声绝,如闻泣幽咽。 6. 天明登前途,独与老翁别。	诵读法、合作探究法、知人论世法、想象法
覃梓华:《〈石壕吏〉教学设计》,《中华教育理论与实践科研论文成果选编》(第八卷)2014 年 12 月	1. 了解与本文相关的文学常识和历史背景。 2. 领会诗歌的思想内容。 3. 反复诵读,增强文言积累。 4. 体会战争给人民带来的巨大灾难。	1. 简介作者及诗歌创作背景。 2. 多种方式朗读诗歌,理解关键字词,结合注释,感知诗意。 3. 就诗歌内容深入研讨,合作解决问题。 4. 诗歌是怎样写官吏的?在整个"捉人"事件中老妇扮演了什么角色? 5. 面对官吏的步步逼查,老妇只能"急应河阳役",其中的"急"是写谁的"急"? 6. 诗中"如闻泣幽咽"是谁在"泣"?谁在"咽"? 7. 这首诗歌表达了诗人怎样的情感? 8. "天明登前途,独与老翁别"暗示老妇去了哪里?这个故事反映了什么?	1. 诗歌题目 2. 有吏夜捉人。 3. 吏呼一何怒! 4. 妇啼一何苦! 5. 如闻泣幽咽。 6. 天明登前途,独与老翁别。	诵读法、知人论世法、合作探究法

课例	教学目标	教学内容	教学点	教学方法
唐旺珍:《〈石壕吏〉教学设计》,《科技风》2011 年第 4 期	1. 有感情地朗读诗歌,把握诗歌的基本内容及结构,整体感知诗意。2. 品味诗歌用词的精确与形象,提高鉴赏能力。3. 学生体验当时社会的黑暗,并与作者产生共鸣。	1. 出示与战争有关的诗词,创设氛围。2. 介绍作者和诗歌创作背景。3. 结合注释理解诗歌,领略诗歌的情感。4. 诗歌记叙了什么事情?圈点出打动你的诗句或词语。5. 差吏抓丁为什么要利用夜间?老翁为什么要"逾墙"?6. 有人说《石壕吏》中老妇的致词都是吏逼出来的,你同意这个说法吗?7. 你认为在老妇人和官吏对话时,杜甫在场吗?想象一下他的心情是怎样的。8. "天明登前途,独与老翁别",在这里作者直接写出老妇被抓了吗?为什么?9. 通过对诗歌的分析,你认为本诗表现了作者怎样的感情?小组合作探究。10. 品味诗歌人物的细节描写。11. 结合《潼关吏》《新安吏》进行比较阅读,选取角度,写一篇读后感。	1. 老翁逾墙走。2. 吏呼一何怒!妇啼一何苦!3. 天明登前途,独与老翁别。	拓展阅读法、诵读法、圈点批注法、合作探究法、对比阅读法
李吉胜:《人教版语文八年级上册〈石壕吏〉教学设计》,《河北省教师教育学会教学设计主题论坛文集》2012 年 7 月	1. 了解作者和写作背景,积累文言词汇,熟读、背诵诗歌。2. 培养学生想象和联想的能力。3. 体会诗人忧国忧民的感情,培养学生关注民生疾苦的意识。	1. 简介作者和诗歌创作背景。2. 多种方式朗读诗歌,读准字音和节奏。3. 诗歌写了一件什么事?用简洁的语言概括、复述诗歌。4. 诗中哪句话概括了全诗的核心事件?这句话交代了哪些因素?5. 诗中写了哪些人物?主要人物是谁?6. 为什么不说"征兵"而说"捉人"?7. 关于"征兵"这件事,作者对小吏和老妇有什么不同的感受?8. 故事的结局怎样,从哪儿看出来?9. 老妇人为什么急着去服兵役?她是自愿的吗?10. "夜久语声绝,如闻泣幽咽"未写泣者是谁,我们能推知是谁吗?11. 想象并补充,致词的内容是老妇人一口气说下去的吗?官吏问了些什么?想象官吏和老妇当时有什么表情、动作。12. 用一句话概括本诗的主题。	1. 暮投石壕村,有吏夜捉人。2. 夜久语声绝,如闻泣幽咽。3. 老妇致词的内容。	知人论世法、诵读法、质疑讨论法、合作探究法、想象法

课例	教学目标	教学内容	教学点	教学方法
宋明镜:《〈石壕吏〉教学设计》,《中学语文教学》2002年第6期	1. 根据课文自编自导自演课本剧,揣摩人物动作、语言。 2. 积累感悟,体味背诵。 3. 在比较中辨异析同,对《石壕吏》和《卖炭翁》进行比较研读。	1. 默读诗歌,读准字音,多种方式朗读。 2. 诗歌的感情基调是怎样的? 3. 理解剧情,编写剧本,给诗中的四个人物设计动作。 4. 差吏为什么不在白天捉人,而在夜里?老翁老妇的反应为何如此之快? 5. 老妇自述家事,是不是自言自语或自问自答? 6. 差役为什么连老妇也不放过? 7. 结尾诗人的感情、心绪会是怎样的? 8. "暮投石壕村"与"独与老翁别"场景有什么不同之处? 9. 老妇被抓走以后还写"天明登前途,独与老翁别"是否多余?能否删去? 10. 将本诗与《卖炭翁》进行比较阅读。	1. 吏呼一何怒!妇啼一何苦! 2. 夜久语声绝,如闻泣幽咽。 3. 天明登前途,独与老翁别。	诵读法、情境创设法、想象法、对比阅读法
金戈:《〈石壕吏〉教学实录》,《语文教学通讯》2006年第Z2期	1. 领会诗歌的思想内容。 2. 品味诗歌用词的精确与形象,提高鉴赏能力。 3. 体会诗人忧国忧民的感情。	1. 朗读全诗,圈点勾画重点字词。 2. 将改文与原文进行比较、品析,感受原文语言的独到之处。 3. 诗中哪一个字最能表现老妇的心情?找出具体的词句,说说老妇之苦。 4. 品析句子中关键字词的作用与意义。 5. 老妇的哭诉有没有感化官吏?从哪里看出? 6. 老妇的致词包含着一种怎样的感情? 7. 在这苦难的现场,杜甫都做了些什么?从文中哪些诗句可以看出? 8. 诗人为什么要关注战乱中一位普通老妇的哭诉? 9. 多种方式有感情地朗读诗歌。	1. 暮投石壕村,有吏夜捉人。老翁逾墙走,老妇出门看。 2. 室中更无人,惟有乳下孙。 3. 存者且偷生,死者长已矣! 4. 夜久语声绝,如闻泣幽咽。 5. 天明登前途,独与老翁别。	圈点批注法、对比阅读法、知人论世法、合作探究法、诵读法
施云锋:《〈石壕吏〉教学案例的反思》,《语文知识》2014年第3期	1. 引领学生理解文本内容。 2. 深化对诗人的情感的理解。 3. 了解此篇叙事诗的写作特点。	1. 介绍作者及诗歌写作背景。 2. 梳理诗歌字词,概括诗歌的内容。 3. 对诗歌中的重点字词和关键词进行解析,分析作者蕴含其中的感情。 4. 了解了作者通过此诗传达出的"忧国忧民"的情感。 5. 学生动笔,体会"藏问于答"的效果,最后"演一演",将故事演绎出来。	1. 吏呼一何怒!妇啼一何苦! 2. 存者且偷生,死者长已矣!	知人论世法、想象法、诵读法、情境创设法

课例	教学目标	教学内容	教学点	教学方法
金灿灿：《〈石壕吏〉教学设计》，《新教育时代电子杂志》(教师版) 2017年第10期	1. 通过朗读，疏通文意，把握故事情节。 2. 品读关键词"捉""泣"字，感悟战争带给人民带来的痛苦以及作者忧国忧民的思想。 3. 分析"吏"的含义，体会作者的写作技巧。	1. 简介作者。 2. 朗读诗歌，扫清诗中疑难字词。 3. 概括本诗的内容，梳理故事情节。 4. 将"捉"字换成"征""招""抽"是否更合适？借助课文中的诗句说明理由。 5. 补充其他诗句，展开合理想象，畅谈老妇的结局。 6. "夜久语声绝，如闻泣幽咽。"是谁在哭？为何而哭？ 7. 在这一事件中，吏和老妇各是天平的一端，你认为作者站在哪一端呢？ 8. 捉人的吏贯穿故事始终，把吏的表现转化成文字加入诗中好不好？为什么？ 9. 理解本诗"藏问于答、善于剪裁"的写作特点。	1. 暮投石壕村，有吏夜捉人。 2. 老翁逾墙走。 3. 二男新战死。 4. 请从吏夜归。 5. 夜久语声绝，如闻泣幽咽。	诵读法、质疑讨论法、拓展阅读法、合作探究法、想象法
纪湘钰：《〈石壕吏〉教学设计》，《散文百家》2015年第11期	1. 学生有感情地朗读古诗，概括诗歌内容。 2. 通过小组的合作探究，分析人物形象，理解诗歌的主题。 3. 通过补白的写作练习，了解本诗的写作方法。	1. 简介作者及其作品，理清字词。 2. 自读诗歌，结合课下注释，用自己的话复述诗歌内容。 3. 从诗中找到一句诗概括主要事件。 4. 吏捉了什么人？诗人用了哪个字来概括老妇的遭遇？ 5. 老妇"苦"在哪里？结合诗句分析。 6. 诗中的老妇人是一个怎样的人？ 7. 吏是一个怎样的人？通过诗中哪里读出来的？ 8. 吏不抓老妇人行不行？为什么？ 9. 探究诗歌的主题和内涵。 10. 诗中有许多内容，可诗人却没写，为什么不写？解析诗歌中留白的精妙。 11. 阅读《潼关吏》和《新安吏》，体会作者的写作方法和情感。	1. 暮投石壕村，有吏夜捉人。 2. 存者且偷生，死者长已矣。 3. 老翁逾墙走，老妇出门看。 4. 吏呼一何怒!妇啼一何苦! 5. 夜久语声绝，如闻泣幽咽。天明登前途，独与老翁别。	合作探究法、知人论世法、拓展阅读法、诵读法

(一)教学目标

教学目标是一篇课文教学的指向表,所选的 11 则课例中,教师的教学目标较为分散,着重指向以下 8 个教学目标,见图 6-1。

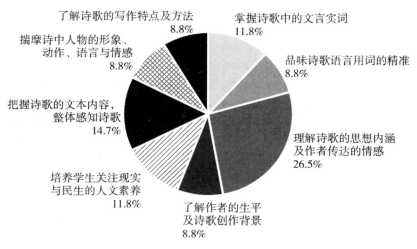

图 6-1 11 则课例教学目标选择情况图

从图 6-1 的梳理归纳可以看出,所选的 11 则教学课例中,"理解诗歌的思想内涵及作者传达的情感"这一教学目标占比最高,共有 9 位教师在教学时设定了这一目标,其次是"把握诗歌的文本内容,整体感知诗歌",选择"掌握诗歌中的文言实词"以及"培养学生关注现实与民生的人文素养"作为教学目标的教师也较多,而选择"了解诗歌的写作特点及方法""品味诗歌语言用词的精准""了解作者的生平及诗歌创作背景"和"揣摩诗中人物的形象、动作、语言与情感"这 4 个作为教学目标的教师仅占少数。

(二)教学内容

教学内容一般是由设定的教学目标来决定的,体现出教师对课文的整体把握程度,综合所选的 11 则教学课例我们可以发现,教学内容主要集中在 11 个方面,见图 6-2。

通过图 6-2 可以发现,11 则教学课例中占比较高的教学内容主要有 11 个,其中占比超过或接近一半的有 10 个,由此可见,《石壕吏》这篇诗歌教学内容的选择是较为分散的,说明不同教师对于诗歌教学重点的理解有所不同。其中,选择"简介作者及诗歌创作背景"这一教学内容的教师占比最多,一共有 9 位教师在教学时会选择对杜甫及安史之乱的背景进行介绍。其次,占比超过一半的教学内容还有三个,分别是"用多种方式有感情地朗读诗歌""概括诗歌内容及故事情节"以及"探究诗歌的主题和内涵",这说明教师对于诗歌情感内容较为重视。然后占比较高的教学内容是"老妇和官吏形象的分析""梳理解决诗歌的字词问题""品读诗歌的关键字及作用""诗中诗人的态度和行为分析""体会作者蕴

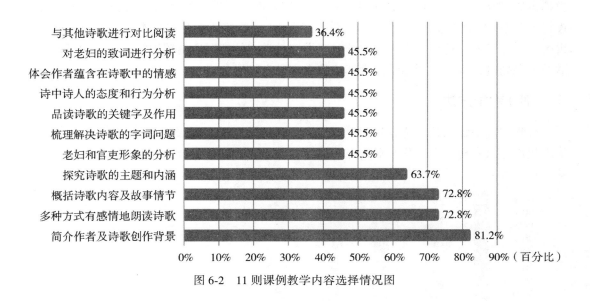

图 6-2　11 则课例教学内容选择情况图

含在诗歌中的情感"以及"对老妇的致词进行分析"，这 6 项教学内容主要涉及诗歌内容本身，以及对诗中主要人物形象进行分析和解读，这种教学内容的选择抓住了诗歌的文本特质，可见大部分教师在教学本诗时具有较强的文本意识。

(三) 教学点

教学点是教师在教学时的落脚点，教学点的选择能够反映教师在诗歌教学时的侧重点，所选的 11 则教学课例中，教师对教学点的选择情况如图 6-3 所示。

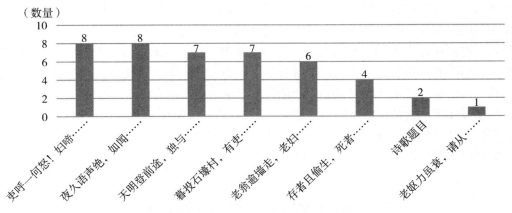

图 6-3　11 则课例教学点的选择情况图

通过图 6-3 我们可以发现，大部分教师对教学点的选择集中在 5 句诗歌上。其中，选择"吏呼一何怒! 妇啼一何苦!"和"夜久语声绝，如闻泣幽咽"两句诗歌进行讲解和分析的教师占比最高，选择进行讲解较多的还有"天明登前途，独与老翁别""暮投石壕村，有吏夜捉人"以及"老翁逾墙走，老妇出门看"这三句，而这些诗句基本是本诗需要教师把握和讲解的重点句子，这说明大部分教师对于本诗教学点的把握还是较为精确的，能够抓住诗歌的重要处进行讲解，帮助学生理解诗歌内容和人物形象。

(四) 教学方法

教学方法是辅助教师达成教学目标与教学活动的方式，通过对所选的 11 则课例进行梳理我们可以发现，大部分教师选择的教学方法主要有以下几种，见图6-4。

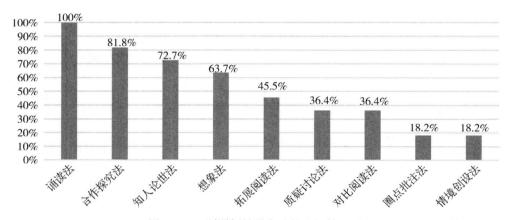

图 6-4　11 则课例教学方法的选择情况图

通过图 6-4 的整理归纳我们可以发现，11 则课例中教师们在教学《石壕吏》时使用的教学方法是丰富多样的，其中使用最多的方法是诵读法，11 则课例中所有的教师在教学时都使用了诵读法进行教学，通过多种方式反复诵读诗歌，品析作者的情感。然后是合作探究法，绝大多数教师会选择知人论世法对本诗进行教学，也就是结合"安史之乱"的历史背景，进而探究本诗的内涵及作者想表达的主题。值得关注的是，11 则课例中有很大一部分教师在教学时选择了想象法进行教学，比如合理想象老妇及其一家人的结局、想象老妇致词的内容、想象官吏对老妇说的话等，想象法的运用有助于学生进一步理解诗中的人物形象及作者蕴含的情感。同时我们也可以发现，11 则课例中运用情境创设法的教师只有两位，情境创设法有助于学生将自己代入诗歌的情景中，从而有利于学生想象和理解，但是很多教师在运用想象法时忽略了情景创设法。

三、基于课例分析的教学建议

通过对 11 则课例的梳理，我们可以发现，所选课例中的教学内容的较为分散，不同教师对于诗歌的理解不同，因而会设置不同的教学内容，而教学内容的不集中和不确定也成为本诗教学的一大难点。大多数教师在教学时都能抓住《石壕吏》的情感与内涵进行分析，但是对于诗歌中的人物形象、语言、艺术手法等是否要讲解，如何选择教学内容等问题却有不同的理解，因此，了解本诗的文本特质，并且抓住文本特点进行教学就显得尤为重要。

首先是《石壕吏》一诗教学内容的选择，通过对上述课例中教学内容的选择分析，我们可以发现，11则课例中教师们选择的教学内容是较为分散的，大部分教师会抓住诗歌的创作背景、故事的内容和情节、诗歌的主题和内涵以及诗人的情感进行讲解和分析，而涉及诗歌韵律、写作艺术等方面的教学内容较少。但是，通过诗歌的文本解读，我们可以发现，诗歌的记叙艺术、对仗的变化以及留白艺术等都是这首诗歌特有的文本特质，而这正是教师在教学时应该关注的内容。另外，这首诗歌的炼字也是非常值得品味和探究的，比如作者为何要用"捉"字而不用"抓"等字词，"哭"和"泣"的区别等，少数教师在教学时能够抓住关键词进行品读，但是大部分教师是忽视了对语言的品味的，而品味语言是训练学生语文素质的一个重要手段，通过对诗歌语言进行品析，才能体会诗歌语言的准确和精妙。正如叶圣陶先生说的，只有熟习其语言，才能了然深味其意义。而诗歌教学更需要如此，只有高质量地品味其语言，抓住诗歌的关键词，深入其中，才能够让学生感悟语言之精妙，领悟语言的精髓。

其次是诗歌教学点的选择。由上述课例梳理我们可以发现，大多数教师选择的教学点是重合的，如绝大多数教师都会选择对"吏呼一何怒！妇啼一何苦！"以及"夜久语声绝，如闻泣幽咽"进行讲解，对于这首诗歌中重要的教学点，大多数教师在教学中也会有所涉及，这说明大部分教师对于《石壕吏》一诗的教学点能达到较为统一的认识。但是我们也可以发现，很多教师对于诗歌教学点的选择仅仅停留在关键句子的讲解和分析上，有些关键的教学点还没有涉及。比如对于诗歌题目的讲解，所选的11则课例中，仅有两位教师注意到了诗歌题目与诗歌主人公不同的问题，并且在教学中进行了讲解。诗歌题目是《石壕吏》，而整个故事的主人公却是老妇，这就涉及了本诗中人物描写的"留白"艺术这一重要内容，如果忽略了对诗歌题目的讲解，可能就会导致学生错过对这一内容的理解，从而影响其对整首诗歌主题和艺术特色的理解。因此，解读《石壕吏》时就要引导学生思考，为什么诗歌要这样写，为什么诗歌以"石壕吏"为题，而落笔却是"老妪"？只有把握了老妪的矛盾心理，把握了作者的矛盾心理，方才真正地读懂《石壕吏》。

最后是诗歌教学方法的选择与使用。教学方法在一定程度上可以看作教学的形式，而教学内容很大程度上决定了教学的形式，教学方法的选择必须要适合教学内容。《石壕吏》作为一首古体叙事诗，其内容含蓄丰富，跳跃性大，给读者留下了许多可供想象的空间。在上述课例中，有部分教师在讲解诗歌内容和艺术手法时，会请学生通过展开想象，用自己的语言来再现差吏逼问老妪的情景，从而去体会面对官吏强征时老妇内心的痛苦和哀伤，进而感受作者在当时情境下沉重和复杂的心绪。通过课例的梳理我们可以发现，接近七成的教师在教学时，会引导学生对诗歌中"有吏夜捉人"的情景进行想象，或者要求学生通过联想补全事件的过程以及老妇和官吏之间的对话，而与此对应的是只有两位教师在引导学生进行想象时运用了"创设情境法"，即通过让学生进行情境表演，将自己代入为诗歌中的两个主人公，从而更好地体会诗中人物的情感及其变化。在本诗教学中运用想象法能够帮助学生更好地理解诗歌情感和内容，但是恰当地辅以创设情境法，则能够帮助学生更好地进入情境中，从而达到事半功倍的效果，其成效必定会比只要求学生进行想象更好。

综上所述，《石壕吏》的教学应该更多地关注诗歌内容本身，在梳理清楚诗歌情节内容的基础上，进一步把握住诗歌的关键字词、对仗、韵律等内容，同时要兼顾对诗歌的写作手法及语言艺术进行讲解，这样才能够帮助学生较为全面地理解诗歌的内容。最后再结合诗歌的创作背景等资料来理解诗歌的深层内涵及情感，而不能仅仅停留在浅层次的诗歌内容和情感的把握和探究上。没有立足于文本内容的情感探究，其结论往往是虚浮的，而只通过教师的讲授让学生接受和了解文本的主题和情感，学生是很难真正意义上感受到作者在本诗中蕴含的心酸与无可奈何的复杂心情。与此同时，在这个过程中，教师还要注重教学方式的使用，大多数教师在教学时都能够有意识地使用诵读法，通过一遍一遍的诵读来加深学生对于诗歌情感的体悟，但是如果能够运用好想象法和创设情境法来协助学生更好地进入诗歌的情境中，这种理解和体会则能变得更有效和深刻。教师在教学时如果把握住了诗歌的教学内容和教学方法两个方面，双方协同推进，《石壕吏》一诗的教学一定会更加准确和有效。

四、教学设计参考

《石壕吏》教学设计

学情简析：

学生通过之前对杜甫诗歌的学习，对于杜甫诗歌忧国忧民的思想主题和内容有一定程度的了解，但是对于这一首诗歌的文本特质却很难精准把握，很难深入具体的诗歌语言和内容中去剖析诗人的情感以及艺术特色。

教学重点：

通过合理联想和想象补充故事情节，理解以侧面描写的方式刻画人物形象的写作方法及其表达效果。

教学难点：

理解诗人忠君和爱民的矛盾的思想情感。

教学课时：

1课时。

教学流程：

（一）教学导入

通读诗歌，结合注释把握诗歌的故事内容和大意。

1. 整体感知诗歌。

学习活动：

以思维导图的形式，梳理老妇致词的内容，对诗歌的主要情节进行梳理和概括。讨

论：从诗题来看，本诗主要人物是差吏，但诗中对差吏描写很少，为什么不写差役的话？

2. 把握故事内容。

学习活动：

提问：诗歌主体部分是"吏"与"老妇"的对话，老妇的回答是从几个方面来说的？引导学生展开想象，文中省略了官吏的哪些话？根据上下文补出吏与老妪的对话，让学生通过自己的想象补充完整。

3. 探究诗歌的艺术手法。

学习活动：

提问：诗中还有哪些环境描写的句子？诗歌采用了怎样的记叙艺术和手法？为什么诗歌以"石壕吏"为题，而落笔却是"老妪"？

(二)赏析与研讨

1. 探究诗歌语言的独特之处。

学习活动：

教师着重分析诗歌中动词的使用。讨论：为什么不说"征兵"而说"捉人"？将"捉"字换成"征""招""抽"是否更合适？借助课文中的诗句说明理由。引导学生体会"哭"和"泣"的区别。

2. 探究诗歌的艺术特色。

学习活动：

讨论：整个故事中有许多内容，可诗人却没写，为什么不写？解析诗歌留白的精妙。教师引导学生探究本诗中句子的对仗变化，明确本诗运用白描手法刻画人物形象的精妙。

3. 结合创作背景，进一步讨论诗人的情感。

学习活动：

提问：整首诗歌中的"我"是一个怎样的态度，诗人为何不站出来阻止官吏的行为？你如何理解诗人的沉默？"天明登前途，独与老翁别"暗示老妇去了哪里？这个故事反映了什么？诗人第二天与老翁告别时，会是怎样的神态、表情和心情？结合自己的理解，对其进行神态、表情、动作描写。老妇被抓走以后还写"天明登前途，独与老翁别"是否多余？能否删去？

4. 拓展延伸，深入理解诗歌文本。

学习活动：

教师引导学生进一步理解故事的剧情，布置作业：学生以小组为单位编写剧本，给诗中的四个人物设计动作、语言等，将本诗改写成一幕情景剧。

第七章
《行路难(其一)》文本解读与教学设计

  《行路难(其一)》作为李白的优秀之作,历来被各版教材收入,现被选入统编本语文教材九年级上册第三单元。《行路难》原为乐府《杂曲歌辞》,描写的是人生道路上的艰难险阻和离别的悲痛思绪,而在本诗中,诗人通过运用一连串的历史典故,曲折委婉、含蓄隽永地表达出了自己空有一腔热血,却不被玄宗重用,报国无门而有口难言的复杂情怀。在本诗中,诗人的思维之跳跃,思想之矛盾,情感之起伏,壮心之不已,用字之精妙绝伦,引经据典之恰到好处体现得淋漓尽致,诗歌的形式和内容达到了完美的统一,都使诗歌具有独特的艺术魅力,是传诵千古的佳作。

一、教学文本解读

(一)诗歌的主题

  关于李白《行路难》的主题,不同学者有不同的看法,争论的焦点集中在诗歌最后两句所传达出的诗人的情感态度上,主要有两种观点:一种观点认为,诗歌最后表达的是诗人想要归隐的决心,明人朱谏《李诗选注》(卷二)中有云:"世路难行如此,惟当乘长风挂云帆以济沧海,将悠然远去,永与世违。"现代学者徐扬尚也提出:"《行路难(其一)》从诗人自身的角度出发,着力揭示了政治理想与黑暗现实间的矛盾,儒家的'济世'与道家的'退隐'间的思想矛盾,表达了诗人功成身退的政治理想。"①第二种观点则完全相反,他们认为李白在这里表达的并不是想要归隐,诗歌想要表达出的是诗人强烈的进取之心和必胜信念,认为这两句的本意是说总会有那么一天,长风破浪远渡沧海,冲破艰难险阻以实现理想。如靳梓培就提出:"李白的《行路难》三首,就表现了诗人虽然遭受挫折,但不曾改变的'不屈己,不平人'的思想。诗人并没有在怀才不遇时消沉,而是始终保持着强

---

  ① 徐扬尚. 试论李白《行路难》三首的主题[J]. 驻马店师专学报,1989(2).

烈的进取精神。"①

(二) 典故的运用

《行路难(其一)》全诗虽然仅有 82 个字,但是用典却多达 8 处,丰富的典故使用在一定程度上扩张了全诗的情感意蕴空间。裴斐曾评价李白诗歌"惯用典亦善用典。其用语典之推陈出新及暗用事典之了无痕迹且不说,即明用典亦挥洒自如,若由己出",可谓是纵横捭阖,随心所欲,仿佛古人任其差遣。② 他对李白诗歌的用典特点进行了归纳,即不拘泥于枝节琐碎之处,力避生僻典故,多采用历史上著名人物的生平经历进行连缀比对,借以遣情抒怀。对于《行路难(其一)》一诗中的用典,韩江雪认为诗中一共运用了八个典故③,分别是:

①"金樽清酒斗十千"出自曹植《名都赋》"美酒斗十千"与张率《对酒行》中"金樽清复满"。

②"玉盘珍羞直万钱"出自《晋书·何曾传》"食日万钱,犹曰无下箸处"与《北史·韩晋明传》"好酒诞纵,招引宾客,一席之费,动至万钱,犹恨俭率"。极言饮食之靡费。

③"停杯投箸不能食,拔剑四顾心茫然"出自鲍照《拟行路难十八首》其六"对案不能食,拔剑击柱长叹息。丈夫生世会几时,安能蹀躞垂羽翼"。

④"欲渡黄河冰塞川,将登太行雪满山"出自鲍照《舞鹤赋》"冰塞长河,雪满群山"。

⑤"行路难,行路难!多歧路"出自僧宝月的"行路难,行路难,夜闻南城汉使度,使我流泪忆长安"。

⑥"闲来垂钓碧溪上,忽复乘舟梦日边"出自《宋书·符睿志上》"王至于磻溪之水,吕尚钓于涯,王下趋拜曰:'望公七年,乃今见光景于斯。'……尚出游,见赤人自雒出,授尚书曰:'命吕尚。佐昌者子'。文王梦日月著其身"。又"伊挚将应汤命,梦乘船过日月之傍"。李白以吕尚和伊尹的知遇事迹来抒发自己建功立业的理想。

⑦"长风破浪会有时"出自《宋书·宗悫传》"悫年少时,炳问其志,悫曰:'愿乘长风破万里浪。'"

⑧"直挂云帆济沧海"出自《论语·公冶长》"子曰:'道不行,乘桴浮于海。'"

这些勾连古今的事典增强了诗歌情感的阔大性与深沉性,李白并不是个仅仅挂念着个人荣辱的好利之徒,他具有深厚的人文关怀与历史理性意识,对王朝更替与时代变迁中人物命运的兴衰寄托了自己的同情、艳羡、唏嘘等复杂的情感。

虽然李白在《行路难(其一)》一诗中运用了大量勾连古今的事典,但是却不会使人感到烦琐和堆砌,诗人在诗中灵活巧妙地运用了大量典故,生动地表达了自己内心的矛盾和

---

① 靳梓培. 唐代《行路难》研究[D]. 兰州:兰州大学硕士学位论文,2013.

② 裴斐. 李白与历史人物(上)[J]. 文学遗产,1990(03).

③ 韩江雪. 惊声、奇画、豪情——《行路难(其一)》的抒情性研究[J]. 语文教学与研究,2020 (11).

远大的抱负，充分体现出了李白的浪漫主义精神和卓越的艺术表现手法。

(三)诗歌的艺术特色

1. 衬托

根据诗人思想感情的变化起伏和所用辞格的不同，全诗大致可以划分为五个层次。"金樽清酒斗十千，玉盘珍羞直万钱，停杯投箸不能食，拔剑四顾心茫然"四句是诗歌的第一层，在这里诗人借"金樽""清酒""玉盘""珍羞"四种意象，用极为夸张的笔法，描写出了宴饮的奢华昂贵。其中，"金樽""玉盘"显示出宴会上饮食器皿的珍贵，"清酒""珍羞"点出了酒菜的精美，"斗十千""直万钱"则是用夸张的方式，将酒菜的名贵进一步加以形容。诗人面前有如此难得的美酒佳肴，按照常理应该是要尽情享受一番的，可是他非但没有享受眼前的盛宴，反而"停杯投箸不能食"，还"拔剑四顾"。因此，诗中前半部分奢华的宴饮场面的描写，都是为了反衬诗人极度茫然、苦闷的心情。诗人在此处是用衬托手法，来描述自己内心中无法排遣的苦闷，通过这种反向的衬托，抒发出作者情感的同时也能给读者以强烈的艺术感染。

2. 夸张

本诗开篇极言宴饮场景的奢华，酒樽为金，器皿为玉，美酒"斗十千"，"珍羞"更是价值"万钱"，这种豪奢并不是完全意义上的写实，而是借用夸张的手法，从而达到反衬诗人内心苦闷的目的。诗人是嗜酒的，然而面对如此美酒佳肴却茫然无奈，甚至愤懑不已，以至于拔剑而起，似乎想要斩破前路蔓延的黑暗荆棘，寻得一条出路，然而"四顾"之后却无从发泄自己的痛苦，面对眼前的"珍羞"与美酒，诗人也许想到了自己三年只做御用文人的抱负未展，想到了自己最初"仰天大笑出门去"的壮志未酬，怎能不感慨万千。

3. 象征

在诗歌的第二层，诗人在这里连用了两个奇特的比喻，含蓄地概括出了他内心茫然、苦闷的原因。"欲渡黄河冰塞川，将登太行雪满山"一句是以具体的景物来间接表现自己的思想感情，表达自己的政治理想受到了种种阻碍而无法实现。在这里，诗人没有直接倾吐自己内心的忧愁愤懑，而是借助"渡河"与"登山"两种征服行为，来象征自己想要建功立业、施展抱负、实现政治理想的渴望，诗中的"欲渡黄河""将登太行"就是比喻诗人的远大志向，而"冰塞川"与"雪满山"则象征了权贵们对他的谗逐，将他的政治前途堵塞，同时也表现了诗人对权贵的愤恨憎恶，以及自己无力改变现状的苦恼。面对这样的举步维艰，诗人依旧充满了昂扬的壮志，以"长风破浪"象征自己的远大志向。抒情诗多以声、画来间接抒情表意以避免直露所造成的张扬,因此象征手法也是抒情诗最常用的修辞方式。

(四)雄浑的意象和意境

《行路难(其一)》全诗表现出一种雄浑的气魄,意象与意境和谐统一,虽然诗中虚拟景象很多,但却一气呵成,浑然一体。诗人以题目统摄全篇,情感境界与虚拟景象的契合交融,使得诗歌整体风貌和意境呈现出雄浑开阔之势。

第一,诗人在诗中使用了大量辽阔、壮美的意象,因此,虽然全诗有许多诗句写愁,却没有丝毫的哀怨扭捏之态。诗人在诗中使用的意象都是宏大的,如黄河、太行、日边、长风、沧海等,这些宏大的意象表现出诗人强劲的情感气势,体现出盛唐时代那种雄伟壮丽的审美态势。同时诗人运用"黄河""太行""长风破浪""直挂云帆"这些大意象,也使自己的愁情显出浩荡之气,一来能够恰到好处地表现自己内心的感受,尽吐胸中的愤懑之气,二来也使全诗的意境恢弘阔大、气势磅礴。

第二,多种修辞的运用更加突出了诗歌的阔大之美,深化了气势的营造。诗人运用反衬、对偶、暗喻等多种修辞手法来建构全诗,尤其是夸张手法的运用,一方面体现出了诗人的豪放之风,另一方面也强化了读者的印象,诗中"欲渡黄河冰塞川,将登太行雪满山"一句就是运用夸张的手法极言求仕之难,以表内心的痛苦。此外,诗人在诗中反复咏叹"行路难",情感经由层层铺垫最后难以抑制地爆发,然而这份悲愤似又无从诉说,千言万语最后只能化作"行路难"这无奈的慨叹,言虽简而意无穷,包蕴了无数只可意会不可言传的情感。

因此,诗人通过使用的宏大意象以及反衬、对偶、暗喻等多种修辞手法,使得诗歌形成了一种情景交融、气韵生动的审美形态,使得全诗呈现出雄浑浩荡之境,这种气势飞动的雄浑之境,同样也是盛唐气象下诗人审美特征的一种体现。

诗人在《行路难(其一)》中使用的宏大意象以及营造出的和谐意境,使这首诗歌形成一种情景交融、气韵生动的审美形态,同时也充分体现出了李白诗歌"清水出芙蓉,天然去雕饰"的审美特色,从侧面反映出盛唐气象的审美特征,从而形成了气势飞动、天然自成的完美意境。

二、基于课例的教学设计分析

为了进一步探究《行路难(其一)》一诗的一线教学情况,特选择了10则公开发表的教学课例进行探讨,以下对不同课例中的教学目标、教学内容和教学点进行梳理,见表7-1。

表 7-1

10 则《行路难》教学设计梳理表

课例	教学目标	教学内容	教学点	教学方法
章念：《〈行路难〉教学设计》，《现代语文》2017 年第 9 期	1. 反复诵读，感知诗歌内容。2. 品味诗句，把握作者难中求进，跌宕起伏的情感。3. 深入体味诗人悲愤中不乏豪迈，失意中仍怀希望的思想境界。	1. 多种方式朗读，理清字音、字词。2. 边读边感知，你读到了诗人李白怎样的情感？3. 李白在诗中的情感变化是直线的吗？还是有高低不同变化的？分析作者情感变化。4. 诗人为何茫然？他在茫然之际想到了什么人？他们有什么共同点？这样写的目的是什么？5. 诗歌中的哪一句写出诗人的长叹？6. 教师修改诗句，学生交流讨论，进行对比品析。7. 诗歌最后，作者表达了怎样的情感？8. 对诗歌最后一句进行炼字，讨论"破""会""直"的意义和作用。9. 你从李白的人生之路中得到什么人生启示？10. 引入李白的生平与诗歌创作背景。	1. 停杯投箸不能食，拔剑四顾心茫然。2. 欲渡黄河冰塞川，将登太行雪满山。3. 闲来垂钓碧溪上，忽复乘舟梦日边。4. 行路难！行路难！多歧路，今安在？5. 长风破浪会有时，直挂云帆济沧海。	诵读法、文本细读法、关键词品析法、合作探究法、对比阅读法、知人论世法
都荣升：《〈行路难〉教学设计》，《语文教学与研究》2018 年第 14 期	1. 了解诗歌创作背景，理解诗意。2. 体会诗人悲愤中不乏豪迈，失意中仍怀有希望的情怀。3. 品诗、论事、知人，提高品评鉴赏诗歌的能力。	1. 自由朗读，结合课下注释，读准字音和节奏。2. 想象诗歌的画面，用自己的语言描绘诗人送别友人的画面。如果你是此时的诗人，你会想到什么？3. 小组讨论，以李白友人的身份为他指出一条道路。4. 拓展阅读，你还知道哪些"李白与酒"的诗歌？你又怎样看待李白的诗酒人生呢？	1. 停杯投箸不能食，拔剑四顾心茫然。2. 欲渡黄河冰塞川，将登太行雪满山。3. 闲来垂钓碧溪上，忽复乘舟梦日边。4. 行路难！行路难！多歧路，今安在？5. 长风破浪会有时，直挂云帆济沧海。	情境创设法、诵读法、合作探究法、质疑讨论法、对比阅读法

续表

课例	教学目标	教学内容	教学点	教学方法
李新霞:《〈行路难〉教学设计》,《语文教学与研究》2005年第11期	1. 引导学生初步把握欣赏诗歌的方法,培养学生感悟作品的能力。 2. 了解诗歌所表现的诗人情怀,学习诗中的比兴手法,领会诗中所具有的深厚的感染力。 3. 了解这首诗歌中的文学常识。	1. 解读诗歌题目《行路难》。 2. 反复诵读诗歌,理清诗歌的字词和思路。 3. "停杯投箸不能食,拔剑四顾心茫然"表达了作者怎样的思想感情? 4. 作者为什么说"欲渡黄河冰塞川,将登太行雪满山"? 5. 如何理解"闲来垂钓碧溪上,忽复乘舟梦日边"在诗中的作用? 6. 欣赏品味诗歌的最后两句,以及它们在情感表达上的作用。	1. 诗歌题目。 2. 停杯投箸不能食,拔剑四顾心茫然。 3. 欲渡黄河冰塞川,将登太行雪满山。 4. 闲来垂钓碧溪上,忽复乘舟梦日边。 5. 长风破浪会有时,直挂云帆济沧海。 6. 行路难!行路难!多歧路,今安在?	诵读法、合作探究法、质疑讨论法
朱焘:《〈行路难〉教学设计》,《中学语文教学》2019年第3期	1. 初步学会"从心、析法、融情"的古诗词学法。 2. 学会通过诵读、拓展和欣赏,培养热爱古诗词和传统文化的情怀。	1. 多种方式诵读诗歌,教师范读。 2. 想象诗歌的第一句诗人在做什么?心情如何? 3. 第二句哪个词直接写明了心情?通过哪些动作来表现的?其中哪一个动作最"奇怪"? 4. 在朋友为李白举行的宴会上,他为什么要拔剑呢?拓展李白其他诗歌。 5. 引出诗歌创作背景,理解作者情感。 6. 诗歌第三句,明明是仕途艰难为何却写渡黄河、登太行的艰难?这里的黄河与太行山,能否用其他河流和山川代替? 7. 诗歌第四句写了两个什么故事?为什么要写? 8. 发挥想象,如果你是李白,你会怎样连续两次感叹"行路难"?你会怎么问"今安在"这个问题?你会用怎样的语气表达最后一句诗中"终将实现远大理想"的豪情壮志?	1. 金樽清酒斗十千,玉盘珍羞直万钱。 2. 停杯投箸不能食,拔剑四顾心茫然。 3. 欲渡黄河冰塞川,将登太行雪满山。 4. 闲来垂钓碧溪上,忽复乘舟梦日边。	诵读法、想象法、对比阅读法、文本细读法、讲授法、知人论世法

续表

课例	教学目标	教学内容	教学点	教学方法
杨安平：《〈行路难·其一〉教学设计》，《中学语文教学》2019 年第 11 期	1. 反复诵读，感受诗歌沉郁而豪放的意境。 2. 体会诗人复杂的心境和乐观的人生态度。 3. 知人论世，借助资料加深对诗人李白的了解和认知。	1. 多种方式诵读诗歌，读准字音节奏。 2. 诗人的情感是怎样变化的？ 3. 哪些诗句表现了诗人处境的艰难？ 4. 知人论世，结合材料了解李白人生经历并思考诗人的心路历程。 5. 对比品析：身处困境的诗人，在去留、进退之间，又该如何抉择？与前辈陶渊明、鲍照等相比，他有着怎样的人生态度？ 6. 拓展阅读李白不同时期的诗作，结合本诗一起归纳李白的形象。	1. 停杯投箸不能食，拔剑四顾心茫然。 2. 欲渡黄河冰塞川，将登太行雪满山。 3. 行路难！行路难！多歧路，今安在？	诵读法、对比阅读法、拓展阅读法、知人论世法、文本细读法
胡会琴：《〈行路难〉教学设计》，《新课程》2012 年第 7 期	1. 通过对诗歌的反复诵读，培养学生对语言美的感知能力。 2. 通过品味诗歌的意境美、韵律美，提高学生审美情趣和创造美的能力，掌握诗人在诗中表达的感情。	1. 介绍李白的生平及诗歌写作背景。 2. 多种形式朗读诗歌，结合课下注释理解诗歌大意。 3. 你在诗歌中读到了什么？ 4. 小组讨论，本诗如何体现李白浪漫主义诗风的？ 5. 教师讲解本诗的特点。 6. 把自己假想成天宝三年时离开长安怀才不遇的李白，以人生独白的方式朗读。	1. 金樽清酒斗十千，玉盘珍羞直万钱。 2. 欲渡黄河冰塞川，将登太行雪满山。 3. 行路难！行路难！多歧路，今安在？	合作探究法、诵读法、讲授法、想象法

续表

课例	教学目标	教学内容	教学点	教学方法
叶玲,郑桂华:《拔剑四顾为哪般——〈行路难〉教学实录及点评与反思》,《教育科学论坛》2021年第1期	1. 理清诗歌的节奏和韵律,体会诗歌意象的创设特点。 2. 品读诗歌中蕴含诗人复杂矛盾的情感。 3. 运用知人论世的方法理解诗人的人生理想,概括李白形象。	1. 朗读诗歌,读准诗歌的字词音韵和节奏,多种方法诵读诗歌。 2. 分组讨论,发现本诗在节奏、韵律等方面的特点,教师归纳总结。 3. 找出本诗的主要意象,分析这些意象的特点,体会其构成的意境。链接同类诗,体会意象创设的特点。 4. 你读出了本诗的情绪、情感、思想吗?还有哪些没读明白、没理解的部分?疑难点又在哪里? 5. 学生用图示展示诗歌情感转折变化。 6. 对比探究,诗歌的情感为什么矛盾?矛盾从何而来?对比鲍照的《拟行路难》,二者的情感和态度有何不同? 7. 知人论世,结合资料读出李白的理想。 8. 赏析意象"剑",剑可能指什么? 9. 总结李白在这首诗歌中展现的形象。	1. 欲渡黄河冰塞川,将登太行雪满山。 2. 停杯投箸不能食,拔剑四顾心茫然。 3. 行路难!行路难!多歧路,今安在? 4. 长风破浪会有时,直挂云帆济沧海。	对比阅读法、诵读法、合作探究法、知人论世法、文本细读法
张合宝:《〈行路难〉教学实录》,《语文教学通讯》2017年第Z2期	1. 感悟诗歌蕴含的复杂情感。 2. 品析诗歌运用的修辞手法及其作用。 3. 感受诗人的情感变化以及积极的人生态度。	1. 师生共同解决诗歌的字词和读音,朗读诗歌,根据学生疑难处解决关键词。 2. "金樽清酒斗十千,玉盘珍羞直万钱",诗人为什么还"心茫然"? 3. 根据诗歌写作背景,明确诗人的志向。 4. 哪些诗句集中体现了行路难?画出相关诗句,思考体现了诗人怎样的情感,进行简要批注。 5. 哪些诗句体现了诗人积极的人生态度?结合注解,理解诗句深层含义,思考体现了诗人怎样的情感,简要批注。 6. 对诗歌中的修辞手法进行分析。 7. 诗歌的最后一句表达了诗人怎样的情感?	1. 金樽清酒斗十千,玉盘珍羞直万钱。 2. 欲渡黄河冰塞川,将登太行雪满山。 3. 停杯投箸不能食,拔剑四顾心茫然。 4. 行路难!行路难!多歧路,今安在? 5. 闲来垂钓碧溪上,忽复乘舟梦日边。 6. 长风破浪会有时,直挂云帆济沧海。	诵读法、知人论世法、圈点批注法、文本细读法

续表

课例	教学目标	教学内容	教学点	教学方法
刘勇:《〈行路难〉教学实录》,《语文教学通讯》2011 年第 Z2 期	1. 反复诵读诗歌,体会作者的情感变化。 2. 品析诗歌运用的修辞手法及其作用。 3. 体会诗人面对挫折的自信豪迈之情。	1. 多种方式朗读诗歌,读准诗歌的节奏和字音。 2. 结合课下注释体会作者情感变化。 3. 试着用自己的话来说说一开始诗人是怎样的心情? 4. 围绕诗眼"行路难",你读出了一个怎样的李白? 5. 对"行路难!行路难!多歧路,今安在?"一句进行改写和对比,学生思考交流。 6. 讨论与交流最后两句诗歌的艺术特点和作用。 7. 体会诗人面对挫折的自信豪迈之情,延宕诗歌意蕴。	1. 停杯投箸不能食,拔剑四顾心茫然。 2. 闲来垂钓碧溪上,忽复乘舟梦日边。 3. 行路难!行路难!多歧路,今安在? 4. 长风破浪会有时,直挂云帆济沧海。	诵读法、对比阅读法、知人论世法、讲授法、文本细读法
严华银:《〈行路难〉教学实录》,《语文教学通讯》2005 年第 Z2 期	1. 理解诗歌蕴含的复杂情感。 2. 感受诗歌沉郁而豪放的意境。	1. 以小组为单位,提出感到疑惑的问题,并对问题进行归类。 2. 学生围绕提出的问题进行小组交流。 3. 诗中"金樽""玉盘"是否真实?如果不是,他为什么要如此说呢? 4. 诗题中的"行路难"有无比喻意义?与全诗所表达的思想内容和作者的情感态度是否一致? 5. 由"闲来垂钓"到"乘舟日边"这样的转折,是不是太过夸张? 6. 都说李白是浪漫主义诗人,这首诗是否能体现其浪漫主义的特点?如果能,它是怎样表现的?	1. 诗歌的题目。 2. 金樽清酒斗十千,玉盘珍羞直万钱。 3. 闲来垂钓碧溪上,忽复乘舟梦日边。 4. 行路难!行路难!多歧路,今安在?	质疑讨论法、对比阅读法、合作探究法、

(一) 教学目标

教学目标是教师教学过程中的指向,在一定程度上能够反映出教师教学的重点,所选10则课例中,教师的教学目标主要集中在以下几个方面,见图7-1。

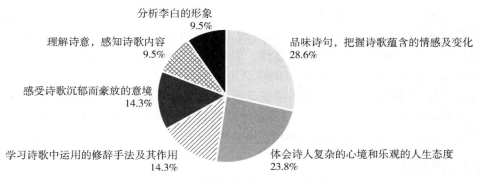

图 7-1　10 则课例教学目标选择情况图

从图7-1可以看出,教师的教学目标集中在"品味诗句,把握诗歌蕴含的情感及变化""体会诗人复杂的心境和乐观的人生态度""学习诗歌中运用的修辞手法及其作用"以及"感受诗歌沉郁而豪放的意境"四个方面,由此可见,把握诗歌中的情感变化是《行路难(其一)》一诗中教师教学的重点。紧接着占比较高的是"体会诗人复杂的心境和乐观的人生态度",依然是与诗歌的情感有关。而选择"学习诗歌中运用的修辞手法及其作用"这一教学目标的老师仅有3名,说明大部分老师在教学时会忽略对本诗修辞手法的教学。

(二) 教学内容

教学内容的选择与教师的教学目标息息相关,综合所选的10则课例,大部分教师在《行路难(其一)》一诗中的教学内容选择主要集中在以下10个方面,各教学内容所占比例如图7-2。

图 7-2　10 则课例教学内容选择情况图

通过图 7-2 我们可以发现，超过一半的教师教学内容的选择集中在四个方面，说明教师们在教学《行路难（其一）》时教学内容的选择是较为零散的，占比百分之四十以上的教学内容只有五个，其中占比最高的是"多种方式朗读诗歌，读准字音和节奏"，这说明大部分教师都意识到了朗读在诗歌教学中的重要性。紧接着占比较多的是"李白的生平与诗歌的创作背景"与"感知诗歌中蕴含的诗人的情感及变化"，通过知人论世和整体感知，学生在一定程度上能把握住诗歌情感。然后占比达到一半的是"品味诗歌最后两句的艺术特点及其在情感表达上的作用"，这说明部分教师能够抓住诗歌最后两句进行教学，意识到最后两句在整首诗歌情感表达上的重要性，但是依旧有一半的教师没有在教学中涉及这一点，说明部分教师在教学内容的重点的选择上还有所欠缺，有待加强。其中值得一提的是，选择对诗中的典故进行讲解和教学的老师只有三个，仅占很少的比例，但是大量的用典是《行路难》这首诗歌的特色之一，大部分教师对这一教学内容的忽略，从侧面反映了部分教师对于诗歌文本教学内容解读和选择的不到位。

（三）教学点

教学点是教师在文本教学时的落脚点和重点，一个教师对教学点的选择往往体现出他对诗歌内容的把握是否到位，所选的 10 则课例中，教师们的教学点主要体现在以下 7 点，详情见图 7-3。

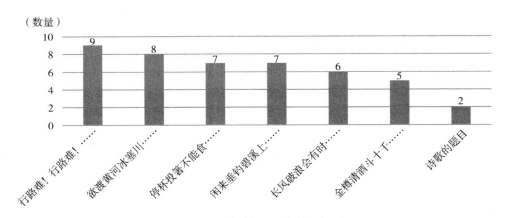

图 7-3　10 则课例教学点的选择图

通过图 7-3 我们可以知道，绝大多数教师在教学中都选择了"行路难！行路难！多歧路，今安在？"一句作为本诗的教学点，这一联是诗歌情感的高潮部分，也是作者情感的重大转折之处，因此对这一联进行分析和解读非常重要。紧接着占比较高的是对"欲渡黄河冰塞川"两句的解读，大部分教师在教学中都认为这两句是侧面烘托出诗人处境的艰难，与诗歌题旨呼应，因此选择此句进行解读的教师占比较高。从教学点的分布情况来看，大部分教师都能对诗歌句子进行赏析，值得关注的是有两位老师选择对诗歌的题目进行解读，《行路难》作为乐府古题，教师应该在教学时有所涉及和讲解，因此对诗歌题目进行解读也有一定的必要性。

(四)教学方法

教学方法是教师在教学中为达到教学目的而选择的方式方法，通过 10 则课例的梳理，我们可以发现，大部分教师选择的教学方法有以下 7 种，见图 7-4。

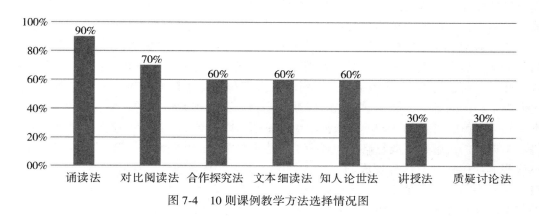

图 7-4　10 则课例教学方法选择情况图

通过图 7-4 我们可以知道，10 则课例中教师们选择的教学方法都比较集中，绝大多数教师都选择了诵读法；紧接着占比较高是对比阅读法，大部分教师在教学时都会拓展李白的其他诗歌或者其他诗人的诗歌进行对比阅读，从而加深学生对于本诗的理解；最后占比超过一半的是合作探究法、文本细读法和知人论世这三种教学方法，这说明大部分教师在教学时都会注重学生在课堂上的主体地位，同时还关注到了诗歌的内容和创作背景，这些都有助于加深学生对于诗歌的理解。因此，10 则教学课例中，大部分教师运用的教学方法都有助于学生对诗歌的理解。

三、基于课例分析的教学建议

通过对上述 10 则课例的梳理，我们可以发现在《行路难(其一)》的教学中，教师都能抓住诗歌中作者的情感来进行讲解，理解李白在这首诗歌中抒发的壮志豪情，但是 10 则课例中还是有部分教师的教学设计存在着一些不足之处，值得我们进一步思考。

首先是诗歌的教学目标。大部分教师在设定教学目标时，都能够把握住诗歌情感进行教学设计，对于诗歌中情感的变化及作者复杂的心境也都能够设定目标进行讲解。但是对于本诗的语言和修辞手法却很少有教师能够涉及，本诗的修辞是文本特色之一，但是大部分教师在目标设定时没有关注到诗歌语言和艺术特点。值得一提的是，有两位教师在教学目标的选择时选取了"分析李白的形象"，诗歌中李白超尘的傲骨，即使身处低谷也不屈服、努力抗争的形象应当归纳，并且在教学中可以作为教学内容的一部分，但是如果作为教学目标来设定是否有必要，这一点还有待思考。

其次，诗歌教学内容的选择问题。通过对 10 则课例教学内容的梳理，我们可以发现，几乎所有教师都会在课堂上使用诵读的方法，帮助学生走进诗歌，体会诗歌中作者的情感，也能够设计相关的活动帮助学生理清诗歌中作者的情感变化。大部分教师在解读诗歌情感的时候可以联系李白的生平及诗歌的创作背景，运用知人论世的方法，帮助学生理解诗人在诗中抒发的情感。但是，很多教师在诗歌教学的一开始，就选择进行作者生平和创作背景的简介，将学生的思维一开始就框定住了。其实更好的做法应该是先让学生接触诗歌内容本身，对诗歌的情感和大意有一个准确的把握以后，再引入诗歌的创作背景，进一步升华诗歌的主题。这样，学生在初读的过程中可以做到感知全诗，自我整体把握，随后，给学生显现诗人生平及诗歌创作背景，学生对于诗歌的主旨和内涵才会有更深的领悟。此外，所选的 10 则课例中，关注到诗歌语言和修辞的教师人数不多，教师应该在学生通解全诗的基础上，引导学生品味诗歌的语言，感受本诗语言的魅力。或者通过美读，在感知、理解、评价的基础上，依据学生的感悟力而引导学生进行有层次的思考。对这首诗歌中典故的讲解也不能忽略，作者为了表达不甘沉沦的济世理想，连用了许多典故，虽然这些解释在教材上都有现成的答案，但由于历史年代的隔膜，学生读起来容易一带而过，印象不深，为了避免出现这种状况，教师在教学时可以通过由浅入深提问的方式，变换角度，逐步加深学生对典故的认识和理解，帮助学生进一步理解这些典故及其在诗歌情感表达上的作用，但教师在教学时要注意，重要的不是典故自身，而是其对诗歌以及其在诗歌情感抒发上所起到的作用。

最后是诗歌的教学方法，通过梳理我们可以发现，大部分教师选择的教学方法主要是五种：诵读法、对比阅读法、合作探究法、文本细读法和知人论世法。超过一半的教师在教学时选择了这五种方法，除去占比最高的诵读法，运用对比阅读法教学外。大部分教师在教学《行路难》时都会引用其他诗歌进行对比阅读，如横向比较鲍照的《拟行路难》中情感和态度与本诗的不同，或者纵向拓展李白其他诗歌中出现的"剑"的意象来理解本诗的情感和意境。通过对比阅读法进行诗歌的拓展教学，有利于学生在与其他诗歌的对比中，加深对本诗的理解。与此同时，对诗篇中有一定理解难度的问题，教师可先采取导向性的提问，然后针对学生的回答，进一步引导学生发现问题，拓展问题的宽度和深度。比如诗中"欲渡黄河冰塞川，将登太行雪满山"一句运用的是比兴手法，黄河因结冰难渡、太行雪封山路，分别象征作者在当时的社会环境下没有出路的艰难处境，这层意思学生一般都能答出。但教师在课堂教学时，还可以在这里加以提升，引导学生对此处作用和效果进行探究，也就是质疑讨论法的运用，教师在诗歌教学时要注重激发学生的问题意识，而不能仅仅停留在教师讲学生听的状态，要教会学生自己发现问题，在合作探究中解决问题。

综上所述，《行路难（其一）》的教学中，教师应该在抓住诗歌情感教学的基础上，带领学生理解和品味诗人自信豪迈的乐观品质，但同时教师也不应该仅仅局限于只理解诗歌中复杂的情感，还应该重视引导学生对诗歌的语言和修辞进行分析探究，例如本诗中大量的用典，教师在教学时就要着重引导学生理解和品析诗歌中的典故，以及用典对于诗歌情感和意境的营造所起的作用。同时，在本诗的教学中，教师也可以通过拓展其他同类型或者李白其他诗歌进行对比教学，帮助学生加深对于诗歌情感理解和诗人形象把握。教师在教学《行路难》时也应该尝试多种教学方法灵活运用，帮助学生更好地走进诗歌，理解李白在诗中抒发的豪情壮志及人生理想。

四、教学设计参考

《行路难(其一)》教学设计

学情简析:

　　学生对李白的诗歌有一定的了解,对于李白诗歌的风格有一定程度的把握,但是对于《行路难(其一)》的文本特点很难精准把握,很难深入具体的内容中去分析诗歌的艺术特色和情感。

教学重点:

　　了解本诗所表现的诗人情怀,学习诗中的比兴手法,领会诗中所具有的深厚的内涵。

教学难点:

　　品读诗歌中诗人复杂矛盾的情感,品析诗歌运用的修辞手法及其作用。

教学课时:

　　1 课时。

教学流程:

　　(一)教学导入

　　多种方法诵读诗歌,读准诗歌的字词音韵和节奏。

　　1. 解析诗歌题目,初步把握诗歌大意。

学习活动:

　　讨论:"行路难"是指什么难?哪些诗句集中体现了行路难?引导学生找出相关诗句,思考体现了诗人怎样的情感。

　　2. 梳理本诗中诗人的情感变化脉络。

学习活动:

　　讨论:这首诗歌中诗人的情感有变化吗?是怎样变化的?结合课下注释体会作者情感变化,并试着用自己的话来说说一开始诗人是怎样的心情?尝试让学生用图示展示诗歌情感转折变化。

　　3. 与鲍照的《拟行路难》进行比较,两者有什么不同。

学习活动:

　　教师引入《拟行路难》进行对比探究,对比鲍照的《拟行路难》二者的情感和态度有何不同。帮助学生明确本诗中呈现出来的李白个人的独特审美情趣和个性特征。

　　(二)赏析与研讨

　　1. 探究本诗的主要意象。

学习活动:

　　教师找出本诗的主要意象,如黄河、太行、日边、长风、沧海等,引导学生探究和发现这些意象的特点,体会其构成的意境。链接李白的其他同类诗,让学生体会其意象创设的特点。

2. 品析"金樽清酒斗十千，玉盘珍羞直万钱"一句。

学习活动：

讨论：面对这么多"珍羞"，诗人为什么还"心茫然"？引导学生探究诗歌的情感为什么矛盾，诗人在矛盾什么，这种矛盾从何而来。

3. 对本诗中的修辞手法进行探究，关注诗歌语言和艺术的特点。

学习活动：

诗中"斗十千""直万钱"是用了夸张的手法，同时也是反衬诗人内心的愁苦；"欲渡黄河冰塞川，将登太行雪满山"一句运用的是比兴手法，并且象征作者在当时的社会环境下没有出路的艰难处境；又以"长风破浪"象征自己的远大志向。引导学生讨论这些修辞在诗歌情感和意境塑造上的作用。

4. 梳理诗歌中的典故，这些典故对于本诗情感的抒发有怎样的作用。

学习活动：

教师引导学生结合课下注释，先自行找出本诗中运用的典故有哪些，然后小组合作讨论以后自行补充，最后教师再出示相关资料，帮助学生掌握本诗中的具体用典，体会诗人在诗中运用这些典故的目的和作用。

5. 围绕诗眼"行路难"，你读出了一个怎样的李白？

学习活动：

思考：身处困境的诗人，在去留、进退之间，他是如何抉择的？与前辈陶渊明、鲍照等相比，他有着怎样的人生态度？对诗歌最后一句进行炼字，讨论"破""会""直"的意义和作用，并分析其情感内涵。拓展阅读李白不同时期的诗作，知人论世，出示李白的生平，理解诗人的情感，结合本诗一起归纳李白的形象。

第八章
《水调歌头·明月几时有》文本解读与教学设计

苏轼的《水调歌头·明月几时有》是历代中秋词中最著名的一首，全词紧紧围绕"月"字展开，忽上忽下，一会离尘，一会入世，语句精练自然，显示了词人高超的语言能力及浪漫洒脱的词风。诗人仿佛是在与明月的对话，在对话中探讨着人生的意义，整首词既有理性，又有情趣，意境广阔，典型地体现出苏词情感放纵奔腾，跌宕有致，结构严谨，脉络分明的风格。那浪漫的色彩、潇洒的风格和行云流水一般的语言，被南宋胡仔称赞为"中秋词自东坡《水调歌头》一出，余词尽废"。而作者在词中的现实主义和浪漫主义相结合的创作方法，反映出作者不能超脱现实的复杂而又矛盾的思想感情，而这种复杂的情感往往在教学中极易被教师忽略，因此，本词教学内容应如何选择是非常值得探究的。

一、教学文本解读

（一）主题研究

历代以来，不同的学者对这首词有不同的理解和看法，主要的分歧是本词中，苏轼到底是积极入世的旷达，还是消极出世的超脱。主要观点大致可以分为三种：

第一种观点认为，苏轼在本词中的情感是入世占主导。持该观点的学者认为，词中主要表达出的是词人的"忠君"思想，如"不知天上宫阙，今夕是何年"一句中，"天上宫阙"明面上说的是月宫宝殿，实则是暗指朝廷，① 苏轼在其中寄寓的是对受到皇帝重用的渴望。刘逸生在《宋词小札》中认为，"（苏轼）虽然是个外官，对于政局变化仍然十分关怀，王安石的起落，新旧派的较量，都不能不引起他的注意。他自己的期望，则是重返汴京，受到帝王的重用"。

第二种观点则是赞成词人表达的是想要超尘出世的思想，流露出对人间生活的喜爱。胡云翼在《宋词选》中认为"'千里共婵娟'体现了诗人能够不为离愁别苦所束缚的乐观思想"，因而作者在词中是"采取避免痛苦、自得其乐的生活态度"。而沈祖棻在《宋词赏析》

---

① 张淑良.《水调歌头》("明月几时有")词主题新探［J］.开封教育学院报，1991（3）

中也提出，"它反映了作者所体验到的天上和人间，自然景物和社会生活之间的矛盾。旷达的个性和政治上的失意使他面对着神奇的、永恒的宇宙，很自然地产生了出世思想"，因此，作者只能"进一步地借自然界的现象来宽解其离愁别恨，并寄托了自己对于生活的美好祝愿"。

第三种观点则是中立的，持此观点的学者认为，苏轼在本词中的思想是出世与入世共存的。例如孙绍振就认为，"苏轼营造了一种似人间而又非人间的意境，一种既醉而又清醒感觉。徘徊于现实与理想、人间与非人间之间，矛盾而又统一。有矛盾，有彷徨，才有特点，才精彩"①。他认为这首词本身就是矛盾的，而苏轼在本词中的情感也是复杂的，他认为在本词中诗人出世和入世的情感是兼而有之的。

(二) 艺术特色

1. 语言的特色

首先，本首词作遣词用语极富魅力。诗人在本词中使用的语言浅白易懂，全词没有出现任何生僻字词，设词造句，多以清健明秀的字句，运用的语言也大多是明白晓畅的，这使整首词在内容法理解和把握上不会存在难度。特别是苏轼作词善于另辟蹊径，以诗为词，取词的躯壳而赋以诗的神韵，虽然苏轼生性豪放，不喜欢为迎合声律裁剪诗歌内容，但是在本词中，词人在"天""年""寒""间""圆""全"字上面都押"an"韵，使得整首词读起来像律诗一般朗朗上口，节奏感极强。

其次，本词还使用了大量的隐喻。隐喻也称简喻，即用一种事物暗喻另一种事物，是一种突破词句之间的习惯联系，把相互之间似乎缺乏联系的词句结合在一起的手法。相比于明喻，隐喻能够使诗歌中的比喻更加灵活、形象，是诗歌创作中普遍使用的手法。陈志鹏从隐喻的视角对本词进行了解读，他将诗人在本词中使用的隐喻进行了层层梳理和归纳总结，认为本词中一共运用了七个隐喻②，分别是：

①从自然存在的"天"到喻指超越自然存在的"天"即神仙方式居住的天宫。

②"天上宫阙"喻指现实的宫廷斗争。

③"乘风归去"喻指有所作为。

④"琼楼玉宇"喻指权力极盛。

⑤"高处"喻指权力大、地位高却随时有落下来的危险。

⑥"月圆"喻指人团圆。

⑦"婵娟"喻指月亮。

在整首词中，上阕看似未涉及人事，但却处处关涉人事，词人通过大量隐喻的使用，将人世间的悲欢冷暖倾泻而出。而在下阕，词人则是借月亮的圆缺变化引发出自己对于人生的思考与感慨，饱含着他对人生、世界等独特的哲思。词人凭借高超的技法，将隐喻使用得不着痕迹，自然地嵌入在了文字当中，使得全词行云流水般自然。

---

① 孙绍振. 苏轼《水调歌头》(明月几时有)赏析[J]. 语文建设，2009(05).

② 陈志鹏. 概念隐喻视角解读苏轼《水调歌头·明月几时有》[J]. 龙岩学院院报，2014(04).

最后，是词人以议论入词，整首词的语言含蓄蕴藉，但是却感情深挚，令人动容。词的下阕，除"转朱阁，低绮户，照无眠"这三句叙述外，其余词句全属议论，说理与抒情并存，富有哲理意味的深刻议论，写出了词人对于人生的理解，体现出词人豁达、乐观的生活态度的同时，也对这首词清旷高远风格的形成起了重要作用。诗人运用丰富的生活阅历和深厚的艺术修养，在本词中把宋诗"好议论、散文化"的特点发展到顶点，并且把议论的手法成功地运用到了词里，同时还避免了在诗词议论中浅率无知和生硬晦涩的弊病。苏轼在这首词里广用议论，结合高昂的调子、明快的语言表述出了胸中的激情，达到一种痛快淋漓、自由奔放的畅达效果，也使得本词在中秋词中独具风格，独领风骚。①

2. 鲜明的意象

本词中最引人注目，并且贯穿全词的就是"月"意象。"月亮"这一意象在中国古典诗词中屡见不鲜，历代无数的诗人，在月亮这一意象上都集中了无限美好的憧憬与理想。在中国传统文化的意象里面，月亮具有非常浪漫的色彩，它容易让文人学者进入丰富的艺术联想世界中去。在本词中，词人借用月的意象贯穿全词，通过月直接抒发了对弟弟的思念之情。在中秋万家团圆之际，词人举杯望月，遥想远在他乡的弟弟。首先是"明月几时有，把酒问青天"，苏轼把青天当作朋友，把酒相问，体现出他豪迈不羁的性格。紧接着又写道："我欲乘风归去，又恐琼楼玉宇，高处不胜寒"，此处，月宫的高寒与月光的皎洁形成了一个对比，把词人那种向往天上又留恋人间的矛盾淋漓尽致地表现了出来，从而显示出了词人现实与理想之间的差距。最后"人有悲欢离合，月有阴晴圆缺，此事古难全"一句，通过月的圆缺来表达人之间的离合。"但愿人长久，千里共婵娟"表达对亲人思念却不能相见的感慨与无奈。整首词都是围绕着"月"的意象展开，传递出苏轼内心情感的变化。

此外，本词还有另一个潜藏的意象——"酒"，词人借酒来排遣内心的寂寞与忧愁。在小序里，词人便交代了其在中秋之夜"欢饮达旦，大醉，作此篇，兼怀子由"，其中，一个"大醉"，将词人郁结的愁绪倾薄而出，酒致人醉，引得词人无限遐思，所以词人能够跳出对个体命运慨叹的局限，而走向对于整个生命及其过程的反思。对于文人士大夫来说，饮酒常常是被用来作为排遣寂寞、释放痛苦的一种手段，因而词人在醉意之中，能够暂且忘记尘世的苦恼，放弃了"众人皆醉我独醒"的清醒立场，遁入"醉"的酩酊之中，消除了个体意识与群体意识的差别，为自己在人间的生存找到了理由。②

3. 想象的奇特，意境的纵横捭阖

这首词一个显著的审美价值，在于创设了一个空灵高远的意境。胡寅在《酒边词·序》中曾评价苏轼说："眉山苏氏，一洗绮罗香泽之态，摆脱绸缪宛转之度，使人登高望

---

① 王婕. 从《江城子》《水调歌头》看苏轼"以诗为词"[J]. 西北民族学院学报，1993(01).

② 李玮含. 人生得意须尽欢——以《水调歌头·明月几时有》论苏轼的宇宙和时空意识[J]. 名作欣赏，2018(03).

远，举首高歌，而逸怀浩气，超然乎尘垢之外。"这一股超乎尘垢之外的"逸怀浩气"是苏轼真实的情感与智慧在词作中的自然流露，它决定了苏词疏朗开阔的风格，而这种风格表现在本词中，便是作者营造出了一个奇逸高旷的意境。苏轼运用了形象描绘的手法，描绘了"明月""酒""青天""朱阁""绮户"等实境，紧接着又创设了"天上宫阙""琼楼玉宇"等虚境，通过虚实结合的手法，勾勒出一种皓月当空、亲人千里、孤高旷远的境界。在词中描绘出的天地交融的意境，不但空间距离大，而且在此空间中，蕴含了词人"人有悲欢离合，月有阴晴圆缺"的哲理思考，也蕴含了"但愿人长久，千里共婵娟"的美好祝愿。词人借着皓月当空、孤高旷远的意境，揭示了悲欢离合的现实人生，达到了人与宇宙、自然与社会的高度契合，① 整首词充满了沁人心脾的奇逸之气，使得词作达到一种脱俗拔群的境界。

4. 大量典故的化用

《水调歌头》全词借助大量典故开拓了诗歌的意境，使全词虚实相生，超越了有限，让人可以领会到无穷的言外之意。王向辉认为全词共有五处化用了典故②，分别是：

①第一句"明月几时有，把酒问青天"是借鉴屈原《天问》中的"天何所沓？十二焉分？日月安属？列星安陈"的意境，并且也是化用了李白《把酒问月》中"青天有月来几时，我今停杯一问之"的诗句，写出词人的形象，以及内心的孤独和苦闷。

②第二句"不知天上宫阙，今昔是何年"，借用了唐代韦瓘的传奇小说《周秦行记》中的传奇。有一个托名牛僧儒的人，路过一地，天色已晚，就地借宿，谁想当晚遇到了美人王昭君、杨贵妃等，她们翩翩起舞，饮酒作诗，牛僧儒也即兴作诗："香风引到大罗天，月地云阶拜洞仙，共道人间惆怅事，不知今夕是何年。"同时，月亮里有"琼楼玉宇"，也是出于段成式《酉阳杂俎》里的神话故事。而词人在此化用这两个典故，把词的意境推到了一个瑰丽多彩的背景中去了。

③"我欲乘风归去，又恐琼楼玉宇，高处不胜寒"，据宋传奇《大业拾遗妃》中记载："瞿乾佑于江岸玩月，或问：'此中何有？'瞿笑曰：'可随我观之。'俄而见月规半天，琼楼玉宇烂然。""高处不胜寒"又暗含了郑处海的《明皇杂录》中的典故：中秋之夜，方士叶敬能邀明皇游月宫，临行之时，叶嘱明皇穿皮衣，至月宫，果真冷得难以支持。"我欲乘风归去"，这里"乘风"是化用《列子·黄帝》中列子乘风而归的记载；而词人把飞入天宫，叫做"归去"，就很容易让人想到陶潜的《归去来兮辞》。当年陶潜把归隐田园作为官场失意的归宿，此处苏轼化用这一典故可以从侧面反映他将"归去"当作心中归宿的心态。

④"起舞弄清影，何似在人间"这句回到了人月对望的形象，词人在月光下顾影自怜，

---

① 高静．从意象到意境，探究古典诗词教学的起点和落点——《水调歌头·明月几时有》教学知识的择定与建构［J］．中学语文，2020（06）．

② 王向辉．苏轼《水调歌头·明月几时有》的用典美［J］．太原师专学报，1999（1）．

自珍自重，表现了作者正处在出世和入世的矛盾之中，而这句是取自李白的《月下独酌》中"我歌月徘徊，我舞影零乱"一句，与第一句中李白的典故形成呼应，首尾圆通，文脉流畅。

⑤"但愿人长久，千里共婵娟"中的"婵娟"，是指形态美好的样子，在此是指代明月，因此，共婵娟就是共明月。南朝谢庄有《月赋》云"隔千里兮共明月"，这里词人便是化用了这个典故，把天上人间联系起来，"人长久"突破了时间的局限，而"共婵娟"则是打通了空间的阻隔，将词人无限的相思之情寄托在了这一轮明月上。

全词借助大量的典故开拓本词虚实相生，变有限为无穷的意境，营造了一种无穷的言外之意，苏轼在本词中，把古人之文、古人之诗、古人之事信手拈来，如同己出，不露痕迹，将化用的诗句与自己所写之景、所抒之情融为一体，使整首词的意境更加深远，且用典不着痕迹，给词平添了浪漫的色彩，豪迈的气势，悠长的诗意。

二、基于课例的教学设计分析

为了进一步探究《水调歌头·明月几时有》的教学情况，特收集了 12 篇公开发表的课例，通过对不同教师教学目标、教学内容和教学点的梳理，来分析其教学状况。12 则课例教学内容简要梳理见表 8-1。

表 8-1　　　　　　　　　　　　**12 则教学课例内容梳理情况表**

课例	教学目标	教学内容	教学点	教学方法
王芳：《〈水调歌头（明月几时有）〉教学设计》，《语文建设》2004 年第 11 期	1. 通过富有艺术感染力的朗诵，使学生深入了解作品的思想内容。2. 体会诗歌所表达的强烈真挚情感并产生共鸣，从而受到思想教育和美好情操的陶冶。	1. 介绍苏轼及作品风格，本词的写作背景。2. 多种方法诵读诗歌，感知诗歌内容。3. 用第一人称或第三人称将词中文句变作平时的语言表述出来，整体把握全词内容。4. 了解传统诗歌中的中秋月亮的意象及情感，作者是否正面描写了明月？诗人由美好的月色想到了什么？5. 解析关键词"转、低"的内涵，明确其在诗中的实际意义。6. 怎样理解"不应有恨，何事长向别时圆"？7. 作者是否一直陷入深深的痛苦？8. 感受词的意境，学生挑最喜欢的一句进行品味，体会作者的感情。9. 拓展古代其他写月的诗歌进行品味。	1. 转朱阁，低绮户，照无眠。2. 不应有恨，何事长向别时圆。3. 诗歌中的"月"意象。	知人论世法、诵读法、合作探究法、拓展阅读法

续表

课例	教学目标	教学内容	教学点	教学方法
夏铭:《〈水调歌头〉教学设计》,《现代语文》2007 年第 5 期	1. 品味赏析诗歌语言美,理解词中所创设的情景交融的意境。2. 体会词中情景交融的句子,感受词人借月所表现的旷达胸怀和所抒发的思念之情。	1. 了解词作创作背景及相关资料。2. 疏通词义,通过多种方式朗读词作。3. 词中哪些地方用到了联想和想象?4. 上下阕词人的感情有何变化?5. 发挥想象,描述整首词所描绘的情景。6. 播放邓丽君的歌曲《明月几时有》,回味意境。7. 通过拓展迁移其他描写月的诗歌,感受"月亮文化"。	词中的"月"意象。	知人论世法、创设情境法、诵读法、合作探究法、拓展阅读法、想象法
王安辉:《〈水调歌头〉教学说课设计》,《中学语文教学参考》2015 年第 9 期	1. 掌握重点字词,了解词作背景,理解词作内容。2. 领会作者在词中表达的思想感情,理解词中的表现手法和意境。3. 领会词人豁达乐观的人生态度。	1. 简介作者及词作的创作背景。2. 理清生词以及朗读节奏,学生朗读。3. 教师讲解小序的作用,分析词内容。4. 对词作的表现手法进行探究,探讨情与景是如何完整融合的。5. 词中所描写的景象哪些是真实存在的,哪些是诗人的想象?6. 词中哪些词句表现了作者感情变化?7. 这首词哪些地方运用了联想和想象?8. 学生就自己最喜欢的句子说说理由。9. 分析词作中作者蕴含的精神气质,以及从中得到的启发。10. 整理学过的古诗词中描写月亮的句子,找出月意象在古典诗歌中的特点。	1. 词的小序。2. 词中的"月"意象。	知人论世法、关键词品析法、对比阅读法
郑逸农:《〈水调歌头·明月几时有〉"非指示性"教学设计》,《语文建设》2012 年第 9 期	1. 结合词创作背景,理解作者抒发的情感。2. 探究词的写作特色及韵律。	1. 以自由诵读的方式初读课文,说说这首词表达了什么情感。2. 再读词,用一句话概括词的内容。3. 根据相关话语探知作品写作的缘由,补充作者资料。4. 说说作品的写作特色,寻找该词成为"中秋第一词"的理由。5. 自主提问并探究,组内交流解决。6. 作者说"我欲乘风归去",为什么把"天上宫阙"当做自己"归去"的地方?7. 这首词哪些字是韵脚,押的是什么韵?8. 讨论语调、节奏、句子内的停顿与词情感的关系。	1. 丙辰中秋,欢饮达旦,大醉。2. 我欲乘风归去。3. 作此篇,兼怀子由。4. 何事长向别时圆。	诵读法、知人论世法、质疑探究法、合作探究法

续表

课例	教学目标	教学内容	教学点	教学方法
丁翔:《〈水调歌头·明月几时有〉教学简案》,《文学教育》2007 年第 12 期	1. 理解作者表达的思想感情,获得乐观、豁达的人生思考。 2. 在材料的比较中,理解本词意境高雅的词风。	1. 朗读全词,把握关键词读音,谈谈朗读后的感受。 2. 品读小序,词中借月亮来抒发作者怎样的情怀。 3. 补充苏轼生平资料理解词情感。 4. 品读词的上阕,抓住关键词理解作者的情感。 5. 作者是否一直陷入这样的幽愤与伤感中?从哪些词句中可读出来? 6. 展示各名家对本词的评价,对比其他词,理解本词的词境。	1. 词的小序。 2. 人有悲欢离合,月有阴晴圆缺。 3. 但愿人长久,千里共婵娟。	诵读法、知人论世法、关键词品析法、对比阅读法
陈丽娟:《〈水调歌头·明月几时有〉教学设计》,《中学语文教学》2013年第 7 期	1. 培养学生诵读古诗词的能力,在诵读中领悟词的情感与美感,能背诵全词。 2. 让学生掌握鉴赏古诗词的方法。	1. 疏通字词,翻译并朗诵整首词。 2. 这首词中有哪些语词或者句子比较打动你?挑一两处谈谈你的看法。 3. 你还读过哪些写月亮和中秋的诗文?对比本词有何不同? 4. 多种方式朗读词作,注意语调和节奏。 5. 发挥想象,说说你读完这首词,看到了什么,听到了什么,闻到了什么,感受到了什么? 6. 简介本词的创作背景。 7. 找出作品在写作手法上的精彩之处进行揣摩点评。	1. 我欲乘风归去。 2. 人有悲欢离合,月有阴晴圆缺,此事古难全。 3. 但愿人长久,千里共婵娟。	想象法、诵读法、知人论世法、对比阅读法
杨春丽:《〈水调歌头·明月几时有〉教学设计》,《新课程研究》2011年第 6 期	1. 掌握重点的字词,当堂成诵。 2. 反复诵读,感悟作品中的意境。 3. 理解作品中作者的感情。	1. 配乐有感情地朗读词作,多种方式诵读。 2. 序中"兼"的意思是什么?本词除了写怀念子由的内容,还写了什么? 3. 第一句词作者为什么要问天,他真正想问的是什么? 4. "天上宫阙"指的是什么?"我欲乘风归去"中的"归"该如何理解? 5. 结合词创作背景理解作者的深意。 6. 词中的"琼楼玉宇"指什么呢?从这句中的"欲"字能看出作者怎样的心情? 7. 词的上阕表达了作者一种怎样的感情? 8. "转朱阁,低绮户,照无眠。"这句在结构上有什么作用呢? 9. 作者因什么而恨? 10. 最后两句中,哪个字最能表达作者对人生的理解呢? 11. 作者在下片中表达了一种什么样的感情?用词中的词句来概括。 12. 赏析词中名句,背诵全词。	1. 词的小序。 2. 作此篇,兼怀子由。 3. 我欲乘风归去,又恐琼楼玉宇,高处不胜寒。 4. 转朱阁,低绮户,照无眠。 5. 不应有恨,何事长向别时圆?	诵读法、知人论世法、合作探究法

续表

课例	教学目标	教学内容	教学点	教学方法
郭晓玲：《〈水调歌头·明月几时有〉教学设计》，《考试周刊》2017年第46期	1. 品味该词语言，借助人、景、事等信息把握作者的情感。 2. 以该词为例，学会鉴赏诗词的一些方法，形成个性化的审美情趣。 3. 理解诗人借咏月表达人生感悟的方式，学习诗人乐观豁达的人生态度。	1. 了解苏轼及其词在文学史上的地位。 2. 多种方式诵读诗歌。 3. 结合注释和工具书理解词的意思。 4. 词中写了哪些景？景物有怎样的特点？这些景物都是客观存在的吗？这使用了什么手法？ 5. 这些景与月有什么关系？手法是什么？ 6. 词人有怎样的行为？你如何看待这些行为？ 7. 由作者不合常理的行为引出作者深埋心中的情感。 8. 在这首词当中，哪几句话抒发了作者的情感？抒发了怎样的情感？这种情感始终保持一致吗？ 9. 学生结合咏月抒怀的古诗词例句，分析借月可抒的情怀。	1. 明月几时有，把酒问青天。 2. 我欲乘风归去，又恐琼楼玉宇。 3. 词中的"月"意象。	诵读法、合作探究法、拓展阅读法
丁之境：《〈水调歌头·明月几时有〉解读与设计》，《课文教学与研究》2013年第4期	1. 能借助注释和工具书，疏通词作的句意，对作品的感情基调有初步认识。 2. 反复朗读背诵词作，理解词中所蕴含的不同情感。 3. 知人论世，了解作者的相关情况，深入理解作者复杂微妙的心境。	1. 读对字音，结合注释读懂句意。 2. 读词前小序，了解词人写作目的。 3. 结合词作的创作背景，理解词人为何会有怀念弟弟的情感。 4. 从词中找出表现苏轼怀念子由，渴望和他团聚的句子。 5. 苏轼写这首词的目的仅仅是怀念子由吗？从小序中的哪个字可以看出来？ 6. 结合词作创作背景，你觉得苏轼在词中除了怀念弟弟之外，还想表达什么？ 7. 东坡想通了吗？结合作者的生平，感悟东坡豁达人生。 8. 拓展苏轼《定风波》，进一步理解苏轼的乐观精神。	1. 词的小序。 2. 转朱阁，低绮户，照无眠。 3. 不知天上宫阙，今夕是何年。 4. 我欲乘风归去，又恐琼楼玉宇，高处不胜寒。	知人论世法、诵读法、拓展阅读法

续表

课例	教学目标	教学内容	教学点	教学方法
王凤群:《〈水调歌头·明月几时有〉五读法教学设计》,《语文建设》2012年第9期	1. 理解本词蕴含的丰富的情感。 2. 进入词的意境,想象词的意境美。	1. 在理解词的基础上,多种方式诵读词。 2. 这首词上下片分别写了什么,抒发了怎样的思想感情? 3. 补充相关背景资料,进一步理解情感。 4. 用四个四字短语概括词画面的内容。 5. 拓展《记承天寺夜游》,教师示范,学生按照课文的表达顺序串写词。	1. 明月几时有,把酒问青天。 2. 起舞弄清影,何似在人间。	诵读法、合作探究法、知人论世法
孙鸿飞:《用艺术的形式诠释诗歌——〈水调歌头·明月几时有〉教学实录及反思》,《黑龙江教育》2010年第11期	1. 体会词中蕴涵的丰富感情,学习析词品句的方法。 2. 通过析词品句,深入理解诗词。 3. 学习作者面对人生苦难时积极乐观、豁达融通的精神。	1. 反复诵读,读准字音、停顿,结合注释初步理解诗词字面意思。 2. 苏轼在词中蕴涵着怎样的情感呢? 3. 结合背景材料和词句,深入分析作者在词中表现了怎样的情感,说说理由。 4. 选取词中的一句进行赏析,来表述作者的这种情感。 5. 作者最后选择归去还是留下? 6. 哪些语句能表现作者的思念之痛呢?逐句赏析作者的情感。 7. 再读名句,体味句子中蕴含的智慧。 8. 出示作者生平,理解作者豁达的心态。 9. 根据理解诵读一下词的一句或几句,并简单说说为什么这么读。	1. 不应有恨,何事长向别时圆。 2. 人有悲欢离合,月有阴晴圆缺,此事古难全。 3. 但愿人长久,千里共婵娟。	诵读法、知人论世法、合作探究法
张宝贞:《月语·月韵·月魂——〈水调歌头(明月几时有)〉的品读教学》,《中学语文教学参考》2017年第11期	1. 学习古诗词中"炼字"的技巧。 2. 体悟苏轼澄明豁达的思想情感。	1. 划分朗读节奏,配乐朗诵,多种方式诵读诗歌。 2. 了解词前小序的作用,交代词创作的背景和目的。 3. 品读词,就词的关键词进行锤炼和品读,以此学会炼字技巧。 4. 表明苏轼真正敞开胸怀,不再愁苦的是哪一句?这一句中"愿"是什么意思?表达了作者怎样的情感? 5. 阅读词创作背景资料,思考并交流苏轼是一个怎样的人。 6. 拓展阅读《西江月》《前赤壁赋(节选)》,探究作品中作者的情感。	1. 词的小序。 2. 起舞弄清影,何似在人间。 3. 我欲乘风归去,又恐琼楼玉宇,高处不胜寒。 4. 但愿人长久,千里共婵娟。	诵读法、关键词品析法、知人论世法、拓展阅读法

(一)教学目标

教学目标是一篇课文教学的指向标,所选的 12 则课例中,教师的教学目标整体来说是较为分散的,主要集中的教学目标有七个,见图 8-1。

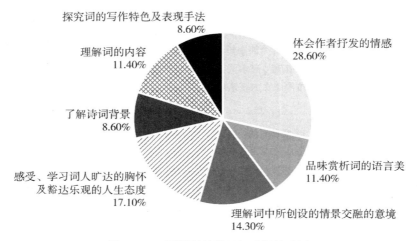

图 8-1　12 则课例教学目标选择情况图

通过图 8-1 的梳理我们可以看出,所选的 12 则课例中,占比最高的教学目标是"体会作者抒发的情感",一共有 10 位教师在教学目标的设定中选择这个教学目标,也就是说几乎所有教师都能明确把握词的情感是教学的重点。紧接着占比高的是"感受、学习词人旷达的胸怀及豁达乐观的人生态度",有一半教师在教学中确立了这一目标。接下来占比较多的三个教学目标分别是"理解词中所创设的情景交融的意境""品味赏析词的语言美"以及"理解词的内容",这些教学目标都是从词的整体感知和把握的角度设立的,而关注到"探究词的写作特色及表现手法"的教师只有三个,也就是关注词的文本特点并且设立相关教学目标的教师占比不高。

(二)教学内容

教学内容的选择往往能够体现出教师在教授一篇课文时的重点所在,以及教师对文本的把握程度,综合所选的 12 则教学课例,我们可以发现,教学内容主要集中在 11 个方面,见图 8-2。

通过图 8-2 可以发现,12 则教学课例中,选择的教学内容在教师中占比超过一半的有 6 个,这说明《水调歌头》这首词的教学内容还是相对较为集中的,几乎所有的教师在教学时都会选择"上下阕分别表达了作者怎样的情感和变化"作为教学内容。可以说明,绝大多数教师都能明确词的情感是教学重点;另一个占比高的教学内容是"了解本词的创作背景和目的",也就是结合苏轼被贬的经历和生平来理解本词的内涵和情感。紧接着占比较多的是"多种方式诵读词"和"拓展其他写月的诗歌进行对比阅读",可以发现,超过一半

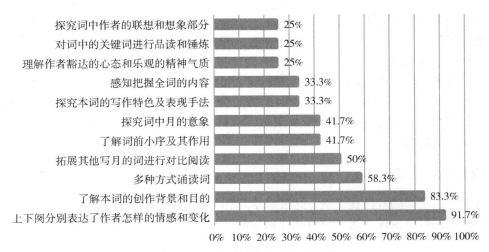

图 8-2　12 则课例教学内容选择图

教师能够通过拓展阅读来进一步理解词的内容，而多文本的阅读教学也有利于学生的阅读思维，加深对于同类诗词的理解和感悟。接着，两个占比较高的分别是"了解词的小序及其作用"和"探究词中月的意象"，小序和月意象都是本词的文本特质，但是只有 5 位教师能够选择这两个内容进行教学。最后，"探究本词的写作特色及表现手法""对词中的关键词进行品读和锤炼""探究词中作者的联想和想象部分"的占比分别都只有百分之二三十，占比较低，这说明大部分教师在教学内容的选择时，没有明确的文本意识。

(三) 教学点

　　教学点是教师在教学时的侧重点和落脚点，所选 12 则课例中，教师教学点的选择主要有 7 个，见图 8-3。

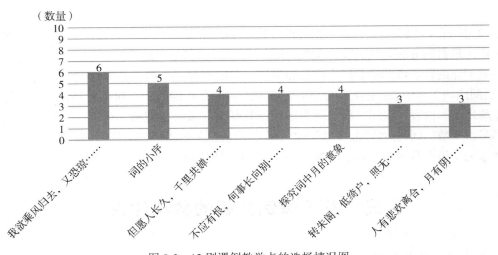

图 8-3　12 则课例教学点的选择情况图

通过图 8-3 我们可以发现，占比超过一半的教学点只有一个，即"我欲乘风归去，又恐琼楼玉宇"，一半的教师在教学时会对这一句进行讲解和探究。接下来占比较高的是"词的小序"，有接近一半的教师在教学时会选择从本词的小序入手，来作为情感探究的切入点，这说明较多的教师注意到了词前小序的作用。紧接着占比较高的是"但愿人长久，千里共婵娟""不应有恨，何事长向别时圆"以及"探究词中月的意象"这三个教学点，其中"月"意象本来应该是本词教学的重点，但是从选择情况来看大多数教师还是忽略了这一教学点的选择。

（四）教学方法

教学方法是帮助教师在课堂上达成教学目标与教学活动的方式，通过对所选的 12 则课例进行梳理可以发现，大部分教师选择的教学方法主要有以下 9 种，具体情况见图 8-4。

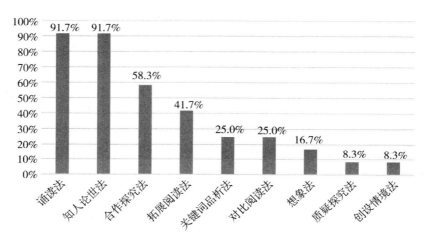

图 8-4　12 则课例教学方法的选择图

通过图 8-4 我们可以发现，12 则课例中，教师选择的教学方法是多样化的，其中选择最多、占比最高的方法是"诵读法"和"知人论世法"，也就是说几乎所有教师在教学时都会引入诗歌创作的背景来理解本词的内容和情感。占比超过一半的教学方法是"合作探究法"和"拓展阅读法"，通过小组合作的方法来解决理解中存在的问题，而拓展阅读法则能够帮助学生跳出文本内容，将词与其他同类型的诗歌联系起来阅读理解。运用"关键词品析法"的教师只占少数，同时运用"想象法"和"创设情境法"的教师占比也不高，这些教学方法对于理解本词是很有帮助的，但是大部分教师没有很好地运用。

三、基于课例分析的教学建议

通过对 12 则教学课例的梳理，我们可以发现，大部分教师在教学本词时都能抓住词的情感进行教学，而且绝大部分教师还能够通过诵读、鉴赏和理解这几个步骤来理解词的内容，对于本词中的重点词句也能把握精准进行教学，但是依旧还存在一些会被忽略的地方。

首先，这首词中学生最难理解的部分，莫过于对苏轼在词中情感变化的理解和把握，尤其是对上阕中"我欲乘风归去，又恐琼楼玉宇，高处不胜寒""起舞弄清影，何似在人间"这几句的情感把握。词人为什么"欲归去"，又恐"高处不胜寒"呢？这里的"人间"又是指哪里？要理解透这几句，就需要教师引导学生结合词人的创作背景，在了解苏轼其人以及写作背景的基础之上来理解全词。但是，仅仅给学生介绍本词创作的背景，学生不一定能很好地把握住词人的情感变化，仅有文字描述是很难代入情感的。因此，在教学中，教师要启发学生发挥想象，把自己置身于作者所创设的意境之中，充分地感受作者所要表达的情感。但是，结合 12 则课例可以发现，在教学中教师会有意识地引导学生发挥想象来体会情感的只有两位老师，大部分教师在教学时只是单纯地给学生出示完写作背景和作者生平以后，就认为学生已经把握住了情感，但学生实际是否掌握则是没有考虑的。怎样的方法更有利于学生把握情感？这是教师在教学时应该进一步考虑的问题。

其次，是对本词中的小序的把握和理解。本词的小序是学生在阅读时容易忽略的部分，通过 12 则教学课例的梳理可以发现，很多教师在教学中也会忽略这个部分。本词的小序实则是点明了全词的主线，如果在教学时将其忽略了，对于本词的情感理解会有一定的影响。小序中有两个关键的地方，一个是"大醉"，二是"兼怀子由"。以"兼怀子由"的理解为例，就可以知道，作者写这篇文章的目的不单单是为了"怀子由"，若仅为"怀子由"，又何用一个"兼"字？一个"兼"字，说明作者感怀其弟苏辙只是全词的辅线，"兼怀子由"只不过是"悲欢离合"之其一，或者说是宏大的人生问题的一个切入点。总之，本词的根本宗旨，就是向人们昭示自己对人生的态度，只有弄懂这一点，我们才能明白词人虚实穿梭、遣词押韵的真正魅力之所在，从而理解苏轼旷达的精神境界。

再次，这首词是统编教材九年级上册的课文，此学段的学生生活阅历更加丰富，思维也更加理性成熟，但这首词中作者所蕴含的情感是复杂的，寄寓着作者出世与入世的矛盾心理。由于写作时代的遥远使学生对词中复杂情感的把握和理解也更加困难，仅仅阅读文本本身还不够，教师还需要做适当的拓展来帮助学生理解。而所选的 12 则课例中，只有不到一半的教师在教学时会进行拓展阅读，所占的比例并不高。而解读同类诗词的方法往往是可以相互借鉴的，教师不能仅仅停留在只对一首词的文本进行解读的层面，应该由篇及类，在学会如何探究、分析本词的基础上，拓展到同类型的其他诗词的解读和分析上，从而帮助学生掌握真正学习和解读诗词的方法。

最后，此学段的学生的学习不仅仅只停留在学习诗词内容本身，而应该在思想和精神层面有更高水平的提升。通过对 12 则课例的梳理，我们可以发现，只有 3 位教师在教学内容中明确涉及对词中词人豁达的心态和乐观的精神的理解，大部分教师对于这一部分的教学是不够重视的。因此，教师除了需要引导学生理解整首词的大意，还应该引导学生去探讨这首词的精神内涵，去理解词人在词中的寄托，从而才能真正掌握本词的内涵。

综上所述，在对《水调歌头·明月几时有》这首词进行教学时，教师可以先让学生反复诵读作品，在充分感知本词的韵律美、节奏美的基础上，引导学生思考、体会词人的情感，把握作品的精髓。其次，教师还要启发学生发挥想象，引导学生通过想象将自己置身于作者所描绘的情景与画面之中，从而去品味词的意境。在学生无法准确把握词人复杂的情感时，可适当引入创作的背景知识，并结合下阕作者对弟弟苏辙的怀念之情进行纵向分析，以理解词人的思绪在天上人间穿梭的因由，从而帮助学生走进作者的心灵深处。最后，教师还可以引导学生与同类诗词进行比较阅读，以加深学生对词作内容的理解，激活他们的思维，从而提升学生感知此类诗词作品艺术美与情感美的能力，真正提高古典诗词的鉴赏水平。同时，还要在此基础上，引导学生去探讨苏轼在这首词中传达出的精神内涵，领悟苏轼豁达乐观和飘逸旷达的精神境界，带给学生更多关于人生层面的思考和启发。

四、教学设计参考

《水调歌头·明月几时有》教学设计

学情简析：

学生通过之前的诗词学习，对于"月"意象的诗词已经有了一定的积累，因而学生对于本首词的内容和情感基调的把握有一定基础，但是对于本词中的艺术手法和词人抒发的矛盾情感则不能很好地把握，需要教师在教学时加以引导。

教学重点：

品味赏析本词的语言美，理解词中所创设的情景交融的意境，体会词作所表达的强烈真挚的情感。

教学难点：

体会词中情景交融的句子，探究本词中的艺术手法，感受词人借月所表现的旷达胸怀和所抒发的思想感情。

教学课时：

1课时。

教学流程：

（一）教学导入

以歌曲《明月几时有》导入本首词，学生在听完这首歌以后，畅所欲言，说说脑海中浮现了一幅怎样的画面，又感受到了一个怎样的词人形象，说说理由。

1. 有感情地诵读词作，初步掌握词的内容大意。

学习活动：

疏通词义，通过多种方式朗读。解析关键词"转、低"的内涵，明确其在词中的实际意义。小序的作用，分析诗词内容。

2. 对本词的小序内容进行探究和讲解。

学习活动：

讨论：苏轼写这首词的目的仅仅是怀念子由吗？从小序中的哪个字可以看出来？序中"兼"的意思是什么？本词除了写怀念子由的内容，还写了什么。结合词的创作背景，理解词人为何会有怀念弟弟的情感。

3. 研讨本词的情感变化和基调。

学习活动：

讨论：在这首词当中，哪几句话抒发了作者的情感？抒发了怎样的情感？这种情感始终保持一致吗？作者因什么而恨？教师帮助学生通过补充苏轼生平资料理解词情感，词中哪些词句表现了作者感情变化，上下阕词人的感情有何变化。作者是否正面描写了明月？诗人由美好的月色想到了什么？

4. 探究本词的韵律美

学习活动：

讨论：都说苏轼作词善于另辟蹊径，以诗为词，取词的躯壳而赋以诗的神韵，这句话应该如何理解？找一找本词的韵脚字有哪一些，词押的是什么韵？这种押韵给你什么样的感受和体验。讨论语调、节奏、句子内的停顿与词情感的关系。

(二)赏析与研讨

1. 明确本词中虚实结合的手法以及情与景的关系。

学习活动：

讨论：词中写了哪些景？景物有怎样的特点？这些景物都是客观存在的吗？这使用了什么手法？词中哪些地方用到了联想和想象，对词的表现手法进行探究，探讨情与景是如何完整融合的。

2. 探究词的隐喻的手法。

学习活动：

本词还使用了大量的隐喻，教师先为学生介绍隐喻的概念，接着为学生出示范例，如"天上宫阙"指的是什么？"我欲乘风归去"中的"归"该如何理解？即"从自然存在的'天'到喻指超越自然存在的'天'即神仙方式居住的天宫"，学生依据范例试着找一找本词中还有哪些其他的隐喻。以小组为单位进行梳理和讨论，最后教师再根据学生的研讨成果进行补充和修正，最后引导学生探究这些隐喻的作用和效果。

3. 解析本词中的意象。

学习活动：

教师引导学生找一找本词中的主要的、核心的意象是哪一个，探究核心意象"月"的内涵，引导学生依据学习古典诗歌的经验，说一说月意象的内涵。同时启发学生找出本词中另外一个重要意象"酒"，探究"酒"意象的作用。

4. 探讨本词中的大量用典，拓展学生的阅读。

学习活动：

用典是本词的一个重要特色，整首词中词人几乎句句用典，但是以学生的阅读经验没有办法完全自己看出来，就需要教师结合具体的资料为学生展示和明确。最后引导学生探究为何词人要在本词中大量用典，思考其效果和作用是什么。

5. 探究诗歌的主题

学习活动：

为学生出示学界关于本词的主题观点，让学生思考苏轼在本诗中抒发的是一种怎样的心境和思想，是积极入世的旷达，还是超尘出世的思想，抑或是二者兼有之，说说理解，以小组为单位进行讨论。

第九章
《江城子·密州出猎》文本解读与教学设计

　　《江城子·密州出猎》是苏轼豪放词风趋向成熟的代表作，同时也是"人教版""苏教版""沪教版"等初中教材一直选取的经典篇目，现又选入统编九年级下册第三单元。这首词风格独特，难度适中，一线教师在教学中不会有很大的教学难度。但是，通过部分公开发表的教学课例我们可以发现，教师在教授本词时所选内容及教法不尽相同，各有侧重。我们阅读研究本词的研究论文也可以发现，学术界的研究视角与实践者的教学视角存在差异，甚至可以说不在一个平面上，两个层面常常出现脱节，因此有必要结合学界对本词研究，综合进行文本解读和教学综述研究，借以深入探讨本词的教学方向和内容问题。

一、教学文本解读

(一) 用典

　　全词仅仅70字却连用三个典故，而且三个典故分别属于不同的历史时期，有战国、三国和汉朝，所用典故时间跨度大。第一个典故是"亲射虎，看孙郎"，这一句用了《三国志·吴志·孙权传》中孙权射虎的故事；"持节云中，何日遣冯唐"一句，则是用了《史记·张释之冯唐列传》中汉文帝派冯唐到云中赦免重新重用魏尚的故事；最后"西北望，射天狼"一句，引用了《楚辞·九歌·东君》中"长矢兮射天狼"一句，化用的是《晋书·天文志》中记载的天狼星有"主侵掠"之意。短短的一首词即用了三个典故，却丝毫没有为用典而用典的堆砌之感。此处用典，在做到言简意赅的同时，更能把读者的视野无限地扩展，让人产生无数的联想，生动形象，使词作更有张力。作者以形象的描画，表达了自己渴望一展抱负，杀敌报国，建功立业的雄心壮志。①

　　本词的用典兼具了用事和用言，拓展了词的内容与意境。其中"亲射虎，看孙郎"和

---

　　①　孙叶丽.《江城子·密州出猎》赏析[J]. 语文教学与研究，2011(06).

"持节云中，何日遣冯唐"两句是用事，"西北望，射天狼"一句是用言。词人通过用典使文字中的意义层次更加丰富，在含蓄朦胧之中提高了词的品位，从而达到了深化词主题的效果。以"持节云中，何日遣冯唐"一句的用典为例，作者在这里表达出自己想要被重新提拔重用之意，但是却不直说，而是通过引用魏尚的故事来间接表达，这就使得词的意义变得更加含蓄和朦胧，同时也表达了诗人对自己像魏尚一样被贬的幽怨之情，这一句在一定程度上增添了更多的意义，使词更为典雅精致，旨趣得到提升的同时主旨也得到了进一步的深化，这种含蓄且增义的方法使词的表现方法新奇而与众不同。

（二）假托

假托的手法在古代诗歌和其他文学作品中十分常见，文人常常借酒、借梦甚至于借草木鬼神来营造一种真切的情味，从而达到一种引起读者共鸣的效果。而在《江城子·密州出猎》一词中，张道元在其文章中总结出本词一共运用了四处假托①，分别是：

1. 托老

苏轼在创作这首词时只有四十岁，但是却在本词中描述自己为"老夫聊发少年狂"，不老却自称自己为"老夫"，彰显出了作者的慷慨激昂之情，诗人此处自称"老夫"的手法，不仅表现出一股自信、豪放之气，更是透露出词人想要建功立业、有所作为的迫切心情。

2. 托少

词人虽然在词中自嘲为"老夫"，但却是身着"锦帽貂裘"，这是从侧面说明自己虽自称"老夫"但是并不老，内心的激情以及青春活力依旧，想要在这次出猎中一展自己的勇武英姿，但是词人却不明说，而是假托"老夫聊发少年狂"，通过这种含蓄蕴藉的方式来表现自己的想法，增强表现力的同时，也让这一句的假托读起来更感亲切。

3. 托酒

在词中的"酒酣胸胆尚开张"一句中，词人为了下文从写出猎到言志的过渡能够更加自然，在此假托了"酒酣"，苏轼在词中常常借酒抒怀，如《水调歌头》中的"明月几时有？把酒问青天"一句，词人在此处不一定是真饮酒或者酒醉，而是借"酒"让所抒之情显得更加自然真切。

4. 托倾城

"为报倾城随太守，亲射虎，看孙郎"一句中，本来"亲射虎，看孙郎"是为了展示出自己的勇武，抒发自己想要施展谋略才华之志，并非真的"为报倾城随太守"，但这一假托之辞却让词人想要施展才华的意蕴显得更加含蓄和朦胧。

---

① 张道元.《江城子·密州出猎》的表现方法赏析［J］. 云南教育，2017（01）.

(三)用词的精准凝练

1. 善于选取典型的意象

"鬓微霜，又何妨"一句中，除了是托老之辞外，最重要的还是表达出了词人的老骥伏枥却志在千里之意。"鬓"是古典诗歌中一个典型的意象，多用来写年长或愁绪，如李商隐的"晓镜但愁云鬓改，夜吟应觉月光寒"一句中就使用了这一意象，词人在此处用"鬓微霜"来说明自己年事已高，在体现言简意赅的同时，让人产生无限联想，使得本词更有张力。

2. 动词的精准

全词仅七十字，却使用了十三个动词，"发""牵""擎""卷""报""随""射""看""开张""持""遣""挽""望"这些动词的使用，不论是对心理还是对外在动作的描写，都是极为精准的。其中，"发""牵""擎"等九个动词是直接写太守的动作，"随""看"等四个动词是通过写随猎队伍、帝王和使节来间接写太守。其中，"发"是词人心理动作的总写，其他是具体的描写。其中"牵""擎""射""挽"写出了太守的擅猎与勇武，"擎"字尤为精妙，写出了词人娴熟地将苍鹰托举于手中的姿态，肆意而张狂；"开张"一词写出了太守的豪放之气；而"看"和"望"两个词是外在的动作与心理活动的兼写，借写出猎的同时巧妙地言明了自己的志向；"报"是假托之辞，让诗人欲显示自己的勇武和欲施展谋略才华的意蕴显得含蓄婉约。"卷""随"写出猎队伍，"倾城随太守"中的"倾"字，有众星托月的效果，间接突出了太守的形象与魅力。

3. 贬词褒用

词人还非常善于将贬词褒用，如"老夫聊发少年狂"中的"狂"字，不应该直接翻译成狂妄、疯狂之意，而是带有青春活力、朝气向上、壮志豪情的意味，直译过来就是"老夫我也姑且显示一下年轻人的激情与青春活力"，言下之意是我的青春活力、朝气还有激情都还在，只是日常中没有显示出来而已。同时，词人在这里用了一个"狂"字，写出了自己的肆意豪情的同时，还起到了总领下文的作用，紧接着词的下文又从出猎的衣着、武器、队伍、气势、豪情壮志等方面具体展开，描绘出了出猎场景的恢弘壮阔。

(四)摹状的传神

这首词还有一个突出的特点就是摹状极为传神，词人善于通过寥寥数笔描绘出人物和场景的特点。首先是"千骑卷平冈"和"为报倾城随太守"两句中的"千骑""卷"和"倾城"三个词，以一种夸张的手法，写出了出猎队伍的声势浩大，表现了词人的活力与豪气，同时"千骑"而且能够齐"卷"，说明太守平时训练有方，还间接突出了"太守"强大的号召力和优秀的指挥才能。紧接着"左牵黄，右擎苍"一句摹写出了太守的擅猎之状，"锦帽貂裘"则摹写出太守的英姿飒爽，而"亲射虎，看孙郎"一句，虽然未写具体如何"亲射"，但是"太守"的勇武善射之状让读者自可想象。"射虎"一词突出了"太守"的勇武善射，"虎"且能射，其他猎物就更不在话下。"会挽雕弓如满月，西北望，射天狼"，更是神来之笔，既摹写出太守的勇武与廉颇未老，又寓诗人欲为国建功立业之志于其中，是既摹形又摹神的巧妙之笔。

二、基于课例的教学设计分析

学界一般认为《江城子·密州出猎》是苏轼的第一首豪放词，对本词的主题、情感的解读大多是一致的，但是一线教师的实际教学情况是否与学界研究相一致则值得我们关注。因此，特收集公开发表的 10 则课例，通过对这些课例的教学目标、教学内容进行梳理和归纳，找出相同点和不同点。10 则教学课例具体梳理情况见表 9-1。

表 9-1　　　　　　　　　　　　　**10 则课例教学情况梳理表**

课例	教学目标	教学内容	教学点	教学方法
刘振林：《〈江城子·密州出猎〉教学设计》，《课外语文》2013 年第 4 期	1. 理解词人的思想感情，陶冶爱国情操。 2. 品味粗犷、豪放的语言风格。 3. 掌握吟诵欣赏词的技巧方法。	1. 简介作者，诵读全词，体会作者情感，划分全词的朗读节奏。 2. 词的上阕、下阕各写什么？ 3. "狂"字表现在哪些方面？表达了作者什么感情？ 4. "鬓微霜，又何妨"表达了作者什么情怀？ 5. 词中运用三个典故，表现了作者什么思想感情？ 6. 以小组为单位把词翻译成现代汉语。 7. 学生根据词的押韵情况，试着背诵。 8. 依靠丰富的想象，在原词句的基础上增加自己想要表达的内容，扩写全词。	1. 老夫聊发少年狂。 2. 鬓微霜，又何妨。 3. 词中的典故。	诵读法、关键词品析法、文本细读法、合作探究法
朱俊杰：《知人论世，走进文本深处——〈江城子·密州出猎〉教学设计》公众号：妙谈语文，2020 年 12 月 28 日	1. 感受豪放词的风格。 2. 引导学生反复诵读，体会词的音律美和情感美。 3. 紧扣"狂"字，知人论世，感受词人"爱国忧民"的情感。	1. 多种方式诵读词，读准字音和节奏。 2. 词中哪一个字最能体现作者的心情？ 3. 词人"狂"在何处？为何而"狂"？ 4. "卷"能不能换成"过"或者"扫"？ 5. "亲射虎，看孙郎"这一句中，作者借用这一典故暗示了什么？想要表达什么？ 6. 结合作者生平经历，理解词人为何而狂，他的理想是否实现了？ 7. "为报倾城随太守"一句中为什么全城的百姓都来观看太守打猎？通过作者在密州任职前后社会现状、心境的巨大变化来理解。	1. 老夫聊发少年狂。 2. 千骑卷平冈。 3. 亲射虎，看孙郎。 4. 持节云中，何日遣冯唐。 5. 为报倾城随太守。 6. 词中的典故	诵读法、关键词品析法、合作探究法、知人论世法

续表

课例	教学目标	教学内容	教学点	教学方法
耿锋贤：《〈江城子·密州出猎〉教学设计》，《中学语文教学》2014年第10期	1. 有感情地诵读这首词，感受这首词情感的豪放之美。 2. 品味字词，赏析语言，结合资料理解词的深刻内涵。 3. 深刻体会作者的情感，培养学生的思辨能力。	1. 结合作者生平用一句话介绍苏轼。 2. 诵读全词，读准字音，把握节奏。 3. 你从这首词中读出了一个怎样的苏轼？用文中的一个字概括。 4. 分析"狂"的内涵。 5. 分析词中苏轼的"少年狂"。 6. 学生品味字词，比如"卷"能否换成"到""过""扫"？"报"如何理解。 7. 比较阅读"酒酣胸胆尚开张"和"鬓微霜，又何妨"哪句更能体现苏轼之狂。 8. 结合资料，探究在"持节云中，何日遣冯唐"中苏轼到底是自比冯唐还是自比魏尚。 9. 运用资料，理解"会挽雕弓如满月，西北望，射天狼"中"雕弓"的内涵。 10. 结合资料，体会苏轼的"进取之狂"。	1. 老夫聊发少年狂。 2. 千骑卷平冈。 3. 为报倾城随太守。 4. 酒酣胸胆尚开张，鬓微霜，又何妨。 5. 持节云中，何日遣冯唐。 6. 会挽雕弓如满月。	诵读法、关键词品析法、文本细读法、比较阅读法、知人论世法
文婷：《〈江城子·密州出猎〉教学设计》，公众号：习语文初中版，2018年10月15日	1. 培养学生朗读、赏析词作能力。 2. 结合作者生平及写作背景，从具体词句入手体会词人的豪情壮志。 3. 引导学生体会词人乐观的心态，热爱优秀传统文化。	1. 学生自由诵读，提出重点字词的读音。 2. 教师范读，创设情境，引领学生感知豪放词的语言风格。 3. 自由研读课下注释，弄懂本词的内容。 4. 词作中哪一个字总括了全词？ 5. 找出词人"狂态"的表现，从而体会"狂情"，"狂"又是如何表现的？ 6. 用典"遣冯唐"的作用是什么？ 7. 赏析"会挽雕弓如满月，西北望，射天狼"一句，抓住用典以及修辞手法。 8. 结合作者生平，回忆苏轼的诗、文、词作品，谈谈自己对苏轼的看法。 9. 补充苏轼其他作品，引领学生感受词人乐观旷达的人生境界。	1. 老夫聊发少年狂。 2. 亲射虎，看孙郎。 3. 何日遣冯唐。 4. 会挽雕弓如满月，西北望，射天狼。 5. 词中的典故。	诵读法、关键词品析法、文本细读法、知人论世法、拓展阅读法

续表

课例	教学目标	教学内容	教学点	教学方法
张元季:《〈江城子·密州出猎〉教学设计》,公众号:曾静语文工作室,2020 年 2 月 23 日	1. 了解词中用典的意义。 2. 培养学生的想象力和学生朗读诗词的能力。 3. 了解豪放派词人及词的特点,体会词人立功报国的英雄气概。	1. 简介作者及词的创作背景。 2. 诵读全词,理解词中关键字词的意义。 3. 理解这首词的大意,体会词的情感。 4. 词的上、下阕描绘的是什么内容?抒发了什么感情? 5. 上阕描绘这样盛大的出猎场景,词人这样写的目的是什么? 6. 词中"亲射虎""遣冯唐""射天狼"的典故分别表达什么意思?他们与贯穿全词的"狂"有什么关联? 7. 品析"狂"字:"狂"字贯穿全篇,都体现在哪些方面呢? 8. 拓展苏轼的其他诗歌,品一品、读一读。	1. 词中的典故。 2. 老夫聊发少年狂。 3. 亲射虎,看孙郎。 4. 何日遣冯唐。 5. 会挽雕弓如满月,西北望,射天狼。	知人论世法、诵读法、关键词品析法、拓展阅读法、文本细读法
程显竣:《〈江城子·密州出猎〉教学设计》,公众号:初中语文助手,2021 年 4 月 12 日	1. 了解本词的思想内容,体会词人的思想感情。 2. 体会豪放词的艺术特色。 3. 学习苏轼旷达胸怀,增强社会责任感。	1. 学生简介作者,回顾所学苏轼的诗歌。 2. 读题,你从题目中知道了什么? 3. 多方法诵读本词,结合注释读准字音。 4. 这首词的上下片各写了什么内容?理解三个典故。 5. 这首词应该用什么样的语调来读? 6. 哪个字最直接又集中地体现了本首词的豪放风格? 7. 小组讨论,为什么是"狂"字而不是别的字?哪些词句体现了"狂"? 8. 展开想象,描写词中出猎的画面场景。 9. "卷"能不能换成"过"或者"扫"? 10. "亲射虎,看孙郎"典故暗示了什么? 11. 词人因何而狂?让老夫有狂举狂态的内在原因是什么?结合词句谈谈。 12. 结合背景资料理解"持节云中,何日遣冯唐"典故的情感和内涵。	1. 词的题目。 2. 词中的典故。 3. 老夫聊发少年狂。 4. 千骑卷平冈。 5. 亲射虎,看孙郎。 6. 会挽雕弓如满月,西北望,射天狼。 7. 持节云中,何日遣冯唐。	诵读法、关键词品析法、文本细读法、合作探究法、知人论世法

续表

课例	教学目标	教学内容	教学点	教学方法
余映潮、杨雪桥：《余映潮老师〈江城子·密州出猎〉课堂教学实录及点评》，《中学语文》2014 年第 34 期	1. 了解本词作者生平及相关的背景知识。2. 整体感知词的内容，理解整首词的意思。3. 品析、感受、欣赏作者在这首词里面表达的情感、情志。	1. 简介作者以及词的创作背景，简要了解"密州词"。2. 反复诵读，读出词的豪情和节奏，感知和了解词的基本内容。3. 补充关键词的意思，了解词中部分词的词类活用。4. 教师讲解词中所用的典故及其意义，明确本词的用韵及表达效果。5. 将词翻译成现代汉语，整体把握内容。6. 理解词中作者的"用世之意志"，感受词中之情。7. 思考这首词中最值得我们品味的词、句，或者说最值得我们品析的字词句。8. 着重品味"狂"和词的最后一句。9. 总结本词使用的表现手法及作用。	1. 词的题目。2. 为报倾城随太守，亲射虎，看孙郎。3. 持节云中，何日遣冯唐。4. 词中的典故。5. 会挽雕弓如满月，西北望，射天狼。	诵读法、知人论世法、关键词品析法、文本细读法
鲍红瑛：《〈江城子·密州出猎〉教学设计》，公众号：胡子与麦子，2019 年 11 月 5 日	1. 学会欣赏词的音韵美、画面美、情感美。2. 感知苏东坡豪放的词风，理解"狂"的丰富内涵。	1. 了解作者生平。2. 从标题中可以知道哪些信息。3. 诵读本词，读准字音节奏，判断风格。4. 全词哪个字最能体现豪放风格？5. 狂在何处呢？结合上阕说说你的理解。6. 作者因何而狂？结合下阕说说理解。7. 梳理词中词人的形象及其内心的情怀。8. 小组探讨，词中是否有不"狂"之处，进一步理解词人复杂的情怀。9. 结合现实谈谈你对本词的理解。	1. 词的题目。2. 老夫聊发少年狂。3. 酒酣胸胆尚开张。4. 持节云中，何日遣冯唐。5. 西北望，射天狼。	诵读法、文本细读法、合作探究法
靳小龙：《〈江城子·密州出猎〉教学设计》，公众号：初中语文助手，2014 年 6 月 14 日	1. 了解本词作者生平及相关的背景知识。2. 在反复诵读中，理解词意，体会词人的思想感情。3. 培养学生赏析能力，体会豪放词的特点。	1. 简介作者及词的创作背景，反复诵读词。2. 小组讨论：你在上阕都看到怎样的画面，听到了些什么声音呢？3. 用一句话概括上阕内容，在上阕你看到一个怎样的太守，用一个字概括。4. 从哪几个方面可以看出太守之"狂"？5. 下阕哪句话紧承上阕而写？6. 下阕连用两个典故分别有何用意。7. 用一句话概括下阕内容。8. 下阕中你看到一位怎样的太守，用一个字概括。9. 拓展同类型主题的诗歌进行比较。	1. 老夫聊发少年狂。2. 千骑卷平冈。3. 亲射虎，看孙郎。4. 持节云中，何日遣冯唐。5. 西北望，射天狼。6. 词中的典故。	诵读法、合作探究法、文本细读法、拓展阅读法

续表

课例	教学目标	教学内容	教学点	教学方法
顾贤芳:《巧链资料，立体教学，简约而不简单〈江城子·密州出猎〉案例分析》，《文教资料》2012年第24期	1. 了解作者生平及词创作背景。 2. 深入理解词，理解作品的主旨和要义。	1. 依据所收集的相关资料了解苏轼生平。 2. 用自己的语言分别概括上下阕的内容。 3. 词中哪个词语能够展示作者出猎时的心情? 4. "狂"字体现在词中哪些方面? 5. 文中哪句话集中体现了词人上前线杀敌的情感? 6. 从语言赏析的角度分析"会挽雕弓如满月，西北望，射天狼"一句。 7. 从这些符号中，你能感受到苏轼的情感经历了怎样的变化? 8. 结合词的创作背景再次理解"狂"字，并体会作者在词中抒发的感情。	1. 老夫聊发少年狂。 2. 持节云中，何日遣冯唐? 3. 会挽雕弓如满月，西北望，射天狼。	文本细读法、关键词品析法、知人论世法

（一）教学目标

教学目标是教师教授一篇课文的侧重点，一定程度上反映出教师对于一篇课文的理解和重点的把握是否准确，结合所选的 10 则课例，我们发现一线教师在教授本词时的教学目标是较为分散的，集中选择的教学目标主要有 9 个，各教学目标的占比情况见图 9-1。

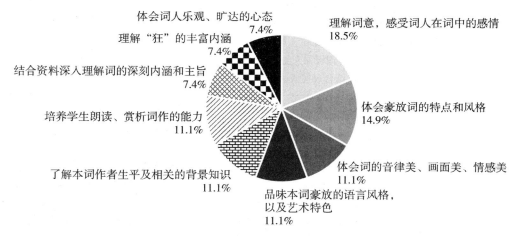

图 9-1　10 则课例教学目标选择情况图

通过对 10 则教学课例总结和归纳出的教学目标，我们可以发现教师集中选择的这些教学目标占比都较为平均，其中占比最高的教学目标是"理解词意，感受词人在词中的感情"，这一教学目标在 10 则课例中有五位教师选择，这说明有一半的教师抓住本词的情感作为教学的切入点。占比较高的是"体会豪放词的特点和风格"这一目标，一共有四位教师设定了这一目标，紧接着占比较高的四个教学目标分别是"体会本词的音韵美、画面美、情感美""了解本词作者生平及相关的背景知识""培养学生朗读、赏析词作的能力"以及"品味本词豪放的语言风格以及艺术特色"，前三个教学目标设定的内容较为宽泛，都是从词的整体感知和把握方面出发，特别是培养学生朗读和赏析词作的能力这一目标，不具有针对性和具体性，太过于宽泛。而品味本词豪放的语言风格和艺术特色这一教学目标则更具体，结合了本词的文本特点。随后占比较多的三个教学目标分别是"结合资料深入理解词的深刻内涵和主旨""体会词人乐观、旷达的心态"以及"理解'狂'的丰富内涵"，前两个教学目标都是站在整首词的角度设定的，而理解词中"狂"的内涵则是深入到了词的内容本身，更加具体。

(二) 教学内容

对教学内容的梳理归纳，可以很好地帮助我们理清一线教师在教授本词时的重点和主要内容，一线教师主要的教学内容集中在 12 个方面，个教学内容占比见图 9-2。

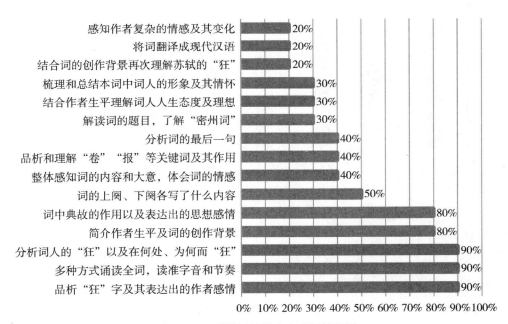

图 9-2 10 则课例教学内容选择情况图

通过图 9-2 梳理出的数据我们可以发现，10 则教学课例中教师选择的教学内容，占比超过一半的教学内容有六个，剩下的 9 个教学内容占比都不到一半。由此可见，《江城子·密州出猎》的教学内容是分散的，不同教师在教学时会有不一样的教学重点。其中，占比最高的教学内容分别是"品析'狂'字及其表达出的作者感情""多种方式诵读全词，读准字音和节奏"以及"分析词人的'狂'以及在何处、为何而'狂'"，这三个教学内容在 10 则课例中的占比都达到了 90%，也就是说绝大多数教师在教学时都会选择这三个教学内容，而品析"狂"字及其在词中的作用，也是教师们的教学重点所在。紧接着占比高的两个教学内容是"简介作者生平及词的创作背景""词中典故的作用以及表达出的思想情感"，在 10 则课例中有八位教师选择了这两个教学内容，可见大多数教师都能抓住本词"用典"的文本特点进行教学。占比较高且达到一半的教学内容是"词的上阕、下阕各写了什么内容"，这是属于整体感知词的内容和大意的层面。占比接近一半的是"整体感知词的内容和大意，体会词的情感""品析和理解'卷''报'等关键词及其作用"，还有"分析词的最后一句"，后两个内容是深入解读文本内容。值得我们注意的是，有三位教师选择了对本词的题目进行解读，还有三位教师抓住了本词中词人的形象进行分析，但是选择这两个教学内容的教师只占少数。

(三) 教学点

教学点是教师在教学中着重关注和重点讲述的点，综合所选的 10 则课例，所有课例中教师会集中选择和讲解的教学点一共有 8 个，具体各教学点的占比情况见图 9-3。

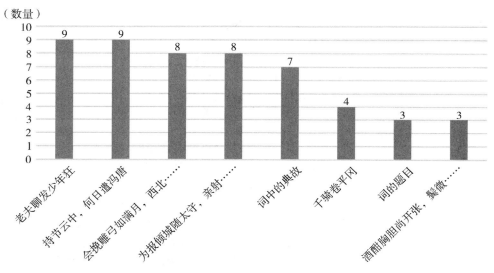

图 9-3　10 则课例教学点选择情况图

通过图 9-3 各教学点的占比我们可以发现，所选课例中教师选择的教学点很多，占比超过一半的教学点一共有五个，其中占比最高的是"老夫聊发少年狂"和"持节云中，何日遣冯唐"两句，这两个教学点都有 9 位教师选择，说明这两句在本词教学中占有重要的地位。紧接着占比较高的是"会挽雕弓如满月，西北望，射天狼"和"为报倾城随太守，亲射虎，看孙郎"两句，10 则课例中分别有 8 位教师选择了这两句诗句进行讲解。接着占比较高的教学点是"本词中的典故"，10 则课例中有 7 位教师关注到了词中运用的典故。词中运用大量典故是本词教学的一个重点。最后占比接近一半的教学点是"千骑卷平冈"一句，有 4 位教师针对本句进行了详细解析，与此同时，进行词的题目讲解的老师只有 3 位，可见大多数教师在教授本词时会忽略对本词题目中包含的信息进行讲解。

(四)教学方法

教学方法的选择在一定程度上会影响教师一堂课的教学效果，所选的 10 则课例中，教师们选择的教学方法是较为丰富的，各教学方法的占比见图 9-4。

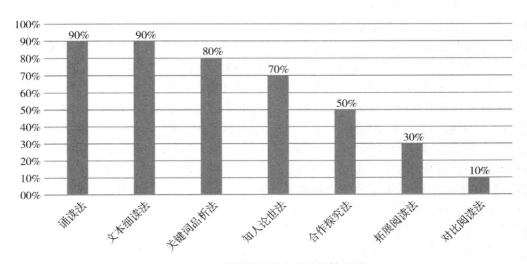

图 9-4 10 则课例教学方法选择情况图

通过图 9-4 的统计我们可以发现，10 则课例中教师选择最多的教学方法是诵读法和文本细读法，绝大多数教师在教学本词时都会选择这两种方法，紧接着占比最高的是关键词品析法，有 8 位教师在教学时会用关键词品析法来品读"狂""报"等关键词，从而进一步解析词的深层意蕴。接着占比较高的教学方法是知人论世法，10 位教师中有 7 位在教学时，选择引入词人的生平及本词的创作背景来辅助理解本词的情感和主旨，同时，占比超过一半的教学方法还有小组合作探究法。值得关注的是，10 位一线教师中有 3 位在教学本词时选用了拓展阅读法，也就是通过拓展苏轼的其他同时期的作品或者其他同类型的诗歌，来帮助学生理解词中抒发的豪放之情，但是选择这一方法的教师只是少数，占比不高。

三、基于课例分析的教学建议

《江城子·密州出猎》全词语言流畅豪迈，章法严谨细密，情感真挚强烈，激情澎湃，意境阔大雄奇，以"老夫聊发少年狂"领起全篇，一个"狂"字，定下了豪放基调。词中描绘了壮观热烈的场面，感情雄壮豪放，虽然有惆怅失意但更多的是超脱旷达，全词气势豪迈、声情激越，淋漓尽致地表达出词人的内心世界，读起来雄健顿挫、声韵高亢。以上种种，教师都可以作为本词的教学内容。

结合所选 10 则课例，我们不难发现，大多数教师在选择本词的教学目标时，都把重点放在了理解本词的情感上，而关注品味词的语言和豪放的风格、意境的教师较少。这首词作为苏轼豪放派词风的开山之作，对本词的豪放词风和语言特点进行赏析和解读是有必要的，以本词作为切入点进行教学是很好的切入口。同样，不少教师在设定教学目标时比较空泛，没有针对本词的文本特质进行教学目标的设定。

结合 10 则课例中教师们教学内容的选择情况，可以发现教师们对于本词有不同的解读和理解，但是大多数教师会选择对"狂"字进行解析，"狂"作为全词的"词眼"，需要在教学时进行重点讲解，所选课例中绝大部分教师在教学时都会引导学生思考和发现词中何处体现了"狂"，但是很多教师却忽略了给学生分析"词眼"为何是这个字而不是其他的字。苏轼写此词时已经 39 岁，首句"老夫聊发少年狂"中他自称自己为"老夫"，但一个"狂"却立刻显现了作者当时的豪气勃发，一扫"老夫"带来的迟暮之感。"左牵黄，右擎苍"，斗志昂扬；"锦帽貂裘，千骑卷平冈"，一身利落打猎装扮，随从众多；"为报倾城随太守，亲射虎，看孙郎"跟首句中的"少年狂"前后呼应，"老夫"以及仕途失意所带来的抑郁之气一扫而光，全词因为这一字而酣畅淋漓。这些都应该是教师在教学"狂"字时应该带领学生深挖和理解的，但是大多数一线教师在教学时只是浅尝辄止，没有进一步引导学生深入挖掘。同时，通过对课例的梳理我们可以发现，所选的 10 则课例中，很多教师都会关注典故在这首词中所起到的作用，但一般都停留在解说层面，也就是找出词中运用了哪些典故、其作用是什么，基本都是为理解这首词的内容服务。在这一环节，教师可以试着追本溯源，展示典故出处的文字并细致分析，让学生从简单的词句中读出不简单的内涵。最后，教师再引导学生进一步揣摩词人用典的意图，揭示本词的主旨所在，让学生了解词创作实际上是特定时空下情绪作用于事件的结果，词中众多典故的运用是作者穿越时空，借古人之事抒自身之情。

在教学方法的运用上，选择最多的是诵读法，但是大多数教师只是在教学时反复安排学生进行朗读，而不是真正意义上的品读。诗词的品读是重在"品"与"玩味"，而非"读"，否则就是本末倒置。诗词的"品"与"玩味"均是建立在学生对生活、对文本的理解感悟的基础之上。《江城子·密州出猎》是苏轼第一首豪放词，但由于作者仕途的失意和期待得到朝廷重用的心理，使得这首豪放词读起来让人精神振奋，同时却又带有稍许的无奈。通过反复品读，品出其音韵美、画面美、情感美，同时教师要调动学生的学习创造性，着重培养学生对古诗文的诵读能力和想象力，加深理解和感悟，获得思想的启迪，使学生真正享受到审美的乐趣。

本词是苏轼的第一首也是最典型的豪放词，教师在教学本词时要引导学生去感受苏轼抒发的豪放之情，但是作为初三学段的学生，理解力应该被引导至更深的层次，教师应该帮助学生借助课外其他苏轼同时期诗歌或者其他诗人的同类型诗歌，进行拓展阅读或者类比阅读，使学生通过这首词学会同类型诗词的阅读方法。但是十则课例中只有 3 位教师使用了拓展阅读法，对比阅读同类诗歌的则没有。在古诗教学中，适时让学生进行比较阅读，既能提高学生的阅读水平，又有利于提升其对同类型诗歌的理解。因为诗和词在意境上及语言特色方面的不同，就决定了同样题材和内容的诗和词，会呈现出不同的特点和风格。因此，教师可以运用对比鉴赏的方式，分析同一作者的同一题材的诗和词风格和思想感情上的不同，则有助于进一步加深学生对于本词豪放语言风格及情感的理解。

综合本词的文本特点和所选课例分析，在《江城子·密州出猎》一词的教学中，教师应该引导学生在品读词句的基础上，抓住词眼"狂"字，明确词中哪里体现了"狂"、作者为何而"狂"以后，引导学生进一步探索为何词眼是"狂"字而不是其他字，从而帮助学生明确本词的情感基调和风格特点。紧接要抓住词中的大量用典，明确用典不仅能够为全词起到很好的修辞效果，还有间接、委婉地表达作者意愿的作用。在讲解本词典故时，教师可以试着追本溯源，展示典故出处的文字并细致地分析，让学生从简单的词句中读出不简单的内涵，同时与本词创作的背景、作者的经历等相关因素联系起来综合分析，体会作者没有直接表达出的壮志难酬的无奈，但是却又充满了建功立业的豪情壮志的复杂情感。从词的文本进行反思，包括对词的品读、鉴赏、意境等方面进行深刻解读，将这两个方面结合起来并以此为基础进行教学，我们的古诗词教学才能真正地走进文本、走进词人的内心，学生也才能真正感受到古典诗词的魅力，才能真正获得思想的启迪和情感的激励。

四、教学设计参考

《江城子·密州出猎》教学设计

学情简析：

学生在以前的学习中学习过苏轼的诗歌，对于苏轼诗歌的内容和情感基调有一定程度的把握，但是对于本词的文本特点和特质很难精准把握，很难深入到具体的语言和内容中去剖析诗人的情感以及艺术特色。

教学重点：

感知苏东坡豪放的词风，理解"狂"的丰富内涵。

教学难点：

在反复诵读中，理解词意，体会词人在这首词里面表达的情感、情志。

教学课时：

1 课时。

教学流程：

(一)教学导入

学生自由诵读全词，读准字音，把握节奏，边读边思考，这首词应该用什么样的语调来读？

1. 整体感知词。

学习活动：

学生自由研读，结合课下注释，弄懂本词的上阕、下阕各写什么内容？抒发了什么感情？并引导学生用自己的语言分别概括上下阕的内容。

2. 理清词的情感脉络和基调。

学习活动：

讨论：词中哪个词语能够展示作者出猎时的心情？你从这首词中读出了一个怎样的苏轼？用文中的一个字概括。

3. 着重分析"狂"字的内涵和情感。

学习活动：

引导学生寻找本词中的"褒词贬用"的词语，分析词中苏轼的"少年狂"，"狂"字的内涵以及其在词中的意义和作用。词人"狂"在何处？为何而"狂"？比较阅读"酒酣胸胆尚开张"和"鬓微霜，又何妨"哪句更能体现苏轼之狂。

（二）赏析与研讨

1. 探究本词语言的独特之处。

学习活动：

引导学生探究本词中的摹状的传神，教师先引导学生找出词人是如何摹状的句子，再引导学生具体分析"千骑""卷"和"倾城"这三个词的使用，通过想象进一步感受摹状的效果和作用，加深对于本词语言生动形象的理解。

2. 着重分析词中动词的使用。

学习活动：

全词仅七十字，却使用了十三个动词，"发""牵""擎""卷""报""随""射""看""开张""持""遣""挽""望"这些动词的使用，无论是对心理还是外在动作的描写，都可以说极为精准，教师引导学生就本词中具体动词的使用进行品味和分析，比如"卷"能否换成"到""过""扫"？"报"如何理解。帮助学生体会本词用词的精准，以及这些动词在语言、情感抒发上起的作用。

3. 分析本词中的三个用典及作用。

学习活动：

讨论：文中运用三个典故，表现了作者什么思想感情？"亲射虎，看孙郎"这一句中，作者借用这一典故暗示了什么？想要表达什么？结合资料，探究在"持节云中，何日遣冯唐"中苏轼到底是自比冯唐还是自比魏尚。赏析"会挽雕弓如满月，西北望，射天狼"一句，抓住用典以及修辞手法。最后探究它们与贯穿全词的"狂"有什么关联？

4. 结合创作背景，进一步讨论词人的情感。

学习活动：

教师为学生出示本词的写作背景，并且理出苏轼的生平仕途发展脉络，帮助学生用知人论世的方法理解词人的情感。接着教师出示资料，帮助学生简要了解苏轼的"密州词"的文本特点，进一步体会这一时期苏轼的情感状态和诗歌特点。

5. 拓展阅读，体会苏轼传达出的旷达境界。

学习活动：

结合苏轼的生平，回忆苏轼的诗、文、词作品，体会苏轼的"进取之狂"，谈谈自己对苏轼的看法，引领学生感受词人乐观旷达的人生境界。

第十章
《白雪歌送武判官归京》文本解读与教学设计

　　《白雪歌送武判官归京》写于天宝十三年八月，是唐代著名边塞诗人岑参在其驻地轮台送朋友武判官回长安时，因触景生情而写下的一首送别诗。该诗历来被人们广为传诵，诗歌的前八句集中写边塞的风雪和奇寒，后十句是写景与叙述交错来写，整首诗歌都是以"雪"为线索，所写的雪景既从大处落笔，又从细处着墨，意境深融，画面完整，奇笔异彩，诗歌的每句之间也十分和谐，给人一种美的享受。长时间以来，该诗一直被选入各种版本的初中语文教科书。因此，作为教材的经典名篇，如何准确地解读该诗歌内涵并将其运用在该诗的教学中，就成为一件值得探讨的事情。

一、教学文本解读

(一) 诗歌的主题

　　关于本诗的主题，学界的主要观点可以归纳为三种，第一种认为这首诗歌是咏雪，还有一种将其定义为送别诗，第三种则是将这两种观点结合起来，将诗歌定义为咏雪兼送别，第三种观点是大多数学者接受和认可的。《唐诗鉴赏辞典》中认为"此诗是一首咏雪送人之作"①。刘建勋评析该诗时说："这是咏边地雪景，寄寓送别之情的诗作，全诗句句咏雪，勾出天山奇寒。开篇诗人先写野外雪景，把边塞之地的冬景比作是南国春景，可谓妙手回春。再从帐外写到帐内，通过诗人的感受，写边疆天气的奇寒；然后诗人再移景帐外，勾画出壮丽的塞外雪景，安排了送别的特定环境；最后写送出军门，正是黄昏大雪纷飞之时，大雪封山，山回路转，不见踪影，隐含离情别意。全诗连用四个'雪'字，写出别前，饯别，临别，别后四个不同画面的雪景，景致多样，色彩绚丽，十分动人。'忽如一夜春风来，千树万树梨花开'，意境清新诱人，读之无不叫绝。"②金性尧更是高度评价本诗是"把胡天八月的一夜大雪，写得又猛又美。这场雪好像永远在他诗篇里飞舞着，使人想起《水浒传》里的'那雪下得紧'来，这句话同样有诗意。自然多情，常常留给诗人们

---

　　① 萧涤非，马茂元等．唐诗鉴赏辞典[M]，上海：上海辞书出版社，1983.

　　② 刘建勋．唐诗三百首便览[M]，厦门：厦门大学出版社，1990.

以歌唱的天地"①。

　　基于此,《白雪歌送武判官归京》一诗基本可以确定为是咏雪送人之作,诗歌以时间的发展为背景,以下雪的全过程和送客的场景为线索,互为主次,相互交织,共同构成了全诗。诗歌的前半部分是纯写雪的意象,后半部分则是以送客为主,将送客和雪意象交织起来,共同勾勒出了一幅雪中送客图。整首诗歌中既处处有对雪的景致、情致的描写,又有对友人离别的真情实感的流露,两相呼应,使雪的意象不仅姿态横生,神形皆备,而且也具备了人的情感,从而彻底写活了整个雪景。

(二) 诗歌的语言

1. 比喻的新奇

　　诗中"忽如一夜春风来,千树万树梨花开"一句因为语言生动,比喻新奇,成了千古名句,历来为评论家们所称道。这一比喻新颖而壮美,在诗人的笔下,那晶莹剔透的雪花变成了暗香盈袖的梨花,塞外茫茫的大雪与江南的春色产生了奇幻美妙的连接,冬天的雪景被诗人用一种强烈的陌生化表达方式凸显了出来,打破了人们对于普通风雪的印象,同时也给了读者一种全新的观看角度。诗人在此处用梨花比喻雪,传神地描绘出了雪的皎洁、明丽和飞动,给人一种春意浓烈的感觉,是一个独具神韵的妙喻。诗人所处之地的自然条件是严酷的,但是诗人的主观世界却是春意盎然,充满着生机的。通过这样新奇的比喻,可以使读者们暂时忘记诗人所处边苦之地的奇寒,从内心生发出一种温暖,与诗人一同沉浸在这份审美的愉悦中。同时,作者在这里还将"一"同"千""万"景物有机地结合起来,在渲染眼前雪景的情况下,也为这个比喻增添了一丝奇妙的色彩。

2. 炼字的精准

　　本诗的用词非常凝练,措词极其的精确,可以算得上是字无虚设。例如"胡天八月即飞雪"一句中的"飞"字,除了写出了雪的灵动和飘扬,还将大雪纷纷扬扬、白茫茫一片的壮美景象给写活了。又如"卷地""春风来""梨花开"中动词"卷""来""开"的使用,使得诗歌避免了语言和意境的板滞,突显出了边塞诗热烈奔放的特点。再如"愁云惨淡万里凝""风掣红旗冻不翻"两句中的"凝"和"掣"字,运用了夸张的手法,突出了边塞雪景的雄壮气魄,又深含着送别友人时情感的凝重,寓浓情于淡墨之中,更加恰当地抒写出了诗人别友时的依依不舍之情,增强了惜别感情的深度,同时也颇具浪漫色彩,使诗歌的意境更加变幻传神。

　　其次,诗歌在词语搭配上,也是互相勾连、前后照应的。例如"忽如一夜春风来"中的"忽"字,突出了落雪的突然和迅捷,同时也承接了前句的"胡天八月即飞雪"。同样,在写雪时,作者还特意选用了"冷""冻""北风""愁云""凝""百丈冰"等字词,在诗中营造出了一种阴云密布、狂风飞卷、冰天雪地、奇寒难耐的意境,这些正是诗人独具匠心之处。而结尾处的"雪上空留马行处"中的"雪"字,也与开篇的"雪"字相照应,这使诗歌的

---

①　金性尧注. 唐诗三百首新注[M],上海:上海古籍出版社,1992.

首尾相呼应，意脉上做到了连贯而下，又与"去时雪满天山路"中的"雪"字相承，含蓄地表现出送别行人伫立凝望时的惜别之情，与此同时还紧紧扣住了诗歌的题目，真可谓是一字千金。

3. 声韵的灵活多变

《白雪歌送武判官归京》作为歌行体，转韵是其主要特征之一，并且诗歌多处押入声韵和去声韵，与诗歌沉郁悲愁的情感基调相吻合。诗歌在押韵方面，或二句一换韵，或三四句一换韵，全诗十八句中连续换了六次韵，诗歌的换韵往往又伴随着画面的转换，进而使诗歌的画面不断更迭，愈转愈奇。同时，这种把平韵与仄韵交错使用的手法，使得诗歌读起来音调铿锵，情义婉转，在一定程度上增强了诗歌的音乐美。

开头两句中的"折""雪"押的是迫促生硬的入声韵，描绘了塞外北风卷地、漫天飞雪的苦寒世界，表现出了一种空前的肃杀气氛。接下来两句中的尾字"来"和"开"押的是平声 ai 韵，用来表现诗人怀念家乡的绵绵情思，同时也寄寓了自己对朋友即将远行的忧愁。"散入"到"难着"四句中的"幕""薄""着"押的是入声韵，给人一种滞涩迫促的感觉，也从侧面表现出了军中生活条件的艰苦。"瀚海阑干百丈冰，愁云惨淡万里凝"这两句中，诗人使用了带后鼻音尾的"冰"和"凝"两个平声韵，使得诗歌的情感转变为沉郁而凝重，为我们描绘了一个无限忧愁的风雪世界，也透露出了作者与友人即将离别时的浓浓愁绪。诗歌前半处写景的部分是一直连用两句一转韵的短韵，到了全诗最后写送别情景时，则在结尾处换上四句一韵的长韵，结尾四句中的"去""路""处"都是去声韵，去声韵的使用，能够使音节之间产生一种舒缓的效果，同时也很好地与目送行客远去、"雪上空留马行处"这一感人至深的画面相吻合，写出了送行者和友人之间那种悠悠难尽的离别之情。

整首诗歌中既有两句一转韵，又有四句一转韵，充分展现出了灵活多变的韵律节奏，也很好适应了诗人抒情的需要。正如有研究者所说"开篇入声陡促，与风狂雪猛画面配合；继而音韵轻柔舒缓，随即出现'春暖花开'的美景；以下又转沉滞紧涩，出现军中苦寒之事；末四句渐入渐缓，画面上出现渐行渐远的马蹄印迹，使人低回不已"[1]。

(三) 诗歌的艺术特点

1. 结构特点

从诗歌的整体来看，诗歌的线索有两条，孙植认为，《白雪歌送武判官归京》一共有两条线索，其表面上的一条线索是咏雪，内在的一条线索则是写愁，而咏雪是为写愁服务的，写"愁"是贯穿始终的一条最重要的主线，"愁"浸润在全诗的每一个字中，是全诗的基调和诗眼所在。[2] 也有学者将诗歌的叙事线索划分为两条，一条是雪，由雪貌写到雪气

---

① 林拱鑫. 浅析岑参《白雪歌送武判官归京》[J]，语文学刊，2012(11).
② 孙植. 岑参及其诗歌研究[D]，南京：南京师范大学，2007.

再到暮雪最后到雪印；一条是赠别，即由环境的描写到置酒饯别再到送别，两条线索相互交织，同步推进。

也有人认为诗歌的线索只有一条，因为在这首诗中，"雪"是诗人着重描写的景物，而"送别"的内容又是通过咏雪来表现的，因此，雪就成了贯穿全篇的一条线索，四个"雪"字一线串联，使得整首诗歌章法严谨而又富于变化。诗歌的前两句"北风卷地白草折，胡天八月即飞雪"突出了边塞的气候特征，"忽如一夜春风来，千树万树梨花开"写的是送别前的雪景，"纷纷暮雪下辕门"写的是宴饮时的雪景，"去时雪满天山路"写的是送别时的雪景。而不同时态下的雪又写得有动有静，"胡天八月即飞雪""散入珠帘湿罗幕""纷纷暮雪下辕门"写的是动态的雪；"千树万树梨花开""风掣红旗冻不翻""去时雪满天山路"，写的是静态的雪。通过这样有动有静的描写，突出了雪的形象感，使得这首以写雪开始，又以写雪结尾的送别诗更加完整充实了。

2. 诗歌的意象

《白雪歌送武判官归京》一诗中诗人综合选取了多种意象。一是空间意象，如"瀚海""轮台"和"天山"，这些都是边塞地名，表示地理位置，而天山、轮台这些地名在诗歌中出现时，往往强调路途遥远。第二是时间意象，"胡天八月即飞雪"一句中，就交代了送别的时间，胡天即北方的天气，因此这里是指北方的秋天。三是环境意象，"中军置酒饮归客，胡琴琵琶与羌笛"中的"中军"也是指主帅宴请武判官，邀请了很多人一起送别，胡琴、琵琶两种乐器带有明显的少数民族特征，也符合边塞的特点。

但是诗歌中最突出的还是"雪"意象，"雪"是整首诗的主要意象，它贯穿全诗，使离别的愁绪更加浓郁，审美意蕴更加丰厚，勾勒出一幅奇异的边塞雪景。诗中的雪意象是实景，但是在作者笔下，这里的雪意象却是有过程、有连续性的。"北风卷地白草折，胡天八月即飞雪。忽如一夜春风来，千树万树梨花开"两句就是正面写雪的面貌。虚字"即""忽"写出了雪来得早、来得突然、来得惊艳；"飞雪"以及将雪比作千万树梨花，说明这是漫天遍野的鹅毛大雪，写出了雪下得猛、下得大，也为诗歌末尾"雪满天山路"埋下了伏笔；整首诗歌在刚开始不先写雪，而写卷地而起的风，是为了先声夺人，写出边塞之雪大气磅礴的气势，如此突如其来、不可阻遏的大雪恰恰构成了赠别送友的自然环境。

在对雪意象进行描写的时候，作者调动了听觉、视觉、感觉、触觉等一系列手段，运用了叙述、比喻、夸张等手法，对飞雪到来、雪中奇景、雪后送人等场景进行了全面的描写，以"飞"字状雪之貌，写出雪势之大、雪花的轻盈灵动，为我们展现了一幅瑰丽的边疆雪景图画。作者对雪意象更是充满了喜爱、赞美之情，诗人运用了工笔细描，"忽如一夜春风来，千树万树梨花开"一句写出了雪的姿态，"散入珠帘湿罗幕，狐裘不暖锦衾薄"写出了雪的灵动，"纷纷暮雪下辕门，风掣红旗冻不翻"写的是雪中奇景，而"瀚海阑干百丈冰，愁云惨淡万里凝"则为我们描绘出的是一片雪白的世界，"山回路转不见君，雪上空留马行处"是写雪中人的活动。整首诗歌不仅画面瑰丽，更因为人的活动，使得整首诗歌描绘的画面充满了活力和生活的情趣。《白雪歌送武判官归京》整首诗歌，不仅写了雪中景、雪中情，还写了雪中行，诗人笔下的景物充满了活力，同时也使整个画面充满了神韵。正因如此，才使得此篇描写成了历代咏雪诗中的精品。

由此可知，在诗歌开头，"白雪"就被诗人选作用来描述边塞酷寒气候的意象，之后所描述的"雪景"则体现出诗人对友人即将离去所持有的一种心情。在诗歌结尾，与雪地上空留的"马蹄印"形成鲜明的对比，"白雪"转而占据了画面背景的地位，以此来烘托诗人对友人的牵挂之情。雪景以及送别是整首诗的主题送别本应是令人悲伤的，诗人描述的壮丽雪景却缓和了这一情感，使得送别的场面带有雄浑悲壮的色彩。①

二、基于课例的教学设计分析

《白雪歌送武判官归京》作为经典名篇，不同教师对于本诗的教学也各有侧重点，通过对 9 则教学设计的归纳和总结，我们从教学目标、教学内容、教学点和教学方法选择的角度进行归纳，梳理情况如表 10-1。

表 10-1 **9 则课例教学情况梳理表**

课例	教学目标	教学内容	教学点	教学方法
徐娟：《〈白雪歌送武判官归京〉教学设计》，《中学时代》2014 年第 21 期	通过品味边塞奇特的景象去感悟诗歌之美，领悟作者的思想感情。	1. 划分诗题的停顿，从中你能看出这首诗写了哪些内容。 2. 通过想象赏析一幅你喜爱的精彩画面。 3. 品析咏雪的千古名句，探究其为什么被称之为千古绝喻。 4. 从诗中我们可以看出诗人什么样的品质。 5. 与其他几首咏雪诗进行比较，感受本诗的新颖奇特。 6. 岑参为什么能写出这样的奇雪？了解诗歌的写作背景。 7. 诗歌的哪一句最能体现诗人的依依不舍之情？哪一个字特别能看出这种情感？ 8. 如何理解这个"空"字？ 9. 分析诗歌的"融情于景，情景交融"，诗中那几句流淌出诗人的不舍和失落？	1. 忽如一夜春风来，千树万树梨花开。 2. 山回路转不见君，雪上空留马行处。 3. 瀚海阑干百丈冰，愁云惨淡万里凝。 4. 纷纷暮雪下辕门，风掣红旗冻不翻。	朗读法、想象法、对比阅读法、文本细读法

① 王晓旭 . 对《白雪歌送武判官归京》的认知解读——基于图形背景理论视角［J］. 长春理工大学学报，2013（08）.

续表

课例	教学目标	教学内容	教学点	教学方法
段岩霞、赵双:《〈白雪歌送武判官归京〉教学实录》,《语文教学通讯》2018年第Z2期	1. 品读诗歌,感受岑参边塞诗中奇异的风光、奇丽的风格。 2. 体验岑参流淌在字里行间的浪漫诗情和理想情怀,领悟盛唐气象。	1. 用简洁的语言概括这首诗写了哪些内容。 2. 了解"歌行体古诗"概念以及诗歌写作背景。 3. 学生与教师分别对诗歌进行范读。 4. 圈画描写边塞风光的诗句,思考你从中读出了边塞怎样的特点,简要批注自己的理解或描述诗句的画面。 5. 出示岑参其他描写梨花的诗句,最喜欢的梨花出现在眼前,如果你是岑参,心情如何? 6. 找出诗中写边塞寒冷的诗句,并分别对它们进行品析。 7. 能不能把"红旗"换成"霜旗"?找出诗中能够点亮诗歌画面的字眼,按老师的提示交流感受。 8. 诗歌最后四句非常有画面感,描述一下并说一说你感受到了诗人怎样的情感。 9. 借助相关资料理解"空"字的情感和内涵。	1. 北风卷地白草折,胡天八月即飞雪。 2. 忽如一夜春风来,千树万树梨花开。 3. 狐裘不暖锦衾薄。 4. 瀚海阑干百丈冰,愁云惨淡万里凝。 5. 纷纷暮雪下辕门,风掣红旗冻不翻。	比较法、还原法、批注法、合作探究法
朱小娟:《〈白雪歌送武判官归京〉教学案例》,《现代语文(教学研究)》2010年第4期	1. 领会这首唐代边塞诗的风格特点。 2. 体会情景交融的表现手法。 3. 理解诗人征行离别的深情。	1. 借助注释读准字音,掌握朗读节奏和大意。 2. 展开联想、想象,把诗歌中的画面在脑海中呈现出来,并用简洁的语言概括。 3. 品味鉴赏,圈画赏析诗中重点词语,领会、体验其表达之妙,小声吟诵,班级交流。 4. 赏析咏雪名句,通过诵读、体验、想象品味。 5. 体味情感,用自己的语言说说诗人通过哪些细节写天气的寒冷。 6. 友人要归京了,诗人会想些什么?跟朋友说些什么?小组交流,教师点拨。 7. 学生进行想象,把临别时的画面描述出来,班级交流。 8. 学生自选一首熟悉的送别诗,从送别人物、地点、环境、意象、表现手法、思想倾向等方面和本诗作比较。	1. 北风卷地白草折。 2. 愁云惨淡万里凝。 3. 忽如一夜春风来,千树万树梨花开。	想象法、批注法、合作探究法、比较阅读法

课例	教学目标	教学内容	教学点	教学方法
朱凌青青:《〈白雪歌送武判官归京〉教学设计》,《新教育时代》,《新版教育时代电子杂志(教师版)》,2018 年第 39 期	1. 抓住关键词,了解诗的主要内容。 2. 发挥想象,描绘诗句中的画面美。 3. 反复朗诵,体会诗人的思想情感。	1. 读题目分析,全诗是围绕哪两个字? 2. 这首诗是先写雪还是先写送? 3. 找到从雪景到送别的过渡句。 4. 品析"忽如一夜春风来,千树万树梨花开"一句,并尝试用语言描绘画面、用图画画出画面。 5. 第一句诗,你想带着什么样的心情来读?从这两句诗还可以读到诗人什么样的情感? 6. 品析"山回路转不见君,雪上空留马行处",并尝试用语言描绘画面、用图画画出画面。从这两句诗中读出了诗人什么样的情感?你从哪个词读出这种情感?如果此时你是岑参,你会想到什么呢? 7. 在"忽如一夜春风来"中我们读到的豪迈和慷慨之情是不是矛盾的呢?大家还能回忆起哪些带有豪迈情感的送别诗句吗?	1. 瀚海阑干百丈冰,愁云惨淡万里凝。 2. 忽如一夜春风来,千树万树梨花开。 3. 山回路转不见君,雪上空留马行处。	想象法、批注法、比较阅读法
慕明玲:《〈白雪歌送武判官归京〉教学设计》,《黑龙江教育(中学教学案例与研究)》2008 年第 3 期	1. 反复朗读并理解诗歌。 2. 培养欣赏、品味诗歌的能力。	1. 齐读全诗,读准字音,初步感知诗歌。 2. 从诗题中能看出这首诗写了哪些内容? 3. 诗歌是从哪里开始着重写送别的? 4. 齐读咏雪部分,思考咏雪部分描绘了怎样的画面?用自己的语言描述出来。 5. 朗读咏雪部分,思考对雪的描绘哪一句最精彩?为什么?小组研讨,合作探究。 6. 诗的首句写了什么? 7. "飞"字可不可以换成"下"或"飘"字,为什么? 8. 诗中哪些句子表现了雪天奇寒? 9. "瀚海阑干百丈冰,愁云惨淡万里凝"一句运用了什么修辞手法,勾画了怎样的雪景,起了怎样的作用? 10. 作者写雪、写雪中的景象、写雪的特点,是怀着怎样情感来写的? 11. 用自己的语言叙述送别武判官归京的情形?诗人写出了对友人怎样的情感?哪些诗句表现了这种情感?是怎样表现出来的? 12. 设想作者在送别的酒宴上,在挥手的那一刻,会做些什么?说些什么?想些什么?	1. 忽如一夜春风来,千树万树梨花开。 2. 北风卷地白草折,胡天八月即飞雪。 3. 瀚海阑干百丈冰,愁云惨淡万里凝。 4. 山回路转不见君,雪上空留马行处。	文本细读法、想象法、讲授法、合作探究法、对比分析法

续表

课例	教学目标	教学内容	教学点	教学方法
余耀清、严华银：《〈白雪歌送武判官归京〉教学设计及评析》，《中小学教学研究》2019年第7期	1. 知道诗中如何抓住景物特点表达感情的。 2. 理解比喻、夸张等修辞手法在景物描写中的妙处。 3. 能通过情感化的朗读、背诵，表达诗的意境及作者真实而复杂的情感。	1. 学生自读，理清诗歌字词。 2. 诗歌描绘了哪四幅雪景图？ 3. 学生自主鉴赏"忽如一夜春风来，千树万树梨花开"一句。 4. 学生默读第5—10句，结合文本用个性化的语言描述帐内帐外、大漠长空的奇寒壮美的图景，体会诗句中的凝重心情。 5. 从哪些语句、哪些角度可以看出天气的奇寒？描写了哪些特有的景物？采用了哪些修辞手法？ 6. 分组合作，从手法、内容、思想三个方面任选其一，对这几句中精彩的诗句进行鉴赏。 7. 评析重点词句，说说作者此时的心情，并进行情感化朗读。 8. 创设情境，感受多种复杂的心情，然后结合"空"字，理解诗句的意境，生成对主题多维的、创新的理解。 9. 将这两句诗与作者的边塞经历及作者同类的作品结合起来，进一步理解"空"字背后的复杂心理。 10. 用自己的语言描述"八月飞雪""奇寒凝冻""雪满天山""空留雪痕"的图景。	1. 北风卷地白草折，胡天八月即飞雪。 2. 忽如一夜春风来，千树万树梨花开。 3. 纷纷暮雪下辕门，风掣红旗冻不翻。 4. 山回路转不见君，雪上空留马行处。	文本细读法、朗读法、想象法、情景创设法、合作探究法、对比阅读法
李征兵、曾健梅：《七年级语文〈白雪歌送武判官归京〉教学设计》，《新课程学习（小学）》2009年第4期	1. 朗读、背诵诗歌。 2. 了解、认识作者。 3. 美读诗歌，理会主题，品味意境。	1. 朗读相关文学常识，介绍作者。 2. 学生自由朗读诗歌，读准字音读出节奏。 3. 诗歌主要写了什么？ 4. 归纳、理解层次，自我品读描写"雪景""送别"的诗句，把握情感。 5. 雪景怎么样？别情怎么样？从哪里体现？ 6. 学习小组为单位，寻找美句，自我设疑，品味体会。 7. 赏析"忽如一夜春风来，千树万树梨花开"，学生在自主探究的基础上深入理解意境，比较其与"感时花溅泪，恨别鸟惊心"所表达的情感有何不同。 8. 结合插图谈"山回路转不见君，雪上空留马行处"的感受，体会诗人依依难舍的惆怅别情。	1. 北风卷地白草折，胡天八月即飞雪。 2. 山回路转不见君，雪上空留马行处。	朗读法、合作探究法、对比阅读法

续表

课例	教学目标	教学内容	教学点	教学方法
栾娟：《〈白雪歌送武判官归京〉教学设计》,《语文教学与研究（综合天地）》2012年第26期	1. 理解诗歌的主题和意境。 2. 赏析诗歌的艺术手法。	1. 读准诗歌的字词和节奏,理清诗歌字词字音。 2. 学生结合注释自由朗读。 3. 学生自主选择自己喜欢的一两句诗,说一说脑海中浮现出一幅怎样的画面。 4. 师生共同赏析"山回路转不见君,雪上空留马行处"的留白艺术。 5. 师生共同赏析"忽如一夜春风来,千树万树梨花开"的比喻之妙。	1. 忽如一夜春风来,千树万树梨花开。 2. 山回路转不见君,雪上空留马行处。	朗读法、讲授法、想象法、合作探究法
李惊梅：《〈白雪歌送武判官归京〉教学设计》,《语文教学与研究（大众版）》,2016年第20期	1. 引领学生深入诗歌的字里行间,充分感知本诗纵横矫健的笔力、开阖自如的结构。 2. 领悟"风光多奇丽,离别也豪情"的美好意境。	1. 读准字音,把握节奏,从音韵节奏方面初步体会边塞送别诗的感情特征。 2. 根据诗题,诗歌可分为哪两部分? 3. 咏雪部分描绘了怎样的画面?请用自己的语言描述出来,并概括塞外雪景的特点。 4. 齐读送别部分,思考这部分如何表达惜别之情?联系具体语句说说。 5. 既是送别,为何咏雪?二者之间有何联系? 6. 自主阅读岑参的另一首诗《送李副使赴碛西官军》,思考交流:首联写塞外酷热难耐、人迹罕至的恶劣环境,有什么作用?此诗如何体现"离别也豪情"的风格的?	1. 北风卷地白草折,胡天八月即飞雪。 2. 忽如一夜春风来,千树万树梨花开。 3. 中军置酒饮归客,胡琴琵琶与羌笛。 4. 轮台东门送君去,去时雪满天山路。 5. 山回路转不见君,雪上空留马行处。	朗读法、想象法、讲授法、对比阅读法

(一) 教学目标

教学目标是一篇课文的指向标,教学目标设定在一定程度上反映出了教师教学时的重点,在所选的 9 则课例中,教师选取的教学目标主要有以下 7 个,具体占比分布情况总结见图 10-1。

通过对 9 则教学设计教学目标的归纳统计我们可以发现,大多数教师的教学目标都确定在"领悟作者的思想感情""品味诗歌的意境""体会诗歌中的表现手法和修辞手法""品味边塞景象及特点"以及"发挥想象欣赏诗歌的画面美"这五个方面,从各教学目标的分布和占比也可以看出,有三分之二的教师在确定本课的教学目标时,选择了"领悟作者思想感情",这说明大部分教师还是抓住了诗歌教学的关键,会对诗歌的情感进行分析。但是

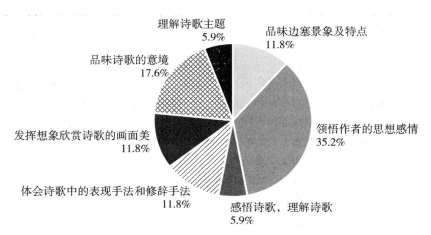

图 10-1　9 则课例教学目标总结图

部分教师教学目标的选择还存在不明确、不具体的情况，没有很好地抓住这首诗歌的文本特点进行教学目标的设定。

(二) 教学内容

教学内容一般都是依据教学目标设计的，对 9 则课例的教学内容进行梳理以后，我们发现主要的教学内容集中在以下 9 点，见图 10-2。

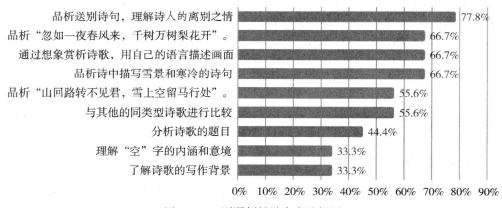

图 10-2　9 则课例教学内容选择图

通过图 10-2 我们可以发现，超过一半教师的选择都集中在品析诗歌的离别之情、运用想象赏析诗歌、品析诗歌的句子、将本诗与其他同类诗歌进行比较阅读等六个方面，由此可以看出，大部分教师基本都能针对诗歌的情感进行教学，也能够深入的品析诗歌的句子，可以抓住诗歌教学的重点。但是，我们也可以发现，选择"理解'空'字的内涵和意境"这一教学内容的教师只有少数，教师们选择的教学内容很大程度上还是停留在诗歌的表层信息上，对于诗歌的字句和内容本身的深挖还是不够的，这可能会导致整首诗歌的教学不够具体和深入，没有发掘出这首诗歌的特性和不同之处。

(三) 教学点

《白雪歌送武判官归京》整首诗歌语言极为凝练，每一句都可以奉为经典，但是通过梳理我们可以发现，在所选的 9 则课例中，教师们选择的的教学点的侧重各有异同，见图 10-3。

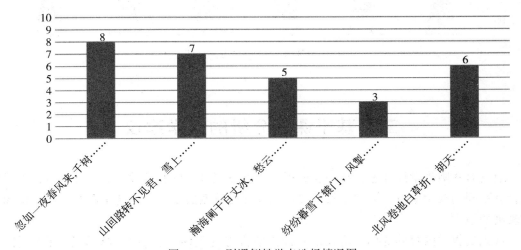

图 10-3　9 则课例教学点选择情况图

通过图 10-3 我们可以发现，大部分教师选择的重点主要集中在"忽如一夜春风来，千树万树梨花开""山回路转不见君，雪上空留马行处""北风卷地白草折，胡天八月即飞雪"这三句之中，占比百分之六十以上，可以说大部分教师都抓住了本诗最为重要的三句话进行教学，教学重点没有偏移。但是，不可否认的是，教师们对于诗歌其他句子中可选择的教学点存在忽略的现象，不能全面的把握，还有待加强和改进。

(四) 教学方法

教学方法是教师在教学过程中为达到教学目的而选择的方式方法，通过对 9 则课例进行梳理我们可以发现，大部分教师选择的教学方法主要有以下 7 种，见图 10-4。

通过上面的统计图可以发现，教师们选择的教学方法较为多样化，大部分的教师在教学时都选择了想象法和比较阅读法，还有很大一部分教师会选择朗读法和小组合作探究法进行教学，这些教学方法的运用都在一定程度上丰富了课堂的教学，小组的合作探究和探究质疑法有助于学生自主地进行诗歌的学习，培养学生自主学习的能力。但是我们也可以发现，运用文本细读法进行教学的教师不多，因此教师们的教学方法的选择还是存在不足与缺漏的。

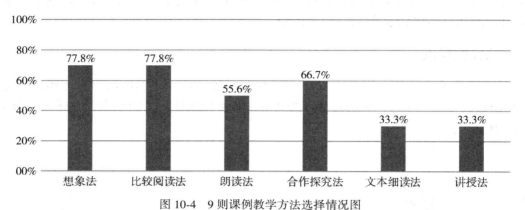

图 10-4　9 则课例教学方法选择情况图

三、基于课例分析的教学建议

通过对 9 则教学设计进行整理和分析，我们发现这首诗歌可教学的地方很多，不同教师会有不同的教学重点，大部分教学设计都能抓住诗歌的重点，但还是存在一些不足和需要改进的地方。

首先是教学内容的选择。诗歌是一种传情言志的载体，而《白雪歌送武判官归京》这首诗歌最主要的就是作者抒发对友人的惜别之情，因此，通过诗歌语言来分析作者情感以及作者是如何抒发惜别之情就是本文教学的重点之一。通过对 9 则课例进行梳理我们可以发现，大部分的教师在教授本诗时，都选择将重点放在了对作者的情感分析上，即作者在诗中抒发了哪些情感，而对于作者是如何在诗歌中抒发和体现自己情感的解读和教学还不够到位。少部分教师在教学时会出现教学重点偏移的现象，如"最喜欢的梨花出现在眼前，如果你是岑参，心情如何"这一问题，教师本意是想让学生理解"千树万树梨花开"一句的内涵和作者蕴含的情感，但是这里作者是将雪比作梨花，并不是真正在写梨花，如果直接将作者之前见到梨花的心情和此时的心情直接等同，是不合理的，容易给学生造成误导。还有就是对于教学内容深度的把握，学生很容易就能明确诗歌的最后一句是作者情感的高潮，但是对于诗歌最后一句的赏析仅仅停留在情感层面是不够的。所选 9 则课例中，选择对"空"字进行理解和讲解的只有三个，占比远远小于其他教学内容。所以教师在教授本课时，应该更加注重对于文本内容本身进行解读，善于通过文本细读来分析作者的情感，而不应该仅仅停留在对诗歌的浅层理解上。同时，诗人在本诗中非常善于运用细节、以小见大，他常常抓住一些细小的具有代表性的景物为我们展现一个风雪奇异的环境，因此，教师在教学时也可以从诗歌的细节处着手进行教学。诗歌的意象是教学中不能忽视的一点，诗歌中所选用的这些意象，都来自作者的边塞生活，作者在这里将离愁别绪与客观事物进行了很好的审美结合，深化了诗歌的意境，增强了诗歌的艺术感染力，因此，教师在教学中要善于引导学生从意象入手，分析意象与情感的内在联系，这样有助于学生进一步把握诗歌丰富的情感。

其次是教学方法的选择，所选9则课例中，有部分教师选择了对比阅读法，即拓展了其他同类型的诗歌与本诗歌进行比较，这种由篇及类的方法，有利于学生掌握同类诗歌的学习和阅读方法；也有选择不同风格的其他边塞诗进行对比的，目的在于突出本诗与其他边塞送别诗的不同，明确本诗的特点。同时，课例中大部分的老师都选择了运用想象法来进行教学，要求学生将自己代入情境中，去体会作者的情感。通过想象画面和作者的情感，学生能够更直接和形象地体会作者此时的情感。虽然大部分教师在教学时都选择了这个方法，但是在具体的教学实施中却有不同。大部分教师在教学时，只是要求学生想象自己就是此时的作者，继而去体会作者此时的情感，但是却没有给学生具体的方法，只凭想象两个字学生很难真正代入体会。课例4中教师要求学生画出画面，以及课例7中教师要求学生结合插图来理解作者的内心感受，这两种教学活动能够更直观、更具体地让学生感受到画面，从而帮助学生代入具体的情境中去感受作者的情感。所以，选择正确的教学方法的是为学生提供良好的学习抓手，有助于学生更好地理解文本内容，从而完成真正意义上的学习。

综上所述，教师在进行《白雪歌送武判官归京》教学时，首先应该依据诗歌的文本特点，确定具体的教学目标，为本诗的教学确定明确的内容。其次，要抓住诗歌的情感以及作者是如何抒发惜别之情进行教学，抓住这一篇的文本特质，区别于其他的诗歌；同时还要深入到诗歌内容本身，学会运用文本细读法，抓住诗歌的细节处，解读诗歌的语言和情感，防止诗歌的解读停留在浅层的表意上。最后，要选择恰当的教学方法来帮助学生理解诗歌的内容和情感，最终完成教学目标，学会这一类诗歌的解读方法和策略。

四、教学设计参考

《白雪歌送武判官归京》教学设计

学情简析：

　　学生能够把握和领悟诗歌的内容和情感，但是理解还停留在较浅层次，很难深入到具体的诗歌语言和内容中去剖析诗人是如何抒发自己情感的。

教学重点：

　　通过品析诗歌语言，探究作者是如何在诗歌中抒发和体现自己的情感。

教学难点：

　　把握诗歌中的"雪"意象，理解整首诗歌的线索与结构特点。

教学课时：

　　1课时。

教学流程：

（一）教学导入

学生先自行划分诗歌朗读节奏，自由诵读一遍诗歌；教师帮助学生明确本诗的朗读节奏有"二二二一"和"二二一二"式两种，在诵读时要读准节奏和字音，读出情感变化。

（二）整体感知与把握诗歌大意

1. 划分诗题，从中你能看出这首诗写了哪些内容，以及全诗是围绕哪两个字展开的？

学习活动：

学生自主找出诗歌是从哪里开始着重写送别的，对诗歌的结构进行简单划分。

2. 归纳、理解诗歌的层次，品读描写"雪景""送别"的诗句，把握诗歌的情感。

学习活动：

学生齐读送别部分，思考这部分如何表达惜别之情的？探究诗歌中写景部分，对关键句进行品味和探究。学生齐读咏雪部分，思考咏雪部分描绘了怎样的画面，并用自己的语言描述出来，思考对雪的描绘哪一句最精彩？为什么？小组研讨，合作探究。

3. 找出本诗中的主要意象，想一想这些意象与诗歌情感之间的关系。

学习活动：

讨论：诗中的空间意象、时间意象、环境意象分别有哪些，这些意象有何特点？着重分析"白雪"的意象在本诗中的作用。

（三）赏析与研讨

1. 圈画赏析诗中重点词语，领会、体验其表达之妙。

学习活动：

引导学生着重把握和分析诗中的动词，如"飞""卷""开"这些动词在营造诗歌景象和意境上有什么作用。

2. 对诗歌的修辞艺术及其与情感抒发之间的关系进行探讨。

学习活动：

品析"忽如一夜春风来，千树万树梨花开"一句为何被誉为千古绝喻，并且引导学生共同赏析这一句的比喻之妙。

3. 对诗歌结尾最后一句话进行深入分析，着重对"空"字进行理解和讲解。

学习活动：

师生共同赏析"山回路转不见君，雪上空留马行处"一句的留白艺术。创设情境，感受多种复杂的心情，然后结合"空"字，理解诗句的意境，生成对主题的多维的、创新的理解，并且将这两句诗与作者的边塞经历及作者同类的作品结合起来，进一步理解"空"字背后的复杂心理。

4. 你认为本诗的线索是什么？小组讨论后，说说你的观点。

学习活动：

教师为学生展示两种观点和名家解读，学生结合自己理解和相关材料，就诗歌的线索说说自己的理解，言之有理即可，要激发学生思考，打开学生的思维，教师做好引导和适当的答疑。

5. 整首诗歌学习完，你脑海中浮现了一幅怎样的画面，用自己的话说一说。

学习活动：

引导学生用自己的语言叙述送别武判官归京的情形，结合插图谈"山回路转不见君，雪上空留马行处"的感受，体会诗人依依难舍的惆怅别情。

◎下　篇◎
现代诗歌

第十一章
《金色花》文本解读与教学设计

  《金色花》是一篇自读课文。这首散文诗篇幅短小，情感细腻，语言清新自然，从想象出发，以儿童的视角表达对母亲深沉的爱。诗歌文本解读过程就是读者对某一作品阅读理解的过程，既包括对作品人物形象、艺术技法与语言结构的认识，也包括对作品整体价值的把握与探寻。外国诗歌在译介的过程中，翻译多是译"意"，非译"音"。因此，在对《金色花》教学时要跳出中国诗歌鉴赏注重音韵赏析的固定思维，抓住孩子对母亲的依恋和母子之间爱的默契，引导学生加深对母爱的感受和理解。

一、教学文本解读

(一) 清新自然的语言

  文学鉴赏中的品味语言，是发掘词句中蕴含的意味。《金色花》这首诗中诗人以儿童的角度来表现对母亲的爱，从儿童的视角进行想象。诗歌开头"假如我变成了一朵金色花，只是为了好玩"，表现出了孩子的童心。"笑嘻嘻"这带有孩子气和调皮意味的词语，给人一种偷着乐的既视感。"在风中摇摆""在新叶上跳舞"展现出孩子的童真，洋溢着快乐的气息。接着对于母亲的找寻，"我"是"暗暗地"，"匿笑"，"一声不响"，"我要悄悄地开放花瓣儿"，"我便要突然地再落到地上来"，"我不告诉你，妈妈"刻画出一个天真可爱但又有点儿调皮的孩子形象。在与妈妈嬉戏的过程中，将童心和童真酣畅淋漓地展现出来，含蓄地表现出孩子对母亲的依赖和爱。"小小影子"显得灵动、可爱，叠词"小小"又增加了亲切感和韵律感。全诗用"妈妈"这一口语化的表达，显得更亲昵，并且，母亲对于"调皮"孩子的出现，用看似责怪的语气说道："你到哪里去了，你这坏孩子？"实际上是显示出一种疼爱和亲密。这句结尾用问号而不用句号或感叹号，也表现出母亲对孩子的宠溺和对孩子调皮的一种无奈。因此孩子并没有因此而害怕，相反，更加调皮地说道："我不告诉你。"在调皮中增加了亲密感。这一系列充满童稚的语言，既能让读者产生共鸣，又能开启读者对母爱的思考。

(二)单视角结构的表现视角

《金色花》这首诗通过"孩子"的视角来写作。在诗歌内容上通过母亲和孩子两个主人公不同方向的时间演进,展现出母爱的美好。诗人以"工作""祷告""坐在窗前读《罗摩衍那》""黄昏时拿了灯去牛棚"等精练的语言展现出了一位勤劳、圣洁母亲的一天。

(三)诗意的想象

诗人将故事场景设在庭院、树下、牛棚等寂静、闲适的地方。诗人想象自己成为一朵金色花,之所以要变成金色花,不仅是为了变得美好,也是为了显示淘气。他先是让母亲找不到他,但他却能看到在工作的母亲。接着干扰母亲的阅读,然后在母亲去牛棚里干活的时候又突然出现,求母亲讲故事给他听,最后,面对母亲的询问仍是不告诉母亲。整个诗歌画面非常灵动,诗人通过刻画生活化的场景,将母子之间亲密无间的感情生动地展现出来。并且,诗人还用花瓣的香气来烘托亲情的美好。全诗将孩子对母亲的爱和母亲对孩子的爱进行诗意的刻画。

(四)温柔真挚的情感

诗歌是"一种语词凝练,结构跳跃,富有节奏和韵律、高度集中地反映生活和表达思想感情的文学体裁"[1]。《金色花》这首散文诗表现出一种理想的母子之爱,甜蜜、默契、欢乐,甚至带有一种圣洁的宗教色彩。金色花在印度是圣花,《罗摩衍那》是圣书,牛在印度教里是圣物,母亲沐浴后做祷告是圣礼。母亲的一天不断做着圣洁的事情,不仅象征着母亲的圣洁,也意味着母爱的光辉给孩子的影响。因此,这里"我"变成金色花,象征着孩子的圣洁可爱。并且,花的美好和感情的美好是一致的。诗人在变成金色花以后是"开放花瓣儿,看着你工作",在母亲沐浴后释放出花香,在母亲读书时候他也要陪着,投下"小小的影子在你的书页上,正投在你所读的地方"。可以看出,"我"是非常喜欢与母亲待在一块的,他以这种隐晦的方式向母亲表达一种"直白"的爱。孩子懂得,母爱是无私的,对母爱的回报也应该是无私的,所以他不图妈妈夸奖,但求妈妈生活得更加美好。通过母子游戏,我们感受到浓浓的、带有宗教色彩的神圣母爱,以及孩子纯真的感恩之心。整首诗给人一种娓娓道来的感觉,感情基调温柔、清新,让人如沐春风。

二、基于课例的教学设计分析

笔者在收集的 24 篇课例中,选取了从 2005 年以来的 10 个教学案例,对课例中选取的教学内容进行梳理,归纳出每节课的教学点。同时,依据王本陆先生对我国中小学常用

---

[1] 刘安海.孙文宪:文学理论[M].武汉:华中师范大学出版社,2001:382.

教学方法的分类(讲授、问答、讨论、读书指导、练习、实验、演示、研究)①,对这些典型教学案例所用的教学方法进行梳理、统计。因为所收集的课例有许多没有注明教学目标,因此在后面的分析中,不对教学目标进行详尽分析。后面的章节也同样如此。

表 11-1 《金色花》10 则课例分析表

序号	刊物及课例	教学目标	教学内容	教学点	教学方法
1	高峰:《〈金色花〉教学设计》,《中学语文教学》2008 年第 8 期	1. 品味诗歌的精美语言,在朗读中体会浓浓的母子情,让学生感受到美的熏陶,培养高尚的审美情趣。 2. 激发学生的想象力和创作潜能。	1. 正字音,概括诗歌内容。 2. 几位同学合作配乐朗读。 3. 孩子与妈妈给你留下了怎样的印象?请以这样的句式回答:我看到了一个____的孩子,我是从……看出的;我看到了一个____的妈妈,我是从……看出的。 4. 分析"为了好玩,长在树的高枝上,笑嘻嘻地在空中摇摆,又在新叶上跳舞,妈妈,你会认识我吗?"段中"笑嘻嘻"是什么表情? 5. "孩子,你在哪里呀?我暗暗地在那里匿笑,却一声儿不响"这时孩子是一种什么心理?应重读哪几个词语表现孩子的顽皮? 6. 孩子为什么要"悄悄地"开放花瓣儿,既然爱妈妈,为什么不告诉她呢?"悄悄地"换成"缓缓地""慢慢地""默默地"可以吗? 7. "当你沐浴后……却不知道这香气是从我身上来的"你觉得用什么基调来读? 8. "投"好在哪? 9. 变换语序:"你这坏孩子,你到哪里去了?""妈妈,我不告诉你。" 10. 变换标点:"你到哪里去了,你这坏孩子!""我不告诉你,妈妈!"师生配合读。 11. 孩子找不到了,妈妈怎么还能安心读书做祷告呢? 12. 孩子为什么要变成金色花?补充金色花相关知识。生齐读。 13. 结合诗歌,写一句话或一首诗赞美母亲。	1. 朗读训练。 2. 刻画孩子的形象的字词句。 3. 描绘出母亲形象的字词句。 4. "你到哪里去了,你这坏孩子?""我不告诉你。妈妈。" 5. 金色花的象征义。 6. 母亲不找孩子的原因。 7. 写作训练。	讲授法、问答法、读书指导法、练习法

---

① 王本陆. 课程与教学论(第三版)[M]. 北京:高等教育出版社,2017:156-167.

续表

序号	刊物及课例	教学目标	教学内容	教学点	教学方法
2	柳咏梅:《〈金色花〉教学设计》,《中学语文教学》2010年第9期	1. 掌握朗诵技巧,通过有表现力的朗诵读出人物形象的特点。2. 通过比读法品味语言,更细腻地感受文章所表达的情感。3. 初步了解泰戈尔《新月集》。	1. 了解散文诗的文学常识、介绍作者及《新月集》创作背景。2. 多形式朗读。3. 孩子为什么要变成金色花?4. 品读最后一段,如何理解最后一句话?"这"指代什么?如何理解"同"?5. 比较苏教版和人教版两个版本教材文字上的细微差别,分析选用不同词语的效果。6. 重点分析:"变了一朵"/"变成了一朵""笑哈哈"/"笑嘻嘻""空中摇摆"/"风中摇摆""母亲"/"妈妈""花的香气"/"花香""新生的树叶"/"新叶""小影子"/"小小影子"。7. 拓展阅读《新月集》中的《花的学校》《恶邮差》《同情》中的一篇,体会作品的思想感情。8. 联读、欣赏《花的学校》。先独立思考,再交流:说说你最喜欢这首诗的哪些句子?为什么?	1. 了解散文诗的文学常识。2. 作者及创作背景的了解。3. 朗读训练。4. 刻画孩子形象的字词句。5. 描绘母亲形象的字词句。6. 拓展阅读。	讲授法、问答法、讨论法、读书指导法
3	刘凤青:《〈金色花〉课堂实录》,《现代语文》2009年第7期	1. 品味语言。2. 体验情感。3. 学习构思。	1. A:学生、蜜蜂;B:妈妈、花。请发挥想象,说一句话,把二者联系起来。2. 学生自由朗读、同学分读、学生评价。3. 请同学们再以自己喜欢的方式通读课文,并用"我读出了一位(个)……的妈妈(孩子)"交流自己的读书感受。4. 顽皮可爱的孩子变成一朵盛开的金色花,他是怎样和妈妈逗乐嬉戏的呢?请用"当妈妈……的时候,我就……"说一说。5. 找出你喜欢的词语、句子或段落。理解句的含义;展开联想和想象;揣摩人物的心理。师生共同交流,师生分角色共读。6. 作者为什么把孩子想象成金色花?7. 妈妈刚开始还着急地寻找孩子,后来又去沐浴、读书、查看牛棚,好像又不着急了,这是为什么?8. 补充背景知识,生配乐齐读。9. 如果你也具备了一种神奇的力量,可以随意变化,那么,你想变成什么来表达对母亲满怀的爱意呢?请你以"假如我变成了……"开头,说一段话。	1. 刻画孩子形象的字词句。2. 描绘母亲形象的字词句。3. 金色花的象征义。4. 创作背景。5. 母亲不找孩子的原因。6. 表达训练。7. 朗读训练。	讲授法、问答法、讨论法、读书指导法、练习法

续表

序号	刊物及课例	教学目标	教学内容	教学点	教学方法
4	王仁才、陈其红:《〈金色花〉教学设计》,《中学语文》2013 年第 8 期	1. 品味诗歌精美的语言,体会诗歌中浓浓的母子情。 2. 运用朗读、自主探究的学习方式,引导学生进行想象,提高学生鉴赏诗歌的能力。 3. 体验人间真情,培养学生感恩之心。	1. 自由诵读。 2. 小组内分角色朗读,挑选出优秀选手在班上赛读。 3. 诗作中"我"为什么想变成一朵金色花呢? 4. 假如你会变,你想变成什么来回报母亲拳拳爱子情呢?请以"妈妈,假如我能变,我愿变成……"开头说一段话。	1. 朗读训练。 2. 刻画孩子形象的字词句。 3. 描绘母亲形象的字词句。 4. 金色花的象征义。 5. 表达训练。	讲授法、问答法、练习法
5	周芙群:《〈金色花〉教学设计》,《语文建设》2005 年第 8 期	1. 感受意境,体会诗歌情感。 2. 理解意象,分析形象。 3. 掌握朗读技巧。	1. 师或生配乐诵读全文。请同学们用一句话说出课文的内容。 2. 你从文中感受到了哪些画面?结合课文,用自己的语言描述出来。 3. 请找出诗中描绘的几幅画面,根据想象,用"我感受到这样的画面——"做恰当描述。 4. 尝试用一个字(词或句子)来表达你对诗画中孩子和妈妈的感受。教师示范描述自己感受到的画面。 5. 在一幅幅画面中你对孩子和妈妈留下了怎样的印象?先交流对孩子的印象,再交流对妈妈的印象。 6. 请一位同学诵读第一幅画面的语句,然后以小组为单位进行诵读,各小组推荐同学读,其他组同学进行点评。 7. 师生合作诵读。 8. 仿写练习,自拟题目。 9. 补充泰戈尔《金色花》的姐妹篇《告别》,进行比较阅读。 10. 作者介绍	1. 朗读训练。 2. 讲述诗歌画面。 3. 刻画孩子形象的字词句。 4. 描绘母亲形象的字词句。 5. 写作训练。 6. 作者及创作背景了解。	讲授法、问答法、练习法

续表

序号	刊物及课例	教学目标	教学内容	教学点	教学方法
6	胡玉华:《〈金色花〉教学设计》,《语文教学与研究·下半月刊》2018年第1期	1. 了解泰戈尔及其主要诗作,激发学生的阅读兴趣,拓宽学生的阅读视野。品读诗歌,想象作品所营造的优美宁静的意境氛围,再现母子情深的画面。 2. 朗读品味,初步掌握鉴赏散文诗的方法。正确、流利、有感情地朗读诗歌,把握诗歌的感情基调。学会诵读,把握诗中活泼调皮的孩子及沉静慈爱的母象。 3. 通过诵读,感受金色花的圣洁和美丽,感受浓浓的母爱。品读诗歌,感受泰戈尔诗作带给我们的审美情趣。	1. 简介泰戈尔及其诗句。 2. 初读诗歌辨字音。 3. 同学们自由朗读这首散文诗,并思考:你认为该用什么样的语速和感情基调来朗读? 4. 请大家有感情地齐读一遍课文,想象文中描绘的情景,简要概括几幅画面。 5. 我为什么要变成一朵金色花? 6. 我变成金色花后做了什么事? 7. 再现母子情深对话,聆听范读。 8. 金色花是一种什么花?诗人为什么把孩子比作一朵金色花? 9. 通过诗中母子情深画面的描写,我们读到了怎样的母子形象? 10. 请你也来描述一下你身边父母和子女相处的和谐感人画面。 11. 阅读泰戈尔《新月集》中的几首诗,选择你最喜爱的诗句,有感情地朗读。 12. 还有哪些泰戈尔的作品给你留下了深刻的印象,试着进行赏析。可从表达技巧、结构、主题、形象等方面加以赏析。(《告别》《同情》《花的学校》《玩具》)	1. 作者及创作背景。 2. 朗读训练。 3. 讲述诗歌画面。 4. 金色花的象征义。 5. 刻画孩子形象的字词句。 6. 描绘母亲形象的字词句。 7. 三次嬉戏。 8. 写作训练。 9. 拓展阅读。 10. 概述内容。	讲授法、问答法、读书指导法、练习法

续表

序号	刊物及课例	教学目标	教学内容	教学点	教学方法
7	袁源:《〈金色花〉教学实录》,《语文教学通讯·初中刊》2006年第7—8期		1. 朗读训练,教师与学生共同探讨每一节如何朗读及注意事项。学生各自大声朗读。 2. 接下来的六段写了"我为妈妈散发花香""我为妈妈遮挡目光"和"我变回孩子回到妈妈身边"。这三个部分应该怎么读呢? 生范读。全班齐读。 3. 最后一段,先齐读一遍,再分析应该怎么读,分角色朗读。 4. 孩子为什么要变成金色花? 5. 他为什么要躲起来,惹妈妈着急呢? 6. 妈妈开始还问"你在哪里呀?"挺着急的。后来没找到孩子,为什么反而一点也不着急? 7. 妈妈在小庭院里做祷告,是不是为孩子的安全祈祷呢? 8. 分享自己在家跟妈妈撒娇、嬉闹的故事。 9. 课文中的这对母子有什么特点呢? 10. 诗中的孩子是作者吗? 他变成过金色花? 妈妈是泰戈尔的母亲吗? 11. 介绍作者。 12. 全班齐读。	1. 朗读训练。 2. 分析倒数第三段。 3. 金色花的象征义。 4. 刻画孩子形象的字词句。 5. 描绘出母亲形象的字词句。 6. 母亲不找孩子的原因。 7. 作者及创作背景了解。	讲授法、问答法、讨论法、读书指导法

序号	刊物及课例	教学目标	教学内容	教学点	教学方法
8	吴建英：《播下文学阅读审美的种子——〈金色花〉教学实录》，《语文教学通讯》2009年第4期	1. 诵读涵泳，感悟意象意趣。 2. 走近诗人，探究魅力。	1. 讲解金色花含义，再读题目。 2. 师配乐诵读。它给你留下了什么印象？ 3. 大家用自己喜欢的方式读这首散文诗。 4. 谁来说说这首散文诗主要写了什么？ 5. 出示第1至3小节，品析关键词句。生自由朗读，读出好玩、有趣。 6. 出示第4至6小节，品析关键词句。生自由朗读，读出好玩、有趣。 7. 想一想，"我"还会看到妈妈在做什么呢？"我"又会怎样和妈妈捉迷藏，和妈妈逗趣呢？发挥想象，仿照诗句，试着说说。 8. "我"一整天都在和妈妈捉迷藏，和妈妈嬉戏。到了黄昏，"我"又会怎样去做呢？ 9. 自由朗读最后三个小节。这一部分中，你又觉得好玩、有趣在哪儿？ 10. "我"突然落到地上，你们能想象当时母子俩见面时好玩有趣的情景吗？ 11. 什么时候你也被妈妈称作"坏孩子"的？同桌分角色读一读。 12. 从孩子做的这些好玩的事情中，你又体会到了什么？ 13. 介绍作者。 14. 在《金色花》中，泰戈尔为什么把孩子比作金色花呢？ 15. 从泰戈尔诗歌《告别》中摘录了一段，师生配乐齐读。 16. 品味泰戈尔散文诗的魅力。 17. 简单介绍《新月集》。	1. 金色花的象征义。 2. 朗读训练。 3. 概述内容。 4. 刻画孩子形象的字词句。 5. 描绘母亲形象的字词句。 6. 了解作者及创作背景。 7. 拓展阅读。	讲授法、问答法、读书指导法

续表

序号	刊物及课例	教学目标	教学内容	教学点	教学方法
9	陈瑞:《浅谈语文教学中以读为抓手有效理解文本——以〈金色花〉为教学案例》,《课程教育研究》2013 年第 7 期		1. 简介作者。 2. 自由朗读课文,思考文中给我们刻画了一个怎样的孩子?你是从文中哪看出来的?学生朗读,学生互评,教师指导。 3. 请同学们探究为什么"我"这样快乐? 4. "我"为什么想象自己变成一朵金色花,而且不让妈妈知道呢? 5. 怎样的妈妈才能让孩子默默为妈妈做事,让妈妈开心呢? 6. 请同学们读一读下面两个句子,看看应该用什么语气来读:(1)你到哪里去了,你这坏孩子?(2)你到哪里去了,你这小宝贝? 7. 相信在生活中,你们也会常常帮妈妈做一些力所能及的事情,你们都帮妈妈做些什么呢? 8. 全班朗读课文,请一位学生配乐朗读,然后全班齐读诗歌。 9. 母爱是什么?学了这首诗,你从中感悟到什么?请结合自己的实际谈谈。 10. 全班齐读课文。 11. 你认为母爱就是什么呢?请用句式:"母爱就是……"来表达。	1. 了解作者及创作背景。 2. 朗读训练。 3. 金色花的象征义。 4. 刻画孩子形象的字词句。 5. 描绘母亲形象的字词句。 6. 表达训练。	讲授法、问答法、练习法

序号	刊物及课例	教学目标	教学内容	教学点	教学方法
10	田青：《〈金色花〉教学案例》，《2016年河北省教师教育学会第四届优秀教学案例论坛论文集》，2016年12月	1. 有感情地朗读诗歌，以培养语感；品味诗歌精美的语言，体会诗歌中浓浓的母子深情；准确把握课文内容，感知人物形象特点；培养学生的表达能力和想象能力。2. 通过朗读，把握诗歌情感；通过合作与探究的学习方式，提高学生鉴赏诗歌的能力；通过交流体验，激发学生爱的情感。3. 体验至爱亲情，使学生懂得珍视亲情，回报亲情，感恩父母，以培养高度的家庭责任感和社会责任感。	1. 请先欣赏一首小诗，看它赞美了什么？ 2. 介绍作者、介绍金色花。 3. 自由朗读，解决生词。 4. 听读课文后，以"我从诗句＿＿＿中，读出了＿＿＿"的句式说出你的感悟。 5. 过分析鉴赏，你从诗句中读出了怎样的母子亲情？ 6. 分角色朗读，体味情感。 7. 概括内容。 8. 孩子变成金色花后和母亲有多少次嬉戏？ 9. 孩子变成金色花，看妈妈工作，散发香气，投影书页，都是为了什么呢？ 10. 你从中看到了一个＿＿＿的孩子和一位＿＿＿的妈妈。 11. 下面情境中你会怎样做呢？大家先讨论交流，然后举手发言。当妈妈挥汗如雨时，我＿＿＿；当妈妈生病卧床时，我＿＿＿；当妈妈批评我时，我＿＿＿…… 12. 如果你也具备了千变万化的神力，你想变作什么来回报母亲呢？以"我要变作……为妈妈……"说几句。 13. 师配乐深情朗诵。	1. 了解作者及创作背景。 2. 朗读训练。 3. 概述内容。 4. 刻画孩子形象的字词句。 5. 描绘母亲形象的字词句。 6. 三次嬉戏。 7. 表达训练。	讲授法、问答法、读书指导法、练习法

（一）教学内容

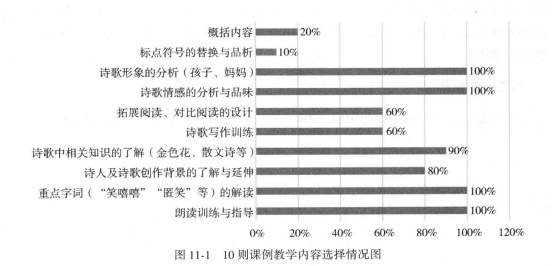

图 11-1　10 则课例教学内容选择情况图

据统计分析，表 11-1 所示课例的教学内容主要从如下三个方面展开：

第一，关键人物形象的解读。诗中用"笑嘻嘻""在风中摇摆""在新叶上跳舞""暗暗地""匿笑""一声不响""我要悄悄地开放花瓣儿""我便要突然地再落到地上来""我不告诉你，妈妈"等，刻画出一个调皮、天真的孩子形象，展现了亲密的母子关系。诗人再以《罗摩衍那》、牛、沐浴、祷告等词表现出圣洁的母亲度过的圣洁的生活。母亲的圣洁也影响着孩子，所以孩子变成了金色花陪伴在母亲的身边。

第二，注重朗读训练，对诗歌语言进行含英咀华。如何通过朗读展现出孩子可爱、调皮、天真的形象是朗读教学中的一个难点。从母子之间的对话感受亲子之间的爱也是一个难点，需要在朗读中引导学生去感受和体悟。以上的课例中，教师朗读设计的方式有全班齐读、教师范读、学生试读，配乐朗诵等。在朗读指导中，教师都能注重对诗歌进行讲解。在这首诗歌的学习中，教师要鼓励学生发挥自身的想象力，通过联想和想象，在朗诵中进入诗歌的情境，感受诗歌中浓浓的亲子之爱。

第三，联系诗人及诗歌中的相关知识进行讲解，帮助学生理解诗歌。《金色花》这首散文诗表现出一种理想中的母子之爱，甜蜜、默契、欢乐，甚至带有一种圣洁的宗教色彩。金色花在印度是圣花，《罗摩衍那》是圣书，牛在印度教里是圣物，母亲沐浴后做祷告是圣礼。因此，这里"我"变成金色花，象征着孩子的圣洁可爱，母亲一天不断做着圣洁的事情，不仅象征着母亲的圣洁，也意味着母爱的光辉给孩子的影响。并且，花的美好和感情的美好是一致的。诗人在变成金色花以后是"开放花瓣儿，看着你工作"，在母亲沐浴后释放出花香，在母亲读书时候他也要陪着，投下"小小的影子在你的书页上，正投在你所读的地方"。从中可以看出，"我"是非常喜欢与母亲待在一块儿的。他以这种隐晦的方式向母亲表达一种"直白"的爱。孩子懂得母爱的奉献是无私的，对母爱的回报也应该是无私的，所以他不图妈妈夸奖，但求妈妈生活得更加美好。通过母子游戏，我们感受到浓浓的带有宗教色彩的神圣母爱，以及孩子纯真的感恩之心。大部分教师在教学中都注意到对相关知识的讲解，将作者及创作的相关知识穿插在诗中讲解，帮助学生加深对诗歌情感的理解。

（二）教学点

统计结果显示，10 则课例中占比 50% 及以上的教学点有 6 个，详见图 11-2。

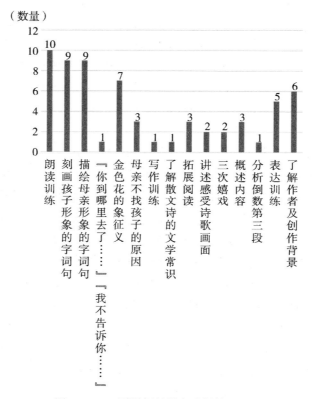

图 11-2 10 则课例教学点选择情况图

10 则课例中教学点的选择，关于朗读训练与指导出现的次数最多，每篇课例都选择了该教学点；其次是孩子和母亲的形象解读分析，有 9 篇课例选择了该教学点；接着是对金色花象征义的，有 7 篇课例选择了该教学点。最后是作者和创作背景的介绍与表达训练，分别有 6 篇课例和 5 篇课例选择了这两个教学点。

这说明《金色花》这首经典现代诗歌可教的点较多，教师在教学中都抓住了朗读训练、孩子和母亲形象的分析和情感品味这四个要点，但外国散文诗的教学不应仅仅只停留在这四个方面。首先，外国诗歌不同于中国的现代诗歌，翻译多是译"意"，非译"音"，在学生难理解的部分可以适当提供原文句子进行评析。这首散文诗的文体特征很多老师都疏忽了，应该适当讲解散文诗的含义。本单元提示教学的落点是加深对亲情的理解和感受，因此教学点的选择和教学内容的设计都要紧紧围绕这一要点进行。最后一段对理解母子之间默契的爱有重要作用，但很多教师都忽视了。

（三）教学方法

如图 11-3 所示，《金色花》的教学方法主要有以下四种。

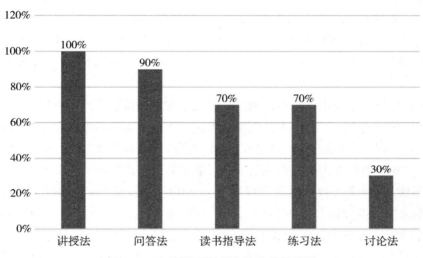

图 11-3　10 则课例教学方法选择情况图

一是问答法。从所收集案例来看，几乎所有老师都是以研究问题为基础展开学习和教学，这与当前我国课堂主要教学方式是一致的。教师围绕教学目的、任务和内容，旨在让学生体会作者的情感和诗歌传达的哲理，围绕意象、形象、语言、情感、意境等方面引导学生思考，在教师教和学生学的过程中，引导学生获得新的知识和巩固所学知识。教师在这个过程中培养了学生的综合能力，特别是审美赏析能力和思维能力。在教学过程中，教师和学生积极互动，促进了师生的共同成长。

二是讲授法。这首诗歌带有宗教色彩，金色花在印度是圣花，《罗摩衍那》是圣书，牛在印度教里是圣物，母亲沐浴后做祷告是圣礼。这些基础知识老师可以采用讲授的方式节省课堂教学时间。在以上课例中，教师在教学金色花的象征意义和了解诗人、创作背景这些内容上使用讲授法的人数比较多。

三是练习法。练习的目的在于帮助学生学习一定的朗读技能，同时帮助学生加深对所学知识的理解。现代诗歌也需要诵读，诵读和解读是相辅相成的关系。另外，通过填词、扩写等方式，帮助学生更好地理解诗中的人物形象。

四是读书指导法。在教学过程中，教师教给学生阅读方法，指导学生阅读。在学生朗读诗歌的过程中，运用画停顿、画重音等方式帮助学生理解诗歌。或是通过划重点的方式，找出关键意象、关键字词。或是通过课前对背景资料的查阅，明白诗人的创作主旨，从而提高学生的学习效果。

三、基于课例分析的教学建议

外国诗歌不同于中国现代诗歌，在译介的过程中，翻译多是译"意"，非译"音"。译诗在翻译过程中会加入译者的情感和理解，因此，在《金色花》的教学过程中要跳出过分追求音韵美、文辞美和古法今用的固定思维。《金色花》选自部编本七年级下册教材第二单元，学生在之前的学习中已经掌握一定的阅读现代诗歌的方法，因此教师教的内容应该是学生"理解不了的""揣摩不到的"，教师对教学内容的确定会影响课堂的教学效果。

通过统计分析可以发现，大多课例教学终点定在掌握诗歌情感、解读重点字词、分析人物形象和诗歌朗诵上。了解诗人及创作背景，学生通过课前预习和课文提示或利用学习工具可以自行掌握。诗歌朗诵这一教学点，通过之前现代诗歌的学习，学生对诵读知识有一定的了解，加上老师在诵读过程的指导，也能掌握这首诗歌的朗读要点。

2020 年修订的《义务教育语文课程标准》（2011 年版）指出："欣赏文学作品，有自己的情感体验，初步领悟作品的内涵，从中获得对自然，社会和人生的有益启示。对作品中感人的情境和形象，能说出自己的体验；品味作品中富有表现力的语言。了解课文涉及的重要作家作品知识和文化常识。"[①]为达成教学目标，一方面需要依据文本体式进行文学鉴赏。对《金色花》进行诗性阅读，从诗歌的内容和形式两个方面进行文学鉴赏。另一方面教学内容的确定必须依据学情。因为教学内容必须由师生这一对教学双方在教学实践中现实生成的，所以教学内容的选择要建立在师生对同一文本的差异性理解之上。根据教学实践和学生认知情况确定，笔者判断学生对《金色花》这首现代诗歌"感知人物形象特点，掌握关键字词，品读诗歌清新自然的语言"是知之甚少的，这应是这首现代诗歌教学的着力点。同时，根据《金色花》文本体式特点和 10 则课例教学点的统计，"感知人物形象特点，掌握关键字词，品读诗歌清新自然的语言，体会诗中真挚淳朴的母子亲情"是最值得教的教学点，是学生"理解不了的""揣摩不到的"。选择符合学情、生情的教学内容，更有利于学生走进诗歌，激发他们的学习兴趣，提高他们的课堂参与度。

基于以上认识，这首现代诗歌教学的重点是"感知人物形象特点，品读诗歌清新自然的语言，体会诗中真挚淳朴的母子亲情"。我们应以此为着力点，设计多元化的课堂活动，引导学生深入文本，体会泰戈尔诗歌的独特艺术魅力。

---

① 中华人民共和国教育部.《义务教育语文课程标准（2011 年版）》（2020 年修订）[S]. 北京：北京师范大学出版社，2011.

总之，对于外国译诗的教学，教师要跳出传统中国诗歌教学的框架，摒弃模式化教学。在《金色花》的教学中，教师应创设情境，关注和提升学生的学习体验，同时，在教学中和教学后能提高学生对现代诗歌的阅读兴趣，提升他们对现代诗歌的鉴赏能力，还需要通过提供丰富的学习资源来构建融洽的学习环境。

四、教学设计参考

《金色花》教学设计

学情简析：

通过朗诵来品诗歌语言，把握诗歌的情感，这是学生容易忽视的内容。诗中传达出的孩子对母亲的依恋和母子之间默契的爱是学生难以深入挖掘的。

教学重点：

认识散文诗的体裁及其特点，品味诗歌清新自然的语言和真挚淳朴的情感。

教学难点：

从语言、意象、形象等不同角度自主交流欣赏作品。

教学课时：

1课时。

教学流程：

（一）教学导入

学校计划在母亲节之际举办以"歌颂母爱"为主题的晚会，我们班级将以《金色花》为参考，设计一个舞台剧，请同学们分为两组，分别从孩子和母亲两个视角出发设计剧本，每组的成员都要有明确的分工。

（二）赏析与研讨

1. 品读鉴赏：每一组编剧和导演根据课文内容，阐述自己小组编写的舞台剧剧本，小组再进行表演。

学习活动：

（1）儿童视角队：从孩子的语言、动作、心理活动、神态（"笑嘻嘻""暗暗地""匿笑""一声不响""我要悄悄地开放花瓣儿""我便要突然地再落到地上来""我不告诉你，妈妈"等）四个方面，展现出一个调皮、天真、可爱的孩子对母亲的依恋。

（2）母亲视角队：从母亲的语言、行为（"孩子，你在哪里""祷告""读《罗摩衍那》"等）两个方面，展现出母亲对孩子的爱和母子之间默契的爱。

（3）两组分别展示。

2. 鉴赏评价：两队结合课文，互相评价对方的优缺点，再针对对方的评价进行修正。

学习活动：

（1）儿童视角队能抓住孩子的语言、动作、心理活动、神态来展开剧本的编写和表演，但遗漏了"在风中摇摆""在新叶上跳舞"这种展现出孩童的童真、洋溢着快乐气息的描写。

（2）母亲视角队为我们展现了一位圣洁、温柔的母亲形象，但对"你到哪里去了，你这坏孩子？"的理解有失偏颇。

（3）老师总结点评

3. 比较分析：通过比较分析法，解决剧本中存在的问题。

（1）第二段母亲叫道"孩子，你在哪里呀"中，变换语序成"你在哪里呀，孩子"，哪一句表达的情感更强烈？这里表现出母子交往的什么特点？

（2）"你到哪里去了，你这坏孩子"调换语序成"你这坏孩子，你到哪里去了"，情感上有没有发生变化？"坏"是否带有责怪的情绪？你从中读出什么情感？

（3）"你这坏孩子"句子后面用的是问号，为什么用问号？老师将问号改成感叹号，你们读完回答老师，哪一种改法更适合文本？

（4）这首诗表达出孩子对母亲的依恋和母子之间默契的爱。

4. 品析语言：运用替换法，找出关键字词，思考这些词语妙在哪里？小组内互相交流后派代表发言。

学习活动：

"笑嘻嘻"换成"笑哈哈"：笑嘻嘻更具孩子气，与后文的"匿笑"呼应。全诗呈现出的是一种宁静的氛围，笑哈哈则会打破这种祥和宁静的氛围。

"悄悄地"换成"缓缓地""慢慢地""默默地"：悄悄地更能体现出孩子不愿意打扰母亲工作的目的，表现出孩子对母亲的体贴。而缓缓地，慢慢地是行动上的舒缓，达不到孩子不愿意打破这一派祥和静谧的艺术效果。

"嗅"换成"闻"：闻到一股更强调浓郁的花香，嗅则更强调淡淡的花香。而淡淡的花香更吻合朴实、淡雅的宗教氛围，从而更好映衬出母亲的高贵、淡雅，又能体现"我"的隐秘性。

"投"换成"照"："照"的光更强烈，并不适合正在阅读的情境。"投"字的光线更柔和，既能保护母亲的视力，又能不被母亲发现，也不影响母亲阅读。这里体现了孩子对母亲的深情。

"小影子"换成"小小影子"："小小影子"利用叠词增加了亲切感和韵律感，孩子小巧可爱的形象跃然纸上。

"落"换成"降、飞"："落"更轻盈，与前面的"小小影子"呼应，既给母亲一个惊喜，又不至于吓着母亲。诗歌通篇都弥漫着一种神圣的宗教氛围，所以带有神灵降临意味的"落"字更符合语境。

（三）迁移练习：口语交际

学习活动：如果你也具备了一种神奇的力量，可以随意变化，那么，你想变成什么来表达对母亲的爱意呢？请你以"假如我变成了……"为主题，写一首短诗。

（四）课后作业

将《金色花》与《告别》进行对比阅读。分别从意象、语言、情感、形象等方面进行赏析。

（五）板书设计

第十二章
《荷叶·母亲》文本解读与教学设计

    《荷叶·母亲》是一篇自读课文。《荷叶·母亲》是冰心歌颂爱与美的代表作，诗人通过"荷叶"和"红莲"来歌颂母亲对子女的呵护与关爱。诗歌语言含蓄、典雅、清丽。关于《荷叶·母亲》的教学，"单元提示"的要求是：重视朗读，把握文章的感情基调，注意语气、节奏的变化，在整体感知全文内容的基础上，体会作者的思想感情。

一、教学文本解读

(一)巧妙的构思

    《荷叶·母亲》这首散文诗在构思上采用插叙的手法。从父亲的朋友送给我们两缸莲花触景生情写起，回忆起九年前故乡园院里的红莲和"我"与祖父的对话，以红莲比作子女，并由此展开联想。从儿时院中那朵不幸的雨中的白莲起笔，进而发现在雨中荷叶倾盖起红莲，作者由此产生联想，想起了母亲和母亲爱护儿女的情景。荷叶护莲的场景传达出浓浓的守护之意，并借此让人顺理成章地联想到母亲对子女的呵护及关爱，抒发自己对母亲呵护儿女成长的感恩之情。

    泰戈尔对冰心的创作有着重要的影响，但是在母爱的呈现上，《金色花》是通过孩子的调皮可爱来展现母子之间亲密的关系，不仅有孩子调皮的形象，也有母亲的责怪，但也正是孩子不惧怕母亲的嗔怪，更增加了亲子关系的亲密感，因此母爱的呈现非常立体。《荷叶·母亲》则是将母爱抽象化、绝对化，塑造出一个绝对崇高和无私的母亲形象。这并不是在否定《荷叶·母亲》的价值，这首诗中，诗人的写作并不把母爱局限于人伦亲情的范围内，而是把它深化为人与人之间相亲相爱感情的典范和牢不可破的精神纽带之中，体现出诗人构思的巧妙。这首诗也体现了冰心一贯的"爱的哲学——母爱、童心、自然美"这一创作主题，塑造出了一位充溢着无私、坚韧、关怀、温柔等精神元素的母亲形象。

(二)典雅细腻的语言

诗中短句的使用和典雅词语的使用，对生活中真实情景的描写及情感的表达，准确、细腻、传神，兼具了口语的亲切和书面语的凝练，比如半夜的雨声让"我觉得有些烦闷"，看到被雨水打落的白莲，心情阴郁，"仍是不适意，徘徊了一会子"，看到荷叶护着红莲，"我不宁的心绪散尽了"，联想到母亲对孩子的爱护正如暴雨中护着红莲的荷叶，"我深深地受到了感动"。寥寥数语，将感情的变化生动地展现出来了。诗中"攲斜""姊妹""菡萏"等词文白杂糅，还有"繁杂的雨声""浓阴的天""繁密的雨点"等语言，画面感极强，表现出作者对语言文字高超的驾驭能力。

(三)托物言志、借物喻人的写作手法

托物言志是指通过对事物的描写和叙述，表达自己的志向和意愿。借物喻人是指借某一事物的特点，来描写人的一种品格。诗人将儿女比作荷花，将母亲比作荷叶，借此抒发自己对母亲保护儿女成长的感情。诗中作者的心情发生四次变化：第一次面对繁杂的雨声，浓阴的天，红莲开满，白莲凋谢，诗人心情感到烦闷；第二次雷声作了，雨愈下愈大，红莲被打得左右攲斜，作者感到不适意；第三次雨肆意地下着，大荷叶慢慢地倾侧下来，红莲被大荷叶覆盖住，作者感到不宁的心绪散尽了；第四次看着不减退的雨势，勇敢慈怜的荷叶上聚了些水珠，红莲没有摇动，作者联想到荷叶倾侧过来覆盖红莲正如母亲为自己遮风挡雨，因此深受感动。诗人通过红莲、白莲、荷叶这三种事物来表达自己对母爱的歌颂，歌颂了人与人相亲相爱的感情。诗歌寥寥几笔点明主旨，深化中心，塑造了柔弱但刚强的母爱形象。

二、基于课例的教学设计分析

笔者选取了较规范的 10 则课例，对其选取的教学内容进行梳理，归纳出每节课的教学点。同时依据王本陆先生对我国中小学常用教学方法的分类①(讲授、问答、讨论、读书指导、练习、实验、演示、研究)对这些典型教学案例所用的教学方法进行梳理，见表12-1。

---

① 王本陆.课程与教学论(第三版)[M].北京：高等教育出版社，2017：156-167.

表 12-1　　　　　　　　《荷叶·母亲》10 篇课例分析表

序号	刊物及课例	教学目标	教学内容	教学点	教学方法
1	魏爽:《〈荷叶·母亲〉创新教学设计》,《教育教学论坛》2013 年第 8 期	1.(1)掌握生字词,了解与冰心有关的文学常识。(2)认识散文诗的体裁及其特点。(3)学习托物言志、借物喻人的写作手法。2.(1)要求学生能正确、流利、有感情地朗读课文。(2)理解课文内容,学会圈点勾画批注的学习方法。3. 教育学生在享受母爱的同时,学会感恩。	1. 学生朗读有关冰心的注释。2. 生字词教读。3. 体裁介绍。4. 配乐范读、学生齐读。5. 快速默读课文,划出表明作者心情的语句。教师结合学生的回答分析梳理脉络。6. 默读 4～8 段,选用文中词句来谈谈心情变化的原因。7. 合作朗读。8. 幻灯片出示四幅画面。学生以小组为单位,任选一幅画面,把自己对画面的赏析与身边的同学分享。老师出示赏析范例,请同学参考,学生发言后教师引导关注修辞、用词、表现手法、表达方式、构思手法等。9. 再读第六段的"雨打红莲图",感受画面之美。10. 本诗主要表达了什么情感?借助什么形象来表达?这是一种怎样的写作手法?11. 用下面的句式写一个句子:"母亲啊!你是____,我是____,____。"自由书写后互相朗读。	1. 简介作者。2. 疏通字词。3. 散文诗体裁。4. 朗读。5. 作者的心情变化。6. 修辞、用词、表现手法、表达方式、构思手法等艺术手法。7. 融情于景的手法。8. 思想情感。9. 借物喻人的构思。10. 写作练习。	讲授法、问答法、读书指导法、练习法、讨论法
2	陈改红:《巧"切"为妙——〈荷叶·母亲〉教学案例》,《中学语文教学参考:上旬刊》2016 年第 10 期		1. 对冰心这位"世纪老人",你了解哪些呢?2. 小组之间自由朗读,注意读准字音。听录音朗读。学生个别朗读。3. 从文中你读到或悟到了什么?4. 反复品读 4—7 段,勾画作者三次写到红莲时的环境及心情的句子,把它连成一篇微型美文。通过小组合作,把自己最喜欢的一处读给组内听。5. 找出有关描写红莲的句子时,还要注意当时的环境及"我"的心理描写的句子。6. 作者为什么又要花这么多的笔墨来写三看红莲呢?红莲跟荷叶到底有什么关系,它们又是怎样牵动了作者的心?	1. 简介作者。2. 朗读。3. 疏通字词。4. 感情基调。5. "红莲""我的心情"两条线索。6. 写作训练。7. 红莲跟荷叶的关系。8. 思想感情。	讲授法、问答法、读书指导法、练习法

序号	刊物及课例	教学目标	教学内容	教学点	教学方法
3	余映潮:《〈荷叶母亲〉课堂教学实录与点评》,《中学语文》2010年第4期		1. 生自由朗读。 2. 了解一下作者。旁批"母爱""自然""童心"。 3. 讲解"术语点评"法概念。举例"插叙""联想"。请把自己的一点心得和同桌交流。全班交流。 4. 八、九自然段的触景生情。 5. 最后一段升华了主题。 6. 第四小节中"那一朵白莲已经凋谢了……几根淡黄色的花须"是衬托。 7. 最后一段以物喻人,借物抒情。 8. 第六段"正覆盖在红莲上面"后面那个省略号的联想。 9. 第四自然段"那一朵红莲……亭亭地在绿叶中间立着"是伏笔。 10. 最后一段的最后一句话,用了反问和比喻的修辞手法。 11. 第三段,"我们园里最初开三蒂莲的时候……说是应了花瑞"是为以花喻人做了铺垫。 12. 第一段起了开门见山的作用。 13. 第四自然段,这里写了白莲已谢,红莲将要盛开,是对比和为下文蓄势。 14. 请从课文的四、五、六、七段里面,选出句子且组合起来,放在这两段话的前面,形成一篇很短很短的美文,就是"课文集美"。 15. 冰心文章的基本语调是:温婉。生齐读。师范读。生齐读。拿起笔勾画句子,和刚才朗读的八、九两段连起来。 16. 两个同学读她的创作。教师点评。 17. "母亲啊!你是荷叶……谁是我在无遮拦天空下的荫蔽?"说一说它好在哪里? 18. 最后一段的人称变化的好处? 19. 师讲解"虚实之美"。	1. 朗读。 2. 简介作者。 3. 疏通术语的概念。 4. 以物喻人的构思。 5. 融情于景的手法。 6. "红莲""我的心情"两条线索。 7. 开门见山、卒章显旨的结构。 8. 修辞、用词、表现手法、表达方式等艺术手法。 9. 写作训练。 10. 最后一段的评析。 11. 思想感情。 12. 虚实之美。	讲授法、问答法、读书指导法、练习法、讨论法

序号	刊物及课例	教学目标	教学内容	教学点	教学方法
4	钟菊莲:《让学生真正体会母爱——〈荷叶母亲〉教学点滴》,《现代语文:中旬.教学研究》2011年第2期		1. 自由朗读;老师范读;学生深情朗读。 2. 那朵红莲在没有荷叶的庇护前,在无遮蔽的天空下,情形是怎样的?如果没有了荷叶的荫蔽,红莲会怎样? 3. 红莲已经被雨打得左右欹斜了,荷叶若"很快"倾侧,是否更能体现荷叶对红莲的爱?为什么要"慢慢倾侧",从"慢慢"这一词,你读出了什么? 4. 荷叶为什么不早点"护",不在雨刚下的时候就保护,却在雨下得最猛的时候才保护? 5. 想象荷叶为了红莲,如何对抗风雨? 6. 荷叶慢慢倾侧下来覆盖在红莲上面,这个场景让你联想到生活中妈妈的什么动作? 7. 文章的主旨句。 8. 你会如何赞美你心中的母爱呢?	1. 朗读。 2. 红莲跟荷叶的关系。 3. 炼字。 4. 思想感情。 5. 表达训练。	讲授法、问答法、练习法
5	李春英:《〈荷叶母亲〉教学案例分析》,《基础教育论坛》2015年第7期		1. 有感情地朗读,解决疑难字词。 2. 一名学生朗读,学生们点评。 3. 梳理文章结构。 4. 这篇文章第一部分写的什么内容?接下来又写的什么? 5. 共同讨论问题和分享收获。 6. 这篇课文重点写的是红莲,还写白莲与之对比,但文中没有对比的描写,也就是说不是为了对比,那是为了什么呢? 7. 文章的最后一句应该怎么理解?"心中的雨点"是什么? 8. 作者在这篇文章中表达了对母爱的赞美,她是如何来表达这一主题的? 9. 荷叶保护雨中的红莲,那么文中有没有关于母亲和孩子这方面的内容? 10. 找出作者的心绪是怎么变化的?变化的原因是什么? 11. 文中祖父说的话和全文的主旨有关系吗?	1. 朗读。 2. 疏通字词。 3. 文章结构。 4. 对莲的描写。 5. 最后一段的评析。 6. 以物喻人的构思。 7. "红莲""我的心情"两条线索。 8. 思想感情。	讲授法、问答法、讨论法

续表

序号	刊物及课例	教学目标	教学内容	教学点	教学方法
6	孙欣：《〈荷叶母亲〉教学设计》，《黑龙江教育·中学版》2008 年第Z2 期		1. 了解作者。 2. 自由朗读，整体把握内容，画出生字词 3. 这首散文诗描写了什么情景？表达了作者怎样的思想感情？ 4. 把你喜欢的段落读给同学听。 5. 为什么作者看到荷叶能想到母亲？细读课文描写荷叶和荷花的语句，谈谈你的发现。 6. 文章写作者情绪变化的句子有哪些？为什么写这些句子？ 7. 本诗借助一种具体的形象抒发对母亲的爱，是什么？ 8. 你能把母亲比作什么？请模仿上文写一段话：母亲啊，你是＿＿＿我是＿＿＿，除了你，＿＿＿。	1. 朗读。 2. 疏通字词。 3. 思想感情。 4. 以物喻人的构思。 5. "红莲""我的心情"两条线索。 6. 融情于景的手法。 7. 写作训练。	问答法、练习法
7	吕琼梅：《〈荷叶母亲〉情境创设案例分析》，《大观周刊》2012 年第 33 期		1. 作者简介。 2. 检查字词。生齐读课文。 3. 同学们把最后一段读得非常深情，为什么？选择此种情感朗读整篇课文，行不行？ 4. 用笔勾划出代表作者心情变化的词语，该用什么语调读课文？生读。 5. 解读"心中的雨点"。 6. 对比红莲与白莲在风雨中的不同遭遇。 7. 想象一下，如果自然界中的雨一直下，而且愈下愈大，红莲会出现怎样一种情况？ 8. 课文中的红莲为什么没有遭遇同白莲一样的命运？ 9. 从荷叶身上我们看到它对红莲倾注了一种怎样的感情？ 10. 除了画面形象，你还能从哪些文字中体会到这种关爱？ 11. 既然我们一直都在讲红莲讲荷叶，"母亲"这个词文中只提到两次．可否直接改成《荷叶·红莲》？ 12. 学生分享母爱故事。	1. 朗读。 2. 简介作者。 3. 疏通字词。 4. 最后一段的评析。 5. "红莲""我的心情"两条线索。 6. 对莲的描写。 7. 融情于景的手法。 8. 以物喻人的构思。 9. 思想感情。 10. 表达训练。	讲授法、问答法、读书指导法、练习法

续表

序号	刊物及课例	教学目标	教学内容	教学点	教学方法
8	陈展盈：《拓展，让学生走得更远——〈荷叶母亲〉教学案例及反思》，《教学管理》2011 年第 4 期		1. 你妈妈和你在一起，最常说的一句话是什么？ 2. 妈妈给你印象最深刻的一件事是什么？ 3. 师朗读报纸上的片段。 4. 关于母亲的文章我们肯定看过不少，有些事情我们也亲身经历过，可是读来却仍感动不已，这是为什么？请看冰心的几首诗歌（结合课本最后名著导读）。 5. 上节课中的仿写句子，我们可不可以再来仿几句？ 6. 巧用修辞来增色。	1. 写作训练。 2. 拓展阅读	练习法
9	蓍永恒、王赈阳：《叶圣陶"思路说"的突破——以〈荷叶·母亲〉教学设计为例》，《中国西部》2014 年第 29 期		1. 自读课文，找出最使你感动的句子，有感情地朗诵，然后分析。 2. 朗读然后赏析：为什么"母亲啊！你是荷叶……谁是我在无遮拦天空下的荫蔽？"这一句会那么感人？除了内容上感人外，还有没有其他艺术表现手法增强了文章的感染力？ 3. 改写最后一段，去掉呼告、反问修辞手法并且以第三人称叙述"母亲"。让学生将改句和原句对比朗诵。 4. 母亲怎样"唤着"，为什么"唤着"？是因为母亲有事情要"我"做吗？ 5. "我"为什么"连忙走过去"？"走过去做什么"？"走过去"不过是坐在母亲身边，有必要坐在母亲身边吗？ 6. "唤"能改成"喊叫"吗？为什么？ 7. 思考《荷叶母亲》一文中"荷叶"与"母亲"的关系。 8. 课文具体写了哪些内容？请用简练的语言概括。这些内容中哪些是核心内容？ 9. 朗诵主旨内容，体会作者的感情路线。 10. 作者是怎样把这些复杂的材料组合成一篇井然有序的文章的？请同学们给课文划分层次。 11. 为什么不把"忆荷"放在文章开头？	1. 朗读。 2. 最后一段的评析。 3. 修辞、用词、表现手法、表达方式等艺术手法。 4. 写作训练。 5. 炼字。 6. 融情于景的手法。 7. 诗歌内容概括。 8. "红莲""我的心情"两条线索。 9. 思想感情。 10. 开门见山、卒章显旨的结构。	问答法、读书指导法、练习法

续表

序号	刊物及课例	教学目标	教学内容	教学点	教学方法
10	郑雅萍:《自读课——搭建阅读方法的"练兵场"——以〈荷叶·母亲〉教学为例》,《语文教学通讯》2020年第26期		1. 作者刚开始为什么会觉得"有些烦闷"?用文中的语句解释一下。 2. 作者写白莲的美是为了什么? 3. 我们前面学过哪篇课文也需要用这种语气读出作者的悲痛之情?齐声朗读。 4. 那朵红莲虽然开放了,但作者的心情却"仍不适意",为什么? 5. "那朵红莲,被那繁密的雨点,打得左右敧斜"。这个句子有什么问题吗?大家觉得加逗号好,还是不加好?为什么? 6. 作者对红莲的担忧有没有得到化解? 7. "一回头忽然看见红莲旁边的一个大荷叶……正覆盖在红莲上面。"你能读出这个句子的情感来吗? 8. 大家还能想象哪个词替换"敧斜"? 9. 谁能把荷叶护红莲的情景完整地描述出来?	1. 烦闷的原因。 2. 对莲的描写。 3. 朗读。 4. 回顾已学知识。 5. "红莲""我的心情"两条线索。 6. 标点符号的作用。 7. 修辞、用词、表现手法、表达方式等艺术手法。 8. 以物喻人的构思。 9. 表达训练。	讲授法、问答法、练习法、讨论法

(一)教学内容

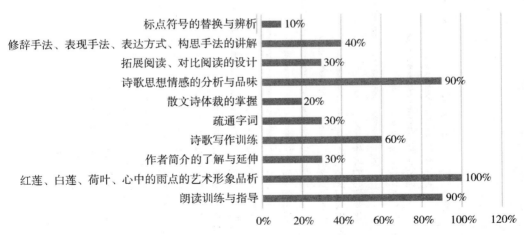

图 12-1　10 则课例教学内容选择情况图

据统计分析,表 12-1 所示课例的教学内容主要从以下三个方面展开:

第一,从"红莲""白莲""荷叶""心中的雨点"等关键意象入手,文章从朋友送的两种莲花着手进行回忆,从儿时院中那朵不幸的雨中的白莲起笔,进而写在雨中的荷叶倾盖起红莲，作者由此产生联想，想起了母亲，和母亲爱护儿女的情景，并借景抒发自己对母亲保护儿女成长的感情。总之，以荷叶喻母亲，雨打红莲，荷叶护莲的场景传达出浓浓的守护之意，又让人顺理成章地联想到母亲对子女的呵护及关爱。

第二，注重朗读训练，对诗歌语言进行含英咀华。冰心诗歌语言非常温婉，适合以一种温柔、舒缓的语调进行朗诵。朗读是初中语文现代诗歌教学中重要的环节。《荷叶·母亲》课例中朗读设计的方式有全班齐读、教师范读、学生试读，配乐朗诵等，朗读训练形式多样。课例中很多教师都能关注到语言训练的重要性，教师在引导学生品味诗歌语言和情感后，根据自己的情感体验来进行语言表达训练。总之，现代诗歌需要不断地朗读，在朗读中品味诗歌的语言，理解诗歌的意境，把握诗人的情感。

第三，诗歌思想情感的分析与品味。《荷叶·母亲》写于 1922 年 7 月 21 日，这首诗体现了冰心一贯的"爱的哲学——母爱、童心、自然美"这一创作主题，塑造了一位充溢着无私、坚韧、关怀、温柔等精神元素的母亲形象。作者描绘了荷叶在雨中保护红莲的场景，进而联想到母亲对孩子的呵护和关爱，抒发了母亲对子女的爱。文中将白莲和红莲做了对比，突出了红莲在荷叶的呵护下茁壮成长，突出母爱的伟大。

(二) 教学点

统计结果显示，10 则课例中占比 50% 以上的教学点有 4 个，详见图 12-2。

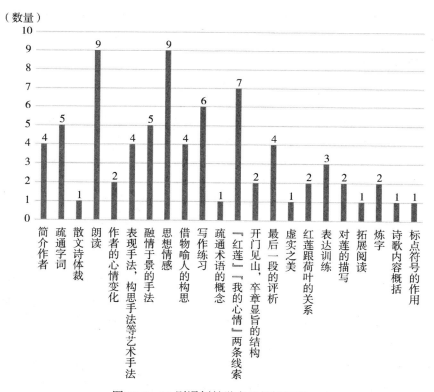

图 12-2　10 则课例教学点选择情况图

10 则课例中，教学内容的选择，关于朗读训练和思想情感的理解出现次数最多，有 9 篇课例都选择了该教学点；其次是关于"红莲""我的心情"两条线索，各有 7 篇课例选择了该教学点；最后是诗歌写作训练，有 6 篇课例选择了该教学点。这说明《荷叶·母亲》这首经典现代诗歌可教的点较多，教师在教学中都抓住了朗读训练和思想情感的理解这两个要点，但现代诗歌的教学不仅需要重视这两个方面，其他方面也需要关注。课例还选取了对散文诗体裁、疏通术语的概念、拓展阅读、诗歌内容概括、标点符号的作用等教学点，这些内容虽然不是教学重点，但适当的讲授有助于学生的理解。

从课例中可以看出，教师对于修辞、用词、表现手法、表达方式、构思手法等艺术手法以及融情于景、借物喻人这些重要知识点并不是很关注，这些内容是教学内容很好的切入点和延伸点，不应该被忽视。

（三）教学方法

如图 12-3 所示，《荷叶·母亲》的教学方法主要有以下三种。

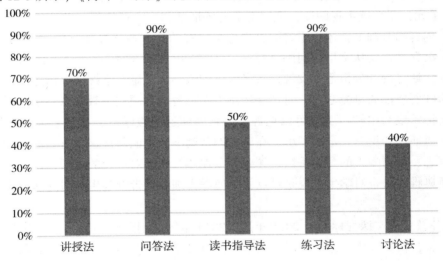

图 12-3　10 则课例教学方法选择图

一是问答法。从收集案例来看，几乎所有老师都是以研究问题为基础展开教学的，这与当前我国课堂主要教学方式是一致的。教师围绕教学目的、任务和内容，旨在让学生体会作者的情感和诗歌传达的哲理，向学生提出问题，围绕形象、语言、情感、意境等方面引导学生思考，在教师教和学生学的过程中引导学生获得新的知识和巩固所学知识。教师在这个过程中培养了学生的综合能力，特别是审美鉴赏能力和思维能力。在教学过程中，教师和学生积极互动，促进了师生的共同成长。

二是练习法。练习法可以帮助学生生成技能，也有助于加深学生对所学知识的理解。以上课例中，教师一般在语言、写作和表达三个方面设置练习任务，即锻炼学生的朗读能力，指导学生进行诗歌写作，提高学生的表达能力。在练习法的使用中，教师在明确练习的目的、任务、学生的自觉性方面，普遍落实得比较好。课例中都注意到练习的时长和形式，有助于保持学生对练习的兴趣和注意力，但练习法的目的是要让学生清楚地认识到为什么进行练习、通过练习要达到什么样的结果等方面还存在不足。

三是讲授法。讲授法能在较短的时间内给学生传授较多的学科知识，以上课例中，教师通过对莲的叙述和描绘，学生能够进入教师创设的情境，在脑海中形成清晰的画面，促进学生的理解。串连"我"的心情变化和"红莲"这两条线索来理解诗歌的思想感情，注重形象的直观性，有助于学生对译文的理解。

三、基于课例分析的教学建议

当下，现代诗歌课堂教学中存在的问题，主要是教学内容的问题，教学内容的不正确、不妥当，教师不知道该教什么，不知道究竟在教什么，不知道学生学到了什么。

《荷叶·母亲》选自部编本七年级上册教材第二单元。单元导语中给出的教学建议："学习本单元，要继续重视朗读，把握文章的感情基调，注意语气、节奏的变化。在整体感知全文内容的基础上，体会作者的思想感情。有的文章情感显豁直露，易于直接把握；有的则深沉含蓄，要从字里行间细细品味。"①《荷叶·母亲》的教学要抓住朗读和情感这两个方面。通过统计分析笔者发现，大多课例的教学终点定在掌握诗歌情感、诗歌朗诵和红莲、荷叶所象征的母爱之上。对于品味诗人对母爱的歌颂这个教学点，学生通过课前预习和课文提示或利用学习工具可以把握。诗歌朗诵这一教学点，通过之前现代诗歌的学习，学生对诵读知识有一定的了解，在老师的帮助下，也能掌握这首诗歌的朗读要点。通过托物言志、借物喻人的写作手法，深入细致地体会诗人对母爱的歌颂，以及品味冰心诗歌中清新典雅的语言对学生来说是难点，如何深入细致地带领学生学习这些内容是教学的关键。

《义务教育语文课程标准》（2011年版，2020年修订）指出："欣赏文学作品，有自己的情感体验，初步领悟作品的内涵，从中获得对自然，社会和人生的有益启示。对作品中感人的情境和形象，能说出自己的体验；品味作品中富有表现力的语言。了解课文涉及的重要作家作品知识和文化常识。"②为达成教学目标，一方面需要依据文本体式进行文学鉴赏，另一方面教学内容的确定必须依据学生学情，因为教学内容必须由师生这一教学双方在教学实践中现实地生成，所以教学内容的选择要建立在师生对同一文本的差异性理解之上。根据教学实践和学生认知情况来看，笔者判断学生对"品味清新典雅的语言，学习托物言志、借物喻人的写作手法"是知之甚少的，这应是这首诗歌教学的着力点。同时，根据《荷叶·母亲》文本体式特点和10则课例教学点的统计，"学习托物言志、借物喻人的写作手法"是最值得教的教学点，是学生"理解不了的""揣摩不到的"。选择符合学

---

① 温儒敏主编．义务教育教科书语文教材(7年级)[M]．北京：人民教育出版社，2018．
② 中华人民共和国教育部．义务教育语文课程标准(2011年版，2020年修订)[S]．北京：北京师范大学出版社，2011．

情、生情的教学内容，更有利于学生走进诗歌，激发他们的学习兴趣，提高他们的课堂参与度。

基于以上认识，这首现代诗歌教学的重点是"认识散文诗的体裁及其特点、品味清新典雅的语言；学习托物言志、借物喻人的写作手法，体悟诗人的情感"。我们应以此为着力点，设计多元化的课堂活动，引导学生深入文本，体会冰心诗歌的独特艺术魅力。

教师"要充分了解学生，从学生的实际出发，不断改革教学方法，使学生学得轻松愉快。"①教学内容的选择不仅要依据诗歌的文本体式，也需要依据学生的学情。因此，教师在备课时要从学生学情出发，关注学生"不喜欢""读不懂""读不好"的地方，这样才能在教学中得到成长，才能从一名合格的教师成长为优秀的教师。

四、教学设计参考

《荷叶·母亲》教学设计

学情简析：

对于学习托物言志、借物喻人的写作手法，学生难以全面深入地把握。

教学重点：

品味清新典雅的语言；理解荷叶、红莲的形象内涵。

教学难点：

学习托物言志、借物喻人的写作手法，体悟诗人的情感。

教学课时：

1课时。

教学流程：

(一)教学导入

(音频导入)

读诗：学生自由朗读、听音频朗读。注意朗读的语速、节奏、语气、语调。

(二)赏析与研讨

1. 品味构思：找出诗人四次看见红莲时的环境、心情和红莲的状态。

学习活动：

繁杂的雨声浓阴的天——开满亭亭——烦闷；雷声作了，雨愈下愈大——左右鼓斜——不适意；大荷叶慢慢地倾侧下来，雨肆意地下着——在大荷叶的覆盖下——不宁的心绪散尽；雨势并不减退，勇敢慈怜的荷叶上聚了些水珠——不摇动——深深地受了感动。

---

① 斯霞.斯霞文集：肆[M].南京：江苏教育出版社，2010：96.

2. 把握表达艺术

红莲、白莲、荷叶和母爱有什么联系？诗人塑造出一个什么样的母亲形象？

学习活动：

分析相关句子，明白诗人以"荷叶"来比喻"母亲"，以"红莲"来比喻"儿女"，从儿时院中那朵不幸的雨中的白莲，发现在雨中荷叶倾盖起红莲，作者由此受到触动而产生联想，想起了母亲以及母亲爱护儿女的情景，并借此让人顺理成章地联想到母亲对子女的呵护及关爱。塑造了一位充溢着无私、坚韧、关怀、温柔等精神元素的母亲形象。

3. 体会艺术手法

诗人四次描写分别是通过哪些手法来传达情感？

学习活动：

第一段起了开门见山的作用；第三段以花喻人；第四段中白莲是衬托、烘托，"红莲"是伏笔；八、九自然段的触景生情；最后一段运用象征、反问和比喻手法。

4. 感悟主旨

课题为《荷叶·母亲》，文中哪句话道出了两者之间的关系？荷叶的什么特点与母亲相似？找出依据并分析。

学习活动：

最后一段将"我"比作荷花，将母亲比作荷叶，同时又运用象征手法，将"心中的雨"指向每个人人生道路上的风雨，荷叶倾侧过来覆盖红莲正如母亲为自己遮风挡雨，母亲是保护我们度过人生磨难的人。作者是在感叹母亲对孩子的无私奉献。

(三)拓展训练

冰心的诗歌受到泰戈尔的影响，作品风格有相似之处，对比阅读本单元这两首诗歌，从意象、语言、构思等方面对比阅读。

(四)课后作业

围绕"母爱"这一主题，写一首小诗。

(五)板书设计

第十三章
《天上的街市》文本解读与教学设计

　　《天上的街市》(七年级上册第六单元)是一篇教读课文。现代诗歌打破旧诗格律，不拘字句长短，具有平易、自然的特点，是中国古典美学与西方现代美学相结合的产物。诗歌教学文本解读的过程就是读者对其阅读理解的过程，既包括对作品人物形象、艺术技法与语言结构的认识，也包括对作品整体价值的把握。《天上的街市》这首诗中富有音乐美的语言，具有想象力、暗示性的意象和独特的构思都是重要的教学内容。

一、教学文本解读

　　《天上的街市》不仅具有音韵和谐的音乐美，而且充满奇特的想象和波澜层叠的联想，虽形式上灵动跳跃，但内在联系却非常紧密。

(一) 富有音乐美的语言

　　《天上的街市》共四节，全诗每节四行，偶句押韵，四句换韵。比如，第一节中奇数句都以"了"结尾，偶数句的"星"和"灯"押"ng"的韵；第二节中偶数句结尾的"市"和"奇"都押"i"的韵；第三节偶数句结尾的"广"和"往"都押"ang"的韵；第四节偶数句结尾的"游"和"走"都押"ou"的韵。全诗每句少则六个字，多则十个字，每句三个节拍，读起来朗朗上口。长句四顿，短句三顿，富有节奏感，例如：

　　　　远远的/街灯/明了，好像/闪着/无数的/明星。天上的/明星/现了，好像/点着/无数的/街灯。我想那/缥缈的/空中，定然有/美丽的/街市。街市上/陈列的/一些/物品，定然是/世上/没有的/珍奇。你看，/那浅浅的/天河，定然是/不甚/宽广。那/隔着河的/牛郎/织女，定能够/骑着牛儿/来往。我想/他们/此刻，定然/在/天街/闲游。不信，/请看/那朵流星，是他们/提着/灯笼/在走。

　　这首诗的语言除了富有音乐性，语言朴素精练也是特点之一。第一节中写到街灯用

"明"和"点"来表现它的特点，写明星用了"闪"和"现"。"闪"显得明星更加灵动，"现"则表明星星亮起来的过程是渐进的，层次分明的；以"定然"这种表示肯定意义的词语引出美景，将想象具象化，加强了想象的可信性，给读者一种逼真生动的感觉；一"朵"流星，生动地刻画出星体碰撞坠落形成的喇叭状的亮光。总体上，这些词语的运用都体现了诗人对语言高超的驾驭能力。

（二）富有想象力、暗示性的意象

《天上的街市》是一首充满浪漫想象的诗篇。全诗共四节，诗人以生活中平常的材料为起点，将"街灯"与"明星"联系起来，由现实中的街灯联想到天上的明星，再由天上的明星联想到街灯，进而想象天上的街市，那里有着美丽的景色和世上没有的珍奇。由街市再想到人，想象牛郎织女提着灯笼在天街闲游过着幸福的生活。这些富有想象力、暗示性的意象超越了生活，摆脱了生活原型的约束，情感得到释放。通过"天上的明星""远远的街灯""那朵流星"将三种事物联系起来，不仅以街灯和明星的对称让组合更加统一，而且在意象衍生上显出了一种反衬的效果，这些意象的叠加不仅显现出了形象重新加工的合理性，还增加了诗歌的想象性。并由此衍生下去，想象"牛郎织女""珍奇物品""流星"与"灯笼"等，通过对天上美好生活的描绘，表现了诗人对黑暗现实的痛恨，对于美好生活憧憬向往，激励人们为实现这一理想而奋斗。

（三）恬淡、温情的情感

《天上的街市》创作于 1921 年，收录在《星空》诗集中，此时中国正处于北洋军阀混战时期，《天上的街市》反映出了作者当时的思想状况。全诗风格恬淡，意境美好，表达了诗人纯真的理想，作者从人间写到天上，天上的街市繁华富庶、人民生活幸福美满，构造了一个充满美好幻想的理想国度。

（四）独特的构思

"街市"贯穿全诗，从社会环境与社会生活两个角度表现诗歌的内涵。第一节中从街灯到明星再到街灯，在结构上具有对称性，将街灯和明星组成一个统一体，天上和人间由于意象的对称，在画面和节奏上也形成了一个整体。在结构上利用比喻进行不断地重复，形成强烈的反差，通过虚实结合的表现手法，把牛郎织女在天上美满的生活情状与忧国忧民、追求理想紧密结合起来，赋予了诗歌深刻的内涵，深化了诗歌对黑暗现实的批判，对美好生活的憧憬向往，激励人们为实现这一理想而奋斗的主题思想。

二、基于课例的教学设计分析

笔者选取了 10 个教学案例，对课例中选取的教学内容进行梳理，归纳出每节课的教学点。同时，依据王本陆先生对我国中小学常用教学方法的分类（讲授、问答、讨论、读书指导、练习、实验、演示、研究)①对这些典型教学案例所用的教学方法进行梳理与分析，见表 13-1。

表 13-1 　　　　　　　　　　　**《天上的街市》10 篇课例分析表**

序号	刊物及课例	教学目标	教学内容	教学点	教学方法
1	王粉玲：《〈天上的街市〉课例》，《现代语文》2008 年第 4 期		1. 请仔细阅课前发放的有关郭沫若的简介、写作此诗时的社会背景材料。 2. 自由朗读诗歌。一生朗读。请说说自己这样朗读处理的理由。生点评。师范读。 3. 进行小组合作，探究问题，比比看，哪些小组提出的问题更有价值。问题的切入可从内容、情感、语言入手，时间五分钟。 4. 诗中的牛郎织女过着一种怎样的生活？传说中的牛郎织女是怎样的？诗人为什么要改写传说？ 5. 这首诗抒发诗人什么情感？ 6. 为什么 2~4 节中反复用"定然""定"？ 7. "流星"我们往往用"颗"形容，为什么在这用"朵"？ 8. 如何理解诗的写景和想象？这首诗四节分别写了什么内容？ 9. 为了抒发这种情感，诗人运用了什么手法？什么是联想，什么是想象？你能结合例子来说说吗？ 10. 街灯和明星有什么联系？ 11. 请通过几个递进联想，将下列词语建立联系。示范：大海—小狗、大海—渔船—渔家—宠物—小狗、钢笔—月亮、天空—茶。 12. 全班背诵《天上的街市》。	1. 介绍作者与创作背景。 2. 朗读。 3. 牛郎织女故事新写的原因。 4. 思想情感。 5. 炼字。 6. 联想、想象手法。 7. 街灯与明星的联系。 8. 表达练习。	讲授法、问答法、读书指导法、练习法、讨论法

---

① 王本陆 . 课程与教学论（第三版）[M]. 北京：高等教育出版社，2017：156-167.

续表

序号	刊物及课例	教学目标	教学内容	教学点	教学方法
2	王春勤:《〈天上的街市〉教学设计》,《语文教学通讯》2015年第9期		1. 师示范朗读。生齐读。有什么感觉?有什么问题? 2. 从地上的街灯到明星,再到天上的街灯,是不是两层虚写,两层联想? 3. 街市上陈列的不是"物品"是"商品"的原因。 4. "珍奇",工具书上是"珍贵而奇异"的意思。本来是形容词短语,现在是名词性短语,是什么语法现象? 5. "定然是世上没有的珍奇"这一句是第三层联想,这一段联想的思路是什么? 6. "明星现了"是实写,加上第一段的"街灯",共四层联想,层层相连。这一层层联想是怎么合理地连起来的? 7. 下面请按照这种写法阅读第三、四段,参照黑板上线形图再画一幅图。 8. 四层联想,每次联想有什么依据? 9. 从天河的"不甚宽广"联想到隔着河的"牛郎织女",后面与前面有什么相关? 10. 师讲牛郎织女的故事。生简要复述出来。 11. 我们总结一下第三、四段的几层联想。大家画一个线形图。 12. 朗诵课文。第一、二组读第1、3、5层联想,第2、4、6层联想。 13. 我们能不能用这种"多层联想"的方法口述一段景物?比如,"江上数峰青"的意思是平静的江水如同镜面一般清晰地倒映出几座山峰。大家就以这句诗为题,先写后说。 14. 如果我们把诗作第一段改为两句"远远的街灯明了,好像天上点着无数的街灯",行不行?	1. 感情基调。 2. 虚写与实写。 3. 联想和想象手法。 4. 炼字。 5. 层层联想的思路。 6. 牛郎织女故事新写。 7. 写作训练。 8. 街灯与明星的联系。 9. 思想情感。	讲授法、问答法、读书指导法、练习法

序号	刊物及课例	教学目标	教学内容	教学点	教学方法
3	陈偈：《〈天上的街市〉教学实录》，《语文教学通讯》2011年第8期		1. 同学们思考一下这首词写了一个怎样的传说，这是一个悲剧还是一个喜剧？我们每个人心中关于他们的美好愿望是什么？ 2. 了解作为诗人的郭沫若。 3. 朗读课文。生配乐齐读课文。师范读。生练习朗读。 4. 我们学习《山市》时曾经学过"黯然缥缈"，大家回忆一下是什么意思。 5. 大家请说出第一节中出现了哪些意象？用到了哪种修辞方法？两句诗中的本体和喻体有什么关系？ 6. 仿照第一节的互喻修辞，创作一节小诗。 7. 街灯和明星有怎样的相似之处？看到一个东西，想到另一个东西，这种思维方式叫什么？由一个事物联想到另一事物应该有什么特点？ 8. 小组讨论(1)天上的生活是什么样的？你喜欢吗？为什么？(2)传说中牛郎织女的生活是什么样的？与诗中有哪些不同？(3)诗人在作品中包含了怎样的感情？ 9. 为什么诗人向往一种虚幻的、不存在的天上生活？现实生活缺少了什么？所以这是作者向往的什么境界？齐读背景资料。我们发现现实生活是什么样的？作者用怎样的态度对待？ 10. 请大家一起来探讨诗的写法。 11. 此诗划分为两部分的依据是什么？如果从思维方法的角度来分，那么联想和想象分别有什么特点？ 12. 我们能否把"想到"改为"创造出"？ 13. 大家先联想一个事物，再想象出一个故事来，给大家两分钟时间写出来，然后一起分享，要求故事中有虚构的情节。 14. 生配乐背诵全诗。	1. 牛郎织女故事新写。 2. 简要介绍作者和背景资料。 3. 朗读。 4. 回顾已学知识。 5. 街灯与明星的联系。 6. 修辞手法。 7. 写作练习。 8. 联想和想象手法。 9. 思想情感。 10. 虚写与实写。	讲授法、问答法、读书指导法、练习法、讨论法

续表

序号	刊物及课例	教学目标	教学内容	教学点	教学方法
4	高凌云：《〈天上的街市〉教学实录》，《中学语文教学》2004年第11期		1. 多形式朗读。 2. 诗歌描绘了怎样的画面？这幅画面是用什么方法描绘出来的？ 3. 学生分组自学，提出问题：为什么"远远的"用得好？ 4. 为什么是街灯"现"了，改成"亮"不好吗？ 5. 诗歌最后一节为什么用一"朵"流星，而不用一"颗"流星？ 6. 天街上有什么？ 7. 诗歌是怎样联想和想象的？ 8. 诗歌中牛郎织女与传说为什么不一样？是不是诗人想错了？把第三节按传说的内容改一改好不好？ 9. 这首诗写在什么年代？当时的社会现实是怎样的？ 10. 分析诗歌运用的表现手法，作者由眼前的街灯想到了明星，这是联想还是想象？ 11. 欣赏一首古人写的小诗，此诗描绘了一幅怎样的画面。这幅画面作者是通过什么方法展现出来的？ 12. 请同学们想象诗歌的画面，齐读全诗。 13. 作者是怎样想象的？ 14. 描绘自己到太空中游玩的情景，使用联想、想象手法。我们怎样把这美好的想象变成现实呢？	1. 朗读。 2. 联想和想象手法。 3. 牛郎织女故事新写。 4. 简要介绍作者和背景资料。 5. 虚写与实写。 6. 写作练习。 7. 拓展阅读。	讲授法、问答法、练习法、讨论法

序号	刊物及课例	教学目标	教学内容	教学点	教学方法
5	洪镇涛：《〈天上的街市〉教学实录》，《语文教学通讯》2005年第8期		1. 师范读。生想象画面。 2. 这"现了"两个字换一换，换成"亮了"，"天上的明星亮了，好像点着无数的街灯"行不行？ 3. 第一节有两句话，把这两句话颠倒一下，"天上的明星现了，好像点着无数的街灯。远远的街灯明了，好像闪着无数的明星"怎么样？ 4. 这里哪些是实实在在看得见的东西？ 5. 运用自我提问的方法，自己提出问题，解决问题。 6. 第3小节"定然是不甚宽广"，为什么这个地方不直接写那定然是很狭窄，而用了否定句？ 7. 这首诗的第2节，用了个"定然"。这是诗人的联想和想象，那为什么要定然？把定然换成可能不好吗？ 8. 第1小节为什么用"好像是点着无数的街灯"，而不写亮着无数的街灯？ 9. 第4节为什么要说是那"朵"流星，而不说成是那"颗"流星？ 10. 第3节"那隔着河的牛郎织女，定能够骑着牛儿来往"，第4节"我想他们此刻，定然在天街闲游"。为什么第3节要用"来往"，第4节要用"闲游"？ 11. "不信，请看那朵流星"，为什么要加"不信"两个字，这两个字表达了什么感情？ 12. 第3节一开始"你看，那浅浅的天河"，第2节开始有个"我想""我想那缥缈的空中"。第3节中如果没有逗号"你看那浅浅的天河"，不是和第2节更对称些吗？逗号去掉确实是没有什么关系的，作者为什么要加逗号？ 13. 在第1节，为什么在第一句用"远远的街灯明了"，而不用"遥远"的街灯。生读，师范读。 14. "我想那缥缈的空中"，为什么不改成"在那缥缈的空中"？ 15. 根据时代背景，这首诗的感情应该是非常激昂的，作者在这种背景下应该激励人们去寻求光明，然而这首诗语调却非常柔和，为什么？ 16. 第2节"街市上陈列的一些物品"，为什么要说"陈列"的物品？ 17. 传说中的牛郎织女大家都知道吧？但是这里写的是"自由来往"，把这一段改一改——你看，那茫茫的天河，定然是无限宽广。那传说中的牛郎织女，只能够隔河相望。我觉得这样改了，更符合传说。你们赞不赞成这样改？ 18. 多形式朗读。	1. 朗读。 2. 街灯与明星的联系。 3. 联想和想象手法。 4. 虚写与实写。 5. 牛郎织女故事新写。 6. 炼字。 7. 思想情感。 8. 简要介绍作者和背景资料。 9. 标点符号的作用。 10. 写作练习。 11. 拓展阅读。 12. 表达训练。	讲授法、问答法、读书指导法、讨论法、练习法

序号	刊物及课例	教学目标	教学内容	教学点	教学方法
6	秦思:《〈天上的街市〉教学实录》,《语文教学通讯》2010年第7—8/B期		1. 老师配乐范读课文。找找郭沫若看到了什么? 在文中划出来。 2. 在诗中,诗人真正看到的有什么? 诗人想到的又有什么? 3. 诗人如何想到这些东西的? 他想到明星、街灯和天上的街市、牛郎织女的途径有什么不同? 4. 诗人想象中的牛郎织女和我们平时所了解的一样吗? 那诗人为什么要这么写? 我们一起来看看这首诗的写作背景。 5. 诗人身处黑暗的社会,为什么还想象那么美好的生活? 6. 最后一节你是怎么读出感情的? 这一段讲什么? 你是以怎样的语速读的? 为什么读得比较慢? 你觉得哪些词要重读? 师读。 7. 请同学们自由选择自己喜欢的小节进行朗读,并思考:你为什么这样读? 8. "朵"字为什么用得美,你知道吗? 9. 四人小组合作朗读。生齐背诵。 10. 以"我想,那缥缈的空中"为开头,结合自己的梦想,展开想象,续写一节诗。给大家读一读自己的作品吧! 幻灯片展示教师作品。	1. 朗读。 2. 联想和想象手法。 3. 街灯与明星的联系。 4. 虚写与实写。 5. 牛郎织女故事新写。 6. 简要介绍作者和背景资料。 7. 思想情感。 8. 炼字。 9. 写作练习。	讲授法、问答法、练习法、讨论法

序号	刊物及课例	教学目标	教学内容	教学点	教学方法
7	邱勇军:《〈天上的街市〉教学实录》,《语文教学通讯·初中》2014 年第 7—8 期		1. 请学生介绍郭沫若。 2. 师配乐朗诵找出这首诗的韵脚,并说说本诗的押韵有什么特点? 生齐读全诗。 3. 大家思考第一节。这里的"亮""现"我们应该怀着怎样的心情去读? 4. 给每一节描绘的图景取一个名字。 5. 同学们认为诗中哪些词或句子使诗歌更加迷人了?"明"和"点""闪"和"现"这四个词好在哪里? 6. 生讲《牛郎织女》。 7.《天上的街市》中,牛郎织女的生活是怎样的? 和传说中的牛郎织女有什么不同? 8. 本诗对牛郎织女的传说进行了全新诠释,这个反传统的创作抒发了诗人怎样的思想感情? 9. 了解诗歌的创作背景,结合背景说说作者创作这首诗的意图。 10. 作者是通过什么手法对牛郎织女的故事进行全新的诠释? 屏显联想和想象概念。 11. 请大家发挥联想,续写这些句子:(1)春天的樱花开了;(2)月亮倒映在湖面。生写作,师巡视指导;之后交流评赏。 12. 师生同读《天上的街市》。	1. 朗读。 2. 街灯与明星的联系。 3. 联想和想象手法。 4. 炼字。 5. 牛郎织女故事新写。 6. 简要介绍作者和背景资料。 7. 思想情感。 8. 写作练习。	讲授法、问答法、练习法、讨论法

续表

序号	刊物及课例	教学目标	教学内容	教学点	教学方法
8	袁璐执教，胡洁整理，覃方确设计：《〈天上的街市〉教学实录》，《语文教学通讯·初中》2017年第7—8期	1. 朗读诗歌——流利地朗读诗歌，分清节奏，读出韵律。 2. 解读诗歌——感受诗歌中的画面美，品味诗歌富有表现力的语言。 3. 品读诗歌——体会诗人的美好情感。	1. 生朗读课文，疏通字词，读准节奏、韵律、情感等。师范读。生跟读。生齐读。 2. 读完这首诗，同学们能说一说诗人为我们描绘了哪些画面，以及这些画面有什么特点吗？把找到的画面用笔画出来。 3. 这个街灯是天上的街灯？那这里的街灯有什么特点呢？你是从哪里看出来的？ 4. 这个"闪"字写的是明星，你怎么知道它是在写街灯？ 5. 如果让同学们读出街灯和明星这幅画的特点，同学们会怎么读？生朗读。 6. 第2节的天上的街市有什么特点？"珍奇"是什么意思？还可以从哪些地方看出它稀有？生读。 7. 同学们给这幅画起一个怎样的名字？（诗中第2节） 8. 这条街应该是一条什么样的街？ 9. 第3节是一幅怎样的画？有什么特点？ 10. 你从哪里看出他们的幸福？那传说中的牛郎织女能够自由交往吗？"来往"能够表现出牛郎织女什么样的生活？ 11. 哪处还表现了他们自由、幸福的生活？ 12. 请你用读的方式表现"很悠闲地走"的状态。生全班齐读。 13. 给这幅画起个名字（第3节诗）。 14. 在诗人笔下过着幸福生活的牛郎织女，在传说中却是不幸的，为什么会不一样呢？ 15. 了解这首诗歌的创作背景，诗人写下这首诗的目的是什么？ 16. 师配乐范读、生配乐自由朗读诗歌、生配乐齐读诗歌。	1. 朗读。 2. 街灯与明星的联系。 3. 联想和想象手法。 4. 虚写与实写。 5. 牛郎织女故事新写。 6. 简要介绍作者和背景资料。 7. 思想情感。	讲授法、问答法、读书指导法

序号	刊物及课例	教学目标	教学内容	教学点	教学方法
9	朱海瑶、陈俭：《〈天上的街市〉教学实录》，《语文教学通讯》2018年第8期		1. 详细描述牛郎织女在天上生活的画面。 2. 介绍作者，解决生词。 3. 自由朗读诗歌。生点评。师配乐朗读。全班配乐读。 4. 天上的街市有什么呢？ 5. 这个流星是街市上的什么？天街上的这些人和物分别有什么特点？请同学们拿起笔把能够突出其特点的修饰语圈画出来。 6. 给这些人和物加上修饰语。 7. 在这些修饰语当中，同学们有没有发现哪些词语用得特别形象、传神，或者很新奇？ 8. "那朵流星"中的"朵"新奇在哪儿？ 9. 这么美好的街市真的存在吗？ 10. 诗人运用了什么样的写作手法，把我们由现实带入这样一个美妙的世界中的？小组内交流。 11. 诗人怎样展开想象的？这首诗通篇都是在想象吗？请大家再齐读一遍第 1 小节。生齐读。 12. 同学们还记得《春》中的这句话吗？"闭了眼"——生齐背。请大家注意"联想"和"想象"的区别。 13. 郭沫若把天上的街市想象得这么美好，但他当时身处的人间又是怎样的一种现实呢？ 14. 诗人在同一时期的另外一首诗中，发出了这样的怒吼——冷酷如铁！黑暗如漆！腥秽如血！生齐读。 15. 诗人身处的人间如此黑暗，人们生活那么痛苦，那诗人的心在哪里呢？ 16. 这首诗中的哪些词语流露出了他的这种期盼之情？请大家圈画出来。 17. 齐读。试背。	1. 牛郎织女故事新写。 2. 简要介绍作者和背景资料。 3. 疏通字词。 4. 朗读。 5. 街灯与明星的联系。 6. 联想和想象手法。 7. 虚写与实写。 8. 炼字。 9. 思想情感。 10. 拓展阅读。	讲授法、问答法、读书指导法、练习法、讨论法

续表

序号	刊物及课例	教学目标	教学内容	教学点	教学方法
10	王旭明：《〈天上的街市〉课堂实录》，《语文建设》2018年第2期		1. 这篇课文是什么体裁？郭沫若是谁？ 2. 自由朗读。读时想一想这首诗写了什么，用自己的话说一说。有不认识的字标出来。 3. 找同学来读一读这首诗，能背下来更好。 4. "定然"是什么意思？为什么作者不用"一定"？用"一定"行不行？ 5. "不甚"是什么意思？ 6. 为什么要写天上的街市？大家边听老师读，边想这个问题。生试读前三小节。 7. 这里提到了牛郎织女，你能讲一讲牛郎织女的故事吗？牛郎织女每年只有什么时候才能见一次面？骑着什么？在天街上干嘛？来来往往，闲游，对不对？天街是黑暗的还是光明的？ 8. 我们都没有去过天上，但是作者把天上写得这么好，把牛郎织女写得这么好，是要表达什么？此刻的什么心情？表达了什么？ 9. 通过写天上的街市，表达了作者对美好生活的什么？ 10. 齐读第一小节。"街灯"是天上的吗？ 11. 地上的街灯明了，接下来写什么？他从地上的街灯想到了什么？然后又从天上无数的明星想到了什么？ 12. 由一件事想到另一件事，又从另一件事想到这件事，这叫什么？ 13. 第二节作者写什么？集体读一遍。 14. 生读。示范读。 15. 第三小节写的是地上还是天上？ 16. 我们看第四小节。生读。生解读。 17. 第四小节，大家说写的是地上还是天上？ 18. 二、三、四小节都是写天上。作者到天上去了吗？那他怎么能写天上呢？通过什么？ 19. 大家看这首诗共几个小节？第一小节用的什么方法？第二节、第三节、第四节写什么？用了什么方法？ 20. 现在我们看看自己能不能用这个方法来表达我们的生活。现在大家抬头看着我，看老师的眼睛，你们由老师的眼睛联想到了什么？ 21. 以今天的课堂为例写首诗。	1. 简要介绍作者和背景资料。 2. 疏通字词。 3. 朗读。 4. 联想和想象手法。 5. 牛郎织女故事新写。 6. 思想感情。 7. 街灯与明星的联系。 8. 虚写与实写。 9. 表达训练。 10. 写作练习。	讲授法、问答法、读书指导法、练习法、讨论法

（一）教学内容

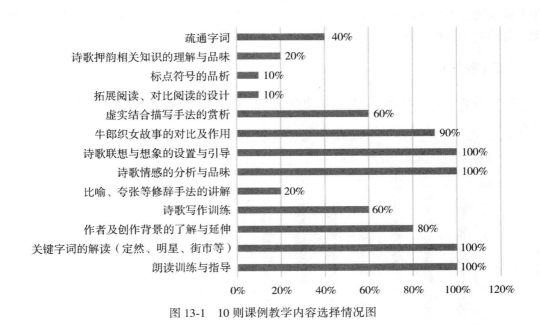

图 13-1 10 则课例教学内容选择情况图

据统计分析，10 则课例的教学内容主要从以下三个方面展开：

第一，对关键字词的解读。第一节中写街灯用"明"和"点"来表现它的特点，写明星用了"闪"和"现"。"闪"显得明星更加灵动，"现"则表明明星亮起来的过程是渐进的，层次分明的。以"定然"这种表示肯定意义的词语引出美景，将想象具象化，加强了想象的可信性，能给读者一种逼真生动的感觉。一"朵"流星，生动地刻画出星体碰撞坠落形成的喇叭状的亮光。

第二，注重朗读训练，对诗歌进行含英咀华。朗读设计的方式有全班齐读、教师范读、学生试读，配乐朗诵等。《天上的街市》全诗共四节，每节四行，偶句押韵，四句换韵。全诗每句少则六个字，多则十个字，每句三个节拍，读起来朗朗上口。长句四顿，短句三顿，富有节奏感。在朗读指导中，教师都能注重对诗歌的停顿、重音、节奏等基本朗诵知识进行讲解，对学生的朗读效果也能进行适当的点评，总体上，朗读教学效果良好。

第三，诗歌联想与想象的设置与引导，帮助学生理解诗歌。《天上的街市》是一首充满浪漫想象的诗篇。诗中由现实中的街灯联想到天上的明星，再由天上的明星联想到街灯，进而想象天上的街市，那里有着美丽的景色和世上没有的珍奇。由街市再想到人，想象牛郎织女提着灯笼在天街闲游过着幸福的生活。这些富有想象力、暗示性的意象超越了现实生活，释放了情感。通过"天上的明星""远远的街灯""那朵流星"将三种事物联系起来，不仅以街灯和明星的对称让组合更加统一，而且在意象衍生上呈现出一种反衬的效果。想象"牛郎织女""珍奇物品""流星"与"灯笼"等，通过对天上美好生活的描绘，表现了诗人对黑暗现实的批判，对美好生活的憧憬，激励人们为实现这一理想而奋斗。从课例中不难发现，教师都能通过设置情境或讲解神话故事的方式，引导学生们进行联想和想象，帮助同学们走进诗歌深处。

（二）教学点

统计结果显示，10 则课例中占比 50% 以上的教学点有 9 个，详见图 13-2。

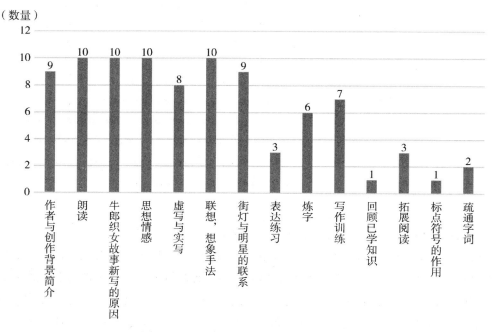

（数量）

图 13-2　10 则课例教学点选择情况图

10 则课例中教学点的选择，关于朗读训练与指导、诗歌思想情感的分析与品味、牛郎织女故事新写的作用、诗歌联想与想象的设置出现次数最多，每篇课例都选择了该教学点进行教学；其次是对作者及创作背景的了解与延伸、街灯与明星联系的辨析，各在课例中出现 9 次；接着是掌握虚写与实写，共有 8 则课例选择了该教学点；诗歌写作训练，共有 7 则课例选择了该教学点。还有赏析"朵""闲走"等炼字学习，各在课例中出现了 6 次。这说明《天上的街市》这首诗歌可教的点较多，教师在教学中都抓住了朗读训练、关键字词的解读、诗歌联想与想象和情感品味这四个要点，但在其他教学点的选择上则显示出随意性，没有紧扣文体特征展开。

（三）教学方法

如图 13-3 所示，《天上的街市》的教学方法主要有以下五种。

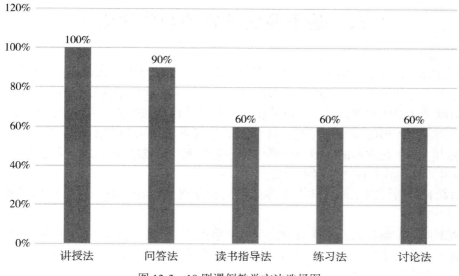

图 13-3 10 则课例教学方法选择图

一是问答法。从所选课例来看，几乎所有老师都是以研究问题为中心展开学习和教学，这与当前我国课堂主要的教学方式是一致的。教师围绕教学目的、任务和内容，旨在让学生体会作者的情感和诗歌传达的主题，围绕意象、形象、语言、情感、意境等方面引导学生思考，在教师教和学生学的过程中引导学生获得新的知识和巩固所学的知识。教师在这个过程中培养了学生的综合能力，特别是审美鉴赏能力和思维发展能力。在教学过程中，教师和学生的积极互动，也促进了师生的共同成长。

二讲授法。以上课例中，对于诗歌的意境呈现、诵读训练、背景知识的引入等方面，教师一般采用讲授法来展开教学。

三是练习法。练习的目的在于帮助学生形成或发展一定的朗读技能，同时帮助学生加深对所学知识的理解。诵读和解读是相辅相成的关系，通过朗读训练，有助于学生对诗歌的理解，也能丰富学生的诗意感受。

四是讨论法。在所选课例中，学生在教师的指导下，围绕学习任务展开讨论，各抒己见。讨论法的使用，有助于学生从多个方面进行思考，同时培养对话交流的能力。课例中一般是从如何朗读以及联想和想象的探析这两方面，一般采用班级讨论和小组讨论两种形式。但从课例来看，讨论过程还需要优化，让讨论更有目的、有组织、有计划地进行。

五是读书指导法。在教学过程中，教师指导学生阅读。在学生朗读诗歌的过程中，运用画停顿、画重音等方法帮助学生理解诗歌。引导学生通过排比、设问等修辞手法来感受诗歌的情感；或是通过划重点的方式，找出关键意象，通过联想和想象，明白诗歌主题；或是通过课前对背景资料的查阅，明白诗人的创作主旨。由此，提高学生的学习效果。

三、基于课例分析的教学建议

《天上的街市》选自部编本七年级上册第六单元。单元导语的建议是："本单元学习快速阅读，力争每分钟不少于 400 字。阅读时，尽量扩大一次性进入视野的文字数量，寻找关键词语以带动整体阅读，提高阅读速度。还要调动自己的体验，发挥联想和想象，把握作者的思路，深入理解课文。"可见，这单元的学习重点是引导学生进行想象，锻炼学生的想象能力。学生在之前的学习中已经掌握一定的现代诗歌阅读方法，因此教师教的内容应该是学生"理解不了的""揣摩不到的"。

通过统计分析可以发现，现在大多课例的教学终点定在掌握诗歌思想情感和诗歌朗诵上。

疏通字词，了解诗人及创作背景这个教学落点，学生通过课前预习和课下提示或利用学习工具可以自行解决。诗歌朗诵这一教学点，学生通过之前现代诗歌的学习，且在教师的帮助下也能掌握。

《义务教育语文课程标准（2011 年版，2020 年修订）》指出："欣赏文学作品，有自己的情感体验，初步领悟作品的内涵，从中获得对自然，社会和人生的有益启示。对作品中感人的情境和形象，能说出自己的体验；品味作品中富有表现力的语言。了解课文涉及的重要作家作品知识和文化常识。"[①]为达成教学目标，一方面需要依据文本体式进行文学鉴赏，从诗歌的内容和形式两个方面进行。另一方面教学内容的确定必须依据学生学情。教学内容必须由师生这一教学双方在教学实践中现实地生成，教学内容的选择要建立在师生对同一文本的差异性理解之上。根据教学实践和学生认知情况，"掌握联想和想象的写作手法，品读关键词句，体会诗歌中所表达的思想主题"应是这首诗歌教学的着力点。同时，根据《天上的街市》文本体式特点和 10 则课例教学点的统计，"关键词句的赏析和掌握联想和想象的写作手法"是最值得教的教学点，是学生"理解不了的""揣摩不到的"。

基于以上认识，这首诗歌教学的重点是"掌握联想和想象的写作手法，品读关键词句，体会诗歌中所表达的思想主题"。我们应以此为着力点，设计多元化的课堂活动，引导学生深入文本，体会郭沫若诗歌的独特艺术魅力。

总之，教师在教学时要关注学生不喜欢的与读不懂读不好的地方，引导学生在发挥联想和想象的过程中把握意象之间的有机联系，并使知识结构化，系统化，而不是碎片化地理解一个个知识点。教师在教学过程中还需要引导学生对学习内容进行批判性理解，注重知识与经验的连接。同时，在学习过程中还需要采用多种适合学生发展水平的教学方式，激发学生对现代诗歌的兴趣，提升他们鉴赏现代诗歌的水平。

---

① 中华人民共和国教育部 . 义务教育语文课程标准（2011 年版，2020 年修订）[S]. 北京：北京师范大学出版社，2011.

四、教学设计参考

《天上的街市》教学设计

学情简析：

学生难以自行分析联想和想象的写作手法。

教学重点：

品读诗歌富有表现力的语言，体会诗歌中所表达的思想主题。

教学难点：

掌握联想和想象的写作手法，品读关键词句。

教学课时：

1课时。

教学流程：

（一）教学导入

读诗：学生自由朗读、听音频朗读。注意朗读的语速、节奏、语气、语调。

（二）赏析与研讨

1. 品味语言

这首诗歌每一节的韵脚是什么？哪些字该重读？

学习活动：

奇数句都以"了"结尾，偶数句的"星"和"灯"押"ng"的韵；第二节中的偶数句结尾的"市"和"奇"都押"i"的韵；第三节的偶数句结尾的"广"和"往"都押"ang"的韵；第四节的偶数句结尾的"游"和"走"都押"ou"的韵。"街灯、明星、街市、物品、不甚、来往、灯笼"要重读。

2. 品析意象

诗中哪里采用了联想、想象的手法？文章的构思是怎样的顺序？

学习活动：

将"街灯"与"明星"联系起来，接着写"那朵流星"，由此衍生下去，想象"珍奇物品""牛郎织女""流星"与"灯笼"等。由现实中的街灯联想到天上的明星，再由天上的明星联想到街灯，进而想象天上的街市，那里有着美丽的景色和世上没有的珍奇。由街市再想到人，想象牛郎织女提着灯笼在天街闲游过着幸福的生活。

3. 感受表达艺术

找出每一节中你认为用得好的字或词，体会诗中语言的简练精妙。

学习活动：

第一节中写到街灯用"明"和"点"来表现它的特点，写明星用了"闪"和"现"。"闪"显得明星更加灵动，"现"则表明明星亮起来的过程是渐进的，层次分明的。以"定然"这种表示肯定意义的词语引出美景,将想象具象化,加强了想象的可信性,能给读者一种逼真生动的感觉。一"朵"流星,生动地刻画出星体碰撞坠落形成的喇叭状的亮光。

4. 比较分析

诗中第三四节改写了牛郎织女的故事,诗人这样写的目的是什么?

学习活动:

结合写作背景引出诗人从人间写到天上,天上的街市繁华富庶、人民生活幸福美满,是为了呈现诗人激励人们为实现这一理想而奋斗的写作目的。

5. 分析构思:

"街市"贯穿全诗,诗中哪里采用了虚实结合的手法?

学习活动:

找出诗中虚实结合的字词句。

6. 背诵全诗

(三)拓展训练

这单元我们学习了寓言和童话,大家以讲童话的方式讲述这首诗,可以适当地扩充。

(四)课后作业

对比阅读杜牧的《秋夕》、李商隐的《七夕》,任选一首从诗歌的意象、语言、结构、意境等方面进行品读。

(五)板书设计

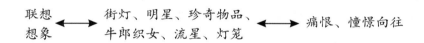

联想　←——→　街灯、明星、珍奇物品、　←——→　痛恨、憧憬向往
想象　　　　　牛郎织女、流星、灯笼

第十四章
《黄河颂》文本解读与教学设计

　　《黄河颂》是一首朗诵诗，是诗人光未然于 1939 年创作的。这首诗是一首反映抗日救亡的抒情诗，亦是诗人对黄河唱出的颂歌。诗人用澎湃的热情讴歌了黄河的宏伟气势、源远流长，通过黄河歌颂了中华民族坚强不屈的民族精神，表达了中华儿女的坚强决心和一往无前的勇气。全诗语言奔放、境界开阔、气势磅礴，读来慷慨激昂、给人以强烈的精神震撼。单元提示告诉我们：本单元的学习应注重涵泳品味，尽量把自己"浸泡"在作品的氛围之中，调动起体验与想象。要把握课文的抒情方式，体会作品的情境，感受作者的情怀。因此，我们在教学中不仅要注重涵泳诗歌的语言，也要通过朗读走进作品的意境，体会诗人对中华民族伟大民族精神的歌颂。

一、教学文本解读

（一）语言

　　《黄河颂》是一首朗诵诗，该抒情诗以短句为主，兼有长句，节奏感强且富于变化。在韵脚上，运用了双声叠韵词，隔两三句押韵，韵律自然和谐，节奏铿锵、韵律响亮，读起来朗朗上口，富有音乐美。

　　诗歌围绕"颂"展开。诗的第一节"啊，朋友！"就奠定了全诗高昂的感情基调。在这一节中，诗人简单介绍黄河的由来、流向和形态等基本信息。全诗以"望"字统领全诗，以及"奔""掀""劈"这些动词的运用，将黄河的气势栩栩如生地展现出来，表现出黄河所蕴含的中华民族顽强奋斗的伟大精神与不屈不挠的意志。第二节，"啊！黄河！"以直抒胸臆的方式转入颂。这一节描绘了黄河作为中华民族的"摇篮"，赞颂了黄河对中华民族的哺育之情，节奏舒缓深沉。第三节的"啊！黄河！"引出黄河作为民族屏障，赞颂了黄河对中华民族的保卫之情，节奏坚强有力。最后一节的"啊！黄河！"赞颂了黄河对中华民族的"激励"，激励中华儿女要像黄河一样"伟大坚强"，情绪高亢激昂。诗中"像你一样的伟大坚强"在各节中反复出现，造成反复咏叹、构成章节排比，还增强了语势，给人以形式美感与力量感。

（二）景物与意象

景物意为可供观赏的景色和事物，意象中"意"是指诗人的主观情意，"象"是指诗人感受到的客观物象。意境则是诗人通过种种意象的创造和组合所构成的一种充满诗意的艺术境界。诗歌第一节介绍了黄河的发源地、流向和形态等概貌，引出对黄河的赞歌。第二节至第四节分别以黄河象征中华民族的摇篮、屏障，表明黄河对中华民族的激励，塑造出凝聚了中华民族精神和爱国热忱的黄河形象。抒发了诗人号召中国人民团结起来保卫黄河，保卫中国的爱国情怀。总之，诗人通过象征手法，歌颂了黄河气势宏伟、历史源远流长，展示出了黄河桀骜不驯的血性和中华民族的英雄气概。

（三）表达方式和修辞手法

诗中融合了抒情、议论、描写等表达方式。诗歌第一节采用了描写的手法，第二节转入抒情，第四节以议论收束，表现出黄河伟大坚强的形象和诗人对它的热爱和敬仰之情。

诗中还采用了夸张、比喻、反复等修辞手法。"万丈狂澜""九曲连环""劈成南北两面"等句子采用夸张的手法，将黄河水势大、水流急、流程长，水域面积大的特点生动展现出来。第三节将黄河比作一个站在亚洲平原之上的巨人，展现出黄河上游奔腾而下的气势特点，读者的崇敬之情油然而生。诗中不断反复的"啊！黄河！""像你一样的伟大坚强"则抒发了作者保卫黄河，保卫中国的爱国情怀，以及号召中华儿女学习黄河伟大的精神。

二、基于课例的教学设计分析

笔者选取了较规范的 10 则教学案例，对课例中选取的教学内容进行梳理，归纳出每节课的教学点。同时依据王本陆先生对我国中小学常用教学方法的分类（讲授、问答、讨论、读书指导、练习、实验、演示、研究）①，对这些典型教学案例所用的教学方法进行梳理。

---

① 王本陆 . 课程与教学论（第三版）［M］. 北京：高等教育出版社，2017：156-167.

表 14-1 　　　　　　　　　　　　　　**《黄河颂》10 则课例分析表**

序号	刊物及课例	教学目标	教学内容	教学点	教学方法
1	单英明：《〈黄河颂〉导学设计》，《中国校外教育》2010年第9期	1.用普通话正确流畅、充满感情地朗读课文。在反复诵读的基础上体会诗歌意境和诗人抒发的真挚感情，揣摩大气精练的语言。2.利用多媒体辅助教学，了解作者，激发爱国热情，打动学生心灵。抓住诗歌的节奏与感情反复朗读诗歌。通过研讨分析来深入理解诗歌。3.加深学生对祖国的热爱之情。	1.初读课文，你感受到了什么？2.找你喜欢的句子，说说应该怎样读，为什么要那样读。范读欣赏。3.学生多方式朗读课文。4.题目是《黄河颂》，那么作者歌颂黄河什么呢？选取文中任意一节诗，发挥想象，有哪些景物？有怎样的气势？有哪些人物？有怎样的精神？要注意突出原诗的感情—颂。5.你认为作者描绘黄河一往无前、无坚不摧的特点，歌颂它伟大坚强的精神，是要表达什么情感？6.介绍作者及写作背景7.学了这首诗歌，你还有什么问题吗？预设：三个"啊，黄河"表达的意思是否一样？8.出示郭沫若《静夜》，与课文比较异同。提升学生对诗歌的理解能力。	1.雄浑激昂的感情基调。2."望""掀""劈"等动词赏析。3.朗读训练。4.歌颂黄河的状貌、历史贡献、地理特征、自然特点。5.四节诗情感的变化。6.介绍作者及写作背景。7.三次"啊，黄河"的内涵。	讲授法、问答法、讨论法
2	马莹：《〈黄河颂〉教案设计》：《教改·教研》2016年第6期	1.在反复朗读的基础上，整体感知课文的思想内容，内心有家国意识。2.通过揣摩精彩段落和关键词句，学习语言运用的技巧。	1.背景介绍。2.从题目上看，关键词是哪一个？作者是从哪些方面赞颂黄河？3.师范读，学生疏通字词，掌握节奏体会情感。思考作者是从哪些方面赞颂黄河的？4.自由朗读朗诵词部分，小组合作的方式谈谈朗诵词的作用是什么？该如何朗诵？5.学生齐读歌词部分，体会作用。6.该以怎样的语气语调处理歌词部分的朗读？小组合作讨论完成并展示。7.结合本节课的朗读体会与经验，自己总结一下怎样才能读好诗歌？多形式朗读。8.思考和平年代自己该怎样做才是爱国？	1.朗诵词分析。2.黄河的状貌、历史贡献、地理特征、自然特点。3.四节诗情感的变化。4.三次"啊，黄河"的内涵。5.介绍作者及写作背景。6.颂的体式。	讲授法、问答法、讨论法、练习法

续表

序号	刊物及课例	教学目标	教学内容	教学点	教学方法
3	孙鸿飞：《〈黄河颂〉教学实录》，《语文教学通讯》2018年第8期		1. 介绍作者。 2. 朗读训练。 3. 欣赏诗的第1节，哪一句最能让我们感受到黄河的雄浑气魄？ 4. 同学们现在看到了一条怎样的大河？可以用一词，也可用一句话来描述。 5. 全体同学配乐诵读。 6. 我们就是黄河，我们从青藏高原出发，一路奔向东南，我们会害怕吗？我们都是黄河的儿女，面对生活的种种阻碍，我们该怎么办？师介绍背景。师生配乐合诵。 7. 第2节中，大家一边读一边画，看看哪些文字深深地打动了你，哪些文字更加激发了你对黄河的赞颂之情。画出句子。进行朗读指导。 8. 面临灭顶之灾，黄河的儿女们，我们该怎么办？假如你就是当时奔赴战场抗击日军的战士，来到黄河边，你会对黄河母亲说什么？ 9. 生激情诵读。	1. 介绍作者及写作背景。 2. 朗诵词分析。 3. "望""掀""劈"等动词赏析。 4. "九曲""结"的形态。 5. 黄河的状貌、历史贡献、地理特征、自然特点。 6. 四节诗情感的变化。 7. 三次"啊，黄河"的内涵。 8. 朗读训练。 9. 表达训练。	讲授法、问答法、讨论法、练习法
4	尹钰：《〈黄河颂〉教学实录》，《语文教学通讯》2013年第8期		1. 师激情范读、学生自由放声朗读。 2. 同学们能不能说说你从四节诗中读懂了什么？ 3. 大胆提出自己的疑惑，并与小组同学共同解决。为什么说黄河是中华民族的屏障？诗中怎么有那么多的"啊"？有必要吗？ 4. 诗中为什么用那么多的"你"？ 5. 作者为什么说黄河"伟大而又坚强"？ 6. 全班一起读这三个小节，读完后试着把所有的"你"换成"她"，再自由读一读，体会有什么不同。 7. 师读朗诵词部分，生齐读"望黄河"部分，三个学生分别读三个"啊！黄河！"引领的内容，其余内容师生齐读。	1. 朗读训练。 2. 黄河的状貌、历史贡献、地理特征、自然特点。 3. "望""掀""劈"等动词赏析。 4. 介绍黄河历史和写作背景。 5. "你"的情感含义。 6. 三次"啊，黄河"的内涵。 7. 颂的体式。 8. 伟大、坚强的体现。 9. 四节诗情感的变化。	讲授法、问答法、讨论法

续表

序号	刊物及课例	教学目标	教学内容	教学点	教学方法
5	张慧莲、余映潮：《〈黄河颂〉教学实录》，《语文教学通讯》2004年第2期		1. 根据课前预习，让学生谈对黄河的了解。 2. 师配乐范读，生对喜欢的一句或一节进行批注。 3. 诗将歌词主体部分分为黄河"养育""保卫""激励"了中华民族三个层次。我们分三个小组分别读这三节，比一比，看哪组读得更好。 4. 黄河有着怎样的气势和精神？你是怎样体会的？ 5. 结合时代背景，你认为作者描绘黄河一往无前、无坚不摧的特点，歌颂它伟大坚强的精神，是要表达什么情感？ 6. 你能用一个相似的短语来替换诗歌结尾的"伟大坚强"这个词，发出你的誓言吗？以小组合作的形式先探究一下。 7. 请学生从对中华民族贡献的角度来谈黄河。 8. 多媒体播放《黄河大合唱》，师生齐唱。	1. 介绍作者及写作背景。 2. 三次"啊，黄河"表达的意思。 3. 朗读训练。 4. 黄河的状貌、历史贡献、地理特征、自然特点。 5. "望""掀""劈"等动词赏析。 6. 伟大、坚强的体现。 7. 四节诗情感的变化。 8. 颂的体式。 9. 朗诵词分析。	讲授法、问答法、读书指导法、练习法、讨论法
6	刘梅珍：《〈黄河颂〉说课稿》：《现代语文（教学研究）》2012年第2期	1. 正确流畅、有感情地朗读诗歌。 2. 把握全诗主要内容和结构层次。 3. 借助背景介绍、朗诵聆听和自我朗读，能有感情地朗读诗歌，体会作者的挚热情感。 4. 深刻感悟黄河的雄伟气概，深入理解中华民族的坚强品格，激发爱国情怀。	1. 简介黄河历史。 2. 朗读训练。 3. 黄河有着怎样的气势和精神？你是怎样体会的？ 4. 结合时代背景，你认为作者描绘黄河一往无前、无坚不摧的特点，歌颂它伟大坚强的精神，是要表达什么情感？ 5. 请用相似的短语来替换诗歌结尾的"伟大坚强"这个词，发出你的誓言。 6. 引入《长江之歌》，类比体会两个文本情感层面的一致性，以深化和升华爱国情感。 7. 师生齐唱《保卫黄河》。	1. 介绍黄河历史和写作背景。 2. 朗读训练。 3. 三次"啊，黄河"的内涵。 4. 黄河的状貌、历史贡献、地理特征、自然特点。 5. 理解黄河是摇篮和屏障。 6. 四节诗情感的变化。 7. 伟大、坚强的体现。 8. 拓展阅读。	讲授法、问答法、练习法

续表

序号	刊物及课例	教学目标	教学内容	教学点	教学方法
7	王水清:《〈黄河颂〉导学案》,《综合天地》2012年第9期	1.①训练与提高学生有感情朗读诗歌的能力。②品读诗歌的语言。2.①通过反复朗读,培养学生的朗读能力。②通过自主学习、理解诗歌的主要内容。③通过合作探究,体会作者的思想感情。3.进一步培养学生的爱国情感和民族的自豪感。	1. 介绍作家作品、写作背景。2. 疏通字词。3. 多形式朗读。4. 题目《黄河颂》中,哪个是关键词?表达作者什么思想感情?5. 本诗可以分几个部分?序曲部分和尾声部分之间有什么关系?各自的侧重点是什么?6. 朗读"主体"部分,思考可以分成几部分?重点在哪里?概括它们的大意。7. "绘黄河"的部分由哪个字来统领?诗中是怎么描写的?表现黄河怎样的特点?8. 朗读"颂黄河"部分,思考诗人从哪几个方面来歌颂黄河的?9. 反复出现"啊!黄河!"起什么样的作用?10. 如何理解黄河是"摇篮",是"屏障"?11. 如何理解黄河"向南北两岸伸出万千条铁的臂膀"?12. 学完本诗,你有哪些收获与疑惑,列出清单。①你掌握了哪些知识?②你还有哪些疑惑?13. 假如你是当年的随军记者,有幸与《黄河颂》的作者光未然面对面,你准备向他提出哪问题呢?请你拟写一份采访提纲。	1. 介绍作者及写作背景。2. 疏通字词。3. 朗读训练。4. 颂的体式。5. 黄河的状貌、历史贡献、地理特征、自然特点。6. 三次"啊,黄河"的内涵。7. 伟大、坚强的体现。8. 四节诗情感的变化。9. 写作练习。10. 理解黄河是摇篮和屏障。	讲授、问答法、练习法、讨论法
8	李淑梅:《〈黄河颂〉教学设计》,《新课程·中学》2010年第8期	1. 掌握本课生字、词,有感情地朗读课文。2. 自主合作探究的方法。3. 理解诗歌的内容,培养学生的爱国主义情操。	1. 介绍作家和写作背景。2. 多形式朗读。3. 梳理诗歌的情感脉络。4. 诗人从哪些方面赞美了黄河的气魄?他借歌颂黄河表达了什么感情?5. 如何理解黄河是摇篮?是屏障?6. 如何理解黄河"向南北两岸伸出千万条铁的臂膀"?7. 歌颂部分反复出现"啊!黄河!"有什么作用?8. 分角色朗读课文9. 历代文人写过不少关于"黄河"的诗句,你知道哪些?10. 学了《黄河颂》这篇文章,你们一定有很多收获,谈谈你们的感想吧!	1. 介绍作者及写作背景。2. 朗读训练。3. 诗歌脉络。4. 黄河的状貌、历史贡献、地理特征、自然特点。5. 理解黄河是摇篮和屏障。6. 三次"啊,黄河"的内涵。7. 拓展阅读。	讲授、问答法、练习法

续表

序号	刊物及课例	教学目标	教学内容	教学点	教学方法
9	梁薇:《〈黄河颂〉教学设计》,《新课程·中学》2012 年第 5 期	1. 培养学生朗读诗歌、初步鉴赏诗歌的能力。2. 反复朗诵并理解诗歌内容,感受中华民族的英雄气概,提高文化品位和审美情趣。	1. 分析与黄河有关的诗句。2. "颂"有什么含义,"颂"什么呢?课文是怎样歌颂黄河的?3. 出示黄河的有关图片,配上贝多芬的"英雄交响曲"。联想、想象,说说感受到了什么,要求用上句式:我看到了……我感受到了……我体会到了……4. 写作背景及作者介绍。5. 多形式朗读。通过听读诗歌你懂了什么?你还有哪些疑问?把你读懂的和没有读懂的在小组内讨论交流,然后每个小组派一名代表发言:你所在小组读懂了什么?还有什么没读懂?6. 为什么把"黄河"比作中华民族的摇篮?7. 为什么在演唱前安排一段朗诵词?8. 诗歌最后两句为什么重复?9. 诗歌用"啊,黄河"把赞黄河分为了三个层次。为什么把黄河比作"民族的屏障",说它有"千万条铁的臂膀"?10. 在赞颂黄河之前为什么还要"望"黄河呢?11. 全诗表达了作者怎样的思想感情?12. 听了诗人对黄河的歌颂,你是否也想对黄河说几句话呢?13. 师生配乐齐诵。	1. 介绍黄河相关诗句和历史。2. 颂的体式。3. 朗读训练。4. 介绍作者及写作背景。5. 三次"啊,黄河"的内涵。6. 黄河的状貌、历史贡献、地理特征、自然特点。7. 理解黄河是摇篮和屏障。8. 四节诗情感的变化。9. 表达训练。	讲授、问答法、讨论法
10	王伟:《〈黄河颂〉说课稿》,《语文建设》2020 年第 4 期	1. 把握课文的抒情方式——直接抒情。2. 通过朗读、精读,感受诗中的黄河形象,领悟黄河所凝聚着的中华民族的伟大精神。	1. 教师范读并作朗读指导,学生自由练习朗读。2. 本诗共两节,内容分别是什么?哪一节是重点?重点部分又分几层?都写了什么?3. 学生以小组为单位,进行问题研讨:(1)本文的抒情方式是什么?请学生举例说明。(2)找出文中的几个关键语句,仔细品味。学习在关键语句下做批注。4. 小组展示研讨结果,可采用多种形式,可以写、读、说、唱。5. 学生齐读课文,学生配乐诗朗诵。6. 引导学生结合现实谈学习本诗的启示。	1. 朗读训练。2. 朗诵诗。3. 黄河的状貌、历史贡献、地理特征、自然特点。4. "望""掀""劈"等动词赏析。5. 理解黄河是摇篮和屏障。6. 三次"啊,黄河"的内涵。7. 四节诗情感的变化。	讲授、问答法、讨论法

（一）教学内容

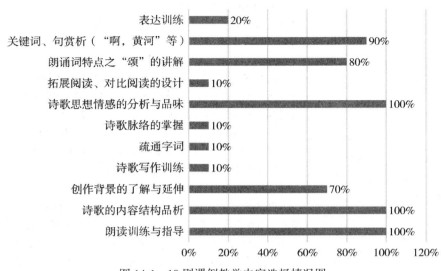

图 14-1　10 则课例教学内容选择情况图

据统计分析，10 则课例的教学内容主要从以下三个方面展开：

第一，分析诗歌的内容结构。这部分教学内容抓住诗歌对黄河的概貌、历史贡献等四个方面来展开教学，第一节概括出黄河的总体特征，第二节转入抒情，以"摇篮"比喻黄河，象征着养育了中华民族，"屏障"象征着保卫了中华民族，"臂膀"赞颂了黄河对民族精神的"激励"。其中诗歌情感由"深情舒缓"到"坚定有力"再到"激昂高亢"，呈递进状态。

第二，注重朗读训练。《黄河颂》是一首适合歌唱的诗歌，从诗人的创作中可以感受到黄河的怒吼，同时也有身为母亲河的亲切感。在韵律和节奏上，诗人反复吟唱："啊！黄河！"，融合了写景、抒情和议论，节奏上第一节舒缓深沉，第二节坚强有力，第三节高亢激昂，层层递进，表现了黄河的巨人形象以及作者对黄河的敬爱和敬仰。这首诗歌的内容依附于音律，在朗读中可以感受到诗人迸发的情感。因此这首诗歌的教学必须重视朗读的作用。所选课例采取的朗读方式包括教师范读、学生齐读、学生范读、师生齐读等，学生在朗读中掌握了诗歌的内容，理解了诗歌的情感，锻炼了朗诵技能，提高了语言表达水平。

第三，注重对诗歌思想情感的分析与品味。这部分的教学大致从两个方向展开，一是通过引导学生分析三处"啊，黄河"的情感变化把握诗歌的内容结构，一是按照诗歌的顺序通过抓住关键字词的方式，理解诗歌情感变化。《黄河颂》是诗人在 1939 年这一特殊的时间里创作出来的，为了激发中华儿女的爱国之情，号召全国人民起来保卫黄河、保卫祖国而创作的。学生对这一历史时期的社会生活并不了解，如何激发出学生的学习兴趣，如何引导学生感受诗人的爱国情怀,如何帮助学生理解诗歌是亟需解决的问题。

此外,教师可以从三处"啊,黄河"来架构全诗的情感发展脉络,在朗读教学中充分讲解"颂"这一体式,这对学生理解诗歌都大有裨益。

(二)教学点

统计结果显示,10 则课例中占比 50% 以上的教学点有 8 个,详见图 14-2。

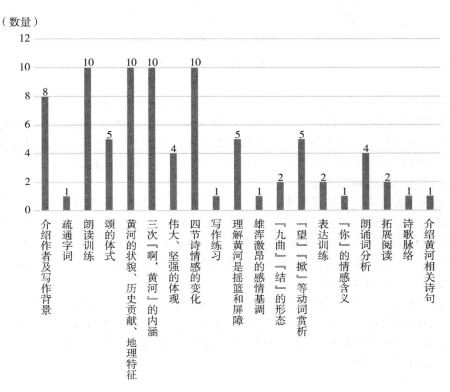

图 14-2　10 则课例教学点选择情况图

10 则课例中,关于朗读训练、黄河颂的内容结构、三处"啊,黄河"的理解出现次数最多,是每篇课例都会选择的教学点;其次是对诗歌作者和创作背景的了解,有 8 则课例选择了该教学点;随后是朗诵词特点之"颂"的讲解、"望""掀"等动词的理解、理解屏障和摇篮的含义,各有 5 则课例都涉及了该教学点。表达训练、写作训练、拓展阅读等内容,这些教学点在少数课例中有所呈现。这说明《黄河颂》可教的点较多,教师在教学中都抓住了朗读训练、黄河颂的内容结构、三处"啊,黄河"这三个要点,但教学点不应该仅仅停留在这三个点上,其他方面的解读和品析也要关注。

(三)教学方法

如图 14-3 所示,《黄河颂》的教学方法主要有以下三种。

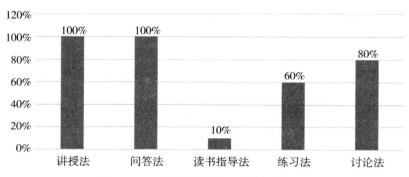

图 14-3　10 则课例教学方法选择情况图

一是问答法。采用问答法有助于教师及时了解学生的思考情况，便于教师优化教学内容。学生在回答过程中可以锻炼思维能力和语言表达能力，师生在这个过程中可以营造一种积极互动的氛围。在所选课例中，教师在教学中使用这种方法都很注重问题的启发性，但缺少一些能概括所学内容的问题，同时还缺少一些具有研究性的问题，即可以推动学生深入理解诗歌情感内涵的问题。

二是讲授法。从收集的案例来看，几乎所有老师都是以问题为基础展开教学，这与当前我国课堂主要教学方式是一致的。围绕形象、语言、情感、意境等方面引导学生思考，在教师的教和学生的学的过程中引导学生获得新的知识和巩固所学的知识。教师在这个过程中培养了学生的综合能力，特别是审美鉴析能力和反思能力。同时，教师和学生的积极互动，能促进师生的共同成长。

三是讨论法。讨论法有助于培养学生的思维能力、研究能力和语言表达能力。在所选课例中，教师对讨论法的使用几乎都忽略了它在提升学生研究能力方面的作用，所讨论的问题大多是关于朗读的知识，或是思想情感的总结性内容，涉及提升学生研究能力的问题不多，这方面有待加强。

三、基于课例分析的教学建议

当下，语文现代诗歌课堂教学中存在的问题，主要是教学内容的问题。教学内容的不正确、不妥当，教师不知道该教什么，不知道学生学到了什么。

《黄河颂》选自部编本七年级下册教材第二单元，学生在之前的学习中已经掌握了一定的阅读现代诗歌的方法，因此教师在备课时要从学生学情出发，关注学生不喜欢与读不懂的地方，以及学生读不好的地方。通过统计分析笔者发现，现在大多课例教学终点定在掌握诗歌情感、诗歌朗诵和诗人对黄河这一文学形象的刻画和赏析上。对于品味诗人的爱国之情这个教学点，学生通过课前预习和课文提示或利用学习工具可以自行解决。诗歌朗诵这一教学点，通过之前现代诗歌的学习，学生对诵读知识已有一定的了解。黄河的艺术形象赏析对学生来说是一个难点，如何带领学生深入品析是教学的关键。

　　《黄河颂》在各版本教材的单元编排中有较大的差异，现以影响面广、社会认同度高的统编版①、人教版②、苏教版③教材为例展开分析，从单元位置、单元组合、单元导语和课后练习四个方面进行梳理并比较其编排差异，见表14-2。

表14-2　　　　　　　　**统编版、人教版、苏教版、《黄河颂》编排比较表**

版本	单元位置	单元组合	单元导语	课文练习
统编版	七年级下册第二单元第一课	《黄河颂》《最后一课》《土地的誓言》《木兰诗》	家国情怀，是人类共有的一种朴素情感，它意味着热爱祖国的大好河山，热爱家乡的土地人民，愿意为保家卫国奉献自己的一切……它是国家和民族的精神凝聚力。这个单元所选的都是表现家国情怀的作品，能够激发我们的爱国主义情感。 　　本单元继续学习精读，应注重涵泳品味，尽量把自己"浸泡"在作品的氛围之中，调动起体验与想象。要把握课文的抒情方式，体会作品的情境，感受作者的情怀，还要学习做批注，记下自己的点滴体会。	思考探究： 　　一、诗人从哪些方面赞美了黄河的英雄气魄？静下心来想想，体会一下中国人民在抗战时期生发出来的磅礴的爱国激情。 　　二、诗歌既可以直接抒情，也可以间接抒情。你认为这首诗主要采取的是哪种抒情方式？你还能从自己读过的诗歌中再举出一两例吗？ 积累拓展： 　　三、1. 学习课文中的"批注示例"，想一想示例是从哪些角度进行批注的。2. 请在课文中选出最能体现黄河特点的两三处词句，仔细品味并加上批注。 　　四、举办以小组为单位的诗歌朗诵比赛。可采用合唱式朗诵的形式，设计好领诵、男女生分声部朗诵、合诵等，认真练习，在班里展示。 　　五、课外阅读《黄河大合唱》第三部分《黄河之水天上来》。

　　①　温儒敏主编 . 义务教育教科书语文教材（七年级）［M］. 北京：人民教育出版社，2016：28.

　　②　课程教材研究所中学语文课程教材研究开发中心 . 义务教育课程标准实验教科书语文（七年级）［M］. 北京：人民教育出版社，2009：47.

　　③　洪宗礼主编 . 义务教育教科书语文教材（七年级）［M］. 南京：江苏凤凰教育出版社，2016：149.

续表

版本	单元位置	单元组合	单元导语	课文练习
人教版	七年级下册第二单元第一课	《黄河颂》《最后一课》《艰难的国运与雄健的国民》《土地的誓言》《木兰诗》	在我们心中，"祖国"不是一个普通的名词。她意味着大地、江河、语言、文化、民族、同胞，等等。爱祖国，就是爱这些与我们息息相关的事物。这个单元的课文，都是表现爱国主题的文学作品。一样的感情，不一样的表达，都富有动人心弦的力量。 学习这个单元，要反复朗读，整体感知课文的思想内容，培养崇高的爱国主义情操，并揣摩精彩段落和关键词句，学习语言运用的技巧。	研讨与练习 一、有感情地朗诵这首歌词。 二、诗人从哪些方面赞美了黄河的英雄气概？他借歌颂黄河表达了什么感情？ 三、在我们学过的诗歌中，有哪些诗直白抒情，风格豪迈，有些诗则委婉含蓄。你认为这首诗属于哪一种？为什么？你还能从学过的是各种再举出一两例吗？ 读一读，写一写 巅、澎湃、狂澜、屏障、哺育、九曲连环。
苏教版	七年级下册第六单元第四课	《毛泽东词二首》（《沁园春·雪》《卜算子·咏梅》）；《古代诗歌三首》（《木兰诗》《观刈麦》《破阵子为陈同甫赋壮词以寄之》）；《现代诗二首》（《回延安》《再别康桥》）；《歌词三首》（《我的中国心》《在希望的田野上》《黄河颂》）；《古诗三首》（《使至塞上》《黄鹤楼》《归园田居·其一》）	第六单元诗词拔萃 诗歌是文学殿堂里璀璨的明珠。优秀的诗歌可以飞越时间的长河和不同的国度，拨动人们的心弦。 学习本单元的一组诗词，你可以倾听领袖毛泽东对祖国壮丽山河、古今英雄人物的纵情吟唱，可以感受著名诗人贺敬之、徐志摩对故地生活的深切眷恋，还可以领略到白居易、辛弃疾等古代诗人的艺术风采。当这些诗人把你引进诗的境界之后，你便可以拓宽胸襟，净化灵魂。	探究·练习 一、朗读三首歌词，体会歌词中的感情.结合歌词的内容.说说你对下面各句歌词的理解。1. 洋装虽然穿在身，我心依然是中国心。 2. 禾苗在农民的汗水里抽穗，牛羊在牧人的笛声中成长。 3. 你一泻万丈，浩浩荡荡，向南北两岸伸出千万条铁的臂膀！ 二、讨论问题。 1.《我的中国心》是香港回归前，香港歌手张明敏在中央电视台春节联欢晚会上演唱的，一经演唱，立即广为流传。是一种什么样的感情引起了全国人民的共鸣？ 2.《在希望的田野上》三段歌词的末两句句式相同，但用词略有变化。研究研究这些变化有什么含义。 3. 联系《黄河颂》的内容，说说你对"我们民族的伟大精神"是怎样理解的。 三、学唱这三首歌，还可以再选唱其他爱国歌曲，举行一次歌咏会，看谁唱得最有感情，最能表达作者的意思。

从上表中可以看出，三个版本的教材对《黄河颂》编排的位置都不一样：统编版和人教版是七年级下册第二单元第一课，苏教版是七年级下册第六单元第四课。编排呈以下特点：(1)按不同的主题组合单元。统编版承袭人教版的设计，以爱国为单元主题进行设计，两个版本的设计思路类似。(2)单元的编写意图不同。统编版在本单元设计中注重对作品情感的涵泳品味，人教版在单元设计中指向不如统编版具有唯一确定性，对作品的语言、情感和思想内容的把握都提出要求，而苏教版以诗歌作为本单元唯一的文体，目的在于让学生了解从古至今不同名家的诗歌创作，体会诗人的创作情感。(3)教学内容也呈现较大的差异。从课后练习设计中可以看出：统编版分为"思考探究"和"积累拓展"两个部分，在朗读教学设计上更有创新性，关注对课外阅读的延伸，重视学生在诗歌学习过程中对诗歌情感的掌握，习题设计与单元目标契合。人教版分为"研讨与练习"和"读一读，写一写"两个部分，不难看出，人教版更注重学生对语文基础知识的掌握，关注诗歌的朗读教学和情感体验，但开放性和创新性不足；苏教版分为朗读和讨论两个部分，在讨论部分从情感体验和诗歌形式两个方面进行设计，抓住了《黄河颂》朗诵词的特点进行朗读训练的拓展。

《义务教育语文课程标准》(2011年版，2020年修订)指出："欣赏文学作品，有自己的情感体验，初步领悟作品的内涵，从中获得对自然，社会和人生的有益启示。对作品中感人的情境和形象，能说出自己的体验；品味作品中富有表现力的语言。了解课文涉及的重要作家作品知识和文化常识。"[①]为达成教学目标，一方面需要依据文本体式进行文学鉴赏，另一方面要依据学情确定教学内容。因为教学内容必须由师生这一对教学双方在教学实践中现实地生成，所以教学内容的选择要建立在师生对同一文本的差异性理解之上。根据教学实践和学生认知情况，笔者判断学生对"感受诗歌的形象美，品味诗歌的语言"是知之甚少的，应是这首现代诗歌教学的着力点。同时，根据《黄河颂》文本体式特点和10则课例教学点的统计，对关键词、句的分析及赏析形象是最值得教的教学点，是学生"理解不了的""揣摩不到的"。

基于以上认识，《黄河颂》的重点是"从形象着手，感受诗歌的语言美，体悟诗人的情感"，我们应以此为着力点，设计多元化的课堂活动，引导学生深入文本，感受诗歌的艺术魅力。

总之，教师的教学不仅要关注教学内容，也需要关注学习方法、教学方法、思维方法、评价方法等，着眼于学生素养的内化培养，促进学生的全面发展。

---

① 中华人民共和国教育部. 义务教育语文课程标准(2011年版2020年修订)[S]. 北京：北京师范大学出版社，2011.

四、教学设计参考

《黄河颂》教学设计

学情简析：

诗中运用了大量的意象来传达诗人的爱国之情，学生难以自主理解。

教学重点：

掌握朗读技巧，涵泳品味诗歌，理解诗歌内容和情感基调。

教学难点：

引导学生参与策划、组织和开展朗诵比赛，锻炼学生的语文实践能力。

教学课时：

1 课时。

课前准备：

学生分组，各自确定对诵、轮诵或群诵等朗诵形式，挑选配乐，进行排练。让学生自荐成为主持人、评委、计分员和电脑操作员。

教学流程：

(一)教学导入

主持人主持，五个小组依次朗诵。

(二)赏析与研讨

从重音、停连、节奏、语气、语调、语速等方面作出评价。

学习活动：

"啊，朋友！→"奠定了全诗高昂的感情基调。诗歌情感由深情舒缓——坚定有力——激昂高亢的递进。注意"伟大/而又/坚强""将要学习/你的/榜样""像你一样的/伟大/坚强"的停顿、重音和语调。

(三)品味语言

每一组结合课文，分享自己朗读的体会。

学习活动：

1."望""奔""掀""劈"等动词表现出黄河磅礴奔腾之势；2.第二节转入颂，三处"啊！黄河！"直抒胸臆，营造出一种回环往复的韵律美，且使情感呈现一种递进变化；3.第四节结尾"像你一样的伟大坚强"重复的作用。

(四)分析构思

诗歌歌颂了黄河哪些方面？

学习活动：

第一节诗人简单介绍黄河的由来、流向和形态等基本信息；第二节以"摇篮"赞颂了黄河对中华民族的哺育之情，第三节描写黄河作为民族屏障的坚定有力，赞颂了黄河对中华民族的保卫之情。最后一节赞颂了黄河对民族精神的"激励"，激励中华儿女要像黄河一样"伟大坚强"。

（五）品析情感

课文中截取了四节融合了抒情、写景、议论的诗句，表现了黄河的巨人形象及作者对其的敬爱之情。诗人通过象征手法，歌颂了黄河气势宏伟与历史源远流长，展示出黄河桀骜不驯的血性和中华民族的英雄气概，抒发了作者保卫黄河，保卫中国的爱国情怀。

（六）合作探究

"你"是否可以替换成"我"？

（七）课后作业

模仿《黄河颂》创作一首表达形式相近的诗歌。

（八）板书设计

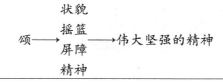

第十五章
《假如生活欺骗了你》文本解读与教学设计

《假如生活欺骗了你》(七年级下册教材第五单元)是一篇自读课文，这是被誉为"俄罗斯诗歌的太阳""俄国文学之父"的普希金于 1825 年写的一首哲理诗。外国诗歌不同于中国的现代诗歌，在译介的过程中，翻译多是译"意"，非译"音"，因此，在《假如生活欺骗了你》的教学过程中要注意外国诗歌与中国诗歌不同之处。

一、教学文本解读

(一)质朴、亲切的语言

《假如生活欺骗了你》是一首哲理抒情诗，不同的诗歌有不同的言语对象和言语方式，因此带有不同的情感意味。诗歌以对话的形式——"假如生活欺骗了你"开启，接着劝说对话客体"不要悲伤，不要心急"，拉近了对话双方的距离，非常亲切。第三句开始转入对第一句的回答，告诉对话对象"忧郁的日子里须要镇静；相信吧，快乐的日子将会来临"，"一切都是瞬息，一切都将会过去"激励人们面对困难和挫折也不要灰心丧气。最后以"而那过去了的，就会成为亲切的怀恋"收束全诗，以"怀恋"彰显出生活中的一切磨难都是财富，我们需要以积极的心态来面对。诗歌以"假如生活欺骗了你"起头，以"相信吧，快乐的日子将会来临"作结，诗歌在整体上呈现一种委婉的抒情情调。这种情调可以通过朗读来表现。

这首诗的朗读大致为：(常用朗读记号：·重音；/停顿；→平行语势；↑上行语势；↓下行语势；—延长)

假如—/生活—/欺骗了你，→
不要悲伤，—不要心急！→
忧郁的日子里/须要镇静：→
相信吧，↑快乐的日子/将会来临。↑

心儿/永远向往着未来；→

现在／却常是忧郁；→

一切／都是瞬息，→一切／都将会过去；→

而那过去了的，↑就会成为／亲切的怀恋。→

(二) 非语言逻辑性的构思

《假如生活欺骗了你》这首哲理抒情诗非常简短精悍，仅两节，第一节作者以乐观向上的情绪激励对方："不要悲伤，不要心急"，第二节展示了自己积极的生活态度——"心儿永远向往着未来"。全诗运用了大量的逻辑概念的词语：生活、悲伤、忧郁、未来、瞬息、回忆等。诗人将"时间"比作写作对象，以"假如"开启，将"生活"拟人化，并假设"生活"可以欺骗人，仿佛人与生活成为两个相互独立的部分。接着以"未来""现在""瞬息""过去"等词汇来表达诗意。总之，从"忧郁"的"现在"展望美好的未来，又站在未来俯瞰"现在"，将它视之为令人愉快的对"过去"的"怀念"。作者坚信时间会证明一切，人度过的生活具有不可欺骗性，美好的未来总会到来。生活本身是抽象的所指，但是诗人将生活的概念捏碎，经过普希金的非逻辑性改造，成为与人并列的具体事物，在形式对等、概念对等以及语素对等原则下，诗中"生活"的价值维度产生了变化，使得这首诗歌具有了非语言逻辑性给予的张力。同时，这种非语言逻辑性的构思在时间回环往复的对照中又创造出雄阔明朗的艺术境界。

(三) 真挚朴素的情感

《书·尧典》有言："诗言志，歌永言，声依永，律和声。"这说明了诗歌独特的体式特点。这首诗歌没有意象，是纯粹的哲理抒情诗，不借助任何客体形象，只是诗人的直接说理。自由的形式格律，有很强的表现力，更贴合生活和普通民众的阅读期待。理解《假如生活欺骗了你》的情感主旨需要从诗人创作背景着手。这首诗写于1825年，普希金流放南俄奸德萨，同当地总督发生冲突后，被押送到其父亲的领地米哈伊洛夫斯科耶村幽禁期间所作。从1824年8月至1826年9月，对普希金来说，是一段极为孤独寂寞的生活，那时俄国革命(十二月党人起义)如火如荼，诗人却被迫与世隔绝。在这期间，普希金认识了奥西波娃一家，这首诗是普希金写给奥西波娃十五岁女儿的诗，既表达了普希金对沃尔夫的嘱咐和寄语，也是普希金在被幽禁的艰苦岁月中激励自己的座右铭，短短的八行诗，表达出了诗人对革命必胜的信心和乐观的人生态度。诗人以一种循循善诱的劝说口吻来写作，诗句热烈深沉、清新质朴而富有哲理，展现的是诗人真诚博大的胸怀和坚强乐观的思想感情，相信光明必来，正义必胜。

二、基于课例的教学设计分析

笔者选取了5则课例，对课例中选取的教学内容进行梳理，归纳出每节课的教学点。同时依据王本陆先生对我国中小学常用教学方法的分类(讲授、问答、讨论、读书指导、练习、实验、演示、研究),① 对这些典型教学课例所用的教学方法进行梳理。

表 15-1　　　　　　　《假如生活欺骗了你》5 则课例分析表

序号	刊物及课例	教学内容	教学点	教学方法
1	李华平：《〈假如生活欺骗了你〉教学实录》,《语文教学通讯·初中》2019 年第 11 期	1. 听写这首诗。疏通字词。 2. 生齐读全诗。 3. "欺骗"它的意思是什么？那《假如生活欺骗了你》这首诗中的欺骗是什么意思？同学们先小组内讨论交流，然后全班展示。 4. 记录：欺骗是指生活中遇到的困难挫折，但这个挫折是指付出极大的努力却没有得到相应的回报。 5. 诗歌中与"欺骗"这个词关系密切的是哪一个词？请同学们给"忧郁"换一个同义词，写在它旁边。 6. 同学们觉得用"悲伤""忧伤""痛苦""忧郁"哪一个更好一点？好在哪里呢？生同桌之间交流。 7. 我们给"怀恋"换一个近义词，可以换成什么呢？能不能换成"依恋"？ 8. "而那过去了的，就会成为亲切的——依恋"，这样可以吗？请同学们用"依恋"造一个句子。依恋的对象是什么？ 9. "怀恋"可以换成哪些词语呢？ 10. 我换的是"回忆"，同学们觉得可以吗？先同桌间交流一下。 11. 边读边思考作者想要告诉我们的道理，用一个四字短语来概括。 12. 大声读《相信未来》。师范读。 13. 同学们自由朗读《假如生活欺骗了你》，要读出作者在这首诗中表达的感情。 14. 在诗题旁批注"劝说"。那又是谁在劝谁呢？ 15. 假如这首诗是在劝别人，是在劝谁呢？生活中我们会劝谁？老师常常要劝谁？ 16. 老师劝同学们的时候，父母劝同学们的时候……他们会怎么劝？他们会怎样做？ 17. 还有一种情形是劝自己。同学们会在什么时候劝自己？在劝自己的时候，会有怎样的动作和表情？会用怎样的语气？请用读这首诗的方式表现出来。 18. 生齐读全诗。生闭眼，背诵。	1. 疏通字词。 2. 朗读。 3. "欺骗"。 4. "忧郁"。 5. "怀恋"。 6. 拓展阅读。 7. 思想情感。 8. 劝说的口吻。	讲授法、问答法、读书指导法、讨论法

---

① 王本陆. 课程与教学论(第三版)[M]. 北京：高等教育出版社，2017：156-167.

续表

序号	刊物及课例	教学内容	教学点	教学方法
2	李志龙执教，贾玲指导：《〈假如生活欺骗了你〉教学实录》，《语文教学通讯》2009年第7期	1. 作者简介。 2. 共同制定出这节课的学习目标。 3. 生自由朗读、集体朗读。强调："瞬"的音、形，"瞬息"的意思。 4. 师概述写作背景。 5. 师范读诗歌。生自由朗读诗歌。 6. 小组讨论后提出你们共同的疑问，也可以推荐诗中的句子供大家品味。 7. 谁能解释"而那过去了的，就会成为亲切的怀恋"。结合普希金的人生经历来理解这句话的含义。 8. 怎样理解"生活欺骗了你"？"欺骗"所指的是什么？ 9. 怎样理解"假如"一词？ 10. 你被生活欺骗了，应该怎么办。 11. 了解了普希金的一生，读了他的诗歌，你有什么感想？用简洁凝练的语言说出你的感想。 12. 你读了之后，最想把它送给谁？最想把它读给谁听？ 13. 生自由背读，师检查背诵。 14. 投影《心，我的心，你不要忧郁》《西风颂》大家看这两首诗中有没有意思相近的句子。 15. 学完这首诗后，试着写几句小诗，送给生活中遭遇挫折、困苦的人。当然，也可以写给自己。写完互相交流。	1. 作者和写作背景简介。 2. 疏通字词。 3. 朗读。 4. "怀恋"。 5. "欺骗"。 6. "假如"。 7. 思想情感。 8. 拓展阅读。 9. 写作练习。	讲授法、问答法、读书指导法、练习法、讨论法
3	余映潮执教，钟东明整理、评点：《〈假如生活欺骗了你〉课堂实录与点评》，《中学语文：教学大参考》2007年第7期	1. 齐读诗人简介，介绍写作背景。 2. 多形式朗读。 3. 读中国诗人宫玺的诗。 4. 这首诗中哪两个词的含义最值得你去品味？师示范朗读。 5. 这首诗给我们的启迪是什么？ 6. "一步一个脚印"是什么呢？ 7. 现在请每位同学以"假如生活重新开头"为第一句话写诗，写不少于三句诗。同学们朗诵诗作。 8. 师生共读邵燕祥《假如生活重新开头（节选）》。	1. 作者和写作背景简介。 2. 疏通字词。 3. 朗读。 4. "欺骗"。 5. "诚实"。 6. "一步一个脚印"。 7. 思想情感。 8. 拓展阅读。 9. 写作练习。	讲授法、问答法、练习法、讨论法

续表

序号	刊物及课例	教学内容	教学点	教学方法
4	杜昌一：《〈外国诗两首〉教学设计（节选)》,《语文建设》2006 年第 2 期	1. 介绍作者。 2. 通读全诗，思考：这首诗可以送给什么人？作者认为该怎么做？ 3. 人们都不愿上当受骗，但如果真的受骗了，该怎么办？ 4. 现实态度与未来信念之间有何联系？ 5. 现实态度对我们的人生有何益处？ 6. 如何理解普希金在诗中所说的"不要悲伤，不要心急""忧郁的日子须要镇静"？	1. 作者和写作背景简介。 2. 朗读。 3. "欺骗"。 4. "不要悲伤,不要心急""忧郁的日子须要镇静"。	讲授法、问答法
5	刘贵玲：《初中现代诗歌教学初探——以〈假如生活欺骗了你〉教学设计为例》,《中学语文：大语文论坛（下旬)》2017 年第 11 期	1. 自由朗读。老师指导。 2. 介绍诗人和写作背景，教师范读。 3. 你是否理解了"欺骗"一词的含义？普希金面对生活的欺骗，又是如何面对的？全班合作再读。 4. 请同学加入一些肢体语言进行演读。全班一起尝试着朗诵式背读。 5. 通过教师亲身受骗经历和海伦的事迹帮助学生理解诗歌中"欺骗"的含义。学生深情讲述自己被生活欺骗的经历，并从普希金的诗歌中学会如何用乐观的心态面对人生的苦难。 6. 引用了课外的五首诗：德国诗人海涅的《我的心，你不要忧郁》节选，中国诗人汪国真的《因为向往》节选，邵燕祥的《假如生活重新开头》节选，中国古代诗人李白的《行路难》节选，这四首是与课文主题相同的，最后，通过宫玺一首反其意的《假如你欺骗了生活》，将学生的思维逆转。 7. 要求学生写百字以内的"微型演讲稿"，要求用上《假如生活欺骗了你》或刚才积累到的诗句中的一个句子。	1. 朗读。 2. 简介作者和写作背景。 3. "欺骗"。 4. 思想情感。 5. 拓展阅读。 6. 写作练习。	讲授法、问答法、读书指导法、练习法

（一）教学内容

据统计分析，5 则课例的教学内容主要从以下三个方面展开。

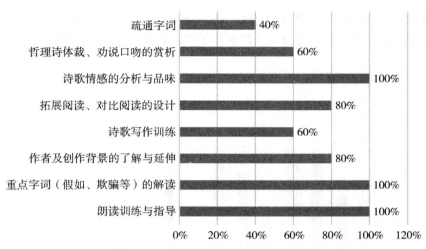

图 15-1　5 则课例教学内容选择情况图

第一，关键字词的解读。全诗运用了大量的逻辑概念词语：生活、悲伤、忧郁、未来、瞬息、回忆等。诗人将"时间"比作写作对象，诗歌以"假如"开启，将"生活"拟人化，并假设"生活"可以欺骗人，仿佛人与生活成为两个相互独立的部分。接着以"未来""现在""瞬息""过去"等时间词汇来表达诗意。诗人以一种劝说的口吻的进行创作，以对话的形式——"假如生活欺骗了你"开启，接着劝说对话客体"不要悲伤，不要心急"，拉近了对话双方的距离，非常亲切。第三句开始转入对第一句的回答，告诉对话的对象"忧郁的日子里须要镇静；相信吧，快乐的日子将会来临"，"一切都是瞬息，一切都将会过去"激励人们面对困难和挫折也不要灰心丧气。最后以"而那过去了的，就会成为亲切的怀恋"收束全诗，以"怀恋"彰显出生活中的一切磨难都是财富，因此我们需要以积极的心态来面对。

第二，注重朗读训练，对诗歌语言进行含英咀华。朗读在语文现代诗歌教学中具有重要作用，能帮助学生理解诗歌内容、感悟诗歌情感、掌握诗歌主旨，提升语言表达能力。在所选课例中，关于朗读训练的方式有全班齐读、教师范读、学生试读，师生齐读等，但朗读训练中也存在点评不到位、目的不明等问题，需要教师进行教学反思。

第三，联系时代背景来进行讲解，帮助学生理解诗歌。《假如生活欺骗了你》写于1825 年，普希金流放南俄歼德萨同当地总督发生冲突后，被押送到其父亲的领地米哈伊洛夫斯科耶村幽禁期间所作。从 1824 年 8 月至 1826 年 9 月，对普希金来说是一段极为孤独寂寞的生活。那时俄国革命（十二月党人起义）如火如荼，诗人却被迫与世隔绝。在这期间，普希金认识了奥西波娃一家，这首诗是普希金写给奥西波娃十五岁的女儿的纪念诗。短短的八行诗，表达了诗人对革命必胜的信心和乐观的人生态度。背景知识的引入，可以帮助学生加深对诗歌的理解，还可以引发学生进行思考，让学生明白遭遇挫折和迷途的时候，也要满怀希望继续努力拼搏。

(二) 教学点

5 则课例中重复出现 3 次及以上的教学点有 8 个，详见图 15-2。这说明《假如生活欺骗了你》可教的点较多，教师在教学中都抓住了朗读训练、重点字词讲解和情感品味这三个要点。

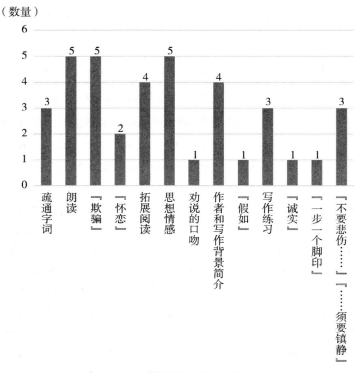

图 15-2　5 则课例教学点选择情况图

现代诗歌教学内容的选择要依据文本体式和学情来确定，因此教学内容要包括内容和形式这两个方面，具体涉及语言、意象、情感、意境、文化等方向。所选课例中，教学内容的选择，关于朗读训练与指导、重点字词讲解和诗歌情感的分析与品味出现次数最多，每篇课例中都涉及了该教学点；其次是对诗歌创作背景的了解与延伸、拓展阅读、各有 4 篇课例选择了该教学点；最后是对诗歌写作训练和疏通字词，对"不要悲伤……""忧郁的日子须要镇静"的了解，各有 3 篇课例选择了该教学点。

(三) 教学方法

如图 15-3 所示，《假如生活欺骗了你》的教学方法主要有以下五种。

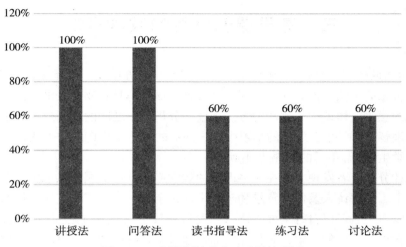

图15-3 5则课例教学方法选择情况图

一是问答法。从所选案例来看，几乎所有老师都是以问题为基础展开教学，这与当前我国课堂主要教学方式是一致的。围绕意象、语言、情感、意境等方面引导学生思考，在教师的教和学生的学的过程中引导学生获得新的知识和巩固所学知识，在这个过程中培养了学生的综合能力，特别是审美鉴赏能力和反思能力。

二是讲授法。在了解普希金和诗歌的创作背景的过程中，采用讲授法可以节约课堂学习时间。《假如生活欺骗了你》告诉人们生活中的一切磨难都是财富，我们需要以积极的心态来面对，因此教师在讲授过程中要充分挖掘诗歌中蕴含的思想品德教育因素，让学生产生情感共鸣。此外，这首诗歌带着劝告的口吻，在讲授过程中，教师应该注意语言的情感性，达到以情动人，以情育人的目的。

三是练习法。练习的目的在于帮助学生获得一定的朗读技能，同时加深学生对所学知识的理解。通过朗读训练，使学生在朗读中不断增强对诗意的感受。在诗歌教学过程中，适当的写作训练可以帮助学生更好地掌握诗歌的文本体式特点，提高诗歌鉴赏能力。

四是读书指导法。在教学过程中，教师教给学生阅读的方法，帮助学生掌握知识。在学生朗读过程中运用画停顿、画重音等知识或是通过划重点的方式，找出关键意象，或是通过课前对背景资料的查阅，让学生明白诗人的创作主旨，从而提高他们的学习效果。

五是讨论法。《假如生活欺骗了你》直抒胸臆，没有具体的形象，文本浅显易懂。同时，这首诗歌是一篇自读类型的课文，教师应适当放手让学生通过小组讨论的方式，激活思路，激发他们的学习兴趣。所选课例中，较多老师能抓住"欺骗"这个词让学生展开讨论，在讨论过程中引出对诗歌主旨的理解。少数老师能进行拓展阅读，让学生以小组讨论的方式比读不同诗歌文本对同一主题的书写，从而提升他们对诗歌的阅读鉴赏能力。

三、基于课例分析的教学建议

　　《假如生活欺骗了你》选自部编本七年级下册教材第五单元。单元导语中建议："本单元学习托物言志的手法：体会如何运用生动形象的语言写景状物，寄寓自己的情思，抒发对社会人生的感悟。建议运用比较的方法阅读，分析作品之间的相同或不同之处，以拓展视野，加深理解。"①学生在之前的学习中掌握一定的阅读现代诗歌的方法，因此教师教的内容应该是学生"理解不了的""揣摩不到的"。

　　通过统计分析笔者发现，现在大多课例的教学终点定在掌握诗歌情感、解读重点字词和诗歌朗诵上。了解诗人及创作背景和疏通字词这个教学落点，学生通过课前预习和课文提示或利用学习工具可以自行掌握。诗歌朗诵这一教学点，通过之前的现代诗歌的学习，学生对诵读知识有一定的了解，并且在朗诵中通过教师的帮助，可以较好掌握这首诗歌的朗读要点。

　　《义务教育语文课程标准》(2011年版，2020年修订)指出："欣赏文学作品，有自己的情感体验，初步领悟作品的内涵，从中获得对自然，社会和人生的有益启示。对作品中感人的情境和形象，能说出自己的体验；品味作品中富有表现力的语言。了解课文涉及的重要作家作品知识和文化常识。"②一方面，从诗歌的内容和形式两个方面进行文学鉴赏，另一方面教学内容的确定必须依据学情，因为教学内容是由师生这一教学双方在教学实践中现实地生成，所以教学内容的选择要建立在师生对同一文本的差异性理解之上。根据教学实践和学生认知情况，笔者判断"掌握关键字词，品味质朴、亲切的语言，了解非语言逻辑性的构思"应是教学着力点。同时，根据《假如生活欺骗了你》文本体式特点和5则课例教学点的统计，"品读质朴、亲切的语言、体会诗人激励人们面对困难和挫折也不要灰心丧气的情感"是最值得教的教学点，是学生"理解不了的""揣摩不到的"。选择符合学情、生情的教学内容，更有利于学生走进诗歌，激发他们的学习兴趣，提高他们的课堂参与度。

　　基于以上认识，《假如生活欺骗了你》教学的重点是"掌握关键字词，品味质朴、亲切的语言，体会诗人激励人们面对困难和挫折也不要灰心丧气的情感"，我们应以此为着力点，设计多元化的课堂活动，引导学生深入文本，体会普希金诗歌创作的艺术魅力。

　　总之，对于外国诗歌的教学，教师要跳出中国诗歌教学的框架，破除模式化教学，选择与教学文本相适宜的教学内容进行教学。现代诗歌的教学要走在学生发展前面，要让学生"跳一跳摘桃子"。因此，教师在课中和课后要布置各种形式的阅读任务扩大学生的阅读视野，激发学生对现代诗歌的学习兴趣，培养他们良好的诗歌阅读习惯，提升他们诗歌鉴赏能力。

---

　　①　温儒敏主编．义务教育教科书语文教材(七年级)[M]．北京：人民教育出版社，2016.

　　②　中华人民共和国教育部．义务教育语文课程标准(2011年版2020年修订)[S]．北京：北京师范大学出版社，2011.

四、教学设计参考

《假如生活欺骗了你》教学设计

学情简析：

诗歌中直抒胸臆的手法和诗歌深层内涵，学生难以把握。

教学重点：

品读质朴、亲切的语言，了解直抒胸臆的手法。

教学难点：

了解非语言逻辑性的构思，体会诗人激励人们面对困难和挫折也不要灰心丧气的情感。

教学课时：

1课时。

教学流程：

(一)教学导入

读诗：学生自由朗读、教师范读。注意朗读的语速、节奏、语气、语调。

(二)赏析与研讨

1. 品析语言

这首诗读起来给你一种什么感受？

2. 感受表达艺术

诗歌是怎么进行劝说的？

学习活动：

诗歌以对话的形式——"假如生活欺骗了你"开启，接着劝说对话客体"不要悲伤，不要心急"，拉近了对话双方的距离。第三句开始转入对第一句的回答，告诉对话对象"忧郁的日子里须要镇静；相信吧，快乐的日子将会来临"，"一切都是瞬息，一切都将会过去"激励人们面对困难和挫折也不要灰心丧气。最后以"而那过去了的，就会成为亲切的怀恋"收束全诗，以"怀恋"彰显出生活中的一切磨难都将是财富，我们需要以积极的心态来面对。

3. 感受构思

生活是个抽象名词，它怎么会骗人呢？

学习活动：

诗人将"生活"拟人化，并假设"生活"可以欺骗人。接着从"忧郁"的"现在"展望美好的未来，又站在未来俯瞰"现在"，将它视之为令人愉快的对"过去"的"怀念"。作者坚信时间会证明一切，美好的未来总会到来，他将生活的概念捏碎，让生活成为与人并列的具体事物，所以生活可以骗人。

4. 主旨分析

结合背景资料，分析诗歌的主旨。

学习活动：

这首诗是普希金写给奥西波娃十五岁的女儿的纪念诗，既表达了普希金对沃尔夫的嘱咐和寄语，也是普希金在被幽禁时期激励自己的座右铭。短短的八行诗，表达出了诗人对革命必胜的信心和乐观的人生态度。

（三）拓展训练

仿照本文，围绕你对当前生活的感受，创作一首小诗。彼此交流，互相点评。

（四）课后作业

对比阅读宫玺的《假如你欺骗了生活》，邵燕祥的《假如生活重新开头》，品味诗歌在主旨、情感、语言上的区别。

（五）板书设计

劝说──→生活欺骗了你←──→激励、乐观

第十六章
《未选择的路》文本解读与教学设计

《未选择的路》是一篇自读课文。这首诗歌语言简约浅显，但蕴含着深刻的人生哲理，诗人借自然界的路表达对人生之路的思考，富于象征性的意象选择，引人深思。诗歌分为四节，每节的第一、三、四行，第二、五行分别押韵，自如的节奏中透着坚定又渗出丝丝遗憾，整首诗韵律优美，有一种优雅的音乐感。

一、教学文本解读

(一) 简约而不简单的语言

《未选择的路》全诗共 4 节，每节 5 行，语言浅显易懂，但蕴含着深刻的哲理。这首诗描绘了在一个阳光普照的清晨的树林中，诗人碰到了一条岔路，一条曲折延伸到丛林深处，另一条荒草萋萋，十分幽寂，几乎没有旅人留下的脚印。诗人选择了那条芳草萋萋的路，但对于未选择的那条路仍难以忘怀，感叹道"也许多少年后在某个地方，我将轻声叹息将往事回顾：一片树林里分出两条路——而我选择了人迹更少的一条，从此决定了我一生的道路"。全诗运用第一人称的叙事手法，生动地展示了诗人的内心活动，拉近了读者与诗人之间的距离，帮助读者更准确地理解诗人想要传达出来的情思。诗人的描述很简约，"黄色的树林""荒草萋萋，十分幽寂""清晨落叶满地"等语言简约，但呈现出了一幅幅生动的画面。

(二) 意象的象征性

《未选择的路》借自然界的路表达对人生之路的思考，即借助具体的形象来阐释哲理，尤其是对"未选择的路"的感慨。

意象的象征性。意象作为诗的灵魂，是一种寓于暗示力的情智符号，也是富于诱发力的期待结构。诗人常常以想象的方式将特定的情感或智慧通过比喻、象征性的意象暗示给读者，读者通过对意象的读解体验此中情智。① 象征是一种根据事物之间的某种联系，借助某人某物的具体形象以表现某种抽象的概念、思想和情感的表现手法。《未选择的路》

① 梁宗岱. 诗与真 [M]. 北京：中央编译出版社，2006：36.

这首诗以"黄色的树林"暗示秋天的来临，象征着人到中年。自然中的"路"象征着人生的不同发展道路，"一片树林里分出两条路"象征着作者到了人生的关键时刻。这两条路，一条路是"我向着一条路极目望去，直到它消失在丛林深处"，非常的平坦，没有障碍；另一条路是"它荒草萋萋，十分幽寂，很少留下旅人的足迹"，暗示这条路不是人们通常会走的路，即象征着这条人生之路几乎是一个全新的开始。诗人此时已经步入人生的"秋季"，面对不同的人生之路，需要做出抉择并付诸实践，诗人的选择则颇有"路漫漫其修远兮，吾将上下而求索"的意蕴。

（三）情感的矛盾性

《未选择的路》一诗中凸显了两处矛盾，一是选择的矛盾，二是情感的矛盾。1912 年，弗罗斯特已经 38 岁，为了创作诗歌的梦想，他卖掉祖父留下的农场并辞掉了在师范学校教书的职业，放弃平稳安定的生活，远渡重洋，来到了英国一个宁静的乡村，专职写诗。人在中年时期作出改变是困难的，因此诗人的情感是矛盾的。第一节写诗人面对两条路时伫立思考；第二节中先写到这条"芳草萋萋"的路"很少留下旅人的脚印"，诗人选择这条少有人走的路；第三节又写到"两条路都未经脚印的污染""留下一条路等改日再见"诗人对另一条路也很留恋；第四节诗人又写到"而我选择了人迹更少的一条"形成一个矛盾的呼应。诗人遥想多年后的自己对"现在"选择的回顾。诗人借助对自然之物的描述，表现出人在选择人生之路中的矛盾之感，进而引发读者的思考。

（四）语义衔接和连贯的重复

诗人采用了句子重复和词汇重复的手法，开篇第一节的第一句与末尾第四节的第三句首尾呼应，都出现了"树林里分出两条路"，使诗歌意义连贯。第一节中"可惜我不能同时去涉足"与第三节的"恐怕我难以再往返"语义相同，强调了一人无法同时踏上两条小路旅行的无奈心情。

（五）结构的跳跃性

单视角结构的表现视角，完整地呈现出诗人（主人公）的内心感悟。诗中运用第一人称的叙事手法，生动清晰地揭示出诗人对人生之路的思考，拉近了读者与诗人的心理距离，从而对诗歌的主旨产生思考。诗歌的视角由不同方向的时间演进来呈现，诗中从第一节遇上一条岔路，到第二节诗人作出选择，到第三节诗人对另一条路的留恋，再到第四节"也许多少年后在某个地方，我将轻声叹息将往事回顾"，诗歌的视角由当下转向未来。诗的前三节实现了诗歌文本结构的跳跃性发展，极大地丰富了诗歌的想象空间，第四节运用反讽手法将诗歌文本结构进行重构，丰富了诗歌的主旨，增强了诗歌的张力。

二、基于课例的教学设计分析

笔者选取了发表在《语文建设》等语文界重要期刊的 5 个教学课例，对课例中选取的教学内容进行梳理，归纳出每节课的教学点，同时依据王本陆先生对我国中小学常用教学方法的分类(讲授、问答、讨论、读书指导、练习、实验、演示、研究)，① 对这些典型教学案例所用的教学方法进行梳理。

表 16-1 　　　　　　　　　　　　《未选择的路》5 则课例分析表

序号	刊物及课例	教学内容	教学点	教学方法
1	杜昌一:《〈外国诗两首〉教学设计(节选)》,《语文建设》2006 年第 2 期	1. 学生在反复诵读的基础上，整体把握四节诗中的"两条路"，勾画关键词。 2. 根据原文内容摘录词语，描绘路的形象。 3. 讨论"如何选择路"：学生根据原文内容做出选择。 4. 分清虚实。作者实写脚下的路，着力刻画选择时的复杂心理。作者所说的路不是实际意义上的路，而是一条人生之路。 5. 学生根据原文，结合"路"的象征意义讨论获得的启示。 6. 以下也是弗罗斯特这首诗的译诗，请品味它与课文有何异同。	1. 朗读。 2. 把握四节诗中的"两条路"。 3. 路的形象。 4. 如何选择路。 5. 虚实结合。 6. "路"的象征意义。 7. 拓展阅读。 8. 思想情感。	问答法、读书指导法
2	肖培东:《路，属于我们自己——〈外国诗二首〉教学思考》,《语文建设》2019 年第 8 期	1. 请同学们自己阅读一下单元提示和阅读提示。怎样学习托物言志？ 2. 关于这两首外国诗歌，你还能说出什么？我们主要学习哪一首？ 3. 围绕路的特点和诗人的内心情感去朗读与思考。 4. 请大家围绕"未选择的路，一条( )的路"去读诗，并体会一下诗人流露的情感；再把视角转换到选择的路上有什么，读一读。我们再交流。 5. 你能体味出怎样的感情？哪里有犹豫？齐读第一节诗歌。 6. 选择的路上有些什么？ 7. 大家刚才用了逆向思维去思考，现在可不可以往前延展思维？现在是什么季节？ 8. 诗人在路上可能会想到什么？ 9. 大家看看，这一单元是学习托物言志，为何要把直抒胸臆的《假如生活欺骗了你》放在一起呢？ 10. 再读《假如生活欺骗了你》，要读出劝说的口吻、和缓的语气，得把哪些词语读好？ 11. 我们能不能也利用托物言志的手法，在"相信吧，快乐的日子将会来临"之后再续写一句？ 12. 我们将两首诗歌一起读一下。	1. 关注单元提示和阅读提示。 2. 路的特点。 3. 思想情感。 4. 选择的路上有什么。 5. 写作训练。 6. 朗读。	问答法、读书指导法、讨论法

---

① 王本陆 . 课程与教学论(第三版)[M]. 北京：高等教育出版社，2017：156-167.

续表

序号	刊物及课例	教学内容	教学点	教学方法
3	鲁品琼:《〈未选择的路〉教学实录》,《语文教学通讯·初中》2015年第7-8期	1. 自由朗读。 2. 你能结合诗的具体语句说说你的学习所得吗？掌握第一节诗人思考该选择哪条路的犹豫，第二节告诉我们选择要有魄力，第三节表现他对未选择的路充满留恋之情。这里的路是指人生之路。 3. 这样的路，在诗歌中称为意象。那什么是意象呢？拓展阅读帮助学生理解意象的含义。 4. 老师选了三个比较权威的中文翻译版本。自由朗读这三个版本的翻译及课文，看看自己更喜欢哪个。以小组合作的方式，从诗歌语言特点的角度赏析你们喜欢的版本。可以借助链接资料，运用比较和朗读的方式说明喜欢的理由。 5. (关山的版本)你们从这个版本中读到了诗歌语言的什么特点？从哪里看出韵律美的？生齐读。 6. 拓展阅读北岛的《生活》。 7. (方平版)哪里读出了诗歌语言的反常表达？那你觉得这样的表达有什么好处？多形式朗读。 8. (晚枫版)哪里体现韵律美和语言的含蓄凝练？学生齐读。 9. 同学们想不想尝试着翻译一下这首诗，创造出属于自己的版本呢？生展示。师生共同点评。	1. 朗读。 2. 把握四节诗中的"两条路"。 3. "路"的象征意义。 4. 拓展阅读。 5. 思想情感。 6. 写作训练。	讲授法、问答法、读书指导法、练习法
4	崔慧琴:《似曾相识的岔路口——〈未选择的路〉创意设计之一》,《中学语文教学参考·初中》2015年第1-2期	1. 齐读汪国真的《热爱生命》。 2. 自由朗读诗歌，并思考以下问题：(1)"未选择的路"是一条什么样的路？(2)选择的是一条什么样的路？(3)你怎样理解选择了一条路就"决定了我一生的道路"？学生独立思考后小组合作，讨论答案。 3. 讲解象征的含义。 4. 假想自己进入情境成为诗中人，你在想什么？要启程了，你在想什么？ 5. 结合诗句说"我"是个什么样的人。 6. 诗中的"我"会不会是我们似曾相识的人。如：花木兰。 7. 请说说诗中的"我"与作者的关系。请学生介绍作者，教师补充。 8. 齐声朗读，体会作者通过这首诗要表达什么主题。	1. 朗读。 2. 把握四节诗中的"两条路"。 3. "路"的象征意义。 4. 拓展阅读。 5. 思想情感。 6. 写作训练。	讲授法、问答法、读书指导法

续表

序号	刊物及课例	教学内容	教学点	教学方法
5	单巨兵：《循循善诱解读诗意〈未选择的路〉创意设计之二》，《中学语文教学参考·初中》2015年第1—2期	1. 介绍作者。 2. 学生朗读诗歌。 3. 诗歌四个小节各写的什么内容？ 4. 诗歌的思路。 5. 自古至今，有许多写"路"的诗句请同学们一起朗读这些诗句。 6. 诗歌展现的是"我"怎样的情思？ 7. 小组讨论以下几个问题：曾经的我面对两条路时，伫立思考，因为_____。现在的我选择了一条荒凉幽静之路，因为_____。将来的我回顾往事时轻声叹息，因为_____。 8. 诗歌告诉我们怎样的人生哲理？ 9. 齐读电影《童梦奇缘》中冯小刚的经典台词。 10. 面对充满未知的人生路，我们该如何选择呢？古今中外的许多名人，因为不同的选择，有了不同的人生轨迹。下面让我们一起来跟随这些名人，体验他们的人生之路吧。（文天祥、乔尔丹诺·布鲁诺、李文波、刘盛兰） 11. 结合以上材料，仿照下列句式，写一段话。投影展示：选择了一条_____之路，才会有_____的人生；他如果选择_____。 教师示例，给学生3分钟时间思考，并写下来。然后让学生朗读自己的仿写。	1. 朗读。 2. 介绍作者。 3. 把握四节诗中的"两条路"。 4. 路的特点。 5. "我"的形象。 6. "路"的象征意义。 7. 思想情感。 8. 拓展阅读。 9. 写作训练。	讲授法、问答法、练习法、讨论法

（一）教学内容

据统计分析，5则课例的教学内容主要从以下三个方面展开：

第一，关键词句的理解。以"黄色的树林"暗示秋天的来临，象征着人到中年。自然中的"路"象征着人生的不同发展道路，"一片树林里分出两条路"象征着作者到了人生的关键时刻。这两条路，一条路是"我向着一条路极目望去，直到它消失在丛林深处"，非常平坦，没有障碍；另一条路是"它荒草萋萋，十分幽寂，很少留下旅人的足迹"，暗示这条路不是人们通常会走的路，象征着这条人生之路几乎是一个全新的开始，"一片树林里分出两条路"象征着作者到了人生的关键时刻。这两条路，第一节写诗人面对两条路时伫立思考；第二节先写到这条"芳草萋萋"的路"很少留下旅人的脚印"，诗人选择这条少有人走的路；第三节又写到"两条路都未经脚印的污染""留下一条路等改日再见"诗人对另一条路也很留恋；第四节诗人又写到"而我选择了人迹更少的一条"，与前文形成一个矛盾的呼应。

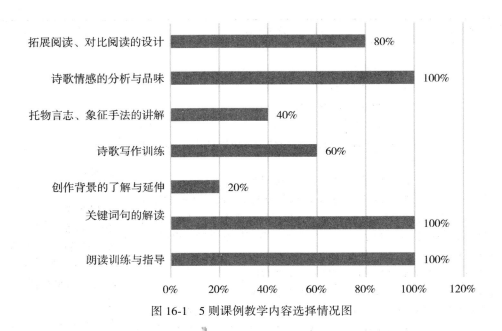

图 16-1　5 则课例教学内容选择情况图

第二，注重朗读训练，对诗歌语言进行含英咀华。所选课例中朗读设计的方式有全班齐读、教师范读、学生试读，配乐朗诵等。教师的朗读教学设计都能在朗诵过程中引导学生品读语言，理解诗歌的情感和主题。总体上，教师都能关注到对朗读效果进行点评这一要点，但存在点评不精确的问题。

第三，联系时代背景来理解诗歌的深层意蕴。《未选择的路》这首诗写于 1912 年，弗罗斯特当时已经 38 岁，为了创作诗歌的梦想，他卖掉祖父留下的农场并辞掉了在师范学校教书的职业，放弃平稳安定的生活，远渡重洋，来到英国一个宁静的乡村，专职写诗。人在中年时期作出改变是困难的，因此诗人的情感是矛盾的。在第一节诗歌中，诗人面对两条路时伫立思考；第二节中诗人选择一条少有人走的路；第三节则体现诗人对另一条路的留恋；第四节诗人又说"而我选择了人迹更少的一条"，由此形成一个矛盾的呼应。诗人遥想多年后的自己对"现在"选择的回顾，借助对自然之物的描述，表现出人在选择人生之路中的矛盾之感，进而引发读者的思考。

(二) 教学点

统计结果显示，5 则课例中出现 3 次及以上的教学点有 7 个，详见图 16-2。

关于朗读训练与指导及诗歌情感的分析与品味出现次数最多，每则课例都选了这 2 个教学点；其次是四节诗中的"两条路""路"的象征意义、拓展阅读和写作训练，这 4 个教学点分别在 4 则课例中得到呈现；最后，路的特点分析，共有 3 则课例选择了该教学点。这说明《未选择的路》可教的点较多，教师在教学中都抓住了朗读训练与指导及诗歌情感的分析与品味这两个要点，但诗歌的教学不仅需要重视这两个方面，其他方面也不应忽视。

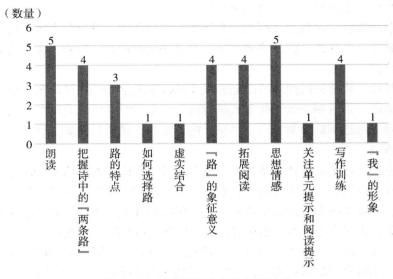

图 16-2　5 则课例教学点选择情况图

(三)教学方法

如图 16-3 所示，关于《未选择的路》的教学方法主要有以下五种。

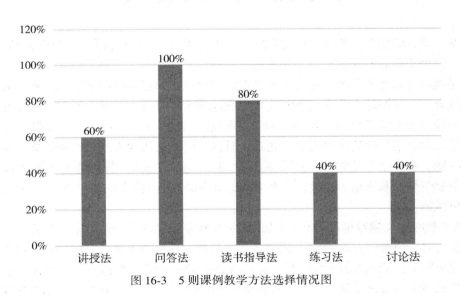

图 16-3　5 则课例教学方法选择情况图

　　一是问答法。从所选课例来看，几乎所有老师都是以问题为基础展开教学，这与当前我国课堂主要教学方式是一致的。教师围绕意象、形象、语言、情感、意境等方面引导学生思考，在教师的教和学生的学的过程中引导学生获得新知识和巩固所学知识，教师在这个过程中培养了学生的综合能力，特别是审美鉴赏能力和思维能力。在教学过程中，教师和学生积极互动，也促进了师生的共同成长。

二是读书指导法。在教学过程中，教师指导学生阅读，引导学生多角度来感受诗歌的情感。通过划重点的方式，找出关键意象，通过课前对背景资料的查阅，帮助学生理解诗人的创作主旨。

三是讲授法。讲授法的使用可以充分发挥教师在教学中的主导作用，以上课例中的教师分别采用讲述、讲解和讲读三种方式进行教学。在帮助学生结合路的特点来理解诗歌的情境，教师通过叙述和描绘的方式，将抽象的感受化为清晰的具象，促进了学生对于诗歌思想情感的理解。

四是讨论法。讨论法有助于培养学生的思维能力和语言表达能力，讨论的形式一般分为班级讨论和小组讨论。以上课例中，教师为了完成"路的象征含义""路的特点"这两部分教学任务，一般采用小组讨论完成 1 或 3 个问题的方式。在良好的讨论氛围中，在教师的指导下，学生能够积极思考，踊跃发言，从而提升他们解决问题的能力。

五是练习法。以上课例中，练习法的使用一般用于朗读教学、拓展阅读、写作练习中。一方面，是因为诗歌需要朗读，学生可以通过朗读体验诗歌的情感；另一方面，教师通过设计适合的拓展阅读和写作练习，可以帮助学生巩固知识，加深对诗歌文体的理解。练习法的使用有利于发展学生的技能，强化他们对所学知识的理解。

三、基于课例分析的教学建议

当下，现代诗歌课堂教学存在的问题，主要是教学内容的问题。教学内容的不正确、不妥当，教师不知道该教什么，不知道在教什么，不知道学生学到了什么。

通过统计分析笔者发现，现在大多课例的教学终点定在掌握诗歌情感、解读关键词句和诗歌朗诵上。了解诗人生平和理解文章主旨这两个教学落点，学生通过课前预习和课文提示或利用学习工具可以自行体会。诗歌朗诵这一教学点，学生通过之前现代诗歌的学习，辅之以朗诵过程中教师的提示，也能掌握这首诗歌的朗读要点。外国诗歌不同于中国的现代诗歌，在译介的过程中，翻译多是译"意"，非译"音"，外国诗歌在翻译过程中会加入译者们的情感和理解，因此，在对《未选择的路》进行教学时要注意其与中国现代诗歌教学的区别。

《义务教育语文课程标准(2011 年版 2020 年修订)》指出："欣赏文学作品，有自己的情感体验，初步领悟作品的内涵，从中获得对自然，社会和人生的有益启示。对作品中感人的情境和形象，能说出自己的体验；品味作品中富有表现力的语言。了解课文涉及的重要作家作品知识和文化常识。"[①]对《未选择的路》进行教学，一方面从诗歌的内容和形式两个方面进行鉴赏，另一方面教学内容的确定必须依据学情，因为教学内容必须由师生这一教学双方在教学实践中现实地生成，教学内容的选择要建立在师生对同一文本的差异性

---

① 中华人民共和国教育部．义务教育语文课程标准(2011 年版 2020 年修订)[S]．北京：北京师范大学出版社，2011.

理解之上。根据教学实践和学生认知情况，笔者判断"理解诗中的象征意义，体悟诗人的情感"应是《未选择的路》教学的着力点。同时，根据《未选择的路》文本体式特点和5则课例教学点的统计，"感知诗歌中的意象，理解诗中的象征意义，掌握诗歌中蕴涵的人生哲理"是本诗最值得教的教学点，是学生"理解不了的""揣摩不到的"。

基于以上认识，《未选择的路》教学重点是"感知诗歌中的意象，理解诗中的象征意义；掌握诗歌中蕴涵的人生哲理，学习积极向上的人生态度，做出正确的人生选择"。我们应以此为着力点，设计多元化的课堂活动，引导学生深入文本，体会弗罗斯特诗歌创作的艺术魅力。

习近平总书记提出"学到的东西，不能停留在书本上，不能只装在脑袋里，而应该落实到行动上，做到知行合一、以知促行、以行求知"。《未选择的路》重要的教学目的是帮助学生理解这首诗歌的主旨，给予学生面对不同选择时一些有益启示，因此这首诗情感态度价值观教学目标的实现尤为重要。对于这类诗歌的教学，教师要在教学中落实立德树人的根本任务，把课堂教学与社会人生结合起来。

四、教学设计参考

《未选择的路》教学设计

学情简析：

学生对"路"在选择上和情感上的两处矛盾的理解停留在表层。

教学重点：

理解诗人笔下的路的特点和诗人内心的情感。

教学难点：

理解诗歌中意象的象征意义，了解诗中的人生哲理。

教学课时：

1课时。

教学流程：

(一)教学导入

读诗：学生自由朗读，教师范读。

(二)赏析与研讨

1. 分析结构

诗中四节，诗人围绕"路"分别写了什么内容？

学习活动：

第一节写诗人面对两条路时伫立思考；第二节中先写这条"芳草萋萋"的路"很少留下旅人的脚印"，诗人选择这条少有人走的路；第三节又写"两条路都未经脚印的污染""留下一条路等改日再见"，诗人对另一条路也很留恋；第四节诗人又写到"而我选择了人迹更少的一条"，与前文形成一个矛盾的呼应。

2. 品读意象：

结合背景资料，思考诗中描绘的形象具有什么内涵？

学习活动：

"黄色的树林""清晨落叶满地"等诗句暗示秋天的来临，这里象征着人到中年。自然中的"路"象征着人生的不同发展道路。"一片树林里分出两条路"象征着作者到了人生的关键时刻。"它荒草萋萋，十分幽寂，很少留下旅人的足迹"，象征着这条人生之路是几乎是一个全新的开始。

3. 体悟情感

两条路各有什么特点？诗人为什么会选择一条人迹罕至的路？

学习活动：

一条路曲折延伸到丛林深处，另一条荒草萋萋，十分幽寂，几乎没有旅人留下的脚印。结合背景资料理解诗人借助对自然之物的描述，表现出人在选择人生之路中的矛盾之情。

4. 涵泳语言

多形式朗读，比读不同译本，思考全诗语言上具有什么特点？

学习活动：

了解全诗运用第一人称的叙事手法以及简约的语言特色。

(三)口语表达练习

面对未知的未来，我们该如何选择？

(四)课后作业

品读荷尔德林的《在可爱的湛蓝中》这首诗。分别从意象、语言、情感、形象等方面品味诗歌如何体现"人，应当如何生存"这一主旨。

(五)板书设计

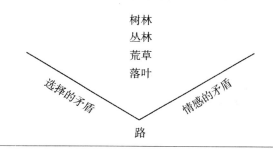

第十七章
《我爱这土地》文本解读与教学设计

《我爱这土地》写于 1938 年 11 月 17 日，当时的中国正处于抗日战争时期。艾青通过他的诗歌表现出中国人民的忧愤、觉醒与抗争。这首诗以"假如"领起，用"嘶哑"形容鸟儿的歌喉，接着写出歌唱的内容，并由生前的歌唱，转写鸟儿死后魂归大地，最后由鸟的形象代之以诗人的自身形象，直抒胸臆，呈现出了诗人真挚的爱国之心。诗中通过新颖生动的意象、自由流动的语言、"艺术刻画"出的形象和丰富的修辞手法，展现出一代知识分子对祖国的热爱、对侵略者的痛斥以及对光明未来的憧憬之情。

一、文本解读综述

(一) 新颖生动的意象

诗人的创造灵感与对生命的敏感与经验都凝聚于意象之中，意象是诗歌区别于其他文学样式的独特呈现方式。意象具有象征性、主体性和现实性。《我爱这土地》中以意象群的多层复合结构代替以往平面、单线的结构方式，对客体进行立体描绘。

意象的象征性。意象作为诗的灵魂与生命符号，是一种寓于暗示力的情智符号，也是富于诱发力的期待结构。诗人常常以想象的方式将特定的情感或智慧通过比喻，象征性的意象暗示给读者，读者通过对意象的读解体验此中情智。① 艾青受法国象征诗派的影响，创作中常采用象征化意象。诗人以鸟自比，通过鸟来表达自己对大地的爱，"土地"象征着灾难，"河流"象征着奋起反抗的人民，"风"象征着反抗和战斗，"黎明"象征着光明的未来。"被暴风雨所击打着的土地"象征着侵略者和反动势力的凶暴和强大，及对祖国摧残的沉重。"悲愤的河流"和"激怒的风"，表现了人民悲愤的反抗，"激怒的风"犹如浪涛汹涌，狂风怒号。用"无比温柔的黎明"象征着光明的、令人向往的未来。这些象征化意象的使用增强了诗歌的艺术表现力和审美感染力，也体现出民族深沉的苦难和悲哀。

---

① 梁宗岱. 诗与真[M]. 北京：中央编译出版社，2006：36.

意象的主体性。《我爱这土地》带有诗人强烈的主观情感，营造出一个浓烈的主观情绪渗透的喻象世界。童年时代的压抑生活，国外的孤独流浪，以及回国后三年的铁窗生涯，使诗人具有了追求自由的强烈情感。在诗中诗人选取"鸟"的意象来自比，鸟"用嘶哑的喉咙歌唱"中"嘶哑"不仅表现出诗人痛苦、悲愤、苦涩的情感，也表现出诗人对土地的歌唱是竭尽全力的。"悲愤的河流""激怒的风"和"温柔的黎明"，这一组情绪化主观意象抒写了诗人对土地的热爱，对斗争的呼唤，对光明的向往，这种强烈沉重的情感通过歌唱的鸟儿来宣泄。"然后我死了"，这只死去并且腐烂的鸟仍含着泪水，诗人将难以言说的情感指向一种形象化的静寂之中，是诗人主观意识与客观存在的融合，是"具体化了的感觉"①，这种直接抒情的方式将诗人对祖国深沉热烈的爱表现得淋漓尽致。

意象的现实性。艾青长期投身于革命斗争生活实践，广泛接触到人民苦难生活的现实，因此他的意象具有时代色彩。《我爱这土地》中"土地"意象中蕴含着他对民族品格与民族未来的坚定信念，蕴含着诗人对灾难民族深深的忧患之情，对苦难人民的温蔼之心。"土地"是繁殖生命的沃土，是生命再生的象征符号，是人类的生命源泉之所在。在华夏五千年的文化源流中，中国人形成了牢固的土地崇拜情结。艾青笔下的"土地"既有民族精神的特质，又具有独到的审美品质，他笔下的"土地"意象象征着一种苦难美。他的诗歌一方面深深扎根在现实的生活中，另一方面他的诗歌又常常为赤子之心的火热情感诗意化、生命化，获得一种浪漫主义的主观化、情绪化的诗性品格，表现出诗人在苦难岁月中对生活的坚定信念，对光明未来执着向往的情怀。诗歌以一种隐约的忧患代替明朗的情感，潜在的希望之光照射在哀戚的时代氛围之中。

意象的辐射。意象的辐射指以一个意象为中心并向外扩散形成的意象群，诗中的"土地""河流""风""黎明"等意象都是通过"鸟"的视角来展开的，"土地"意象是其他意象辐射开来的。

（二）自由流动的语言

艾青在《诗论》中说：最富有自然性的语言是口语，尽可能地用口语写，尽可能做到"深入浅出"②。他强调用现代口语来写诗，在《我爱这土地》中诗人运用了散文化口语，以抒情独白的方式，自由奔放的句子来展现抒情力度。这首诗并不押韵，但读起来仍富有节奏感和音乐感。诗人从鸟儿的视角展开，以鸟儿自比，"为什么我的眼里常含泪水？因为我对这土地爱得深沉……"这句以自问自答的方式将口语中特有的明快、清新的特色与诗意美结合起来。逻辑关联词的运用也让语义变得准确有力，艾青在《诗论》中写道：作为诗，感情的要求必须更集中，更强烈；换句话说，对于诗，诉诸于情绪的成分必须更重。③ 在诗歌中"打击着""汹涌着""吹刮着"这些动词的使用，句中破折号和省略号的使用，使句子节奏感增强。诗歌语言不仅有工具意义，诗体、音节也不单是外在样式，他们

---

①　蓝棣之．现代诗的情感与形式[M]．北京：华夏出版社，1994：40-56.

②　艾青．艾青选集·第三卷[M]．四川：四川文艺出版社，1986：31.

③　艾青．艾青选集·第三卷[M]．四川：四川文艺出版社，1986：9.

都直接联系着思想和思维的层面，与诗歌观念发生着重要联系的诗性因素。《我爱这土地》中"歌唱的鸟儿"和"死亡腐烂的鸟儿"表现诗人将自己全部的热爱投注于祖国的土地，为民族而歌，为人民而哭，而他的悲愤和激怒都是为了"迎接来自林间的无比温柔的黎明"，也就是为了美好的未来。全诗真挚地表现出诗人对苦难民族和人民的无限的同情，对民族生死存亡现状的关心与忧虑，以及对光明胜利的信心与渴望。

(三)"艺术刻画"的形象

艾青擅于用绘画的眼睛捕捉线条和色彩，把自己的情感糅合在构图中，注重诗歌形象的雕塑美。《我爱这土地》中利用了油画的技法来写作，形象、具体、生动。全诗为单视角结构，以鸟儿自拟和作为主人公，嘶哑歌唱的鸟儿俯瞰暴风雨中的大地和汹涌着的河流，接着穿过激怒的狂风，最后看到林间的黎明，来展现画面和表达情感。诗歌构图上采用斜线表现的油画技巧，整体画面立体且有层次。通过坚韧无畏的鸟儿这一视点，借助土地、河流、狂风等意象营造出一种激烈、紧张的氛围。同时，暴风雨中的土地和林间的黎明的光线明暗对比、冷色调与暖色调的对比，增强了诗歌的艺术感染力。

艾青推崇"苦难的美"，他认为在未经解放的时代里，苦难比幸福更美，苦难的美是由于在阶级社会里，"一般的幸福是贪婪的"和"一般的受难者是善良的"这一观念所产生的。① 因此在《我爱这土地》中呈现出这片土地如油画般浓重的色调，自然景象的选取并不明丽，但诗人是乐观向上的，因此以"黎明"这一束光照向土地来提亮整体画面，既描绘出一种典型的历史氛围，又表现出诗人对祖国抗战胜利的坚定信心。总之，这首诗歌在形象上和色彩上都充满了暗示性和象征性。

(四)丰富的修辞手法

"这被暴风雨所打击着的土地，这永远汹涌着我们悲愤的河流，这无止息地吹刮着的激怒的风"三个排比句式的运用，形成一股情绪的激流与风暴，让读者感受到一种强大的情感冲击力，使情感变得厚重。"为什么我的眼里常含泪水？因为我对这土地爱得深沉……"这一设问，引起读者深思，突出"我"对土地的热爱之情，使诗歌情感深化，带有浓郁的抒情意味和深沉的哲理思考。

二、基于课例的教学设计分析

笔者选取了 10 个教学课例，对课例中选取的教学内容进行梳理，归纳出每节课的教学点。同时依据王本陆先生对我国中小学常用教学方法的分类(讲授、问答、讨论、读书指导、练习、实验、演示、研究)，② 对这些典型教学课例所用的教学方法进行梳理。

---

① 蓝棣之.现代诗的情感与形式[M].北京：华夏出版社，1994：40-56.
② 王本陆.课程与教学论(第三版)[M].北京：高等教育出版社，2017：156-167.

表 17-1　　　　　　　　　　　　《我爱这土地》10 则课例分析表

序号	刊物及课例	教学目标	教学内容	教学点	教学方法
1	柳咏梅：《〈我爱这土地〉的诵读引导》，《语文建设》2010 年第 3 期		1. 生齐读。辨析朗诵和诵读的区别，再读。 2. 注意重音、语调。师示范读"我也应该用嘶哑的喉咙歌唱"。 3. 生自读，读出词的原义和诗中含义，圈画重音。体会如何读出作者通过诗句要表达的情感。生齐读。 4. 朗读时还要注意标点符号的表现力和语速的把握。下面请同学们根据老师的提示再自己诵读。生有感情齐读。 5. 如果整体语速放慢，两节之间再多一点停顿，可能会更有效了。生深情诵读。	1. 多形式朗读。 2. 朗诵知识点。 3. 诗歌的思想情感。	讲授法、练习法
2	李超峰：《〈我爱这土地〉教学设计》，《现代语文》2016 年第 1 期	1. 探究意境，体悟诗人情感。 2. 比较咀嚼，品味精妙语言。 3. 情感诵读，感受诗歌魅力。	1. 生自由朗读，初步感受诗歌的内容与情感。 2. "我"化身为"鸟"，"鸟"对这"土地"的爱恋表现在哪里？ 3. "鸟"歌唱了哪些对象？请将其在诗中勾画出来。 4. 同学们结合诗歌后面所标注的写作时间，思考它们有着怎样的象征意味？ 5. 从"鸟"的歌唱中，你能体悟到诗人怎样的思想感情？ 6. 老师把上面的句子作了一些改动。请同学们在比较中品析诗歌原文语言表达的精妙之处，先独立思考，然后在小组内交流、讨论。 7. 对于本诗朗读节奏的划分和朗读重音的处理，老师给大家一些参考。请同学们试着练习有感情地诵读诗歌，注意语气、语调、朗读节奏与重音，读出诗歌的美感与力量。 8. 指名诵读，集体评议指导。 9. 全班分成两大组，学生先在小组内赛读，两大组各推荐(2~3 名)成员赛读，最后评出"最强阵容"和"班级金嗓子"。	1. 朗读训练。 2. "鸟"对"土地"的情感表现。 3. 意象的象征含义。 4. 诗歌的思想情感。 5. 比较阅读。 6. 朗诵知识。 7. 趣味教学活动的设计。	讲授法、问答法、读书指导法、练习法、讨论法

序号	刊物及课例	教学目标	教学内容	教学点	教学方法
3	钟慧:《〈我爱这土地〉教学四步》,《语文教学之友》2007年第5期	1. 反复诵读,感受其音乐美。 2. 展开想象,感受画面美。 3. 品读语言,体味语言美。 4. 了解背景,感受情感美。	1. 画出每句的节拍,然后学生齐读,学生自读,教师范读,最后是师生齐读。 2. 你们从诗的字里行间看到了哪些画面? 3. 联想到抗战时期的历史。 4. 找出生动表达作者思想感情的形容词或动词。 5. "我也应该用嘶哑的喉咙歌唱"这一句美在哪?为什么不说"动听的喉咙",而说"嘶哑的喉咙"?掌握能表达作者思想感情的形容词或动词。 6. 了解写作背景,感受其情感美	1. 朗读训练。 2. "鸟"对"土地"的情感表现。 3. 简介背景。 4. 表达作者思想感情的形容词或动词。 5. 诗歌的思想情感。	讲授法、问答法、读书指导法、练习法
4	杨娅莉:《〈我爱这土地〉课堂实录及反思》,《科学咨询》(教育科研)2018年第12期	1. 掌握快捷背诵的方法,当堂背诵。 2. 通过赏析,品味诗歌富有表现力的语言,把握诗歌意象,激发学生主动探究的兴趣。 3. 通过有感情的诵读,把握诗歌的旋律和节奏,体味诗歌蕴含的深沉情感。 4. 仿照艾青的风格,续写梦想。	1. 认识诗人。 2. 2分钟当堂背诵。 3. 背景介绍。 4. 引导学生找出最能表达作者情感的一个字——爱。 5. 引导学生进一步品读诗歌的语言,找出能感受到饱含热泪或者爱得深沉的语句,说说你的理解。	1. 朗读训练。 2. "鸟"对"土地"的情感表现。 3. 简介作者和创作背景。	讲授法、问答法、读书指导法

续表

序号	刊物及课例	教学目标	教学内容	教学点	教学方法
5	陈明超:《发挥主导作用让诗意栖息课堂〈我爱这土地〉教后记》,《科学咨询(教育科研)》2009年第18期		1. 多形式朗读。 2. 推荐一名同学来给大家诵读,其余的同学闭目想一想,你看到了什么? 3. "土地""河流""黎明""小鸟""暴风雨"它们究竟有什么意义?结合搜集的有关资料和写作背景,组织学生分组讨论,并把讨论过程中产生的问题记下来。 4. 是鸟的泪水还是作者的泪水?请大家找出诗句中表达作者情感的词句。 5. 作者为什么会有这样深沉的爱? 6. 如果说诗人艾青还健在的话,当他看到祖国大地在改革开放的洪流中,发生了翻天覆地的巨变,他还会怎么写《我爱这土地》?你们来试试看。	1. 朗读训练。 2. 意象的象征含义。 3. 简介背景知识。 4. "鸟"对"土地"的情感表现。 5. 诗歌的思想情感。 6. 写作练习。	讲授法、问答法、练习法、讨论法
6	王术春:《孩子,这笑声应该是泪水——〈我爱这土地〉教学概录》,《语文教学之友》2010年第3期		1. 结合背景知识,同学们脑海中有怎样的画面?并播放《南京大屠杀》电影片段。 2. 诗中有哪些意象,分别象征什么?抒发什么情感? 3. "嘶哑"一词表明这是怎样一只鸟,饱含着作者怎样的情感?"应该"一词又体现了怎样的情感? 4. 联系上课之初的历史回顾,进一步想象"暴风雨所打击着的土地"的苦难,然后以诗人的口吻深情地对祖国说一句话。 5. 由"悲愤的河流""激怒的风"你想到了哪些人,哪些事? 6. 探究诗人眼中常含的泪包含着怎样的情感? 7. 在品析全诗之后以赛读和齐读的形式进行朗读训练。	1. 简介背景知识。 2. 意象的象征含义。 3. "鸟"对"土地"的情感表现。 4. 表达训练。 5. 泪的含义。 6. 诗歌的思想情感。 7. 朗读训练。	讲授法、问答法、练习法

序号	刊物及课例	教学目标	教学内容	教学点	教学方法
7	涂新法:《密咏恬吟诵真情——以〈我爱这土地〉》,《湖北教育(教育教学)》2016年第2期		1. 初读:读准字音和句子。 2. 再读:读出节奏和诗韵,多形式朗读。 3. 三读:联系背景知识,体会诗歌感情和意境。 4. 创设情境,教师范读。	1. 朗读训练。 2. 简介背景知识。 3. 诗歌的思想情感。 4. 朗读训练"鸟"对"土地"的情感表现。 5. 表达训练。 6. 泪的含义。	讲授法、练习法
8	陈晓琴:《浅谈〈我爱这土地〉课堂教学中的多媒体运用》,《都市家教:上半月》2012年第10期	体验诗歌节奏美、意象美、情感美	1. 创设情境,多形式朗读。教师进行朗读指导。 2. 理解意象的含义。 3. 运用图片展示"嘶哑喉咙歌唱的一只鸟,被暴风雨打击的一片狼藉的土地,汹涌奔腾不息的河流,激怒吹刮着的猛烈的风,还有充满阳光、宁静的树林"等,引导学生展开丰富的联想和想象,用正确、有条理的语言说出这首诗描述了什么? 4. 如何理解饱受苦难的中华大地、人民不屈不挠的抗争和未来的希望,以及作者的献身精神呢? 5. 出示三组展示了我们伟大祖国的美丽富饶、繁荣昌盛、和谐发展的图片。	1. 朗读训练。 2. 简介背景知识。 3. 诗歌的思想情感。 4. 意象的象征含义。 5. 表达训练。	讲授法、问答法、练习法
9	巩英莉:《用诵读焕发诗歌的魅力——〈我爱这土地〉教学例谈》,《语文教学通讯·初中》2018年第3期		1. 多形式朗读。 2. 出示几幅抗战时期日寇铁蹄践踏祖国的照片。还有表现祖国改革开放后欣欣向荣景象的图片,理解意象和情感。 3. 请学生仿照写一首现代版的《我爱这土地》,表达自己对土地和祖国的感情。 4. 引导学生感知、体验诗歌比拟、设问等修辞手法的运用,以及所用词语强烈的感情色彩及对比效果。	1. 朗读训练。 2. 简介背景知识。 3. 诗歌的思想情感。 4. 意象的象征含义。 5. 写作练习。 6. 修辞手法。	问答法、练习法

续表

序号	刊物及课例	教学目标	教学内容	教学点	教学方法
10	孙衍明执教，顾之川点评：《与土共融与时共鸣——〈我爱这土地〉教学实录与点评》，《中小学教材教学》2015 年第 1 期		1. 学生默读课文，整体感知。 2. 了解这首诗歌的写作背景。 3. "然后我死了连羽毛也腐烂在土地里面"朗读要点。 4. 朗读中发现"和那林间的无比温柔的黎明"的情感差异及朗读要点。 5. "这被暴风雨所打击着的土地/这永远汹涌着我们的悲愤的河流/这无止息地吹刮着的激怒的风"，这三句诗我们应如何朗读？ 6. 诗歌的最后两句应如何来读？ 7. 整体朗读这首诗歌。请同学在朗读诗歌的基础上，或者提出自己的疑问，或者对诗歌内容作出评价。 8. 作者为什么以一只鸟的身份来写？ 9. 作者写"悲愤的河流"和"激怒的风"要表达什么意思？ 10. "——然后我死了"，作者为什么要使用破折号呢？ 11. 作者为什么写这只鸟"连羽毛也腐烂在土地里面"？ 12. "和那来自林间的无比温柔的黎明……"这句诗的理解，及这句诗中的"林间"指的是什么？ 13. "我也应该用嘶哑的喉咙歌唱"中"嘶哑"一词的看法。如果再转换成作者呢？ 14. "人教版"的教材把这首诗歌的最后两行单独列为一节；"北京版"的教材把最后两句和上文连在了一起。你欣赏哪一种排列方式？说说理由。 15. 本文题目是《我爱这土地》，这"爱"字当中包含了作者哪些丰富的情感？请同学们结合文章内容说说你的看法。	1. 朗读训练。 2. 背景知识简介。 3. 朗读知识。 4. "鸟"对"土地"的情感表现。 5. 意象的象征含义。 6. 诗歌的思想情感。 7. 比较阅读。	讲授法、问答法、读书指导法、练习法

（一）教学内容

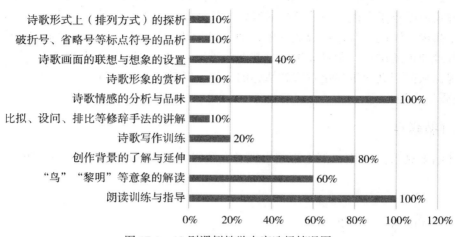

图 17-1　10 则课例教学内容选择情况图

据统计分析，10 则课例的教学内容主要从以下三个方面展开：

第一，从"鸟""土地""河流""风""黎明"这些意象入手，表现诗人对祖国真切的热爱，对祖国人民的同情及对抗战胜利的憧憬之情。教师在教学过程中都分析了这些意象的象征意义，包括"鸟"象征着诗人本身，"土地"象征着苦难的祖国，"暴风雨"象征着日本帝国主义的侵略，"河流"象征着愤起的人民的愤怒，"风"象征着抗日风暴，"黎明"象征着胜利的曙光。

第二，朗读训练与指导。所选课例中，教师朗读设计的方式有全班齐读、教师范读、学生试读，配乐朗诵等。在朗读指导中教师都能注重对诗歌的停顿、重音、节奏等基本的朗诵知识进行讲解。总体上教学中涉及的朗读知识如下：

> 假如｜我是｜一只鸟，
> 我也应该｜用嘶哑的喉咙｜歌唱：
> 这被暴风雨｜所打击着的｜土地，
> 这永远汹涌着｜我们悲愤的｜河流，
> 这无止息地｜吹刮着的｜激怒的｜风，
> 和那来自林间的｜无比温柔的｜黎明……
> ——然后｜我死了，
> 连羽毛｜也腐烂在｜土地里面。
> 为什么｜我的眼里｜常含泪水？
> 因为｜我对这土地｜爱得深沉……

这首诗歌的教学，很多教师都选择让学生在读中理解诗歌，通过读，让学生沉浸在诗歌的意境中，更好地感受诗人的语言和构思的魅力。

第三，联系时代背景来进行讲解，帮助学生理解诗歌。《我爱这土地》写于1938年11月17日这一特殊的时期，当时国家正处于国土沦丧，民族危亡的关头，抗战成为时代主题。艾青长期投身于人民革命斗争生活实践，广泛接触到人民苦难生活的现实，他关心祖国的前途命运。因此，对这首诗歌的解读离不开"知人论世"，大部分教师在教学中都注意到对背景知识的讲解。背景知识或是在课前讲解，或是在课中穿插讲解，或是以对比的形式出现，从而帮助学生强化对诗歌情感的理解。随后让学生以练笔的方式，写一首当代版的《我爱这土地》。

（二）教学点

统计结果显示，10则课例中重复出现5次及以上的教学点有5个，详见图17-2。

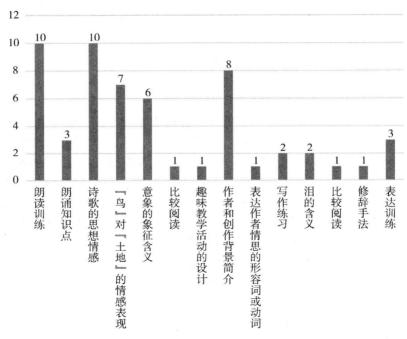

图 17-2　10 则课例教学点选择情况图

由图17-2可知，朗读训练、诗歌思想情感的分析与品味出现次数最多，每则课例都选择了这两个教学点；其次是对诗歌创作背景的了解与延伸，共有8则课例选择了该教学点；接着是"鸟"对"土地"的情感表现，共有7则课例选择了该教学点；对意象的解读共有6则课例选择了该教学点。比较阅读、趣味教学活动的设计、表达作者思想感情的形容词或动词、比较阅读、修辞手法，这些教学点出现在个别课例中，数量较少。这说明《我爱这土地》可教的点多，教师在教学中都抓住了朗读训练和情感品味这两个要点，但现代诗歌的教学不能仅重视这两个方面，对于其他方面的内容也需要关注。现代诗歌的教学内容要包括内容和形式这两个方面，具体涉及语言、意象、情感、意境、文化等。从以上教学点的选择可以看出，教师们忽视了对诗歌的拓展延伸学习，对诗歌意境的深入分析有待加强。

(三)教学方法

如图 17-3 所示，《我爱这土地》的教学方法主要有以下三种。

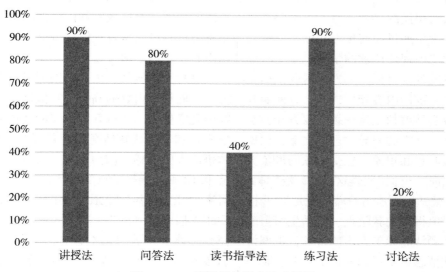

图 17-3 10 则课例教学方法选择图

一是讲授法。以上课例中，教师在传授诗歌朗诵方法和介绍背景知识时采用了讲授法。在品读诗歌情感的过程中，教师通过生动、形象的示范性描述，可以帮助学生在头脑中形成关于意象的清晰形象。在整首诗歌的学习中，通过教师的讲读，将讲、读、写等综合运用起来，提高了学生学习的积极性和教学效果。

二是练习法。练习的目的在于帮助学生形成或发展一定的朗读技能，同时加深学生对所学知识的理解。通过朗读训练，有助于学生对诗歌的理解，也能增强学生的诗意感受。

三是问答法。从所选课例来看，几乎所有老师都是以问题为基础展开教学，这与当前我国课堂主要教学方式是一致的。教师围绕意象、形象、语言、情感、意境等方面引导学生思考，在教师的教和学生的学的过程中引导学生获得新知识和巩固所学知识。教师在这个过程中培养了学生的综合能力，特别是审美鉴赏能力和反思能力。在教学过程中，教师和学生积极互动，也促进了师生的共同成长。

三、基于课例分析的教学建议

当下，现代诗歌课堂教学中存在的问题，主要是教学内容问题。教学内容的不正确、不妥当，教师不知道该教什么，不知道究竟在教什么，不知道学生学到了什么。《我爱这土地》选自部编本九年级上册教材第一单元。本单元设计了三个任务，任务一自主欣赏，任务二自由朗诵，任务三尝试创作。《义务教育课程标准（2011 版 2020 修订）》中指出："欣赏文学作品，有自己的情感体验，初步领悟作品的内涵，从中获得对自然、社会、人生的有益启示。品味作品中富于表现力的语言。了解课文涉及的重要作家作品知识和文化常识。"①

通过统计分析笔者发现，现在大多课例的教学终点定在掌握诗歌情感和诗歌朗诵上。品味诗人对祖国的热爱、对处于水深火热中人民的同情、对抗战胜利的憧憬的情感，这个教学落点学生通过课前预习和课文提示或利用学习工具可以自行理解。诗歌朗诵这一教学点，通过之前现代诗歌的学习，学生对诵读知识有一定的了解。

为达成教学目标，一方面需要依据文本体式进行文学鉴赏，再加上朗诵过程中教师的帮助，从诗歌的内容和形式两个方面展开。另一方面教学内容的确定必须依据学情，因为教学内容必须由师生这一教学双方在教学实践中现实生成，所以教学内容的选择要建立在师生对同一文本的差异性理解之上。根据教学实践和学生认知情况，笔者判断"从意象着手，通过联想和想象，感受诗歌的形象美，体悟诗人的情感"应是《我爱这土地》教学的着力点。同时，根据《我爱这土地》文本体式特点和 10 则课例教学点的统计，对"土地""风""黎明""被暴风雨所击打着的土地""悲愤的河流""激怒的风""无比温柔的黎明"等意象的分析是最值得教的教学点，是学生"理解不了的""揣摩不到的"。学习本单元诗歌的教学内容包括涵泳品味单元内的诗歌，把握诗歌意蕴，体会诗歌的艺术魅力；掌握朗读技巧，把握诗歌情感，举行朗诵比赛；写作训练，抒发情感。但如何以单篇"带"单元是教学的难点。本单元是融合阅读教学、语言交流、写作训练的综合实践系统，教学目的是培养学生的语文实践能力，培养学生综合运用语言文字的能力。学生通过之前的学习，能够采用自读或精读的学习模式鉴赏诗歌，也能够参考教材中的单元提示和旁批，对课文的主要内容和欣赏要点作出理解。虽然之前已学习了以新闻和演讲为主题的单元教学，但这是学生第一次接触诗歌单元教学。学生可以根据已有的诗歌鉴赏知识和教材提示对单元内的文本进行一定的解读，但在语言交流和写作训练部分存在困难，因此这两部分内容是本单元学习需要攻克的重点。如何融合课文阅读教学、语言交流和写作训练来培养学生综合运用语言文字的能力是教学的难点。

基于以上认识，《我爱这土地》教学的重难点是"掌握朗读技巧，独立涵泳品味诗歌，理解诗歌内容和情感基调；从意象着手，通过联想和想象，感受诗歌语言的表现力，体悟诗人的情感；培养学生的诗歌创作能力，抒发自己的情感，促进学生对诗歌朗诵、诗歌鉴赏的学习兴趣"。我们应以此为着力点，设计多元化的课堂活动，引导学生深入文本，体会艾青诗歌创作的独特艺术魅力。

总之，教师在教学时要审视自己的"学科教学知识"，在备课的时候要从学情出发，关注学生不喜欢的地方、读不懂的地方、读不好的地方，可以借助相应的学科专家、借助可靠的论著、借助优秀教师的成功课例来帮助自己进行多角度、多层次的文本解读，聚焦核心的教学内容，提高学生现代诗歌的审美素养。

---

① 中华人民共和国教育部 . 义务教育语文课程标准（2011 年版 2020 年修订）［S］. 北京：北京师范大学出版社，2011.

四、教学设计参考

《我爱这土地》教学设计

学情简析：

从意象入手感受诗歌的形象美，体悟诗人的情感，这是学生的薄弱处。

教学重点：

涵泳品味诗歌，理解诗歌内容，感受诗歌语言的表现力。

教学难点：

理解并掌握意象的内涵，把握诗人的爱国之情。

教学课时：

1 课时。

教学流程：

(一)教学导入

读诗：学生自由朗读、听音频朗读，注意朗读的语速、节奏、语气、语调。

(二)赏析与研讨

1. 整体感知

在原文中圈画批注出体现感情基调、思想感情的字词，找出意象的特点和含义、意境特点、语言特点、表现手法等。

学习活动：

先独立阅读，再以小组合作的方式进行讨论。

2. 解析意象

分析意象，感受诗歌呈现出的意境特点。

学习活动：

理解带有诗人强烈主观情感的象征化意象。感受诗人通过嘶哑歌唱的鸟儿俯瞰暴风雨中的大地和汹涌着的河流，接着穿过激怒的狂风，最后看到林间的黎明，来展现光线明暗对比、冷色调与暖色调的对比画面，营造出的一种激烈、紧张的氛围。

3. 感受艺术手法

这首诗歌采用了什么修辞手法？体会其中的美感。

学习活动：

"这被暴风雨所打击着的土地，这永远汹涌着我们悲愤的河流，这无止息地吹刮着的激怒的风(排比)。""为什么我的眼里常含泪水？因为我对这土地爱得深沉……"(设问)

4. 探析语言

感受诗歌散文化的语言形式，以抒情独白的方式、自由奔放的句子来展现抒情力度。

5. 总结主旨

表达出一代知识分子的爱国精神。

（三）展训练

　　模仿《我爱这土地》，创作一首表达形式相近的诗歌。班级内学生举手投票选出 10 首写得好的诗歌。教师安排学生粘贴在"学习角"，以供学生课下学习。

（四）课后作业

　　阅读诗集《艾青诗选》，任选一首，从诗歌的意象、语言、结构、意境等方面进行品析，写一篇不少于 300 字的随笔。

（五）板书设计

"土地""河流""风""黎明""鸟"

↓

对祖国的热爱之情，对侵略者的痛恨以及对光明未来的憧憬之情

第十八章
《乡愁》文本解读与教学设计

　　《乡愁》是白话诗的典范之作，诗人通过具体可感的意象，工整的结构和整齐的语言形式，将恋亲思乡的情感生动形象地刻画出来。该诗情深意切，既渴望祖国的统一，又将乡愁描写得淋漓尽致。同时，《乡愁》有令人瞩目的形式美，在均匀、整齐的句式中追求种生机勃勃的表现形式。该诗长时间收入各种版本的教科书，具有重要的教学价值。

一、文本解读综述

(一)具体可感的意象设置

　　意象作为诗的灵魂与生命符号，是一种富于暗示力的情智符号，也是富于诱发力的期待结构。诗人常常以想象的方式将特定的情感或智慧通过比喻性、象征性的意象暗示给读者，读者通过对意象的读解体验此中情智。意象是诗歌区别于其他文学样式的独特呈现方式。[1] 诗歌因凝练的语言和多种表现手法的使用而获得了艺术张力。隐喻不仅增加了诗歌的暗示性，还具有较强的生产性和开放性；象征扩展了意蕴的空间，给读者留下了想象的空间；意象的叠加增加了内容的丰富性，使所表达的内容呈现立体化。

　　《乡愁》将"乡愁"这种无法言说的东西化为具体可感的意象。诗人分别用"邮票""船票""坟墓""海峡"指代小时候、长大后、后来，现在，这些不同时间段的不同的乡愁呈现在诗人笔下，而诗人与对方总处于错位的状态，这些错位表达了诗人乡愁的丰富性。"小时候""长大后""后来啊""而现在"实际概括了诗人的生命历程，作品的前三节表达了诗人对家庭、爱情、亲情的眷恋——小时候是恋母之情，长大后是男女爱情，这些都属于个人情感范畴，到了结尾，则上升了思乡情怀，即诗人以时间为线索，表达了他恋亲思乡的情感。同时，"小小的""窄窄的""矮矮的"这些既是对景物客观特点的反映，也是一种反

---

[1]　王泽龙．中国现代诗歌意象论[M]．北京：中国社会科学出版社，2008：1.

衬手法的运用，用以表达自己的深情，诗歌的情感因此更好地走进人们的心灵。

(二)语言形式整齐

《乡愁》是白话诗的典范之作，这首诗意义连贯，意脉贯通，从不同方向的时间演进或情感演进向前推动。第一幅写幼年求学，母子分离；第二幅写成年之后，离乡背井；第三幅写母亲去世，生离死别；第四幅写隔于海水，有"家"不能归。四节诗之间的情感具有较强的层次性，全诗整齐中有参差，长句与短句相互变化错落，体现了自由诗的特点。全诗旋律回旋往复、一唱三叹，营造了一种低回怅惘的氛围，恰到好处地表现了跌宕起伏的乡愁。诗句的长短形成了停顿、节奏、语气与语调的变化，便于表达思念的深情；叠词的选用起着舒缓节奏、深化情感的作用，同一位置上词的重复和叠词的运用，比如"头"字多次出现，组成了诗中的又一旋律。《乡愁》表现的是一个"隔"字，这已经成为对海外华人普遍感情的准确而生动的概括，这种概括，在诗中通过独特的语言形式表现出来。

(三)结构的巧妙构思

这首诗结构工整，语言形式整齐，符合"三美"原则。

《乡愁》全诗结构相似，全诗共四节，呈对称状，每一节对应位置上的诗行字数相等，长句与短句互相错落。全诗以"小时候""长大后""后来啊""而现在"为四个时间跨度，以"乡愁是"邮票、船票、坟墓、海峡的四次象征，加之"小小的""窄窄的""矮矮的""浅浅的"四个叠词和"一枚""一张""一方""一湾"四个数量词的应用，诗歌整体意义连贯，意脉贯通，情感表达具有很强的层次性。诗人将不同年龄阶段乡愁中感受最饱满浓挚的亲情、热烈的爱情和深沉的祖国情，高度凝缩于其间，单视角的表现方式生动地彰显了诗人内心的情感世界。诗歌以时间的次序为经，以两地的距离为纬，在平铺直叙中展现出一种别样的魅力，引发读者的无限愁思与无尽的想象。

二、基于课例的教学设计分析

(一)典型课例的探讨与分析

笔者选取了发表在《语文教学通讯》《语文建设》等重要语文类刊物上的 10 则教学课例，对课例中选取的教学内容进行梳理，归纳出每节课的教学点，同时依据王本陆先生对我国中小学常用教学方法的分类(讲授、问答、讨论、读书指导、练习、实验、演示、研究）,① 对这些典型教学课例所用的教学方法进行梳理。

表 18-1 　　　　　　　　　　　《乡愁》10 则课例分析表

序号	刊物及课例	教学目标	教学内容	教学点	教学方法
1	何元俭、陶健：《"浅浅"：解读〈乡愁〉的钥匙——〈乡愁〉主题教学新设计》,《中学语文教学》2010年第1期	1. 在探究诗歌的四个意象中感悟诗作的主题，学会运用"意象理解"的方法阅读欣赏诗歌。 2. 理解余光中所表达的台湾"外省人"那种对故国家园的深厚感情，增强对两岸促进民族交流沟通新政策的了解和拥护，为中华民族的统一、复兴增强民族的凝聚力。	1. 自读全诗，感受诗人怀念家乡的忧伤感情，你能发现诗中有一个"常识性错误"吗？ 2. 台湾海峡真的那么浅吗？请大家查阅地理书籍和有关资料。 3. 作者真的在诗中犯了一个常识性错误吗？作者这样写的目的是什么？ 4. 既然不是自然意义上的空间距离隔绝了两岸人民，那么是什么成了两岸的隔绝，以致人们不得不产生萦绕一生的浓浓乡愁呢？ 5. 认真研读写"邮票"和"船票"的两个诗节，思考：乡愁能够沟通的社会条件是什么？ 6. 认真研读写"坟墓""海峡"的两个诗节，思考：乡愁不能沟通的原因是什么？ 7. 通过以上分析，你能从中总结出阻碍两岸同胞血肉相连的社会原因吗？ 8. 从大的政策背景下，了解"外省人"的心声。 9. 吟诵全诗，体悟余光中在诗中抒发的那种民族感情。 10. 搜集"通邮""通航"以来两岸人民交往事迹。	1. "浅浅的"海峡的赏析。 2. 意象与乡愁的联系。 3. 创作背景简介。 4. 朗读。 5. 拓展阅读。 6. 诗歌情感的分析。	讲授法、问答法

续表

序号	刊物及课例	教学目标	教学内容	教学点	教学方法
2	郑逸农:《〈乡愁〉"非指示性"教学设计》,《语文建设》2012年第1期		1. 学习诗歌最有效的方法是什么? 2. 学习一首诗歌我们需要体验和欣赏诗歌的哪些内容?然后在小组内交流,最后教师说出自己的学习体会。 3. 自由诵读,在诵读中体验诗歌的情感美,读完后用一句话说说这首诗表达了什么样的情感。然后在小组内交流,最后教师说出自己的学习体会。 4. 根据文本的语言来推测作者的情况。然后在小组内交流,最后教师说出自己的学习体会。全班齐读。 5. 边读边体验,读完后说说作者先后用哪些内容或物象来表达自己的乡愁,这些内容或物象有怎样的特点或美感,如果这些内容或物象的修饰语也有值得赏析,也请找出来赏析一番。然后在小组内交流,最后教师说出自己的学习体会。全班齐读。 6. 自由诵读,边读边体验,读完后说说作者在表达这些内容时,语言形式上(包括韵律上)有什么特点和美感,有什么效果。然后在小组内交流,最后教师说出自己的学习体会。全班齐读。 7. 每人自由诵读,读完后说说每一诗句在朗读时应采用什么节奏,具体包括:停顿、重读、语气等。之后每人对全诗进行停顿和重读的标示实践,接着在小组内充分交流,最后教师也说出自己的基本理解。全班齐读。 8. 自由诵读。全班齐声朗读。 9. 每人用一句话总结自己的学习收获或学习感受,然后在小组内交流,最后教师说出自己的学习感受。	1. 诗歌体裁及知识。 2. 朗读。 3. 诗人简介。 4. 意象与乡愁的联系。 5. 时间、人称、方位等词的作用。 6. 语言形式上的特点和美感。 7. 诗歌情感的分析。	讲授、问答法、读书指导法、练习法

序号	刊物及课例	教学目标	教学内容	教学点	教学方法
3	都温中:《〈乡愁〉教学实录》,《语文教学通讯》2012年第7期		1. 疏通字词,讲授诗歌的感情基调,多形式朗读。 2. 诗中作者通过哪些独特的词语来抒发这种感情的? 3. 这四个意象分别表达他对母亲、新娘、母亲和大陆的感情。找四个同学来分别朗读四节诗。 4. 齐读品味第三小节中深沉的情感。这个小节的结尾,这"外头"和"里头"的距离有多远呢?一生配乐读第三小节。注意"啊"的情感。 5. 是怎样的人生经历,让他对母亲怀着如此炽烈的深情呢?补充余光中的重大人生经历。 6. 师配乐朗诵《天国地府》节选,点一生读《今生今世》。生齐读第三小节。 7. 那么除了借助意象,作者还使用了哪些独特的词语来表达他浓浓的乡愁? 8. 为什么要运用叠词?我们来作个比较,读下面四组句子。这第三声的叠词在朗读上有什么特点?请同学们再拖长音节读一遍,感受体会。生自由朗读。一生读。 9. 作者运用这四个时间词对表达乡愁的情感有什么作用? 10. 作者为什么反复运用"这头""那头"这两个词语呢? 11. 多形式朗读。	1. 疏通字音。 2. 朗读。 3. 简介作者。 4. 意象与乡愁的联系。 5. 外头"和"里头"的情感。 6. 叠词的作用。 7. 时间、人称、方位等词的作用。 8. 诗歌情感的分析。	讲授、问答法、练习法、讨论法

续表

序号	刊物及课例	教学目标	教学内容	教学点	教学方法
4	胡健:《〈乡愁〉教学实录》,《语文教学通讯》2014年第7期		1. 谁告诉我乡愁是什么意思?在这首诗中,我们能读到作者表达哪些具体的感情呢? 2. 四个小节写了什么?是一种怎样的感情? 3. 这四个小节能够打乱次序吗?为什么? 4. 我们看到作者在表达这四种情感的时候,分别都运用了一些具体的事物,在每一个事物之前,作者都加了一些修饰语,我们能找出来吗? 5. 他为什么用这样一些修饰语往小了说呢?说说你的理解。 6. 作者曾经说过他仅用了20分钟就写出了《乡愁》,你认为可能吗?简介作者、写作背景。 7. 生朗读,学生点评。师配乐朗诵,生点评。生配乐齐声动情朗读。 8. 为什么在这首诗中,乡愁能让我们清晰可感呢? 9. 我们在古代诗歌中已经学过不少表达乡愁的意象,同学们还能从学过的诗歌中找到这样的一些意象吗? 10. 师播放二胡曲《江河水》刚才你的脑海里都出现了什么?余光中笔下的哪幅画面走近了你? 11. 屏显席慕蓉的《乡愁》,师生齐声认真朗读。 12. 请同学们分小组商量一下,每个人再创设一种意象,然后我们四个人把它组合起来,是不是也能写一首诗了?	1. 概述内容。 2. 时间、人称、方位等词的作用。 3. 叠词/修饰词的作用。 4. 作者和写作背景简介。 5. 朗读训练。 6. 意象与乡愁的联系。 7. 拓展阅读。 8. 写作练习。 9. 诗歌情感分析。	讲授、问答法、读书指导法、练习法

序号	刊物及课例	教学目标	教学内容	教学点	教学方法
5	王旭明:《〈乡愁〉教学实录》,《语文建设》2017 年第 2 期		1. 这篇课文是什么体裁? 关于诗的体裁,你知道哪些知识? 2. 了解教材上讲的韵是什么意思。再找出押韵的字。多形式朗读。 3. 了解这首诗的结构。这首小诗,它共有几节组成呢? 4. 从时间上来看,这四小节诗是一个什么关系? 5. 从空间上来看,长大后,乡愁又变成什么了? 6. 小的邮票到船票,再到坟墓,你们看这个愁,是越来越什么? 7. 第三段深在什么地方了? 母亲在坟墓里头,"我"在坟墓外头,还有比这个更愁的愁吗? 你怎么看出来的? 8. 思念的情越来越深,最后深到了什么地方? 这个关系还是顺接的关系吗? 9. 那片大陆的愁,隔着"浅浅的海峡",一迈腿不就过来了吗? 为什么过不来呢?为什么那么愁呢(补充背景、作者资料) 10. 诗人找了四个具体的事物来写愁,哪四个具体的事物? 11. 改成"乡愁是一枚小的邮票"行不行?"小小的、窄窄的、矮矮的",叠词的运用好在什么地方呢? 12. 对老师的喜爱之情用一个具体的事物说出来,描绘一下,用具体的事物来表达一种情感。老师先给你们做一个示范。	1. 诗歌体裁及知识。 2. 诗歌结构。 3. 时间、空间、人称、方位等词的作用。 4. 作者和写作背景简介。 5. 意象与乡愁的联系。 6. 叠词的作用。 7. 表达训练。 8. 诗歌情感分析。	讲授、问答法、读书指导法、练习法

续表

序号	刊物及课例	教学目标	教学内容	教学点	教学方法
6	黄厚江：《〈乡愁〉课堂实录（节选）》，《中学语文教学参考·初中》2019年第8期		1. 这首诗是在什么样的时代背景下写出来的？诗人生活在哪里？ 2. 师范读。 3. 刚才有同学说这个叠词用得好，难道用了叠词就一定好吗？假如把"小小的"换成"大大的"，"窄窄的"换成"宽宽的"，"矮矮的"换成"高高的"，"浅浅的"换成"深深的"，好不好呢？ 4. 台湾和大陆之间隔的那个海峡浅吗？大家想想，为什么"浅浅的"好而"深深的"不好呢？让我们不能跟台湾同胞随时拥抱在一起，是不是由于海峡的原因啊？ 5. 他说前面是"一枚"，换成"一枚枚""一张张""一方方""一湾湾"。这样改好不好？ 6. 除了这四个意象四个形象以外，有人认为"新娘""母亲""大陆"其实也是表达乡愁的意象。你们同意吗？ 7. 很多人都认为"大陆"最重要。诗的主题就是表达渴望祖国统一。有没有人有不同的理解呢？你认为哪个最重要？ 8. 诗人也多次说过大陆母亲。那么新娘呢？她跟母亲有什么关系呢？ 9. 你认为乡愁是什么，一个人只许说一句话。 10. 我们给这个诗再写上第五小节。 11. 黄老师也写过一首，你们来评点一下看好不好。 12. 补充余光中的增写："将来啊，乡愁是一座长长的桥梁，我去那头，你来这头。"这和我们那位同学写的"乡愁是一张小小的机票"基本一样啊。你觉得余光中写得好不好啊？	1. 作者和写作背景简介。 2. 叠词的作用。 3. 修饰词的感情基调（反衬）。 4. 时间、量词、人称、方位等词的作用。 5. 意象与乡愁的联系。 6. 拓展阅读。 7. 写作练习。 8. 诗歌情感的分析。	讲授、问答法、读书指导法、练习法、讨论法

序号	刊物及课例	教学目标	教学内容	教学点	教学方法
7	熊芳芳：《〈乡愁〉生命语文教学设计》，《语文建设》2012年第1期		1. 教师伴乐范读，男女生二重读。 2. 挖掘诗的情感内涵：邮票和船票、肉身的母亲与精神的母亲。 3. 联读诗人的散文《思台北，念台北》诗人的乡愁仅仅指向大陆吗？如果不是，它还有什么更深厚的内涵？	1. 朗读。 2. 作者和时代背景简介。 3. 意象与乡愁的联系。 4. 拓展阅读。 5. 诗歌情感分析。	讲授、问答法
8	胡德方：《〈乡愁〉比读式教学设计》，《语文建设》2012年第1期		1. 多形式朗读。 2. 诗人心中的乡愁是哪些具体可感的事物？这些事物有什么共同点？ 3. 这些事物分别寄托了作者什么样的情感？ 4. 从不同侧面、不同角度比一比这首诗的语言特点。 5. 对比阅读于右任的《望大陆》(又名《国殇》)台湾其他诗人的"乡愁"——席慕蓉《乡愁》和本诗的异同。 6. 说一说含有"(乡)愁"的古诗词。	1. 朗读。 2. 意象与乡愁的联系。 3. 时间、量词、人称、方位等词的作用。 4. 拓展阅读。 5. 诗歌情感分析。	讲授、问答法、讨论法
9	余映潮执教，孙竹青评点：《〈乡愁〉教学实录及评点》，《中学语文》2015年第1期		1. 齐读"乡愁"和"乡愁诗"的概念。 2. 学生齐读席慕蓉的《乡愁》。 3. 学生齐读作者资料，教师深情诵读《当我死时》《乡愁四韵》。 4. 多形式朗读、疏通字音。 5. 余光中是怎样阐他的乡愁的？ 6. 欣赏诗歌在某个方面的表达之美。 7. 老师再来给你们讲一讲欣赏这首诗的重要角度。(题材、复沓、纯朴、画面、时空、音乐、虚实、意蕴) 8. 再来看非马的乡愁诗《醉汉》，教师深情范读，学生齐读。	1. 乡愁概念辨析。 2. 拓展阅读。 3. 简介作者和时代背景。 4. 朗读训练。 5. 疏通字音。 6. 意象与乡愁的联系。 7. 时间、量词、人称、方位等词的作用。 8. 叠词的作用。 9. 诗歌情感分析。	讲授、问答法、读书指导法、练习法

续表

序号	刊物及课例	教学目标	教学内容	教学点	教学方法
10	曹勇军：《上好家常语文课靠什么？——〈乡愁〉教学设计及反思》，《中学语文教学》2020年第1期	1. 通过抄写诗作，感知诗行、诗节等作品外观特征。 2. 通过诵读诗作，体验这首诗回环往复的声韵特色。 3. 通过替换喻体，探究本诗运用的表达手法和效果。	1. 明确诗行和诗节。 2. 齐读诗歌，边读边感受，说说这首诗在声韵上有什么特点。 3. 学生分享初读时勾画出的打动自己的诗句。 4. 展开想象，说说对这四个比喻句的理解，并体会其中蕴含的感情。 5. 四个比喻前后顺序上的安排有什么讲究。 6. 联系诗中的"这头""那头""里头""外头"，体会这些词语给人怎样的感受。 7. 每个小组负责一个小节，仿写一个小节中的比喻句，用其他的事物来替换诗中原来的喻体仿写一个新的比喻句。全班交流。 8. 组织学生讨论将改写与原作做细致比较。	1. 朗读和学习朗读知识。 2. 声韵特点。 3. 意象与乡愁的联系。 4. "外头"和"里头"的情感。 5. 时间、量词、人称、方位等词的作用。 6. 写作练习。 7. 诗歌情感分析。	讲授、问答法、讨论法

（一）教学内容

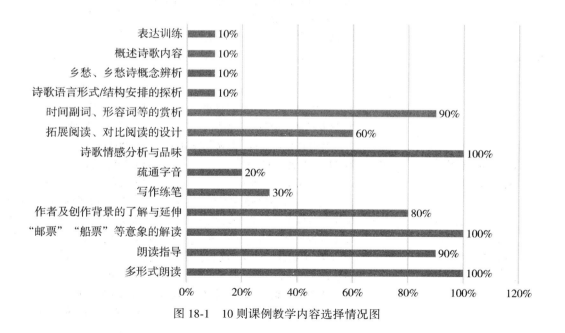

图 18-1　10 则课例教学内容选择情况图

据统计分析，10 则课例教学内容主要从以下三个方面展开：

第一，从"邮票""船票""坟墓""海峡"等意象入手。诗中每一小节的开头都有一个标志时间的词——"小时候""长大后""后来""现在"，象征着不同时期的乡愁。用来比喻"乡愁"的一组事物按照由小到大的顺序排列的邮票、船票、坟墓、海峡，象征着不同空间下的乡愁。在感情方面也是层层递进的，先是对母亲的想念，然后是对新娘的思念，后来是对母亲去世的悲痛，最后从个人的情感升华到对包括地理、历史以及文化内容的整个祖国的眷恋，表现出诗人恋亲思乡的情感。

第二，朗读训练，体会语言美。《乡愁》是白话诗的典范之作，散文化的诗句、旋律回旋往复、一唱三叹，读起来朗朗上口。以上的课例采用了丰富的朗读形式，包括全班齐读、教师范读、学生试读，配乐朗诵等。在朗读指导中教师都能注重对诗歌的停顿、重音、节奏等基本的朗诵知识进行讲解，学生通过朗读可以感受到诗歌的语言之美。诗歌是个人情感的表达，通过朗读能更好地走进诗歌，感悟诗歌的深刻意蕴。课例中教师都能利用朗读来帮助学生理解诗歌情感，但朗读的具体成效还有待评价。

第三，诗歌情感的分析与品味。诗人以邮票、船票、坟墓、海峡等作为乡愁的象征，四个叠词和四个数量词的应用，将不同年龄阶段的乡愁里感受最浓挚的亲情、热烈的爱情和深沉的祖国情凝缩于其间。同时，这首诗歌的解读离不开"知人论世"，大部分教师在教学中都注意到对背景知识的讲解，背景知识或是在课前讲解，或是在课中穿插讲解，能帮助学生更好地理解诗歌的主旨。

(二) 教学点

统计结果显示，10 则课例中重复出现 5 次及以上的教学点有 6 个，详见图 18-2。

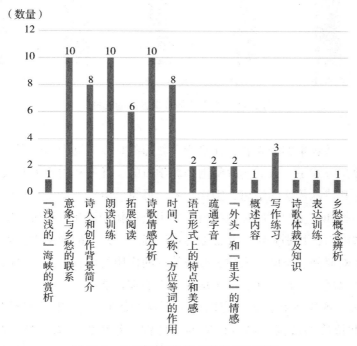

图 18-2　10 则课例教学点的选择情况图

以上收集的课例中，朗读训练与指导、意象的分析和诗歌情感的品味出现次数最多，是每一则课例都会选择的教学点；其次是对诗歌中时间、人称、方位等词的赏析以及了解诗人和创作背景，分别在 8 则课例中都有呈现。语言形式上的特点和美感、概述内容、诗歌体裁及知识、表达训练等，在 6 则课例中都有涉及。这说明《乡愁》可教的点较多，教师在教学中都抓住了朗读训练、意象分析和情感品味这三个要点，但现代诗歌的教学不仅仅需要重视这三个方面，对于其他方面的内容也应该关注。

(三) 教学方法

如图 18-3 所示，《乡愁》的教学方法主要有以下三种。

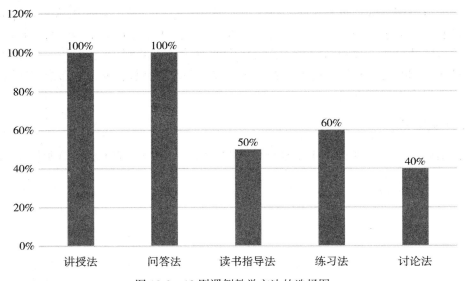

图 18-3　10 则课例教学方法的选择图

一是问答法。从收集案例来看，几乎所有教师都是以问题为基础展开教学，这与当前我国课堂主要教学方式是一致的。教师围绕教学目的、任务和内容展开教学，旨在让学生体会作者的情感和诗歌传达的情思，围绕意象、形象、语言、情感、意境等方面引导学生思考，在教师的教和学生的学的过程中引导学生获得新知识和巩固所学知识。在这个过程中，学生的理解能力，特别是审美鉴赏能力得以提升。以上的课例中，教师对于意象与乡愁的联系，或是对时间、空间、人称、方位等词的作用的理解上，一般都采用问答的方式激发学生的思考兴趣。这种方法有助于培养学生的综合能力。

二是讲授法。现代诗歌教学内容的确定要从"诗性阅读"出发来设计。所谓诗性阅读就是具有诗歌特质的阅读，尊重诗歌的情感性、想象性、象征性、超现实性。这些特质都具有弥散性，非直接言说性。最有可能具有诗性阅读的方式是体会，体会即浸没，交融和重合①。现代诗歌的教学目标应是引导学生学会诗性表达、诗性思维，最终学会诗意地生活。在这过程中，教师通过讲授的方式进行启发与引导。在意境和情感的品析方面，在问答的基础上用富有艺术性的讲授激发学生情感上的共鸣。

三是练习法。练习的目的在于帮助学生形成或发展一定的朗读技能，同时加强学生对所学知识的理解。通过朗读训练，有助于学生理解诗歌，并且在朗读中不断丰富自己的诗意感受。《乡愁》这首诗是白话诗的典范之作，语言浅显易懂，但诗味浓厚，教师可以适当安排续写、仿写的环节，强化学生的语言表达能力与诗歌写作能力。

三、基于课例分析的教学建议

活动·探究单元设计是以语言运用为核心的学习任务组织单元结构，"以任务为轴心，以阅读为抓手，整合阅读、写作、口语交际，以及资料搜集、活动策划、实地考察等项目，形成一个综合实践系统，读写互动，听说融合，由课内到课外，培养学生综合运用语言文字的能力"②。其基本设计思路是：文本学习——实践活动——写作③。具体设计分为：任务一自主欣赏，任务二自由朗诵，任务三尝试创作三个部分。"任务一"所学内容是"任务二"开展活动的基础，"任务三"是对前两个"任务"更高层次的运用，或是之前学习成果的展示和总结。这种以读促写的形式，不仅能落实学生的阅读体验，还能够有效提升学生的语文核心素养，从而让现代诗歌的教学走向深度学习。这一设计也更符合学生的学习期待和发展需要，对于激发学生的学习兴趣具有深刻的意义。在单元活动的安排上，在完成课文的阅读学习后紧随写作训练，教材中围绕不同的主题对写作作出指导与提示，包括"学会记事""发挥联想和想象"等，写作练习方式包括续写、仿写、扩写、主题写作等。这一单元安排了《沁园春·雪》《我爱这土地》《乡愁》《你是人间四月天》《我看》等作品，还有名著导读《艾青诗选》、自主阅读推荐《泰戈尔诗作》《唐诗三百首》。从"目标"向"任务"的转变，有利于改变过于偏重阅读、理解、赏析的语文学习（特别是阅读学习）方式，使学生的语文学习从平面走向立体，从静态走向动态，在综合、多维、连续的语文活动中"领悟文化内涵和语文应用规律"④。

---

① 王荣生.语文课程与教学内容[M].北京：教育科学出版社，2015：101.
② 人民教育出版社课程教材研究所中学语文课程教材研究开发中心.义务教育教科书教师教学用书·语文八年级·上册[M].北京：人民教育出版社，2017.
③ 王本华.守正创新，构建"三位一体"的语文教科书编写体系：部编义务教育语文教科书的主要特色[J].语文教学通讯，2016(9B).
④ 人民教育出版社课程教材研究所中学语文课程教材研究开发中心.义务教育教科书（五四学制）教师教学用书·语文八年级·上册[M].北京：人民教育出版社，2019：1.

活动·探究单元教学在具体的落实过程中存在许多问题。首先，自读课文教读化，教师缺乏大单元教学意识，学生阅读过程浅表化，造成学生缺乏自主学习空间和学习动力。其次，"活动"设计缺乏目标与关联，活动过程形式化、茫然和无序，对学生实践性的活动缺少指导和评价，忽视了此类单元是以任务群为导向、以自主学习活动为主要方式、以完成学习任务为标志的整合多类语文实践活动的单元。情境设计粗疏，不能有效激发学生的参与热情。活动探究过程不完整，对学生的探究结果缺少回应。教师角色功能模糊，不知该如何适时跟进学生的学习过程，不知如何有效推动活动的开展，不知如何科学评价学生的学习成效。最后，写作过程空心化，学生对诗歌的理解还停留在形式的层面。温儒敏曾说："设计'任务驱动'，'任务'在前，要提醒不能只是奔着'任务'去阅读，也不是单纯为了解决'问题'或者参加讨论去阅读。……很多课文都是经典，让学生接触经典，本身就是教学的重要目标，不应该把课文纯粹作为解决问题、完成任务的材料或者讨论问题的'支架'。"①那么，诗歌活动·探究单元到底该如何进行教学？

在诗歌活动·探究单元的教学设计中，教师要引导学生自主获取并建构知识，实现提升学生诗歌自读能力的目标。学生要积极主动参与学习活动，通过教材提示或收集的资料，再辅之讨论等方法，对诗歌有深入的理解。创作环节的设计落点是增强对诗歌感情的理解。教师要引导学生积极参与，使创作先有"诗的模样"，后有"诗的味道"，以教材为依托，循序渐进，体验诗歌创作的乐趣。为保证教学活动的成效，学生要注重自主评价，教师要给学生提供一些活动评价规则，或师生共同拟定评价标准，以评导做，以评促改，少进行甄别分层式评价。在诗歌活动·探究单元的教学文本解读过程中，可以设计填表的活动，让学生通过自读、小组交流、班级讨论等方式解决阅读中产生的疑问。在朗诵过程中要给予学生参考和评分标准，对学生的朗诵也要及时作出评价，让学生多参与到朗诵设计的活动中，通过诵读活动得到浸润感染、潜移默化的提升。写作环节要注意真实的情境设计，因为写诗的目的是让学生加深对诗歌的理解，以及让语言表达更富有表现力，因此以上的课例中的写作练习多为仿写、补写和写小诗。这个活动可以与朗诵活动相结合，让学生用朗诵来展示自己的创作。

在活动·探究单元教学过程中，既要参考诗歌活动·探究单元教学的共性特征，也要对每一环节的个性特征和每一首诗歌的独特性进行把握。有目标的学习活动链接起来才能产生连贯的、有重点的生成性学习。单篇教学重难点的选择方面，通过统计分析笔者发现，现在大多课例的教学终点定在学生对意象的把握和诗歌情感的体味上。在以上课例中，教师对诗歌的意象、情感、朗诵这三个方面都非常重视，对于品味诗人对祖国母亲的热爱之情这个教学落点，学生通过课前预习和课文提示或利用学习工

---

① 温儒敏．统编高中语文教材的特色与使用建议：在统编高中语文教材国家级培训班的讲话[J]．课程·教材·教法，2019(10)．

具可以自行体会。通过之前现代诗歌的学习，学生对诵读知识有一定的了解，辅之以朗诵过程中教师的帮助，同学们基本上能掌握这首诗歌的朗读要点。这首诗歌的教学难点应该是对诗歌意象前面的时间、人称、方位等词作用的理解，以及诗人在语言形式和结构上的思考。这首短诗读起来朗朗上口，浅显易懂。《乡愁》属于活动·探究单元，从单篇解读来看，这首诗歌的形式、意象和语言都是教学的重点，还需要关注副词、修辞手法等的运用。这些教学重难点与单元内其他诗歌有重合，通过对比阅读可以加深学生对诗歌的理解。同时，单元教学要抓住每篇文本的核心价值点来研读，最后进行单元统整。单元内，《沁园春·雪》的意境营造、《我爱这土地》的意象选择、《乡愁》的回环结构，《你是人间的四月天》的语言陌生化等都是教学重点。在诗歌结构上，《沁园春·雪》上阕写景，下阕议论，共时营造雪国胜状，历时彰显抱负胸襟；《乡愁》则以个人成长为线索，连缀起童年、青年、中年和老年的各个时期的思乡念亲之情。在情感的抒发上，《我爱这土地》《乡愁》《你是人间的四月天》等通过不同的意象选择展现出不同的情感。在诗歌语言上，《你是人间的四月天》《我看》的陌生化、《沁园春·雪》《我爱这土地》《乡愁》的和谐优美。诗歌教学需要关注意象、韵律、节奏、意境、诗节等知识，但这并不意味着单元教学就可以忽视诗歌的文本体式，而是要在活动中落实诗歌的文体教学。让学生通过活动的开展来理解诗歌内容、产生诗歌阅读兴趣，进而提升自身的语文素养。

《义务教育语文课程标准(2011 年版 2020 年修订)》指出："欣赏文学作品，有自己的情感体验，初步领悟作品的内涵，从中获得对自然，社会和人生的有益启示。对作品中感人的情境和形象，能说出自己的体验；品味作品中富有表现力的语言。了解课文涉及的重要作家作品知识和文化常识。"①为达成教学目标，一方面需要依据文本体式，对《乡愁》进行诗性阅读，从诗歌的内容和形式两个方面进行文学鉴赏；另一方面教学内容的确定要依据学情，因为教学内容必须由师生这一教学双方在教学实践中现实地生成，教学内容的选择要建立在师生对同一文本的差异性理解之上。根据教学实践和学生认知情况，笔者判断学生对《乡愁》这首现代诗歌关于"诗歌意象前面的时间、人称、方位等词的作用，以及诗人在语言形式和结构上的构思"是知之甚少的，应是教学的着力点，同时如何在活动·探究单元中展开教学是教学的难点。

总之，教师在教学时要审视自己的"学科教学知识"，在备课中要充分掌握学情，关注学生不喜欢的地方与学生读不懂、读不好的地方，为学生提供学习方法的指导，帮助学生理解课文，同时，课后教师还需要进行积极反思，改进以后的现代诗歌教学，从而提高学生现代诗歌的欣赏水平。

---

① 中华人民共和国教育部. 义务教育语文课程标准(2011 年版 2020 年修订)[S]. 北京：北京师范大学出版社，2011.

四、单元教学设计参考

单元教学目标：

1. 独立涵泳品味单元内的诗歌，把握诗歌意蕴，体会诗歌的艺术魅力。

2. 掌握朗诵技巧，把握诗歌的感情基调，举行朗诵比赛。

3. 培养学生的诗歌创作能力，抒发自己的情感。

教学课时：

5 课时。

任务一·教学目标：

(1) 独立涵泳品味诗歌，了解诗歌的体式特点和情感基调。

(2) 分析意象，掌握诗歌的情思。

(3) 感受诗歌语言的表现力，掌握诗歌的写作手法和修辞手法的作用。

教学课时：

1 课时。

课前准备：

独立阅读每一首诗，自行完成下面的表格，并在原文中圈画批注出相关依据。

		《沁园春·雪》 毛泽东	《我爱这土地》 艾青	《乡愁》 余光中	《你是人间的四月天》 林徽因	《我看》 穆旦
感情基调	类型				喜悦、充满希望	
	依据					
意象的选择	类型					
	特点					
意境特点						
思想感情						

续表

语言特点	韵律及节奏				
	语言陌生化			(1)通感 (2)句式的杂糅 (3)节奏与排列 (4)句式的变化	
表现手法				"你"比喻成"四月天"里的春风、云烟、百花、嫩芽(比喻)……	

教学过程：

一、导入

读诗：学生自由朗读这五首诗，在朗诵过程中通过语气、语调、语速、重音、停连等方式读出诗歌情感。

二、借助注释和旁批，以小组合作的方式完善表格内容，讨论并修改后每个小组派代表进行发言。

(教师巡视，师生、生生之间互相补充和点评)

三、思考并回答以下的问题：

(一)了解一首诗歌的思想情感，需要对诗人的生平和创作背景作了解。通过预习，大家对单元中的《沁园春·雪》《我爱这土地》《乡愁》《我看》的相关背景资料了解多少？分享一下。(全班交流、教师补充)

(二)对于创作背景也会出现争议的情况。《你是人间的四月天》这首诗，有的人认为是写给逝世的徐志摩，也有人认为是写给刚出生的儿子。请你根据诗歌的内容发表自己的看法。提示：从诗歌选取的意象内涵处着手。(教师补充相关证据)

(三)《你是人间的四月天》和《我看》都描绘了春景，但仍存在不同。请同学们对比阅读这两首诗歌，发现两首诗歌的异同点。

(四)《沁园春·雪》《我爱这土地》和《乡愁》这三首诗歌都表现除了诗人的爱国之情，但是表现方式不同。请同学们对比阅读这三首诗歌，发现这三首诗歌在意象表现形式上的区别。

(五)通过朗诵，大家一定发现了《沁园春·雪》与其他四首诗歌的不同，回忆已学知识，分析它们在语言和形式上的不同。

(六)《你是人间的四月天》和《我看》在语言上都做了陌生化处理。诗歌语言的陌生化包括词语的搭配、新颖的修辞、句式的杂糅、视角的转化、节奏与排列。请同学们重读这两首诗歌，找出这两首诗歌语言上的陌生化具体体现，并进行品析。

（七）五首诗歌都采用了修辞手法，请同学们自由朗诵诗歌，先单篇品味其中的妙用，再对比阅读同一种修辞手法在不同诗歌中的使用带来的不同美感。

（八）朗诵《我看》对比诗人在 1942 年和 1976 年写作的同名诗作《春》，找出诗歌的结构、语言、意象、情感等方面的相似之处和不同之处。

四、

1. 通过以上分析，大家先自行将预习时填的表格进行修改，然后小组内互相交流，完善自己的答案。教师出示参考表格。

2. 完成教材第 2 页的 6 个问题。

五、任选其中一首，写一段赏析文字，与同学们分享。

任务二·教学目标：

1. 掌握朗读技巧，注意重音、停连、节奏等，把握诗歌的感情基调，读出感情和韵律。

2. 引导学生参与策划、组织和开展朗诵比赛，锻炼学生的语文实践能力。

3. 激发学生对现代诗歌朗诵的兴趣。

教学课时：

2 课时。

课前准备：

1. 学生挑选一首喜欢的课内现代诗歌进行朗诵准备，标出重音、停连、节奏、语气、语调、语速等。

2. 学生从《艾青诗选》中挑选几首喜欢篇目朗读。由组长负责规划，在小组朗诵的基础上，确定一篇朗诵篇目与朗诵形式，进行排练。

3. 教师协助班委做好班级朗诵比赛的赛前准备。

教学过程：

一、导入

我们班计划在校元旦晚会时推选十位组成一个朗诵团进行诗朗诵表演。今天要在班级内先进行选拔。

二、课内篇目朗诵训练

（一）通过课后作业的准备，每个小组推选出来的一名成员进行朗诵，朗诵篇目是课文五首诗歌里的任一首。

（二）学生分别进行朗诵。学生之间从重音、停连、节奏、语气、语调、语速等方面作出评价，指出各自朗诵中存在的优点和不足。互评后教师给出指导意见。

（三）组内成员轮流选择一首诗歌进行朗诵，其余同学对他的朗诵进行评价。

三、班级朗诵比赛

（一）赛前准备

1. 学生从《艾青诗选》中挑选几首喜欢篇目朗读。由组长负责规划，在小组朗诵的基础上，确定一篇朗诵篇目和朗诵形式（对诵、轮诵、群诵），挑选配乐，进行排练。

2. 教师依据所选诗歌的感情基调或诗歌情感进行分组，让学生自荐成为主持人、评委、计分员和电脑操作员。其中评委邀请了年级老师共同参与。

3. 评委依据下面表格的评分标准进行评分。

评价项目	编号及朗读内容				
	评价内容		得分		
			优秀	合格	不合格
主题内容	主题契合，内容积极向上(10分)				
普通话	发音	口齿清晰，无方言，语气适合(10分)			
	语速	声音洪亮，语速流畅，语调适合(20分)			
	节奏	节奏鲜明，准确把握重音和停连(20分)			
	情感	让听者能产生情感的共鸣(10分)			
表达	表情	神态能表现文本(5分)			
	站姿	站姿端正，仪态自然(10分)			
	表现	表现有艺术感染力和个性特色(5分)			
台风	上下场致意、答谢(5分)				
	服装得体，大方自然(5分)				
注：每一个单项优秀计100%，合格计75%，不合格计50%					

(二)比赛过程

1. 主持人致词

2. 五个小组依次朗诵

(三)赛后点评

1. 评委点评

2. 参赛小组派代表发表感言

3. 主持人宣布比赛结果并总结

4. 教师总结发言

任务三·教学目标：

(1)通过诗篇的导入引起学生对诗歌创作的兴趣。

(2)联系生活进行课堂情境创造，触发学生写作灵感，培养创作能力。

(3)激发学生热爱祖国、热爱生活的美好情感。

教学课时：

2课时。

课前任务：

阅读《艾青诗选》，有自己的感悟。

教学过程：

一、导入

同学们有没有尝试过写作诗歌？写作的多是古典诗歌还是现代诗歌？今天我们一起来创作诗歌，每个人都当一回诗人。

二、教学过程

(一)续写

1. 朗读教材第 13~14 页的《怎样写诗》，概括写诗的技巧。

2. 站在现代人的角度，续写《乡愁》。(教师提示：续写时，要和前文的风格保持一致。)学生之间互相点评，教师点评。

3. 2007 年余光中"续写"了《乡愁》，在原诗的基础上加上第 5 节：未来啊/乡愁是一道长长的桥梁/我来这头/你去那头。思考一下，这个续写好不好？说明你的理由。

(二)补写

1. 同学们现在望向窗外，看看此时的夕阳，看到这幅图景你会用哪些词来描绘你的所见所感？

2. 如果你是诗人，你会怎样对刚才说出的词进行润色，让它变得有诗意？填写"夕阳透过云层，映照暮天，把_____"。

3. 总结诗歌写作，朗诵学生们的诗作。

(三)仿写

阅读《艾青诗选》中《黄昏》这首诗，仿照诗歌的意象、语言特点描绘属于你们的黄昏。

(四)班级内学生投票选出 10 首写得好的诗歌，教师安排学生粘贴在"学习角"，以供学生课下学习。

三、课堂收束

同学们，通过这五个课时的学习，我们将这一单元的诗歌内容都学完了，同学们可以分享一下自己的学习心得吗？在学习过程中，你有什么建议？大家可以畅所欲言。

第十九章
《祖国啊，我亲爱的祖国》文本解读与教学设计

《祖国啊，我亲爱的祖国》是一篇教读课文，是诗人舒婷在 1979 年 4 月创作的，舒婷以南国女诗人特有的温婉、优美、忧伤的风格抒发了对祖国真诚的爱。作者在诗中直面祖国灾难深重的古老历史及其严峻的现实，构造了一幅幅流动凝重的画面，同时以舒缓深沉的节奏，把祖国比拟为伤痕累累的母亲，以赤子之情向母亲倾诉内心的痛苦，表达为祖国未来而献身的激情和决心。此诗的独特之处不仅在于诗人用新奇的意象来呈现内心的情感，还在于诗人把自己放进历史与未来相交错的现实之中，对祖国的过去和未来进行了深刻的思考。舒婷的这首诗美在全诗，难以句摘。

一、教学文本解读

（一）意象

1. 多层次折射的艺术表现方法

意象作为诗的灵魂与生命符号，是一种富于暗示力的情智符号，也是富于诱发力的期待结构。诗人常常以想象的方式将特定的情感或智慧通过比喻性、象征性的意象暗示给读者，读者通过对意象的读解体验此中情智。意象是诗歌区别于其他文学样式的独特呈现方式。[1]

《祖国啊，我亲爱的祖国》中表达情感的意象是成系列的，意象间不是按散文的语法和逻辑顺序关联的，而是时而若即若离，时而叠加，造成了感情的层层深化。在《祖国啊，我亲爱的祖国》中，诗人用了十几个不同属性、不同空间的意象组成意象群，包括用破旧的老水车、熏黑的矿灯、失修的路基来展现祖国工业的落后与破败，用干瘪的稻穗来

---

[1]　王泽龙. 中国现代诗歌意象论［M］. 北京：中国社会科学出版社，2008：5.

体现祖国农业的贫困。也包括选择"簇新的理想""挂着眼泪的笑涡""雪白的起跑线""绯红的黎明"等正面的、带有明朗意味的意象进行对比，既造成了情感的流动，也表达出对祖国的爱和献身意识，以及对祖国落后愚昧的反思。诗中每一节意象数量不一、疏密结合，推动了诗情的表达。这些意象有其独特的象征意味，"破旧的老水车"象征着中国工业落后与破败的写照，"数百年""疲惫的歌"象征着祖国前进步伐沉重与缓慢，"蜗行探索"象征着祖国艰难前进，"干瘪的稻穗""失修的路基"和"淤滩上的驳船"分别象征着祖国贫瘠的农业和衰败的工业等。这些意象刻画出了一个满身伤痕累累、但仍不言弃的祖国形象，表现出了祖国对儿女的珍惜及儿女对祖国的痛惜之情。"我是贫困／我是悲哀"是一种情绪上的直白，代表当时中国人的普遍情感，"飞天袖中"中寄托着生活的祈愿，"花朵"代表着祖国的希望。这份希望虽然渺茫，但能给人们带来奋斗的力量和勇气。这种愿望是虚无缥缈的，可能永远也无法实现，但是她对未来充满信心，诗人以"古莲的胚芽""挂着眼泪的笑涡""雪白的起跑线""绯红的黎明"来代表新生的祖国充满着希望，这一组意象象征着祖国的明天会更好。整首诗既有浪漫主义的想象，又有现实主义的思考，整首诗构思完整且巧妙，构建了一个象征意象体系。

2. 想象的主体性

《祖国啊，我亲爱的祖国》以抒情主体"我"对祖国的理解和情绪的心理图式为线索，营造一系列细部具体的意象，联缀成为总体上的抽象。[①] 舒婷的诗情感往往有一种忧郁的情调，更多地表现出对自我、对个人情绪的关怀。舒婷写这首诗的时候，还是灯泡厂里一名焊锡女工。"当时正值粉碎"四人帮"，结束了'文化大革命'十年浩劫，党的十一届三中全会确立了以经济建设为中心的大政方针，祖国的各项事业百废待兴。经过了迷惘、深思与沸腾，诗人发出了时代的最强音：'富强祖国'！"[②]在曾经的年代，诗歌只能表现慷慨激昂，祖国的一切都应该是辉煌壮丽的，而舒婷没有回避祖国仍然没有彻底改变贫困落后的局面。这首诗的四节分别展现了祖国贫困、落后的历史、人民的痛苦和希望、迈入新时期的欣慰和希望。其中以在"历史的隧洞里"，千百年来没有变化的一系列意象：古老的工具——"老水车"，原始的劳动工具——"熏黑的矿灯"，劳动者的形象——"蜗行"，"干瘪的稻穗"——破败的生产，"失修的路基"——出了问题的社会生活，"驳船"是"淤滩"上的，给"历史的隧洞"又加了一份沉重，最后两个意象"纤绳"和"勒进肩膊"，把祖国苦难的历史转化为当代人的感受，给人一种深沉的痛楚。诗人用感性形象来调动读者的感情，让读者想象到诗人对祖国苦难的切肤之痛。诗中没有一句话直言祖国落后，而是让读者通过这些陈旧破损的物象去意会，体现了"朦胧诗"的特点。这首诗表达了作者发自

---

① 姜耕玉. 新诗与汉语智慧[M]. 南京：东南大学出版社，2013：240.
② 杨建波. 大学语文[M]. 北京：北京大学出版社，2002：321.

心底的期待和呼声，也表达了人民期待祖国繁荣富强的真实情感，反映了社会主义新时期的一代青年深沉的思考、执着与探索。

(二) 哀而不伤的语言

诗歌语言不仅有工具的意义，诗体、音节也不单是外在样式，他们都直接联系着思想和思维的层面，是与诗歌观念发生着根本联系的诗性因素。内容上，《祖国啊，我亲爱的祖国》这首诗在刻画古老、贫困的祖国时，不陷于苦难和沉重，诗人以相当明丽的语言写出了古老的祖国在新时期的希望。"我是你簇新的理想……祖国啊！"同样是一系列意象的并列，其间有理想和蛛网，古莲和雪被，眼泪和笑涡那样的矛盾性意象，也有起跑线、黎明这样单纯的意象。

情感传达强弱与意象排列疏密呈正相关的关系。在本诗中，语言节奏由舒缓到急促，由低沉到高亢，作品从"我是你十亿分之一"开始起势，最后达到抒情的最高潮，接下来的直抒胸臆表明诗人为祖国献身的感情非常真诚、炽热，而其中反复出现的"——祖国啊"是反复出现的"乐句"，由它呈现主题和基本旋律。

诗人将"——祖国啊！"列作单独的一节，并在各节的结尾处反复出现，造成反复咏叹的效果，具有增强语势的作用。而每节诗歌排列大致整齐、对称，讲求图画美，读起来也朗朗上口。

(三) 单视角的表现视角

诗歌采用单视角的表现视角，从第一人称出发，抒情主人公"我"将主观想象和客观现实相结合，沿着祖国发展的脉络进行情感演进。形式上，不断重复的"我是……"的排比句式，突出了诗人和祖国血脉相连的关系，诗人为祖国的贫穷、落后感到痛苦，也为充满生机的祖国感到欣慰。在最后一节中，诗人更是以"迷惘的我，深思的我，沸腾的我"和"你的富饶、你的荣光，你的自由"的排比句式展现自己对他们一代人清醒的认知，表现出诗人深沉的爱国深情。

二、基于课例的教学设计分析

笔者选取了 10 篇教学案例，对课例中选取的教学内容进行梳理，归纳出每节课的教学点。同时依据王本陆先生对我国中小学常用教学方法的分类（讲授、问答、讨论、读书指导、练习、实验、演示、研究），① 对这些典型教学课例所用的教学方法进行梳理。

---

① 王本陆. 课程与教学论(第三版)[M]. 北京：高等教育出版社，2017：156-167.

表 19-1　　　　　　　　　　《祖国啊，我亲爱的祖国》10 则课例分析表

序号	刊物及课例	教学目标	教学内容	教学点	教学方法
1	朱华华：《〈祖国啊，我亲爱的祖国〉导学创意》，《中学语文教学参考：教师版》2008年第9期	1. 感悟诗人的爱国感情，激发爱国热情。2. 理解形象刻画对表达思想感情的作用。3. 质疑探究舒婷委婉曲折中表达心声的诗歌风格，阅读其他风格异同的诗歌，扩大阅读面。	1. 读准字音，教师简要介绍作者生平和写作背景后，分析四节诗分别应该读出怎样的情感？2. 多形式朗读：听读录音、教师范读、个人选读、男女对读、小组分读、全班齐读。3. 本诗将对祖国的深情浓缩在以上四组形象中。寻找并选择你最欣赏的一组或一句来品析。学生自由解读形象。4. 仿照课文，完成续写练习；以"我是你……"的句式仿写一组形象来表达对祖国的拳拳赤子之心。5. ①对比阅读《祖国啊！我永远热爱你》、贺敬之的《伟大的祖国》、闻捷的《祖国！光辉的十月！》②把《星星变奏曲》拿来进行同类比较阅读。6. 背诵本首诗歌。	1. 知人论世。2. 朗读训练。3. "破旧的老水车""熏黑的矿灯""干瘪的稻穗""失修的路基""淤滩上的驳船""飞天袖间"的"花朵""雪被下古莲的胚芽""挂着眼泪的笑涡""新刷出的雪白的起跑线""绯红的黎明""迷惘""深思""沸腾""伤痕累累""富饶""荣光""自由"等形象赏析。4. 舒婷诗歌"曲折委婉"的抒情中表达真挚心声的风格。	讲授法、问答法、读书指导法、练习法
2	胡文忠：《点燃诗歌美读教学的激情——以〈祖国啊，我亲爱的祖国〉为例》，《中学语文教学参考：上旬刊》2015年第5期	1. 朗读中读准情感语调、读清思想内涵、读出情感共鸣。2. 研读"四声朗读"，理解诗歌情感。	1. 生自由朗读。自主发言和小组合作探究后，明确四节诗的感情变化。拓展读诗的表情和动作。2. 第一节意象分析并朗读展示。3. 再读，结合写作背景思考第三节的思想内涵。4. 思考第四节的内涵。5. 请大家将自己课外制作的 PPT 和伴奏曲展示美读成果。6. 重点研读四个"祖国啊"的情感变化。	1. 深沉和悲痛、痛苦和希望、希望的欣喜、深情和热烈的诗歌情感。舒缓而低沉、舒缓、激昂、高昂的语调。朗读训练。2. 老水车、矿灯、稻穗等意象。3. 飞天、花朵等意象。4. 理想、胚芽、笑涡、起跑线等意象。5. 迷惘的我、深思的我、沸腾的我/你的富饶、你的荣光、你的自由。	讲授法、问答法、读书指导法、研究法

序号	刊物及课例	教学目标	教学内容	教学点	教学方法
3	郑逸农：《〈祖国啊，我亲爱的祖国〉"非指示性"教学实录及评点》，《语文建设》2004年第9期		1. 自由诵读并发表初读体验。 2. 学生自主确定学习目标后进行小组互动交流与展示。 3. 按照既定的学习主题，研读课文并写下感悟。 4. 发表研读体会，在小组内进行质疑商讨后派代表发表看法。随后提交在小组交流中存在的疑问。 5. 每个组讨论三个问题，其中一个是自己小组提出的为必选题另外两个为自选题。 6. 诗中四处"祖国啊"，感情表达上有什么差异吗？ 7. 朗读时，要正确传达出诗人的感情，最巧妙的方法是什么？ 8. 本文是借助什么来抒发感情的？口号式的直白抒情效果会不会更好？ 9. 诗歌中的"我"指谁？能否换成"你"？"我是……"的句式有什么效果？学生先独立思考，再小组讨论，最后班级交流。 10. 学生自评在这次学习中的优点和不足，并提出相关调整措施。	1. 诗中的意象。 2. "把纤绳深深勒进你的肩膊""飞天袖间千百年未落到地面的花朵""刚从神话的蛛网里挣脱""绯红的黎明正在喷薄""我是你的十万万分之一""你九百六十万平方的总和"等诗句。 3. 四处"祖国啊"朗读训练。	讲授法、问答法、讨论法
4	黄卫星：《〈祖国啊，我亲爱的祖国〉教学设计》，《学语文》2003年第2期	1. 品读意象，理解意象的丰富内涵。 2. 读出情感，把握诗人的思想情感。 3. 掌握朗读技巧。	1. 教师配乐朗诵。引出问题：四处"祖国啊"该如何深情呼唤？ 2. 学生齐读第一节，找出能体现思想情感的意象，并分析象征着祖国怎样的状貌？ 3. 教师范读，师生评析第一节朗读内容。找出一两处感受最深的词语进行品味。学生齐读。 4. 运用第一节的方法赏析第三节后学生朗读并互相评价。 5. 学生评读第二节，思考诗人的心情怎样？从哪些地方可以看出？推荐一学生朗读。 6. 男、女两组比赛朗读第四节后自评。 7. 怎样理解诗中的"你""我"？ 8. 请仿写一节诗放在第三节后。师生点评。	1. 四处"祖国啊"。 2. 老水车，矿灯，稻穗等意象。 3. 飞天、花朵等意象。 4. 理想、胚芽、笑涡、起跑线等意象。 5. 迷惘的我、深思的我、沸腾的我/你的富饶、你的荣光、你的自由。 6. 朗读训练。 7. 仿写训练。	讲授法、问答法、练习法

序号	刊物及课例	教学目标	教学内容	教学点	教学方法
5	胡晔琳：《〈祖国啊，我亲爱的祖国〉教学实录》，《语文教学通讯·初中》2015 年第 7 期	1. 重点掌握诗歌的语调、节奏、重音。 2. 体味意象，领会作者情感。 3. 背诵诗歌。	1. 读学习目标，分享自己所了解的作者。师补充。 2. 师配乐范读。你感受到了诗人怎样的情感？生自由诵读。生评价。 3. 找出诗歌的第 1 节的意象，哪些意象给你最深的感受？引出诗人的情感。生齐读第 1 节。 4. 生朗读第 3 节。生评价。引出第 3 节的意象带给大家什么感受？进而体会作者的情感。 5. 了解写作背景，生重读第 3 节。 6. 生朗读第二节后分享读的感受。你从哪里能够读出来诗人已经追寻了很久了？引出其中的情感。 7. 生齐读最后一节。思考最后一节作者的情感是什么？ 8. "我是你十亿分之一，/是你九百六十万平方的总和"，这句话矛盾吗？谈谈你的理解。 9. 以小组为单位，根据诗歌情感的变化设计一个多种形式的诵读方案。 10. 续写诗句，加深情感体会。	1. 老水车，矿灯，稻穗等意象。 2. 花朵这一意象。 3. 理想、胚芽、笑涡、起跑线等意象。 4. 迷惘的我、深思的我、沸腾的我/你的富饶、你的荣光、你的自由。 5. 我是你的十亿分之一，是你九百六十万平方的总和。 6. 朗读训练。	讲授法、问答法、读书指导法、练习法
6	徐忠宪、冯丽娜：《〈祖国啊，我亲爱的祖国〉课堂教学设计与实录》，《现代语文》2007 年第 8 期	准确地理解诗歌，并能较好地把握朗读技巧。	1. 明确教学目标，全体齐声朗读全诗。 2. 简介作品时代背景和作者简况。 3. 以第一节为例，请同学们找出有哪些意象。思考这五样事物身上存在着作者怎样的感情。 4. 第三节中的这五个意象与第一节相比不一样。为什么会出现这样的变化？诗人是从什么感觉到将来祖国会像雪白的起跑线，会像绯红的黎明？ 5. 请同学们为诗歌第三小节做朗读设计。请两位学生读第一小节，再请两位学生读第三小节，师生略作点评。全体学生朗读全诗。 6. 二、四节简略点出情感，点一下内容和朗读技巧。 7. 对比贺敬之和闻捷的诗，分小组讨论该诗凭什么成为名篇？	1. 老水车，矿灯，稻穗等意象与体现出的情感。 2. 理想、胚芽、笑涡、起跑线等意象与体现出的情感。 3. 引入背景知识。 4. 朗读训练。 5. 对比阅读。	讲授法、问答法、读书指导法、练习法

续表

序号	刊物及课例	教学目标	教学内容	教学点	教学方法
7	白泰敏：《〈祖国啊，我亲爱的祖国〉教学实录》，《中学语文·教学大参考》2006 年第 11 期	1. 充满感情地朗读诗歌，准确地把握诗歌感情的发展变化，并学会恰当借助朗读技巧在朗读中表现情感。 2. 采用师生同读、小组合作探究交流的方式，在师生·生生的交流碰撞中，达到互补和提高，营造和谐的课堂气氛，给学生以情感的熏陶。 3. 加深学生热爱祖国的感情，启发学生要倾注情感，全身心投入文学作品的阅读、文化艺术的欣赏中去，从而丰富自己的精神世界，提升自己的心灵品质。	1. 学生自由地放声朗读诗歌，边读边体会：诗人在这首诗中抒发了对祖国怎样的情感？你是通过哪些具体词句或形象体会出来的呢？ 2. 从这五种形象中任选一个，带着诗人的情感，通过四人小组的合作，为它添加一句诗，使它尽量与原诗和谐一致。 3. 学生齐声朗读这首诗。教师配乐朗诵。 4. 多媒体课件展示"朗读脚本"，教师讲解。教师范读。学生自由练习，试读第一节。一生范读。 5. 学生合作创作剩下三节的朗读脚本，并练习朗读。 6. 各小组交流脚本。表演朗读。全班一齐慷慨激昂地朗读第四节。	1. "我是你河边上破旧的老水车，数百年来纺着疲惫的歌；我是你额上熏黑的矿灯，我是你簇新的理想，刚从神话的蛛网里挣脱；我是你雪被下古莲的胚芽；我是你挂着眼泪的笑涡；我是新刷出的雪白的起跑线"中老水车，矿灯，稻穗等形象。 2. 情感分析。 3. 朗读训练。	讲授法、问答法、读书指导法、练习法

序号	刊物及课例	教学目标	教学内容	教学点	教学方法
8	肖如宏执教，朱芒芒观察：《〈祖国呵，我亲爱的祖国〉课例赏鉴》，《语文教学通讯：高中（A）》2013年第7期	1. 掌握朗读技巧。 2. 理解意象。 3. 体会诗人的爱国之情。	1. 教师范读。 2. 诗歌的爱国之情有怎样特定的内涵？你是根据什么得出的结论？生读文章的结尾。 3. 学生齐读。 4. 可以根据刚才这位同学分析的过程概括一下把握诗歌情感的方法吗？（语言、卒章显志） 5. 诗中多处写到"我""你"两个形象，特别是"我是你的十亿分之一"，又说"是你九百六十万平方的总和"，似乎是矛盾的，你是如何理解的？ 6. 舒婷的这种献身祖国的情感，是基于一种怎样的情境呢？读文章前三节，发挥我们的联想和想象，体会一下诗人创作诗歌时的特定情境。品读诗歌的第1节，看诗人为我们呈现了怎样的情境，进而体悟诗人的情感。生自由朗读第1节。 7. 思考第一节中意象的"象中之意"。拓展背景知识。 8. 女生品鉴第2小节，男生品鉴第3小节。品鉴要求是，能够入境，能够读出诗人蕴含其间的情感。生多形式朗读。 9. 看到文中写祖国美好的笔墨不多，倒是花了很多笔墨写祖国的苦难、落后，甚至黑暗的一面，这样是否破坏了诗的美感？	1. 我是你的十亿分之一，是你九百六十万平方的总和；你以伤痕累累的乳房/喂养了/迷惘的我、深思的我、沸腾的我；那就从我的血肉之躯上/去取得/你的富饶、你的荣光、你的自由。 2. 老水车，矿灯，稻穗等意象。 3. 拓展背景知识。 4. 飞天、花朵等意象。 5. 理想、胚芽、笑涡、起跑线等意象。	讲授法、问答法、读书指导法、练习法

续表

序号	刊物及课例	教学目标	教学内容	教学点	教学方法
9	袁卫星：《为什么我的眼里常含着泪水——〈祖国啊，我亲爱的祖国〉教学简案及思路解说》，《语文教学通讯：高中（A）》2010年第6期	1. 体悟诗情。 2. 品读诗歌意象，把握情感传达强弱与意象排列疏密的关系。 3. 朗读的诗味。	1. 多形式朗读全诗。 2. 诗人内心中的"祖国"曾经拥有怎样的模样？这些模样的共同特征是什么？ 3. 面对这样的祖国，诗人会有怎样的心境？猜读她对祖国的情感。 4. 静读诗歌第二节，找到关键的意象作鉴赏。 5. 祖国的模样在短短的三节诗中有如此巨大的反差，这可以证明什么？ 6. 和第一节中的意象进行比照，说说它们与诗歌情感传达的内在联系。 7. 明确本诗的抒情形式，简析作用。 8. 从表达视角鉴赏诗歌第四节。 9. 每节诗的结语部分都有"祖国啊"，涵咏这三个字在不同诗节中的朗读方式。	1. 我是你河边上破旧的老水车，数百年来纺着疲惫的歌；我是你额上熏黑的矿灯，照你在历史的隧洞里蜗行摸索/我是干瘪的稻穗，是失修的路基；是淤滩上的驳船/把纤绳深深/勒进你的肩膊，——祖国啊！ 2. 飞天、花朵等意象。 3. 理想、胚芽、笑涡、起跑线等意象。 4. 因情置象 5. 表达视角 6. 四处"——祖国啊！"	讲授法、问答法、读书指导法
10	墨亚：《意象解析和朗读指导——祖国啊，我亲爱的祖国教学设计》，《现代语文：中旬·教学研究》2011年第1期	1. 有感情地朗读。 2. 掌握意象的内涵，品味思想感情。 3. 感受诗人的爱国之情。	1. 师指导分析第一节的意象及意象的象征含义，剩下三节学生自行分析，感受诗人的情感变化。 2. 朗读指导。 3. 诗歌每一句都是"我是……"开头，诗人采用这种写法的目的是什么？	1. 破旧的老水车、熏黑的矿灯、干瘪的稻穗、失修的路基、淤滩的驳船五个物象的象征意义。 2. 探析"我是……"的写作目的。	讲授法、问答法、读书指导法

（一）教学内容

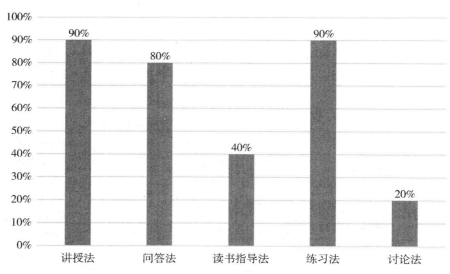

图 19-1　10 则课例教学内容选择情况图

据统计分析，10 则课例的教学内容主要从以下两个方面展开：

第一，从"老水车""土地""矿灯""风""路基""起跑线""黎明"等意象入手，通过意象的象征含义体会诗人的爱国之情。其中，象征着中国工业落后与破败写照的"破旧的老水车"，象征着祖国前进步伐沉重与缓慢的"数百年""疲惫的歌"；象征着祖国排除万难艰苦前进的"蜗行探索"；分别象征着祖国贫瘠的农业和衰败的工业的"干瘪的稻穗""失修的路基"和"淤滩上的驳船"，刻画出了一个伤痕累累，但仍不言弃的祖国的形象，表现出了祖国对儿女的珍惜及儿女对祖国的痛惜之情。"雪被下古莲的胚芽""挂着眼泪的笑涡""新刷出的雪白的起跑线""绯红的黎明"象征着祖国的美好未来，表现了诗人对祖国的殷切希望。

第二，注重朗读训练，对诗歌语言进行含英咀华。以上课例中的朗读形式有全班齐读、教师范读、学生试读，配乐朗诵等。在朗读指导中，教师都能注重对诗歌停顿、重音、节奏等基本的朗诵知识进行讲解。朗读和解读是相辅相成的关系，朗读可以帮助学生感受诗歌的音韵美，增强审美感受和情感体悟，提高语言表达能力。以上课例中，教师都能通过朗读让学生把握诗歌的情感和主题，有利于学生更好地掌握诗歌内容，体会诗歌的情感，实现诗歌教学目标。朗读时既可感受诗的音韵美，又易使人情不自禁地沉浸在诗情中，与诗人进行情感上的对接，加深对诗歌文本意义的理解，增强审美感受能力。

第三，情感分析。四节诗歌的情感变化随着意象疏密选择而变化，舒婷是抒情型诗人，呈现出理想主义的精神特质，她的诗歌创作风格呈现出一种温婉、细腻且忧伤的美学风格。每一节中意象数量不一，疏密结合，推动了诗情的表达。

从所选课例可以看出，《祖国啊，我亲爱的祖国》教学集中于传统的诗歌教学内容：读——解——品，在教学内容的选择上还存在一定的拓展空间。

(二) 教学点

统计结果显示，10 则课例选择的教学点较为分散，课例中重复出现 4 次及以上的教学点有 6 个，详见图 19-2。

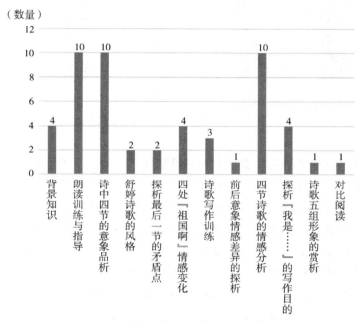

图 19-2　10 则课例教学点选择情况图

以上收集的 10 则课例中，朗读训练与指导、诗歌情感的分析与品味、意象的解读出现次数最多，每则课例中都选择了这些教学点；其次是对作者及创作背景的了解、四处"祖国啊"情感变化的赏析和探析"我是……"的写作目的，这三个教学点分别在 4 则课例中都有所呈现；接着是品读舒婷诗歌的风格，以及最后一节矛盾点的探析，这两个教学点在课例中重复出现 2 次。前后意象情感差异的探析、第一节五组意象的赏析、对比阅读的设置，在个别课例中有所呈现。

这说明《祖国啊，我亲爱的祖国》可教的点较多，教师在教学中都抓住了朗读训练，意象解读和情感品味这三个要点，但现代诗歌的教学不仅仅只需要重视这三个方面，对于其他方面的解读和品析也需要关注。

(三) 教学方法

如图 19-3 所示，《祖国啊，我亲爱的祖国》的教学方法主要有以下三种。

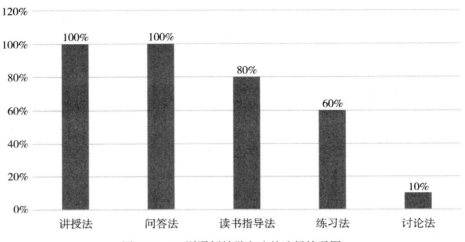

图 19-3　10 则课例教学方法的选择情况图

一是讲授法。讲授法是传统课堂中教师最常使用的方法，采用此法，教师可以在有限的课时中向学生传授大量的知识，扩大课堂容量。在本诗的教学中，朗读知识和背景知识部分，可以适当使用讲授法，以节省时间。讲授法的使用要求教师熟练掌握诗歌的朗诵知识性，其次要注意讲授的直观性，不要"掉书袋"，最后教师在运用讲授法时要坚持启发原则，可以在讲授前对学生提出学习要求。

二是问答法。从所收集课例来看，几乎所有老师都是以问题为基础展开教学，这与当前我国课堂主要教学方式是一致的。教师围绕教学目的、任务和内容，旨在让学生体会作者的情感和诗歌的内涵，围绕意象、形象、语言、情感、意境等方面引导学生思考。在教师的教和学生的学的过程中引导学生获得新知识和巩固所学知识，教师在这个过程中培养了学生的综合能力，特别是审美鉴赏能力和反思能力。

三是读书指导法。在教学过程中，教师指导学生阅读，在学生朗读诗歌的过程中运用画停顿、画重音等朗读知识帮助学生理解诗歌，引导学生通过排比、设问等修辞手法来把握诗歌情感。或是通过划重点的方式，找出关键意象，通过联想和想象，理解诗歌主题；或是通过课前背景资料的查阅，明确诗人的创作主旨。在指导学生阅读过程中提醒学生可以从意象、情感、表现手法等角度进行分析。

三、基于课例分析的教学建议

《祖国啊，我亲爱的祖国》选自部编本九年级下册教材第一单元。单元导语中的教学建议是"学习本单元，要在反复朗读、感受诗歌韵律的基础上，进一步把握诗歌的意象，体会诗人的情感，理解诗中蕴含的哲理。"①以上的教学课例都关注到这些教学点，但教师的教学实施过程有待聚焦，教学效果评价有待加强。学生在之前的学习中已经掌握一定的阅读现代诗歌的方法，因此教师教的内容应该是学生"理解不了的""揣摩不到的"。

通过统计分析笔者发现，现在大多课例的教学终点定在掌握诗歌情感、诗歌朗诵和意象的解读上。理解诗人对祖国的热爱，用新奇的意象来呈现内心的情感，对祖国的过去与未来进行深刻的思考这个教学点，学生通过课前预习和课文提示或利用学习工具可以初步体会。对于这个教学点，教师在教学中要利用适宜的教学策略引导学生深入体会这种情感，激发学生对祖国的热爱之情。诗歌朗诵这一教学点，通过之前现代诗歌的学习，学生对诵读知识已有一定的了解，且在朗诵中通过教师的帮助，基本上可以掌握这首诗歌的朗读要点。

《义务教育语文课程标准(2011年版，2020年修订)》指出："欣赏文学作品，有自己的情感体验，初步领悟作品的内涵，从中获得对自然，社会和人生的有益启示。对作品中感人的情境和形象，能说出自己的体验；品味作品中富有表现力的语言。了解课文涉及的重要作家作品知识和文化常识②。"为达成教学目标，一方面需要依据文本体式对诗歌进行诗性阅读，从诗歌的内容和形式两个方面进行文学鉴赏。另一方面教学内容的确定必须依据学情，因为教学内容必须由师生这一教学双方在教学实践中现实地生成，所以教学内容的选择要建立在师生对同一文本的差异性理解之上。根据教学实践和学生认知情况，笔者判断学生对《祖国啊，我亲爱的祖国》"发挥联想和想象，理解诗歌的意象，体悟其中蕴含的情感"是把握不深的，这应是首现代诗歌教学的着力点。同时，根据《祖国啊，我亲爱的祖国》文本体式特点和10则课例教学点的统计，"理解意象，体悟诗人的情感"是最值得教的教学点，是学生"理解不了的""揣摩不到的"。选择符合学情、生情的教学内容，更有利于学生走进诗歌，激发他们的学习兴趣，调动他们的课堂积极性。

基于以上认识，《祖国啊，我亲爱的祖国》教学的重点是"品读诗歌，理解并掌握意象，通过联想和想象，体悟诗人的情感"，我们应以此为着力点，设计多元化的课堂活动，引导学生深入文本，体会舒婷诗歌创作的艺术魅力。

总之，教师在教学时要审视自己的"学科教学知识"，在备课时要从学情出发，关注学生不喜欢的地方与学生读不懂、读不好的地方，以学生为中心，注重学生综合素质的培养，提升他们现代诗歌的阅读能力。

---

① 温儒敏主编．义务教育教科书语文教材(9年级)[M]．北京：人民教育出版社，2019：1.
② 中华人民共和国教育部．义务教育语文课程标准(2011年版，2020年修订)[S]．北京：北京师范大学出版社，2011.

四、教学设计参考

《祖国啊，我亲爱的祖国》教学设计

学情简析：

　　诗中运用了大量的意象来传达诗人的爱国之情，学生难以自行深入地理解。

教学重点：

　　品味诗歌的语言，掌握朗读技巧，体会诗歌的情感。

教学难点：

　　理解并掌握意象的内涵，体悟诗人的爱国之情。

教学课时：

　　1课时

教学流程：

　　(一)教学导入

　　(屏显祖国百年社会变迁的短视频)让学生谈体会并发表感想，引出课文。

　　读诗：学生自由朗读、听音频朗读。注意朗读的语速、节奏、语气、语调。

　　(二)赏析与研讨

　　1.品析意象

　　诗中四节意象具有什么含义？呈现出什么特点？

学习活动：

　　抓住"破旧的""疲惫的""干瘪的"等修饰词，品读"老水车""路基""笑涡""黎明"等意象分别展现了祖国贫困、落后的历史、人民的痛苦和希望、迈入新时期的欣慰和展望。同时体会诗人用排比式的比喻和反复的手法让诗歌传达出来的爱国主义情怀变得深沉厚重。

　　2.品味语言

　　诗中每节都有"祖国啊"，它们在感情表达上有什么差异？

学习活动：

　　在诵读中体会情感。每一节让1~2名学生试读，师生共同评价。

　　第一节："我是你/河边上/破旧的老水车→"和"数百年来/纺着/疲惫的歌→"，"照你在历史的隧洞里/蜗行探索↓"。"是淤滩上的驳船↑""——祖国啊！↓"(深沉和悲痛)

　　第二节：我/是贫困，→我/是悲哀。→我/是你祖祖辈辈↑痛苦的希望啊，↑是"飞天"袖间↑千百年来/未落到地面的/花朵，→——祖国啊！↓(痛苦和希望)

　　第三节：我是你/簇新的理想，→刚从/神话的/蛛网里/挣脱；→我是你/雪被下/古莲的/胚芽；→我是你/挂着眼泪的/笑涡；→我是/新刷出的雪白的起跑线；↑是绯红的黎明↑正在喷薄；↑——祖国啊！↓(期待和欣喜)

第四节：我是你/的十亿分之一，→是你九百六十万平方的/总和；→你以伤痕累累的乳房→喂养了/迷惘的我、深思的我、沸腾的我；↑那就/从我的血肉之躯上→去取得/你的富饶，你的荣光，你的自由；↑——祖国啊，↑我亲爱的祖国！↓（深情和高昂）

3. 感受表达艺术

合作探究，"我是……"的句式的效果，分析"我"指谁？感受"朦胧诗"的特点。

4. 比较分析

合作探究，比较诗中写祖国美好的笔墨和描写祖国的苦难、落后的笔墨比例，思考这样是否破坏了诗的美感？

5. 背诵全诗

（三）拓展训练

阅读张志民写给建国三十周年的一首献礼诗《祖国，我对你说……》，从内容、语言、情感等角度与舒婷的《祖国啊，我亲爱的祖国》进行比较阅读。

（四）课后作业

阅读舒婷的《舒婷的诗》，任选一首，从诗歌的意象、语言、结构、意境等方面进行品读。

（五）板书设计

老水车、矿灯、稻穗、路基、驳船——深沉和悲痛

"飞天"袖中、花朵——痛苦和希望

蛛网、理想、笑涡、起跑线、黎明——希望和欣喜

迷惘的我、深思的我、沸腾的我——深情和高昂

第二十章
《海燕》文本解读与教学设计

　　《海燕》(九年级下册第一单元)是一篇教读课文,本单元是诗歌专题,单元提示明确指出学习本单元,要在反复朗读、感受诗歌韵律的基础上,进一步把握诗歌的意象,体会诗人的情感,理解诗中蕴含的哲理。《海燕》是高尔基于1901年4月发表的一首散文诗,诗中通过描绘暴风雨的环境特征,反映出俄国1905年大革命前夜的革命形势,借海燕这一具有丰富象征含义的形象,传达出昂扬的战斗意志和勃发的乐观精神,暗示了沙皇统治终将走向灭亡,革命事业终将胜利。诗歌使用象征、对比烘托等手法,形象有力地塑造了"海燕"等艺术形象。此外,多种修辞手法的综合运用极大地增强了《海燕》的艺术性,使之达到了较高的艺术水平。长时间以来,《海燕》选入多种版本的教科书,有重要的教学价值。

一、教学文本解读

(一)意象的象征性

　　《海燕》通过象征的手法,展现了俄国1905年大革命前夜"山雨欲来风满楼"的形势。全诗可以分为三个部分,第1~6自然段描写的是暴风雨来临前的景象,在这里,通过正反对比,作者以海燕象征无产阶级革命者,通过"欢乐""愤怒的力量""热情的火焰""胜利的信心"等将无产阶级革命者不畏强暴、敢于斗争、勇敢顽强、积极乐观的形象生动形象地展现出来。海鸥、海鸭、企鹅象征害怕革命的资产阶级代表人物,"呻吟""掩藏""躲藏""吓坏了"突出了他们的怯懦与胆怯。第7~11自然段描写的是暴风雨逼近时的景象,这一部分作者仍采用了象征手法,用乌云、雷电、狂风象征黑暗的反动势力。革命形势越来越严峻,海燕在"大笑"、在"号叫"、它感到的是"欢乐",这里显示出革命者越来越旺盛的战斗意志和更加高昂的乐观精神。第12~16自然段描写的是暴风雨即将来临的景象,海燕在这样恶劣的环境中仍然高喊"让暴风雨来得更猛烈些吧!"反映了革命力量愈来愈强,预示出革命最终必将胜利的信念,突出了海燕呼唤暴风雨、迎击暴风雨的战斗者形象。

(二)构思严谨，层次分明

《海燕》这首诗中诗人描绘了"暴风雨来之前""暴风雨迫近""暴风雨到来"三个层层递进的画面。第一幅画面，海雾迷茫的大海上狂风阵阵、乌云蔽日、但海燕像"黑色的闪电""高傲地飞翔"，为海燕形象的塑造渲染了气氛。第二幅画面，"乌云越来越暗，越来越低"直压海面，海浪翻滚、雷声轰响、狂风怒号，在如此恶劣的天气里，海燕却是"箭一般地穿过乌云，翅膀掠起波浪的飞沫"，海燕这个"敏感的精灵"，"早就听出震怒的雷声已经困乏"，喻示作者看穿了反动派色厉内荏的虚弱本质。在斗争中，"海燕"敢于蔑视和嘲笑反动势力，"它深信乌云遮不住太阳"，意味着革命一定会胜利。第三幅画面，随着暴风雨的到来，"狂风吼叫""雷声轰响"，乌云"像青色的火焰，在无底的大海上燃烧"，海燕却是"在怒吼的大海上，在闪电中间，高傲地飞翔"，最后发出呼喊："让暴风雨来得更猛烈些吧!"全诗层层递进，借助于正面描画和侧面烘托的手法，把海燕坚强无畏、勇敢乐观的精神形象地表现出来，讴歌了无产阶级的英雄气概和乐观主义精神。

(三)修辞手法的巧妙运用

全诗巧妙地运用了多种修辞手法，有比喻、拟人、排比、对比、回环、反复等，刻画出了鲜明的形象，寓意深刻。诗歌开篇将海燕比作黑色的闪电穿梭在暴风雨中，以叫声中蕴含的"愤怒的力量、热情的火焰和胜利的信心"反衬海鸥、海鸭、企鹅的怯懦和惊惧，三次反复出现的"呻吟着"更是衬托出海燕的英勇和乐观。全诗大量使用拟人手法，不仅刻画出了环境的恶劣，还展现出海鸥、海鸭和企鹅色厉内荏的虚弱本质。诗歌第一节以海燕在暴风雨中的大海上高傲地飞翔，到最后一节发出怒号"让暴风雨来得更猛烈些吧!"在语义上形成回环。

(四)标点符号的设置

现代诗歌中标点符号与诗行和诗节一样具有表现力，标点符号不仅可以改变诗歌表现的单一性，也使诗行产生变化，丰富了诗行的表现力。首先是诗歌中破折号的使用；第二段中破折号前后描绘了两个视角，一是海燕在海面上的飞翔和叫声，一是描绘乌云对海燕叫声的感受。第三段的破折号再次强调了乌云从海燕的叫声中听出的内容。第四、五两段的破折号是对海鸥和海鸭呻吟的原因进行阐释。第十段、第十一段、第十三段、第十六段的破折号则让情感在停顿中层层递进。其次是省略号的使用，省略号的使用具有留白的作用，可以增添诗歌的意味，给读者留下无限的遐想空间。诗中第六段企鹅的害怕之态，诗人只说"躲藏在悬崖底下"，而企鹅害怕的具体表现则留给读者，给读者留下了想象的空间。第十二段只有简单的八个字："狂风吼叫……雷声轰响……"，但却给人环境恶劣危险之感，一种压迫感迎面扑来。

在诵读中更能体会标点符号的妙处，通过停顿、拉长音节等方式，体味诗中昂扬的战斗意志和乐观精神。

二、基于课例的教学设计分析

笔者选取了 10 个教学课例，对课例中选取的教学内容进行梳理，归纳出每节课的教学点。同时依据王本陆先生对我国中小学常用教学方法的分类(讲授、问答、讨论、读书指导、练习、实验、演示、研究)，① 对这些典型教学课例所用的教学方法进行梳理。

表 20-1　　　　　　　　　　　　　《海燕》10 则课例分析表

序号	刊物及课例	教学目标	教学内容	教学点	教学方法
1	鲁代均：《"三课五环"绿色课堂教学模式实践以〈海燕〉课堂教学为例》，《师资建设》2015 年第 5 期	感受本文诗化的语言；结合时代背景分析象征意义；学习海燕不怕困难、敢于与困难做斗争的精神。	1. 学生自由朗读，勾画生字词。 2. 勾画文中描写海燕的语句，反复朗读，明白海燕活动的背景。 3. "海燕"一词在俄文中是什么意思？结合本诗写作的时代背景，感受海燕的形象。 4. 对比感受"海燕"的勇敢与"乌云"的害怕在高昂与担忧的语调中的表现。 5. 海燕在三种典型环境中活动，感受海燕活动的背景。 6. "让暴风雨来得更猛烈些吧!"中感受海燕的形象。 7. 解释象征的概念与作用。讨论：本文的"暴风雨""大海""乌云""狂风""闪电""海鸥""海鸭""企鹅"等事物有怎样的象征意义？ 8. 那在你所生活的环境里，有乌云、狂风吗？在与困难做斗争时，你是愿做那高傲的海燕，还是愿做海鸥、海鸭、企鹅呢？ 9. 请大家再举一些常见的事物，如青松、红旗、鲜花，鸽子说说它们象征了些什么？	1. 朗读。 2. 疏通字词。 3. 海燕的形象。 4. 三幅场景的描写。 5. 意象的象征含义。 6. 表达训练。	讲授法、问答法、讨论法、练习法

---

① 王本陆. 课程与教学论(第三版)[M]. 北京：高等教育出版社，2017：156-167.

序号	刊物及课例	教学目标	教学内容	教学点	教学方法
2	盛花云、林文伟：《〈海燕〉教学设计》，《语文教学通讯：初中（B）》2004年第2期		1. 生自由读两文，完成下面的表格。 2. 再读两文，比较作者在海燕形象的内涵、立意、写法方面的不同。 3. 教师简介两文的写作背景 4. 选取郑文的8～14段和高文的7～11段指导朗读，用不同的语气语调来体现两文不同的风格。 5. 为"风中的杨柳"设计两种不同的形象。 6. 配乐朗读。 7. 课文写了哪几幅画面？ 8. 选择其中一幅画面，根据课文内容勾画出来，配上文字解说。教师展示学生作品，让学生对照图画朗诵解说文字。 9. 给每一幅图加上一个小标题。 10. 了解写法和主题。 11. 你从海燕身上学到了什么？如何做新时期的海燕？请用"海燕的生命因为……而……我们的生命因为……而……"句式写一句话。 12. 介绍作者和写作背景，激发学生朗读兴趣。 13. 听情景朗读，整体感知课文内容，本文描绘了一个怎样的环境？ 14. 作者从几方面塑造海燕的形象？ 15. 作者为什么要写其他海鸟？ 16. 本文表现了海燕什么精神？ 17. 本文在语言上有什么特色？ 18. 三读课文，给课文加一个小标题 19. 指名朗读课文，选择自己喜爱的段落朗读，注意感情和节奏，读后简评："这段写得美，美在_____。"	1. 拓展阅读。 2. 朗读。 3. 海燕的形象。 4. 作者和写作背景简介。 5. 写作练习。 6. 三幅场景的描写。 7. 意象的象征含义。 8. 海鸥、海鸭、企鹅的形象。 9. 表达训练。 10. 语言特点。	讲授法、问答法、读书指导法

表格（教学内容第1项）：

	海燕			海燕的活动环境			
	形象	飞姿	叫声	水波	风	天空	云
郑文							
高文							

序号	刊物及课例	教学目标	教学内容	教学点	教学方法
3	李连香:《〈海燕〉教学设计》,《黑龙江教育:中学版》2016年第1期	1. 识记"胆怯""翡翠""蜿蜒"等词语,做到会读、会写、会运用。 2. 在朗读的基础上品味和分析海燕的形象意义。 3. 理解象征、对比手法在文中的运用。 4. 感受海燕自信、乐观、勇敢的品质和积极的人生态度,并从中得到启发。	1. 作家高尔基及其作品简介。 2. 出示《海燕》一文的写作背景。 3. 读准生字词。如呻吟、胆怯、翡翠、掠起、蜿蜒、苍茫等。 4. 从课后"读一读、写一写"或文中任选3个或3个以上的词语组成一段话,或叙述一件事,或描绘一幅画面,或抒写某种情感。 5. 听读。自由朗读思考。以时间为序,文章着重刻画了几个场面?在不同的场面中海燕有怎样不同的表现? 6. 课文以暴风雨渐次逼近为线索,把海面景象的发展变化分成哪三个大的场景? 7. 读了此文后,你心目中的海燕是什么样的形象?你是从哪些地方看出来的? 8. 选择自己喜欢的句段朗读,教师点评指导。 9. 高尔基写《海燕》的目的是什么? 10. 本文借海燕形象赞美英勇善战的无产阶级革命先驱者,这是什么手法? 11. 文中还有许多事物,是否也具有象征意义? 12. 本诗主要塑造了海燕形象,为什么还要写海鸥、海鸭、企鹅? 13. 请同学们以"暴风雨"为话题讲述自己的故事,说说自己在生活中遭遇过怎样的暴风雨,又是如何战胜暴风雨并获得人生启示的。 14. 面对生活中的暴风雨,你该怎样做呢?试就这个话题,完成下面的仿写训练: 海燕的人生因_____而_____; 我们的人生因_____而_____。	1. 作者和写作背景简介。 2. 疏通字词。 3. 表达训练。 4. 三幅场景的描写。 5. 海燕的形象。 6. 朗读。 7. 意象的象征含义。 8. 海鸥、海鸭、企鹅的形象。 9. 写作训练。	讲授法、问答法、练习法

序号	刊物及课例	教学目标	教学内容	教学点	教学方法
4	来存莲、王丽红、胡传霞：《〈海燕〉教学设计》，《现代语文：中旬. 教学研究》2007年第7期		1. 作者赞扬海燕的真正用意是想赞扬像海燕一样的人，作者为什么不直接赞扬这些人？介绍象征。 2. 了解文章写作的时代背景。 3. 课文中的海燕以及其他一些物象分别象征什么？ 4. 生齐读全诗。 5. 大家在文中找出直接描写海燕的语句。齐读。 6. 如果让你给文章加一个副标题，你怎么加？ 7. 作为新时代的中学生，我们也可能有各种各样的"暴风雨"——挫折和磨难，为了实现理想，我们应该如何面对这些暴风雨呢？	1. 意象的象征含义。 2. 作者和写作背景简介。 3. 朗读。 4. 海燕的形象。 5. 三幅场景的描写。 6. 表达训练。	讲授法、问答法
5	耿英：《〈海燕〉教学设计》，《黑龙江科技信息》2007年第05X期		1. 找出有关海燕的语句，然后分析其修辞特点，说明了海燕什么特点，最后总结出海燕的形象。 2. 文章一开始就说"海燕"在乌云和大海之间，那么他和乌云和大海必然有密切的关系，是什么关系？ 3. 试用三幅图画来勾勒全文。 4. 分析"海燕像黑色的闪电"抓住了什么特点。 5. 根据文章内容编成一个《海燕的故事》。	1. 海燕的形象。 2. 三幅场景的描写。 3. 意象的象征含义。 4. 海鸥、海鸭、企鹅的形象。 5. 修辞手法。 6. 写作训练。	讲授法、问答法、读书指导法、练习法

续表

序号	刊物及课例	教学目标	教学内容	教学点	教学方法
6	王守松执教、整理:《〈海燕〉教学实录》,《语文教学通讯》2010年第7期		1. 师配乐朗读。纠正字音。生自由朗读。 2. 你心中的海燕是什么样的? 先独立思考,然后以四个人为一小组合作探究,按照"从……,我感悟到这是……的海燕"的句式。 3. 从"像黑色的闪电"中,你能读出什么? 从"高傲地飞翔"中,你能感受到什么? 4."高傲"这个词语从情感色彩上讲是个什么词语? 要表达赞美的情感却用了一个贬义词,这是否矛盾? 如果不矛盾应该怎样理解? 5. 生范读。这句话中除了"像黑色的闪电"和"高傲地",还有哪些词语要重读,自由朗读。 6."精灵"怎样理解? 在词典当中"精灵"有两个意思,一是聪明的,二是具有超能力的鬼怪。你认为应该用哪一个解释? 7."遮不住的!"用了一个感叹号,你从中感悟到了什么? 生再读,师指导。生自读。 8. 请同学们找到文中描写其他海鸟的语句,分析其他海鸟有什么特点,作者是带着怎样的感情来描绘它们的? 有什么特点? 9. 请任选一段读出作者的情感。 10. 那作者为什么要赞美海燕,嘲讽其他海鸟? 了解写作背景。作者赞美海燕是在赞美谁? 嘲讽其他海鸟是在嘲讽谁? 11. 作者为什么不直接赞美革命者,而是借赞美海燕赞美革命者? 12. 生活中的暴风雨我们应该怎样面对? 请以"我们是勇敢的海燕"为题写几句话,表达你的观点。 13. 教师写了一首诗,题目是《我们是勇敢的海燕》。师生齐读。	1. 朗读。 2. 疏通字词。 3. 表达训练。 4. 海燕的形象。 5. 修辞手法。 6. 三幅场景的描写。 7. 炼字。 8. 海鸥、海鸭、企鹅的形象。 9. 标点符号的作用。 10. 作者和写作背景简介。 11. 意象的象征含义。 12. 写作训练。	讲授法、问答法、读书指导法、讨论法、练习法

序号	刊物及课例	教学目标	教学内容	教学点	教学方法
7	李怡执教、整理《〈海燕〉教学实录》,《语文教学通讯》2011年第7期		1. 了解作者和作品。 2. 自由朗读,读准字音,辨清字形。 3. 请同学们细读课文,在"这是……的海燕"的横线上填上恰当的词语,并找出相应的句子,具体分析海燕的形象。 4. 文章是正面描写还是侧面烘托,或是二者兼有?齐读正面描写的段落。 5. 你从哪些句子、哪些词语中读出了海燕的勇敢、乐观? 6. 同学学以致用,对比赏析"碰着""掠起"的表达效果,文中还有类似的意思相近、表达效果不同的词语吗? 7. 第4~8、12、13等段落描写了哪些景物?怎样烘托出海燕的勇敢乐观? 8. 这些动物的"胆怯"体现在哪些词语上? 9. 设想一下,假如你是勇敢的海燕,你会对这些海鸥、海鸭、企鹅说什么? 10. 这几段还描写了哪些景物来烘托海燕的勇敢? 11. "恶劣"具体表现在哪些词语上? 12. 同样是写乌云,第13段用了一个比喻,请同学们画出这个比喻并体会其作用。 13. 请同学们模仿12段的句式,用一个词语概括乌云和闪电的特点。 14. 用"燃烧"不准确,说乌云燃烧,怪怪的,应该是"乌云密布"。为什么用黑色? 15. 看背景资料。从资料中你看出了什么?结合写作背景思考,海燕还指什么? 16. 除了海燕,文章中还有其他的"象征"表现手法? 17. 波浪和狂风、雷电、乌云是一伙的吗?请你给我们读一读第7、13段。 18. 我们生活中也有很多容易引起联想的具体形象,能举一两个例子吗? 19. 观察生活中的某一物体(景象、现象),联系自己的生活体验,写一段文字(或一篇文章),要求用象征手法。 20. 我们的生活中有暴风雨吗?生活中的暴风雨指的是什么?我们该如何面对? 21. 当生活中的暴风雨来临时,你会想到《海燕》中的哪一句话?一生读。生齐读最后一句。	1. 朗读。 2. 疏通字词。 3. 海燕的形象。 4. 描写手法。 5. 炼字炼句。 6. 三幅场景的描写。 7. 海鸥、海鸭、企鹅的形象。 8. 表达训练。 9. 修辞手法。 10. 作者和写作背景简介。 11. 意象的象征含义。 12. 写作训练。	讲授法、问答法、读书指导法、讨论法、练习法

序号	刊物及课例	教学目标	教学内容	教学点	教学方法
8	吴春红:《网络平台开创语文教学新天地——〈海燕〉教学案例》,《中小学信息技术教育》2012年第7期	1. 初步鉴赏文章,画出直接描写海燕形象的语句,体会多种修辞手法的运用及作用,学生交流自主阅读课文后的感受。 2. 快速浏览课文,体会对比、烘托手法及侧面描写的作用,在网络平台讨论区质疑问难,师生讨论探究,解决疑难,完成达标检测及拓展阅读。 3. 学习海燕所象征的勇敢无畏的革命乐观主义精神,激发学生热爱生活的情感,培养学生勇敢面对生活中暴风雨的态度。	1. 学生分场景朗读课文,在网络平台讨论区完成表格填写,找到直接描写海燕形象以及其他动物的关键词,分析对比、烘托等写作手法。总结概括海燕的形象特点,完成选择题,并通过朗读体会多种艺术手法的作用。 2. 阅读高尔基的《鹰之歌》,两位学生分角色朗读,师生在讨论区回帖分析其写作手法。 3. 在每个人的生活中,都会有各种各样的"暴风雨"考验,面临生活的暴风雨,你该怎样做呢?试就这个话题,与同学交流想法。 4. 在我们的生活中有许多值得赞颂的事物,如小草、树根、春蚕等,请你展开联想,运用象征、对比等手法写一段话,赞颂生活中你喜欢的一种事物(100字左右)。	1. 写作手法。 2. 朗读。 3. 海燕的形象。 4. 海鸥、海鸭、企鹅的形象。 5. 拓展阅读。 6. 表达训练。 7. 写作训练。	问答法、读书指导法、练习法、讨论法

序号	刊物及课例	教学目标	教学内容	教学点	教学方法
9	汪春娟:《海燕为什么呼唤暴风雨——〈海燕〉教学案例及分析》,《教学月刊:中学版(教学管理)》2008年第1期		1. 学生朗读两遍课文后,告诉学生:明白了海燕象征无产阶级革命先驱,暴风雨象征无产阶级革命,现在你们可向高尔基,向老师提出疑问,也可以就文中的某个词,某个句子,或者某种思想,写出你心中的疑惑或阅读感想。 2. 分组作业。(1)自然组:请大家根据平时的气象观察,用准确生动的语言描述暴风雨来临之前的天气变化。(2)科学组:请大家咨询自然科学老师或者查找有关资料,用科学术语陈述暴风雨前后的过程。(3)文学社会组:请大家咨询社会老师或者查询有关资料,了解高尔基和俄国革命背景的有关知识。 3. 请"自然组"同学描述暴风雨来临之前的气象特征。 4. 阅读课文,找出高尔基对暴风雨来临之前气象特征描写的句子。体会他描写的妙处。 5. 请科学组的同学,用科学术语讲述暴风雨形成的科学原理。 6. 当乌云聚集的时候,自然界是用什么办法来驱散乌云,让我们见到阳光,见到彩虹的? 7. 我们现在进入课文,探究海燕呼唤暴风雨其实是因为它渴望什么? 8. 在文中找出海燕呼唤暴风雨,渴望光明、渴望彩虹的理由。 9. 当一个社会到了空前黑暗的时候,只有靠什么才能使人民重获自由和光明?暴风雨象征什么? 10. 文中的哪些描写既抓住了海燕的特征,又抓住了革命者的特征的呢? 11. 请文学社会组的同学提供俄国革命背景 12. 海燕离开它的特定的背景,还可以有什么其他的象征意义。	1. 朗读。 2. 意象的象征含义。 3. 三幅场景的描写。 4. 作者和写作背景简介。 5. 海燕的形象。 6. 海鸥、海鸭、企鹅的形象。	讲授法、问答法、读书指导法

续表

序号	刊物及课例	教学目标	教学内容	教学点	教学方法
10	孔菊霞：《试谈〈海燕〉的教学设计》，《语文天地：初中版》2015 年第 10 期		1. 初读课文，解决生字。 2. "海燕像黑色的闪电，在高傲地飞翔"。其中，对"高傲"一词理解正确的一项是（　）。联系上下文说明"高傲"一词的真实含义。 3. 文中哪些词语描写了海燕的形象？你能简要说明海燕是怎样的形象吗？ 4. 文中赋予海燕这种海鸟很高的艺术价值，作者为什么要这么做？为什么可以这么做？ 5. 作者为什么还要写海鸥、海鸭、企鹅这些海鸟。	1. 朗读。 2. 疏通字词。 3. 炼字。 4. 海燕形象。 5. 意象的象征含义。 6. 海鸥、海鸭、企鹅的形象。 7. 反衬手法。	讲授法、问答法、读书指导法、练习法

（一）教学内容

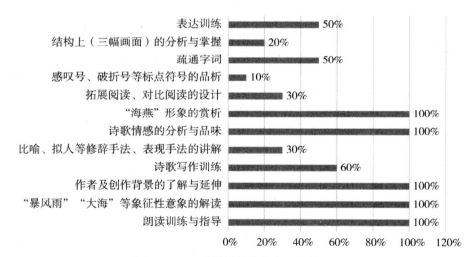

图 20-1　10 则课例教学内容选择情况图

据统计分析，10 则课例的教学内容主要从如下三个方面展开：

第一，从"暴风雨""大海""乌云""狂风""闪电""海鸥""海鸭""企鹅"等意象入手，表现诗人对革命者坚定果敢、勇于献身精神的歌颂，教师在教学过程中都分析了这些意象的象征意义。通过"欢乐""愤怒的力量""热情的火焰""胜利的信心"等将无产阶级革命者不畏强暴、敢于斗争勇敢顽强，积极乐观的形象生动形象地展现出来。海鸥、海鸭、企鹅象征害怕革命的资产阶级代表人物，"呻吟""掩藏""躲藏""吓坏了"突出了他们的怯懦与胆怯。第 7~11 自然段描写的是暴风雨逼近时的景象。这一部分作者仍采用了象征手法。

用乌云、雷电、狂风象征黑暗的反动势力。革命形势日愈严峻，但海燕在"大笑"、在"号叫"，它感到的是"欢乐"，这里显示出革命者越来越旺盛的战斗意志和更加高昂的乐观精神。第 12~16 自然段描写的是暴风雨即将来临的景象。海燕在这样恶劣的环境中仍然高喊"让暴风雨来得更猛烈些吧！"反映了革命力量日愈强大，预示着最终必将胜利的信念，突出了海燕呼唤暴风雨，迎击暴风雨的战斗形象。

第二，注重朗读训练，对诗歌语言进行含英咀华。诗歌教学不可忽视朗读的作用，以上课例朗读设计的方式有全班齐读、教师范读、学生试读、配乐朗诵等，在朗读指导中教师都能注重对诗歌的停顿、重音、节奏等基本的朗诵知识进行讲解，师生共同对朗读效果进行点评，虽然存在点评不精确的问题，但总体上都有所关注。

第三，联系时代背景来进行讲解，帮助学生理解诗歌。《海燕》写于 1901 年，展现了俄国 1905 年大革命前夜"山雨欲来风满楼"的形势，海燕象征着无产阶级革命者，海鸥、海鸭、企鹅象征害怕革命的资产阶级代表人物，乌云、雷电、狂风象征黑暗的反动势力。这首诗歌的解读离不开"知人论世"，大部分教师在教学中都能对背景知识进行讲解。

（二）教学点

统计结果显示，10 则课例选择的教学点较为分散，课例中重复出现 5 次及以上的教学点有 9 个，详见图 20-2。

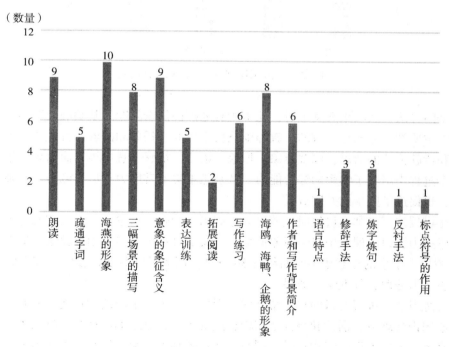

图 20-2　10 则课例教学点的选择情况图

以上收集的课例，海燕形象分析出现次数最多，每则课例都选择了该教学点；其次是诗歌的朗读训练、意象的象征含义，各有9则课例选择了这两个教学点；三幅场景的描写，海鸥、海鸭和企鹅的形象，这两个教学点各在8则课例中呈现；写作练习、作者简介和写作背景，各有6则课例选择了这2个教学点。这说明《海燕》可教的点较多，教师在教学中都抓住了朗读训练、意象分析、场景的描写、意象的形象和象征意义这五个要点，但本诗的教学不仅重视这5个方面，其他方面的解读和品析也需要关注。最后，还有5则课例选择了"疏理字词"这一教学点。

(三) 教学方法

如图20-3所示，《海燕》的教学方法主要有以下四种。

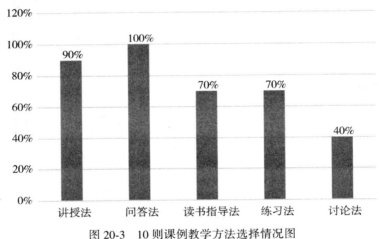

图 20-3　10 则课例教学方法选择情况图

一是问答法。从收集案例来看，几乎所有老师都是以问题为基础展开教学，这与当前我国课堂主要教学方式是一致的。教师围绕教学目的、任务和内容，旨在让学生体会作者的情感和诗歌传达的情思，围绕意象、形象、语言、情感、意境等方面引导学生思考。教师在这个过程中培养了学生的综合能力，特别是审美鉴赏能力和反思能力，教师和学生积极互动，也促进了师生的共同成长。

二是讲授法。老师在讲授时应该努力做到语言清晰、形象、注意语调的抑扬顿挫，提高语言感染力，以上课例中对于意象的象征含义部分可以适当采用讲授法。据有关研究表明，12岁以上学生的注意集中时间约有30分钟。因此教师每次讲授的时间不宜过长，避免学生注意力分散，降低学习效果。

三是练习法。练习的目的在于帮助学生形成或发展一定的朗读技能，同时帮助学生加深对所学知识的理解。诵读和解读是相辅相成的关系，通过朗读训练，有助于强化学生对诗歌的理解，丰富他们的诗意感受。同时，通过各种方式解读诗歌，也能帮助学生把握诗歌的情感基调，引导他们正确地朗读。

三、基于课例分析的教学建议

《海燕》选自部编本九年级下册教材第一单元，单元提示中给出的教学建议是："学习本单元，要在反复朗读、感受诗歌韵律的基础上，进一步把握诗歌的意象，体会诗人的情感，理解诗中蕴含的哲理。"通过统计分析笔者发现，现在大多课例的教学终点定在掌握诗歌情感、海燕形象的分析、象征含义的解析和诗歌朗诵上。

品味诗人对革命终将胜利，讴歌革命者的坚定果敢、勇于献身的精神，嘲笑在无产阶级革命前怯懦惊慌的社会消极势力的情感这个教学落点，学生通过课前预习和课文提示或利用学习工具可以初步体会。诗歌朗诵这一教学点，通过之前现代诗歌的学习，学生对诵读知识有一定的了解，并且在朗诵中通过教师的提示，基本能掌握这首诗歌的朗读要点。

《义务教育语文课程标准(2011年版2020年修订)》指出："欣赏文学作品，有自己的情感体验，初步领悟作品的内涵，从中获得对自然，社会和人生的有益启示。对作品中感人的情境和形象，能说出自己的体验；品味作品中富有表现力的语言。了解课文涉及的重要作家作品知识和文化常识。"①为达成教学目标，一方面需要依据文本体式对《海燕》进行诗性阅读，从诗歌的内容和形式两方面进行文学鉴赏。另一方面教学内容的确定必须依据学情，因为教学内容必须由师生这一对教学双方在教学实践中现实地生成出来，教学内容的选择要建立在师生对同一文本的差异性理解之上。根据教学实践和学生认知情况，笔者判断"从意象着手，掌握海燕的形象，体悟诗人的情感"是学生把握不足的，是本诗的教学着力点。同时，根据《海燕》文本体式特点和10则课例教学点的统计，对"暴风雨""大海""乌云""狂风""闪电""海鸥""海鸭""企鹅"等象征性意象的分析及海燕形象的赏析是最值得教的教学点，是学生"理解不了的""揣摩不到的"。选择符合学情、生情的教学内容，有利于学生走进诗歌，激发起他们的学习兴趣，提高他们的课堂参与性。

基于以上认识，《海燕》教学的重点是"从意象着手，掌握海燕的形象含义，掌握诗人对革命先驱者的赞颂，树立为祖国繁荣昌盛贡献自己力量的理想目标"，我们应以此为着力点，设计多元化的课堂活动，引导学生深入文本，体会高尔基诗歌创作的艺术魅力。

总之，教学内容的选择要落实教学目标，既要符合诗歌的文本体式，也要从学生的学情出发。在课堂中，教师可以恰当地组织小组讨论，让全部学生主动加入学习活动中来，提倡组内合作、组间竞争，建立学习共同体，实现师生的共同成长。

---

① 中华人民共和国教育部. 义务教育语文课程标准(2011年版2020年修订)[S]. 北京：北京师范大学出版社，2011.

四、教学设计参考

《海燕》教学设计

学情简析：

象征性意象的分析及海燕形象的赏析，学生难以自行深入地理解。

教学重点：

品味语言，分析海燕形象。

教学难点：

掌握象征性意象的内涵，体会诗人对革命先驱者的赞颂，树立为祖国繁荣昌盛贡献自己力量的理想目标。

教学课时：

1课时。

教学流程：

(一)教学导入

读诗：学生自由朗读、听音频朗读，注意重音、停连、语气和节奏，读出情感和气势。

(二)赏析与研讨

1. 品析形象：三幅画面展现出海燕什么样的形象？

学习活动：从1~6自然段描写的是暴风雨来临前的景象，7~11自然段描写的是暴风雨逼近时的景象，12~16自然段描写的是暴风雨即将来临的景象，呈现出海燕呼唤暴风雨，迎击暴风雨的战斗者形象。

2. 品味语言：三幅画面是如何表现出海燕英勇战斗的形象？

学习活动：

第一幅画面中，海雾迷茫的大海上狂风阵阵，乌云蔽日，但海燕像"黑色的闪电"，"高傲地飞翔"，为海燕形象的塑造渲染了气氛。第二幅画面中"乌云越来越暗，越来越低"直压海面，海浪翻滚，雷声轰响，狂风怒号。在如此恶劣的天气中，海燕却是"箭一般地穿过乌云，翅膀掠起波浪的飞沫"，海燕这个"敏感的精灵"，"早就听出震怒的雷声已经困乏"，看穿了反动派色厉内荏的虚弱本质。第三幅画面，随着暴风雨的到来，"狂风吼叫""雷声轰响"，乌云"像青色的火焰，在无底的大海上燃烧"。海燕却是"在怒吼的大海上，在闪电中间，高傲地飞翔"，最后发出呼喊："让暴风雨来得更猛烈些吧！"

3. 体会思想：结合背景资料，三幅图中出现的海燕、海鸭等意象有什么样的内涵？

学习活动：

掌握象征含义，海燕象征无产阶级革命者，海鸥、海鸭、企鹅象征害怕革命的资产阶级代表人物。

4. 掌握手法：全诗运用了哪些表达方式、修辞手法或是描写手法？有怎样的表达效果？

学习活动：

在诗中找出比喻、借喻、拟人等修辞手法，以及烘托、对照、反衬等多种表现方法。

（三）拓展训练

除了海燕这个主要形象，文中还有海鸥、海鸭、企鹅和狂风、乌云、雷鸣这两组形象。选择其中一组形象，想象一下：如果海燕要向它们表明自己的心志，它会说些什么？试以《海燕的宣言》为题写一段话。

（四）课后作业

阅读高尔基的《鹰之歌》，写一篇阅读随笔，在读书交流会中分享。

参 考 文 献

标准类

[1]中华人民共和国教育部．义务教育语文课程标准（2011 年版 2020 年修订）[S]．北京：北京师范大学出版社，2011.

著作类

[1]艾青．艾青选集·第三卷[M]．四川：四川文艺出版社，1986.

[2]曹长青，谢文利．诗的技巧[M]．北京：中国青年出版社，1984.

[3]傅庚生．杜诗析疑[M]．西安：陕西人民出版社，1979.

[4]蒋淑娴，殷鉴．中国现代文学史[M]．北京：科学出版社，2002.

[5]姜耕玉．新诗与汉语智慧[M]．南京：东南大学出版社，2013.

[6]金性尧注．唐诗三百首新注[M]．上海：上海古籍出版社，1992：76.

[7]课程教材研究所中学语文课程教材研究开发中心．义务教育课程标准实验教科书语文（七年级）[M]．北京：人民教育出版社，2009.

[8]刘建勋．唐诗三百首便览[M]．厦门：厦门大学出版社，1990：80.

[9]刘大杰．中国文学发展史[M]．上海：上海古籍出版社，2006：82.

[10]蓝棣之．现代诗的情感与形式[M]．北京：华夏出版社，1994.

[11]刘安海．孙文宪：文学理论[M]．武汉：华中师范大学出版社，2001.

[12]骆寒超，方牧．艾青研究论文集[M]．乌鲁木齐：新疆人民出版社，1983.

[13]骆寒超．艾青评传[M]．重庆：重庆出版社，2000.

[14]梁宗岱．诗与真[M]．北京：中央编译出版社，2006.

[15]李秀然．诵读艺术·技巧与训练[M]．北京：中国传媒大学出版社，2018.

[16]王力．古代汉语[M]．北京：中华书局，1980.

[17]李静梅.《天净沙·秋思》赏析[A]．张大芝主编：大学语文精读课文详析[C]．北京：语文出版社，1987.

[18]浦起龙．杜诗心解[M]．北京：中华书局，1981.

[19]人民教育出版社课程教材研究所中学语文课程教材研究开发中心．义务教育教科书（五四学制）教师教学用书·语文八年级·上册[M]．北京：人民教育出版社，2019.

［20］人民教育出版社课程教材研究所·中学语文课程教材研究开发中心．义务教育教科书教师教学用书·语文八年级·上册［M］．北京：人民教育出版社，2017.

［21］孙绍振．经典文本的深层结构［M］．上海：上海三联书店出版社，2016：75.

［22］孙绍振．名作细读——微观分析个案研究［M］．上海：上海教育出版社，2009.

［23］斯霞．斯霞文集：肆［M］．南京：江苏教育出版社，2010.

［24］王本陆．课程与教学论（第三版）［M］．北京：高等教育出版社，2017.

［25］萧涤非，马茂元等．唐诗鉴赏辞典［M］，上海：上海辞书出版社，1983：603.

［26］王荣生．语文课程与教学内容［M］．北京：教育科学出版社，2015.

［27］王泽龙．中国现代诗歌意象论［M］．北京：中国社会科学出版社，2008.

［28］温儒敏主编．义务教育教科书语文教材（七年级）［M］．北京：人民教育出版社，2016.

［29］温儒敏主编．义务教育教科书语文教材（九年级）［M］．北京：人民教育出版社，2019.

［30］谢冕．中国现当代诗歌名作欣赏［M］．北京：北京大学出版社，2017.

［31］杨四平．20世纪中国新诗主流［M］．合肥：安徽教育出版社，2004.

［32］游国恩等．中国文学史［M］．北京：人民文学出版社，1963.

［33］杨建波．大学语文［M］．北京：北京大学出版社，2002.

［34］祝新华．促进学习的阅读评估［M］．北京：人民教育出版社，2015.

［35］中国社科院文学研究所．中国文学史［M］．北京：人民文学出版社，2010.

学位论文类

［1］靳梓培．唐代《行路难》研究［D］．兰州：兰州大学，2013.

［2］孙植．岑参及其诗歌研究［D］．南京：南京师范大学，2007.

［3］尉珊．初中诗歌教学内容探究［D］．河北师范大学硕士学位论文，2014.

期刊类

［1］白羽伽．王维《使至塞上》新探［J］．鸭绿江（下半月）．2019（05）.

［2］曹勇军．上好家常语文课靠什么？——《乡愁》教学设计及反思［J］．中学语文教学，2020（01）.

［3］陈家尧．活动·探究单元的教学思考［J］．中学语文教学，2019（08）.

［4］陈志鹏．概念隐喻视角解读苏轼《水调歌头·明月几时有》［J］．龙岩学院院报，2014（08）.

［5］高启明．《天净沙·秋思》艺术鉴赏初探［J］．课外语文，2020（07）.

［6］高静．从意象到意境，探究古典诗词教学的起点和落点——《水调歌头·明月几时有》教学知识的择定与建构［J］．中学语文，2020（06）.

［7］龚云普，龚馨雅．始于不平，终于致敬——王维《使至塞上》主题新解［J］．名作欣赏，2020（12）.

［8］洪琳娇．基于整体性的活动·探究单元教学实践——以九年级上册诗歌单元教学为例［J］．语文教学与研究，2019（08）.

［9］胡冬颖．返璞归真书读有声——浅谈初中语文有效朗读教学的策略与实践［J］．语文教

学通讯，2018(05)．

[10]韩江雪．惊声、奇画、豪情——《行路难(其一)》的抒情性研究[J]．语文教学与研究，2020(11)．

[11]胡可先．王维《使至塞上》诗发微[J]．古典文学知识，2019(04)．

[12]黄连平．善陈时事 律切精深——谈《春望》的艺术特色[J]．戏剧文学，2006(04)．

[13]黄齐光．《木兰诗》的要害是"尽孝道"——《木兰诗》主题别解[J]．乌鲁木齐成人教育学院学报，2003(01)．

[14]蒋璞，王夏阳．初中语文"活动·探究"课程实施策略探究——以"任务一"为例[J]．试题与研究：教学论坛，2020(23)．

[15]贾郁晗．《木兰诗》中木兰形象塑造的修辞学赏析[J]．名作欣赏，2018(11)

[16]刘华．活动·探究单元的教材设计、主要特征与教学实施[J]．语文建设，2020(07)．

[17]刘璇．《关雎》文本解读[J]．北方文学，2019(12)．

[18]刘毓庆．《关雎》之新研究[J]．中州学刊，1986(6)．

[19]李志刚．《天净沙·秋思》意象三妙[J]．中学语文教学参考，2019(12)．

[20]刘淑丽．俊逸风流 羁旅绝唱——马致远[越调·天净沙]《秋思》赏析[J]．名作欣赏，2006(2)

[21]李玮含．人生得意须尽欢——以《水调歌头·明月几时有》论苏轼的宇宙和时空意识[J]．名作欣赏，2018(03)．

[22]林拱鑫．浅析岑参《白雪歌送武判官归京》[J]，语文学刊，2012(11)．

[23]李炎．忧国恨别 语约情真——杜甫《春望》论析[J]．渭南师专学报，1987(01)

[24]裴斐．李白与历史人物(上)[J]．文学遗产，1990(03)．

[25]彭捷．"大漠孤烟"意蕴深——王维《使至塞上》主旨及美学价值新探[J]．淮北职业技术学院学报，2002(12)．

[26]钱叶春．虚拟景象的审美转化：意境营造的和谐性——兼论李白的《行路难》[J]．中国古代文学研究，2008(07)．

[27]石了英．意象有机组合的奥秘——马致远《天净沙·秋思》新解[J]．中学语文教学，2019(3)．

[28]孙绍振．苏轼《水调歌头》(明月几时有)赏析[J]．语文建设，2009(05)．

[29]孙叶丽．《江城子·密州出猎》赏析[J]．语文教学与研究，2011(06)．

[30]王晓旭．对《白雪歌送武判官归京》的认知解读——基于图形背景理论视角[J]．长春理工大学学报，2013(08)．

[31]韦爱萍．复沓重叠的结构艺术——《诗经·关雎》赏读[J]．时代文学，2007(09)．

[32]温新成．巾帼英雄还是传统孝女——《木兰诗》中木兰形象再探讨[J]．语文教学通讯，2005(02)．

[33]王本华．守正创新，构建"三位一体"的语文教科书编写体系：部编义务教育语文教科书的主要特色[J]．语文教学通讯，2016(9B)．

[34]王全华．漫评《木兰诗》主题[J]．枣庄师专学报，1986(01)．

[35]王佑军．《木兰诗》：详略背后的章法考量(下)[J]．新作文(初中版)，2017(11)．

[36]王婕.从《江城子》《水调歌头》看苏轼"以诗为词"[J].西北民族学院学报,1993(1).

[37]王向辉.苏轼《水调歌头·明月几时有》的用典美[J].太原师专学报,1999(1).

[38]温儒敏.统编高中语文教材的特色与使用建议:在统编高中语文教材国家级培训班的讲话[J].课程·教材·教法,2019(10).

[39]吴明强,梁嘉瑜.诗歌,文学皇冠上的明珠——九年级上、下册第一单元整体教学设计[J].语文教学通讯,2021(07).

[40]吴健勇.实践中运用,活动里融合——以统编教材九年级上册第一单元为例谈如何开展活动·探究单元教学[J].福建教育,2019(10).

[41]许善述.也谈《木兰诗》的时代和主题[J].安庆师院学报,1982(04).

[42]徐扬尚.试论李白《行路难》三首的主题[J].驻马店师专学报,1989(2).

[43]肖培东."望""见"诗心——我教《饮酒》《春望》[J].语文建设,2019(03).

[44]肖培东.满地秋叶系诗心活动·探究尝试创作(现代诗)教学思考[J].语文建设,2018(10).

[45]杨树夏.关于《诗经·关雎》的解读[J].内蒙古教育(职教版).2015(5).

[46]杨秀琴,但方志.从"部编版"教材特色看《关雎》教学策略[J].语文教学与研究,2019(08).

[47]于二慧.从模糊语言学视角解析《天净沙·秋思》[J].语文建设,2018(12).

[48]阳国亮.试论《木兰诗》的主题思想[J].广西师范学院学报,1982(04).

[49]赵治中.也谈杜甫《春望》的主题——与傅庚生先生商榷[J].丽水师专学报,1982(02).

[50]翟相君.《关雎》是求贤诗[J].许昌师专学报,2001(1).

[51]钟亮.《木兰诗》"孝道"新解[J].语文知识,2016(09).

[52]张立荣.王维《使至塞上》异解辨正[J].名作欣赏,2006(10).

[53]张道元."无迹"之迹——王维《使至塞上》空间美感技法试析[J].中学语文教学参考,2015(11).

[54]张淑良.《水调歌头》("明月几时有")词主题新探[J].开封教育学院报,1991(3).

[55]张道元.《江城子·密州出猎》的表现方法赏析[J].云南教育,2017(01).

[56]张雪莹.中学语文外国诗歌阅读教学的切入路径——以《假如生活欺骗了你》为例[J].语文建设,2018(12).